2021年浙江省文化产业发展报告

主　编　李　军

副主编　王自亮　高　颖　王丽云

浙江工商大学出版社
ZHEJIANG GONGSHANG UNIVERSITY PRESS

·杭州·

图书在版编目(CIP)数据

2021年浙江省文化产业发展报告 / 李军主编；王自亮，高颖，王丽云副主编. — 杭州：浙江工商大学出版社，2022.12

ISBN 978-7-5178-5181-3

Ⅰ. ①2… Ⅱ. ①李… ②王… ③高… ④王… Ⅲ. ①文化产业－产业发展－研究报告－浙江－2021 Ⅳ. ①G127.55

中国版本图书馆 CIP 数据核字(2022)第 213260 号

2021年浙江省文化产业发展报告

2021 NIAN ZHEJIANG SHENG WENHUA CHANYE FAZHAN BAOGAO

主 编 李 军
副主编 王自亮 高 颖 王丽云

出 品 人	鲍观明
策划编辑	郑 建
责任编辑	黄拉拉
责任校对	韩新严
封面设计	望宸文化
责任印制	包建辉
出版发行	浙江工商大学出版社
	(杭州市教工路 198 号 邮政编码 310012)
	(E-mail:zjgsupress@163.com)
	(网址:http://www.zjgsupress.com)
	电话:0571 - 88904980,88831806(传真)
排 版	杭州朝曦图文设计有限公司
印 刷	浙江全能工艺美术印刷有限公司
开 本	710 mm×1000 mm 1/16
印 张	20
字 数	435 千
版 印 次	2022 年 12 月第 1 版 2022 年 12 月第 1 次印刷
书 号	ISBN 978-7-5178-5181-3
定 价	79.00 元

本书为国家社科基金艺术学项目"全效体验式旅游文创产品的设计策略研究"(20BG126)的相关研究成果

目　　录

第三篇　2021 年浙江省文化产业发展专题报告

第 一 篇

2021年浙江省文化产业发展总报告

引　言

文化产业作为文化、科技和经济深度融合的产物，凭借其独特的产业价值取向、广泛的覆盖领域和快速的成长方式在全球蓬勃发展。文化产业发展水平已经逐渐成为衡量地区竞争力的重要依据。近年来随着经济水平的快速提高，我国文化产业面临快速发展的良好时机，呈现出非常广阔的发展前景。

作为中国东部沿海地区的一个发达省份，浙江省在我国文化产业的发展中占有一席之地。浙江省拥有良好的经济基础与丰富的文化资源，是全国文化体制改革综合试点的省份之一。自2003年提出"八八战略"，浙江省坚定文化自信，加强文化自觉，持续深入实施文化建设"八项工程"，以推动浙江省从文化大省转变为文化强省，并向文化浙江行进。文化建设逐步推进，文化软实力日趋增强，文化事业不断发展，文化产业地位逐渐攀升，让浙江省文化体制改革具有重要的示范意义。

2020年是极其不平凡的一年，在统筹推进新冠肺炎疫情防控和经济社会发展的关键时期，习近平总书记亲临浙江视察，赋予浙江建设"重要窗口"的新目标、新定位，为浙江省高质量发展指明了战略方向。

2020年，全省文化和旅游系统坚持以习近平新时代中国特色社会主义思想为指导，全面贯彻党的十九届四中、五中全会，以及浙江省委十四届七次、八次全会精神，增强"四个意识"、坚定"四个自信"、做到"两个维护"，统筹推进"五位一体"总体布局，协调推进"四个全面"战略布局，举旗帜、聚民心、育新人、兴文化、展形象，坚持守好"红色根脉"，坚持以人民为中心，坚持满足人民文化需求和增强人民精神力量相统一，聚焦忠实践行"八八战略"、奋力打造"重要窗口"主题主线，实施文化强省、提升文化软实力、文化树人、引领社会新风尚等工程。

2020年，全省文化和旅游系统紧紧围绕浙江省委省政府"两手硬、两战赢"总体部署和年初提出的"七力推七力促"工作目标、任务，聚焦高质量竞争力现代化目标，全力推进全省文化建设和旅游发展再上新台阶。全省公共文化服务有序开展，旅游消费稳定恢复，旅游经济持续改善，农村文化礼堂实现"建管用育"一体化，覆盖率和惠民度进一步提升，11个设区市全部跻身全国文明城市，全部创成全国双拥模范城。全面实施新时代文化浙江工程，守正创新、破立并举、担当作为，加快打造与社会主义现代化先行省、高质量发展建设共同富裕示范区相适应的新时代文化高地，率先构建人的现代化的文化发展格局，建设人民满意的幸福美好家园。

2020年，全省统筹抓好新冠肺炎疫情防控和复工复产工作，聚焦高质量竞争力现代化目标，全力推进全省文化建设和旅游发展再上新台阶。践行"两手硬、两战赢"，交出高分报表，"重要窗口"成果丰硕呈现；此外，数字化改革也迈出了新步伐。24个项目入选第五批国家级非物质文化遗产代表性项目公示名单，数量居全国第1位。稳步推进"5G＋"建设，实现厅属 5 所场馆、3 所院校和 19 家 5A 级景区 5G 信号覆盖。

2020 年 11 月,浙江省委召开十四届八次全会,颁布《中共浙江省委关于制定浙江省国民经济和社会发展第十四个五年规划和二〇三五年远景目标的建议》,就忠实践行"八八战略",奋力打造"重要窗口",开启高水平全面建设社会主义现代化新征程进行了战略部署。在浙江文化建设方面,提出"实施新时代文化浙江工程""努力打造新时代文化高地"的战略思想与目标,并提出坚持以社会主义核心价值观为引领,深入实施文化建设的"八项工程"(文化强省、提升文化软实力、文化树人、引领社会新风尚、打造思想高地、打造文明高地、打造文化事业、打造文化产业高地),加快推动文化大发展大繁荣。同时,结合党的十九届五中全会精神,将"全面提高社会文明程度""全面提升公共文化服务水平""加快构建现代文化产业体系"具体化为浙江文化建设的实践内容。浙江省委十四届八次全会提出的"打造新时代文化高地",成为引领浙江文化发展的重要战略思想。

"一文含四带,十地耀百珠",文化之魂深深镌刻在浙江大地上。未来,为推进"十四五"规划、实现"十四五"目标,我们要根据新发展阶段的新要求,完整、准确、全面地贯彻新发展理念,采取更加精准务实的举措,走出构建新发展格局的浙江路径。锚定二〇三五年远景目标,忠实践行"八八战略"、奋力打造"重要窗口",以争创社会主义现代化先行省的"十三项战略抓手"实现新突破,率先探索构建新发展格局,率先建设面向全国、融入全球的现代化经济体系,率先推进省域治理现代化,率先推动全省人民走向共同富裕,争创社会主义现代化先行省,努力为全国现代化建设探路。

2021年浙江省文化产业发展总报告

高　颖　王丽云　王自亮

一、浙江省文化产业发展环境分析

(一)区位环境:长三角一体化发展迈出新步伐

2020 年,浙江省长三角一体化发展迈出新步伐。长三角一体化发展国家战略加快落地,250 个重大项目建设顺利推进,长三角生态绿色一体化发展政策率先实施,浙沪洋山合作开发有序推进。大湾区平台能级提升,各类开发区和产业集聚区全面优化整合,万亩千亿新产业平台实现增点扩面,新设金义新区和台州湾新区。2020 年,浙江"一带一路"重要枢纽建设取得阶段性成效,自贸试验区建设加快推进,新增宁波市、杭州市、金义区 3 个片区;"义新欧"班列开行 1399 列,增长 165%;新增湖州市、嘉兴市、衢州市、台州市、丽水市跨境电商综合试验区和湖州市、绍兴市、台州市市场采购贸易方式试点。2020 年,浙江省进一步发挥在海上丝绸之路上的重要区位作用,在宁波市举办文旅博览会,吸引了数十个国家和地区及国内近百个城市前来参展,展会平台也成为国内外文旅产业交流合作的纽带,成为浙江省文旅产业融合发展的重要平台。

(二)产业环境:一、二、三产业稳步发展夯实经济基础

2020 年,浙江省生产总值为 64613 亿元,按可比价格计算,比上年增长 3.6%,增速高出全国 1.3 个百分点。分产业看,第一产业增加值为 2169 亿元,增长 1.3%;第二产业增加值为 26413 亿元,增长 3.1%;第三产业增加值为 36031 亿元,增长 4.1%。三次产业增加值比例约为 3.3∶40.9∶55.8。2020 年初,突如其来的新冠肺炎疫情对经济发展造成巨大冲击,国民经济瞬间处于"停摆"状态,全省主要经济指标于 1—2 月出现大幅下滑,3 月开始全面回升,一季度、上半年、前 3 季度和全年生产总值累计增速分别为 −5.6%、0.5%、2.3% 和 3.6%,经济运行逐季稳步回升,主要经济指标完成情况好于预期。

构建新发展格局取得良好开端。2020 年,浙江省内外循环两旺,供需循环逐步改善。上半年鼓励引导企业抢抓构建国内大循环机遇,积极开拓国内市场;下半年稳外贸政策效果持续显现,全年产销率创 2007 年以来新高。全省进出口额、出口额、进口额分别为 33808 亿元、25180 亿元和 8628 亿元,进出口、进口增速居全国主要外贸省市首位,出口增速居第 2 位。"一带一路"进出口拉动明显,其沿线国家进出口增长 10.7%,拉动进出口总额增长 3.6 个百分点,增长贡献率为 37.6%。2020 年,固定资产投资比上年增长 5.4%,投资稳步增长,

其中基础设施投资增长 5.3%,基础设施投资"补短板"成效明显。2020 年,社会消费品零售总额为 26630 亿元,消费复苏态势逐步巩固。限额以上单位 18 个商品大类中,粮油食品(9.2%)、饮料(8.1%)、日用品(4.8%)零售额保持平稳增长,体育娱乐用品(30.9%)、烟酒(15.5%)、化妆品(13.1%)和文化办公用品类(12.6%)零售额较快增长。

居民收入持续增长。2020 年是脱贫攻坚收官之年,浙江省稳就业取得积极成效,社会保障总体稳定。据省人力社保厅统计,年末城镇登记失业率为 2.79%,保持低位,全年城镇新增就业 111.8 万人,超额完成年度计划任务。年末基本养老保险参保人数达 4355 万人,比上年增长 3.0%,参保率为 98.4%;基本医疗保险参保人数为 5557 万人,其中城镇职工参保 2579 万人,参保率为 99.8%。2020 年,浙江省居民收入保持增长,城镇居民人均可支配收入达 62699 元,农村居民人均可支配收入为 31930 元,城乡居民收入水平分别连续第 20 年和第 36 年居国内各省区第 1 位;城乡居民收入比为 1.96,首次降至 2 以内。脱贫攻坚取得显著成效,低收入农户全年人均可支配收入比上年增长 14.0%,全年人均可支配收入在 8000 元以下的农户全面消除。

(三)创新环境:新产业新动能释放活力

2020 年,浙江省进一步深入实施数字经济"一号工程",数字经济引领发展明显,数字经济核心产业增加值比上年增长 13.0%,增速比生产总值高 9.4 个百分点,占比为 10.9%,比上年提高 0.9 个百分点。全省数字经济发展指数为 111.9%。其中,基础设施、数字产业化、产业数字化、新业态新模式和政府与社会数字化发展指数分别为 119.5%、103.0%、107.5%、115.2% 和 124.6%。2020 年,浙江省高技术服务业发展态势良好。据初步统计,全省 2957 家规模以上高技术服务业营业收入比上年增长 17.0%,增速高于规模以上服务业 6.2 个百分点,占比(55.6%)比上年提高 3.0 个百分点。2020 年,创新驱动加快推进,规模以上工业企业研发费用比上年增长 18.0%,增速比上年提高 4.5 个百分点;研发费用相当于营业收入的比例为 2.6%,比上年提高 0.3 个百分点。新产品产值率为 39.0%,比上年提高 1.3 个百分点。2020 年,浙江省升级类商品消费需求持续释放,新型消费模式加快发展,新兴业态呈现出强大的生命力,对市场形成有力支撑。可穿戴智能设备、新能源汽车、计算机及其配套品分别增长 40.8%、23.9%、16.3%。受新冠肺炎疫情影响,"宅经济"带动新型消费模式加快发展,全年实现网络零售 22608 亿元,比上年增长 14.3%;省内居民网络消费 11072 亿元,比上年增长 10.9%。2020 年,高新技术产品出口持续快速增长,新业态、新平台进出口成为新增长点。高新技术产品出口 2028 亿元,比上年增长 26.4%,连续 10 个月保持 2 位数增长,占出口总额的 8.1%,比上年提高 1.1 个百分点。海关特殊监管区进出口 1893 亿元,比上年增长 28.3%;自贸区进出口 1146 亿元,比上年增长 46.3%;通过海关跨境电商管理平台进出口 491 亿元,比上年增长 65.1%。

二、浙江省文化产业发展现状

2020 年,浙江省文化建设扎实推进。社会主义核心价值观深入人心,新时代文明实践中心试点扎实开展,农村文化礼堂实现"建管用育"一体化,覆盖率和惠民度进一步提升,11个设区市全部跻身全国文明城市,全部创成全国双拥模范城。优秀传统文化在传承中发展,大运河国家文化公园加快建设,良渚古城遗址等世界遗产得到有效保护和传承利用,宋韵文化品牌塑造成效初显。文化旅游加快融合,"百县千碗"品牌进一步打响,成功创建省级文旅产业融合试验区 25 个。

2020 年,浙江省统筹推进疫情防控和经济社会发展,文化及相关特色产业逐季恢复,企业营业收入由降转升,稳步向上向好。经国家统计局核定,2020 年浙江省文化及相关产业增加值为 4494.8 亿元,比上年增长 5.8%(未扣除价格因素),占地区生产总值的比重为 6.95%,比上年提高 0.15 个百分点。分行业看,2020 年,文化服务业增加值为 3147.3 亿元,占文化及相关产业增加值的比重为 70.0%,比上年提高 2.5 个百分点;文化制造业增加值为 1008.1 亿元,占比为 22.4%,比上年下降 2.6 个百分点;文化批发和零售业增加值为 339.4 亿元,占比为 7.6%,比上年提高 0.1 个百分点。分领域看,2020 年,文化核心领域增加值为 3420.9 亿元,占文化及相关产业增加值的比重为 76.1%;文化相关领域增加值为 1073.9 亿元,占比为 23.9%。

依据浙江省统计局数据,2020 年全省 6097 家规模以上文化及相关特色产业营业收入为 13318 亿元,比上年增长 9.6%,增速分别比一季度、上半年和前 3 季度提高 12.6、5.6 和 1.1 个百分点。其中,文化新业态特征较为明显的 16 个行业小类营业收入为 5897 亿元,增长 12.7%,增速分别比一季度、上半年和前 3 季度提高 7.0、2.3 和 0.5 个百分点。分行业看,文化及相关特色产业 15 个行业中的 8 个行业营业收入实现增长。其中,5 个行业增速超过 20%,分别是新闻信息服务业、创意设计服务业、文化装备生产业、体育用品及相关服务业和文化商务及专业技术服务业,营业收入分别为 669 亿、1190 亿、481 亿、333 亿和 701 亿元,分别比上年增长 23.2%、26.3%、38.0%、20.1% 和 70.5%。分产业看,文化服务业营业收入保持较快速度增长,文化制造业营业收入由降转升。2020 年,规模以上文化服务业企业营业收入为 7963 亿元,比上年增长 14.2%;文化制造业企业营业收入为 3770 亿元,由前 3 季度下降 0.2% 转为增长 3.6%;文化批发零售业企业营业收入为 1569 亿元,增长 2.9%;文化建筑业企业营业收入为 16 亿元,下降 13.8%。分领域看,文化产业核心领域企业拉动作用明显。2020 年,文化产业核心领域企业营业收入为 8005 亿元,比上年增长 8.5%,拉动文化产业营业收入增长 5.1 个百分点;文化产业相关领域和文化衍生产品领域企业营业收入分别为 3244 亿元和 2069 亿元,分别增长 6.9% 和 18.9%,合计拉动文化产业营业收入增长 4.5 个百分点。

以下根据《文化及相关产业分类(2018)》的分类方法,分别从文化核心领域和文化相关领域对浙江省 2020 年以来文化产业的各项指标数据进行梳理,总结分析浙江省文化产业发展情况。文化核心领域具体包括新闻信息服务、内容创作生产、创意设计服务、文化传播渠道、文化投资运营和文化娱乐休闲服务等活动;文化相关领域包括为实现文化产品的生产活动所需的文化辅助生产和中介服务、文化装备生产和文化消费终端生产(包括制造和销售)

等活动。

(一)文化核心领域

1.新闻信息服务

(1)报纸信息服务

2020 年,浙江省报纸出版种数共 66 种,总印量为 181008 万册(份),总印张为 520706.5 万印张,其中综合报出版种数为 42 种,总印量为 152480 万册(份),总印张为 470465.3 万印张,专业报出版种类为 16 种,总印量为 20764 万册(份),总印张为 37070.1 万印张,如表 1 所示。

表 1　2020 年浙江省报纸和杂志出版数量

项目	种数/种	总印量/万册(份)	总印张/万印张
报纸	66	181008	520706.5
综合报	42	152480	470465.3
专业报	16	20764	37070.1
杂志	236	6430	29858.0
综合	21	21	135.5
哲学、社会科学	49	1640	9481.4
自然科学技术	118	364	2281.8
文化教育	31	4169	16771.3
文学艺术	17	235	1188.0

数据来源:《2021 年浙江省文化文物和旅游统计年鉴》。

(2)广播电视信息服务

2020 年,浙江省共有省市级广播电台 12 座、广播节目套数 112 套、中短波广播发射台和转播台 36 座、县级广播电视台 66 个。广播人口综合覆盖率达 99.77%,其中,中央人民广播电视第一套节目覆盖率达 99.77%,浙江电台第一套节目覆盖率达 99.65%。全年公共广播节目播出时间为 773410 小时,新闻资讯类节目播出时间为 155532 小时,专题服务类节目播出时间为 172024 小时,综艺类节目播出时间为 173677 小时,广播剧类节目播出时间为 20314 小时,广告类节目播出时间为 76684 小时,其他类节目播出时间为 175179 小时,如表 2 所示。

表 2　2020 年浙江省广播节目制作情况

项目	数量
省市级广播电台/座	12
广播节目套数/套	112
中短波广播发射台和转播台/座	36
县级广播电视台/个	66

续　表

项目	数量
广播人口综合覆盖率/％	99.77
中央人民广播电视第一套节目覆盖率/％	99.77
浙江电台第一套节目覆盖率/％	99.65
全年公共广播节目播出时间/小时	773410
新闻资讯类节目播出时间/小时	155532
专题服务类节目播出时间/小时	172024
综艺类节目播出时间/小时	173677
广播剧类节目播出时间/小时	20314
广告类节目播出时间/小时	76684
其他类节目播出时间/小时	175179

数据来源:《2021年浙江省文化文物和旅游统计年鉴》。

(3)互联网信息服务

2020年,浙江省各地区经营性互联网文化单位机构总数为651个,从业人数为20031人,资产总计4213228.9万元,营业利润为383335.9万元,增加值为770528.8万元,如表3所示。

表3　2020年浙江省各地区经营性互联网文化单位机构情况

机构数/个	从业人数/人	资产总计/万元	营业利润/万元	增加值/万元
651	20031	4213228.9	383335.9	770528.8

数据来源:《2021年浙江省文化文物和旅游统计年鉴》。

其中,杭州市经营性互联网文化单位机构数为429个,占比为65.90％,位居第1,从业人数为16221人,资产总计3763096.6万元;宁波市经营性互联网文化单位为65个,占比为9.98％,位居第2。其他地区机构数、从业人数、营业利润等具体情况见表4。

表4　2020年浙江省各地区经营性互联网文化单位综合情况

地区	机构数/个	从业人数/人	资产总计/万元	营业利润/万元	增加值/万元
杭州市	429	16221	3763096.6	305765.0	632287.7
宁波市	65	1164	201578.9	12932.2	26772.8
温州市	16	165	9411.7	191.1	1746.7
嘉兴市	15	188	10817.3	2658.9	5824.2
湖州市	8	48	10341.3	4257.5	1896.7
绍兴市	30	578	121619.7	46894.3	61258.2

地区	机构数/个	从业人数/人	资产总计/万元	营业利润/万元	增加值/万元
金华市	53	1325	90299.0	8506.9	28835.4
衢州市	6	27	586.4	−92.2	194.1
舟山市	2	75	1863.0	1618.0	1169.3
台州市	22	222	3174.5	661.8	1383.8
丽水市	5	18	440.5	−57.6	9159.9

数据来源:《2021年浙江省文化文物和旅游统计年鉴》。

2.内容创作生产

(1)出版服务

2020年,浙江省出版图书种数总计 14477 种,租型图书种数总计 387 种,总印数为 41513 万册(份),总印张为 315246.8 万印张,如表5所示。其中,文化、科学、教育、体育类和文学类、艺术类的出版图书种数较多,文化、科学、教育、体育类的租型图书种数较多。

表 5　2020 年浙江省图书出版数量

项目	出版图书种数/种	租型图书种数/种	总印数/万册(份)	总印张/万印张
图书总计	14477	387	41513	315246.8
使用《中国标准书号》部分合计	14419	387	41455	314846.9
哲学	152	—	168	2268.1
社会科学总论	231	—	107	1452.2
文化、科学、教育、体育	7633	387	34423	245590.7
文学	2014	—	3007	28899.2
艺术	1696	—	801	8597.7
自然科学总论	29	—	19	323.1
不使用《中国标准书号》部分合计	58	—	58	399.9

数据来源:《2021年浙江省文化文物和旅游统计年鉴》。

(2)创作表演服务

2020年,浙江省表演团体演出机构数为 1236 个,从业人数为 41169 人,本团原创首演剧目有 75 个,演出场次为 20.38 万场,国内演出观看人次达 6966.4 万人次,总收入为 211473.4 万元,总支出为 248464.8 万元,资产总计 1695175.9 万元,实际使用房屋建筑面积为 64.92 万平方米,如表6所示。

表6   2020年浙江省表演团体演出及收支情况

机构数/个	从业人数/人	本团原创首演剧目/个	演出场次/万场	国内演出观看人次/万人次	总收入/万元	总支出/万元	资产总计/万元	实际使用房屋建筑面积/万平方米
1236	41169	75	20.38	6966.4	211473.4	248464.8	1695175.9	64.92

数据来源:《2021年浙江省文化文物和旅游统计年鉴》。

（3）数字内容服务

2020年,杭州市、金华市的数字生活基础设施较完善,杭州市的生活服务数字化水平较高,杭州市和金华市的新服务带动新消费的能力较强。具体情况如表7所示。

表7   2020年浙江省11个地区数新总指数及增速情况

地区	总指数	增速/%	数字生活基础设施指数	生活服务数字化指数	新服务带动新消费指数
杭州市	223.4	34.9	211.8	245.5	194.4
宁波市	120.4	27.6	119.2	136.8	93.8
温州市	119.0	32.3	110.7	141.0	87.8
湖州市	126.3	39.2	94.1	159.2	93.0
嘉兴市	117.0	26.6	120.1	127.6	97.2
绍兴市	96.6	30.0	91.5	107.0	82.8
金华市	121.7	40.3	143.9	125.1	101.1
衢州市	86.6	27.2	66.3	105.3	69.0
舟山市	102.5	29.5	60.8	128.0	87.8
台州市	97.8	28.0	93.8	113.1	74.9
丽水市	102.2	59.6	82.8	125.7	76.0

数据来源:http://www.zcom.gov.cn/art/2021/2/4/art_1384591_58928824.html。

（4）内容保存服务

浙江省文化设施基本实现城乡全覆盖。2020年,浙江省有县级以上公共图书馆105个、文化馆101个、文化站1378个、博物馆376个,以及农村文化礼堂17804家。县级文化馆和图书馆覆盖率均达100%,乡镇文化站和行政村文化活动室覆盖率均达100%,公共图书馆虚拟网络基本实现全覆盖。文化保护不断加强,2019年良渚古城遗址申遗成功,全省世界遗产增至4处。农业文化遗产挖掘保护进一步强化,浙江省拥有中国重要农业文化遗产12个,总量位居全国第1。

关于公共图书馆领域,2015—2020年,浙江省每万人拥有公共图书馆建筑面积和人均拥有公共图书馆藏量均有所增加,相较于2015年,涨幅分别为18.81%和35.40%,如表8所示。

表 8　2015—2020 年浙江省公共图书馆建筑面积与藏量情况

年份	每万人拥有公共图书馆建筑面积/平方米	人均拥有公共图书馆藏量/册
2015	171.7	1.13
2016	189.0	1.25
2017	190.4	1.38
2018	208.9	1.50
2019	223.4	1.61
2020	204.0	1.53

数据来源:《2021 年浙江省文化文物和旅游统计年鉴》。

关于博物馆领域,浙江省博物馆始建于 1929 年,初名为浙江省西湖博物馆,经过 90 多年的发展,已成为浙江省内规模最大的综合性人文科学博物馆,形成了包括孤山馆区、武林馆区、名人旧居、文物保护科研基地等在内的多层次陈列展示、服务社会的新格局。目前,该馆藏有文物及标本 10 万余件,文物品类丰富,年代序列完整。其中,河姆渡文化、良渚文化、越文化代表性文物,越窑、龙泉窑青瓷,五代、两宋佛教文物,南宋金银货币,浙派书画和金石拓本,历代漆器,等等,都是极具特色及学术价值的珍贵历史文物。

在文物与遗产保护利用方面,2015—2020 年,浙江省文物数量小幅度增加。2020 年末,全省文物机构拥有藏品 1666243 件(套),比上年末增加 111767 件(套),同比增长 7.19%。其中,博物馆藏品有 1511944 件(套),占文物藏品总量的 90.75%。在文物藏品中,一级文物有 2217 件(套),占 0.13%;二级文物有 11079 件(套),占 0.66%;三级文物有 848 件(套),占 0.05%。2020 年末,全省文物机构共有基本陈列 1359 个,比上年末增加 263 个;举办临时展览 1213 个,比上年减少 250 个;接待参观人次 4509.4 人次,比上年下降 62.40%。其中,未成年人参观次数为 945.8 万人次,比上年下降 62.80%,占参观总人次的 20.97%。博物馆接待观众 3076.53 万人次,比上年下降 61.68%,占文物机构接待观众的 68.20%。具体数据如表 9、表 10 所示。

表 9　2015—2020 年博物馆各项指标情况

年份	机构数/个	从业人数/人	文物藏品/件(套)	参观人次/万人次
2015	224	4516	1186230	4577.15
2016	275	4960	1315047	5956.55
2017	308	5236	1403205	6485.45
2018	337	5724	1353210	70005.39
2019	366	6041	1430036	8029.65
2020	406	6550	1511944	3076.53

数据来源:国家统计局。

表10   2015—2020年浙江省文物藏品数量情况

年份	数量/件(套)	增长率/%
2015	1331284	—
2016	1446109	8.63
2017	1532324	5.96
2018	1504325	−1.83
2019	1554476	3.33
2020	1666243	7.19

数据来源:《2021年浙江省文化文物和旅游统计年鉴》。

3.创意设计服务

(1)广告服务

产业地位日益凸显。广告产业融入文化浙江建设大局,进入打造万亿级文化产业战略,纳入文化产业八大提升计划,列入文化产业人才培育发展规划。"十三五"期间,广告经营单位从3万余家增至9.2万家,规上企业达735家,行业从业人数达43万人。2020年,全省从事广告业务企事业单位实现广告业务收入预计达800亿元,年均增长率在40%以上,广告市场规模位居全国前列。

产业结构持续优化。2020年,浙江省的国家广告产业园区增至3个,占全国的1/10,杭州市、宁波市、温州市三大园区共集聚广告及关联企业2434家,广告业务收入达187.1亿元;省级广告产业园区总量增至17个,省级以上广告资质企业总数达198家,资源整合集聚效应显现,产业规模化、集约化水平显著提高。互联网广告头部企业龙头带动作用突出,传统与现代传媒广告企业相得益彰,小微广告经营单位稳步发展,优势互补、协调互动的产业格局基本形成,发展基础进一步夯实。具体情况如表11所示。

表11   2020年浙江省广告经营综合情况

广告经营单位/万家	从业人数/万人	三大园区广告业务收入/亿元	园区聚集广告及关联企业/家	国家广告产业园区/个	省级广告产业园区/个	省级以上广告资质企业/家
9.2	43	187.1	2434	3	17	198

数据来源:《2021年浙江省文化文物和旅游统计年鉴》。

产业创新活力迸发。借力互联网技术和数字化媒体快速发展,互联网广告迅速崛起,广告新业态新模式成长态势强劲,引领全国广告业创新发展地位凸显,带领全省广告产业迈入全新发展阶段。2020年,互联网广告业务收入达520亿元,占全省广告业务收入的6成以上。主流媒体主动革新、积极转型,广告服务推陈出新,产品体系多元开发,经营模式持续优化,拥抱新媒体、融媒体战略推进成效显著。全省有4家创意设计中心(创意产业园)被认定为首批国家广告业创新创业示范基地,数量位居全国之首。

（2）设计服务

在创意设计服务方面，浙江省各地区文化事业机构可分为漫画创作企业、动画创作制造企业、网络动漫（含手机动漫）创作制作企业、动漫舞台剧节目创作演出企业、动漫软件开发企业、动漫衍生产品研发设计企业，其中动画创作制造企业占据大头。2020 年，浙江省动漫企业拥有知识产权 2112 项、原创漫画作品 290 部、原创动画作品 108 部，网络动漫下载次数高达 2412818 次。具体情况如表 12 所示。

表 12　2020 年浙江省动漫企业综合情况

经营面积 /万平方米	拥有知识产权数量/项	原创漫画作品/部	原创动画作品/部	网络动漫下载次数/次	动漫舞台剧演出次数/次	增加值 /万元
1.81	2112	290	108	2412818	27	20504.5

数据来源：《2021 年浙江省文化文物和旅游统计年鉴》。

4.文化传播渠道

（1）出版物发行

2020 年，浙江省文献流通册次包括外借（含续借）册次和归还册次，呈现波动趋势，1 月、7 月、10 月、12 月外借和归还文献册次较多，2 月外借（含续借）和归还册次最少。总体来说，文献流通册次在不同时间段的差异较大，波动明显。具体情况如图 1 所示。

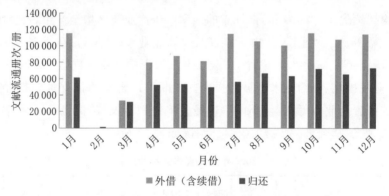

图 1　2020 年浙江省文献流通册次统计

数据来源：《2021 年浙江省文化文物和旅游统计年鉴》。

（2）广播影视发行放映

2020 年，浙江省城市影院数为 737 家，放映场次达 70 万场，观看人次为 4052 万人次，放映收入为 136068 万元，如表 13 所示。浙江省 2020 年影视业发展与 2019 年相比，总体放映场次、放映收入和观看人次普遍下降。

表 13　2019—2020 年浙江省影视业发展情况

项目	2019 年	2020 年
城市影院数/家	755	737
放映场次/万场	1023	70
观看人次/万人次	13399	4052
放映收入/万元	459193	136068

数据来源:《2021 年浙江省文化文物和旅游统计年鉴》。

（3）艺术表演

2020 年,浙江省各地区艺术表演团体机构共有 1236 个,从业人数达 41169 人,演出场次达 20.4 万场,国内演出观看人次达 6966.4 万人次;全省文化和旅游部所属艺术表演团体共组织政府采购公益演出 3900 场,观看人次为 230.8 万人次。利用流动舞台车演出 100 场,观看人次为 3.3 万人次。整体来看,2015—2019 年,浙江省艺术表演团体机构数、从业人数、演出场次、国内演出观看人次呈上涨趋势,但受新冠肺炎疫情影响,2020 年有回落趋势,如表 14 所示。2020 年,全省共有艺术表演场馆 313 个,观众座席数达 17.2 万个。各级文化部门所属艺术表演场馆有 58 个,观众座席数达 5.7 万个,演（映）出场次合计 2.5 万场,演（映）出观看人次达 176.3 万人次,全年共举行艺术演出 0.3 万场,艺术演出观看人次达 89.4 万人次。

表 14　2015—2020 年浙江省艺术表演团体基本情况

年份	机构数/个	从业人数/人	演出场次/万场	国内演出观看人次/万人次
2015	1024	31525	21.8	15336.73
2016	1245	39071	28.9	18040.49
2017	1420	43504	37.2	21097.00
2018	1573	45485	37.9	20787.57
2019	1550	45700	37.5	18261.23
2020	1236	41169	20.4	6966.40

数据来源:国家统计局。

5.文化投资运营

（1）文化资金投入

如表 15 所示,2020 年,浙江省文化事业费为 85.0 亿元,比上年增加 5.1 亿元,增长 6.4%,在全国排名第 3;全省人均文化事业费为 131.6 元,比上年减少 5 元,下降 3.7%。

表 15　2015—2020 年浙江省文化事业费及排名情况

年份	文化事业费/亿元	全国排名
2015	48.8	2
2016	54.4	2
2017	59.4	2
2018	66.9	2
2019	79.9	2
2020	85.0	3

数据来源:《2021 年浙江省文化文物和旅游统计年鉴》。

2015—2020 年,浙江省文化事业费占财政支出的比重整体呈上涨趋势,如表 16 所示。2020 年,全省文化事业费占财政支出的比重为 0.84%,排名全国第 2,居于前列。

表 16　2015—2020 年浙江省文化事业费占财政支出的比重情况

年份	占比/%	全国排名
2015	0.73	1
2016	0.78	1
2017	0.79	1
2018	0.78	1
2019	0.79	2
2020	0.84	2

数据来源:《2021 年浙江省文化文物和旅游统计年鉴》。

从浙江省文化市场经营单位主要指标来看,如表 17 所示,2020 年文化市场经营单位中,属于城市的有 3982 个,占文化市场经营单位总量的 35.5%;属于县城的有 3591 个,占 32.0%;属于县城以下地区的有 3640 个,占 32.5%。

表 17　2020 年浙江省文化市场经营单位主要指标

地区	机构个数		从业人数		营业总收入		营业利润	
	个数/个	占比/%	人数/人	占比/%	收入/万元	占比/%	利润/万元	占比/%
城市	3982	35.5	55413	41.4	586.7	89.6	52.70	—
县城	3591	32.0	64111	47.9	53.7	8.2	−3.30	—
县城以下	3640	32.5	14352	10.7	14.6	2.2	1.10	—

数据来源:《2021 年浙江省文化文物和旅游统计年鉴》。

2020 年,全省共有娱乐场所 3661 个,从业人数达 5.1 万人,全年营业总收入为 48.9 亿元,营业利润为 3.8 亿元。2020 年,全省共有互联网上网服务营业场所 4710 个,从业人数达

1.3万人,全年营业总收入为123亿元,营业利润为-0.5亿元。

（2）产业与科技

浙江省持续推进"千万工程",美丽乡村建设走在前列。自2003年实施"千村示范、万村整治"工程以来,全省基础设施和公共服务不断向农村延伸。至2020年底,累计建成美丽乡村示范县45个、示范乡镇500个、特色精品村1500个,新时代美丽乡村达标村达11290个,农村人居环境整治评测居全国第1。农户生活污水得到有效治理,100%的建制村生活垃圾实现集中收集处理,农村生活垃圾分类处理建制村覆盖率提升至85%,农村生活垃圾回收利用率达45%,资源化利用率达90%,无害化处理率达100%。全省农村无害化卫生厕所普及率在99%以上,农村规范化公厕有6.4万座。浙江省美丽乡村创建先进县（市、区）数量居全国第1。

6.文化娱乐休闲服务

（1）文化市场经营机构

根据《2021年浙江省文化文物和旅游统计年鉴》,按照经营范围将文化市场经营机构分为娱乐场所、互联网上网服务营业场所（网吧）、非公有制艺术表演团体、非公有制艺术表演场馆、经营性互联网文化单位、艺术品经营机构、演出经纪机构。2020年浙江省文化市场经营机构综合情况,如表18所示。

表18 2020年浙江省文化市场经营机构综合情况

文化市场经营机构	机构数/个	从业人数/人	资产总计/万元	营业利润/万元	增加值/万元
娱乐场所	3661	50633	806750.8	38375.2	228268.8
互联网上网服务营业场所（网吧）	4710	12671	205395.1	-5406.4	59355.0
非公有制艺术表演团体	1175	36992	1473879.5	-35658.6	93653.1
非公有制艺术表演场馆	246	4636	430622.5	-4936.2	50428.7
经营性互联网文化单位	651	20031	4213228.9	383335.9	770528.8
艺术品经营机构	491	1505	414393.0	40463.7	99825.1
演出经纪机构	279	7408	3419439.8	88229.7	558219.8

数据来源：《2021年浙江省文化文物和旅游统计年鉴》。

为了对比各地区之间的差异,将文化市场经营机构按设区市进行划分,如表19所示。浙江省总计有11213个文化市场经营机构,其中杭州市有2619个,占比为23.36%;宁波市有2123个,占比为18.93%;台州市有1207个,占比为10.76%;温州市有1204个,占比为10.74%。其他指标如从业人数、资产总计、营业利润及增加值具体情况,如表19所示。

表19　2020年浙江省各地区文化市场经营机构综合情况

地区	机构数/个	从业人数/人	资产总计/万元	营业利润/万元	增加值/万元
浙江省	11213	133876	10963709.6	504403.3	1860279.3
杭州市	2619	43128	8595381.9	388046.5	1244122.8
宁波市	2123	20981	742858.4	12511.4	116172.9
台州市	1207	12991	151045.9	3936.7	47615.0
温州市	1204	10753	112150.7	3622.7	44623.0
嘉兴市	705	5335	156028.6	2838.9	28847.0
湖州市	717	7076	177952.0	14495.5	133706.6
绍兴市	643	10606	354241.9	46505.5	87679.5
金华市	895	10294	410027.1	32746.2	107056.6
衢州市	370	2965	66495.0	1153.1	9739.3
舟山市	300	4080	70394.7	−92.3	18643.1
丽水市	430	5667	127133.4	−1360.9	22073.5

数据来源:《2021年浙江省文化文物和旅游统计年鉴》。

(2)接待入境过夜游客

2020年,浙江省入境过夜游客人均停留时间为2.4天,人均花费427美元,如表20所示。据不完全统计,目前浙江省入境过夜游客总量已达800万人次,涉及40多个国家和地区。深化浙港澳合作,承办2020年港澳青少年游学推广活动暨内地游学联盟大会等旅游合作和推广活动。加强"云"传播,"云游浙江"英文文化和旅游宣传在涉外媒体社交平台集中发布,总访问量超过15万人次,覆盖人群超过75万人次。2020年浙江省入境过夜游客人均停留时间和花费情况,如表20所示。

表20　2020年浙江省入境过夜游客人均停留时间和花费情况

地区	人均停留时间/天	人均花费/美元
浙江省	2.4	427
杭州市	2.4	413
宁波市	1.6	285
温州市	2.7	479
嘉兴市	3.7	647
湖州市	2.2	367
绍兴市	2.2	388
金华市	2.6	452

地区	人均停留时间/天	人均花费/美元
衢州市	2.3	356
舟山市	2.9	509
台州市	1.4	241
丽水市	2.2	393

数据来源:浙江省旅游统计系统官网。

7.文化辅助生产和中介服务

文化辅助生产和中介服务大类属于产业分类中的文化相关领域,是指为各类文化产业发展提供辅助性生产和为文化产品提供流通及中介服务的相关产业。该产业大类由文化辅助用品制造、印刷复制服务、版权服务、会议展览服务、文化经纪代理服务、文化设备(用品)出租服务、文化科研培训服务等7个中类25个小类组成。

从浙江省10个设区市中的机制纸及纸板产量来看,除金华市、衢州市、绍兴市产量有所增长外,其他7市均有不同程度的下降,其中杭州市下降最显著,降幅达56.0%,如表21所示。

表21　2020年浙江省机制纸及纸板生产区域分布情况

地区	企业数量/家	机制纸及纸板产量/万吨	同比变化/%	占浙江省产量比例/%
浙江省	233	1452.70	−13.5	100.00
嘉兴市	28	454.13	−5.6	31.26
宁波市	9	229.78	−0.2	15.82
衢州市	36	209.70	8.7	14.44
杭州市	82	181.79	−56.0	12.51
金华市	18	111.25	30.0	7.66
绍兴市	12	75.15	6.9	5.17
台州市	11	70.93	−9.3	4.88
湖州市	15	61.31	−1.6	4.22
温州市	11	34.58	−18.5	2.38
丽水市	11	24.08	−0.5	1.66

数据来源:《浙江省造纸工业2020年运行情况及2021年展望》。

8.文化装备生产

文化装备制造业作为当代前沿科技成果产业化的应用重点,正全面拥抱数字化进程,不断推进转型升级。文化装备产业是指为满足文化生产与传播需要而提供各类专用材料与设备的研发、制造及相关配套系统集成服务的产业经济形态的统称,具体包括印刷设备制造、广播电视电影设备制造及销售、摄录设备制造及销售、演艺设备制造及销售、游乐游艺设备制造、乐器制造及销售等。

2020 年,浙江省有规模以上造纸企业 233 家。全省造纸企业平均从业人员数为 43127 人,比上年下降 9.6%;完成机制纸及纸板产量 1452.75 万吨,比上年下降 13.5%;实现工业总产值 731.12 亿元,比上年下降 11.8%;实现主营业务收入 742.04 亿元,比上年下降 8.2%;上缴税金总额 33.72 亿元,比上年下降 25.2%;实现利润总额 58.56 亿元,比上年增长 49.3%。全行业应收账款为 129.4 亿元,比上年增长 3.4%;产成品库存为 32.65 亿元,比上年下降 16.9%;资产合计 1052.73 亿元,比上年增长 8.2%;负债合计 577.04 亿元,比上年增长 2.7%;亏损企业亏损总额 4.16 亿元,比上年下降 43.5%。

9.文化消费终端生产

文化消费终端生产包含文具制造及销售、笔墨制造、玩具制造、节庆用品制造,以及信息服务终端制造及销售。其中,信息服务终端制造及销售包括电视机、音响、可穿戴智能文化和其他智能文化消费的制造,以及家用视听设备、其他文化用品的批发与零售。

2020 年,浙江省包装专用设备全年累计产量为 28001 台,累计增长 -2.8%。各月份包装专用设备详细产量及增长情况如表 22 所示。

表 22　2020 年各月份浙江省包装专用设备产量的增长情况

月份	当月产量/台	同比增长/%	累计产量/台	累计增长/%
1—2	4460	84.1	4460	84.1
3	3041	66.4	7501	78.2
4	1588	7.0	9089	−21.7
5	2137	−2.3	11226	−37.3
6	1880	−8.1	13106	−15.1
7	2067	−7.0	15173	−16.6
8	2487	15.1	17660	−12.2
9	2312	−8.8	19972	−11.6
10	2418	18.4	22390	−8.5
11	2847	21.9	25237	−5.0
12	2764	16.9	28001	−2.8

数据来源:中商产业研究院数据库。

(二)文化相关领域

1.文化辅助生产和中介服务

(1)文化部门教育机构综合情况

在浙江省文化部门教育机构中,2020 年,本科及以上艺术院校收入合计 25563.5 万元,高等职业院校收入合计62518.7万元,如表23所示。

表23　2020年浙江省文化部门教育机构综合情况

教育机构	本年收入合计/万元	本年支出合计/万元	资产总计/万元	增加值/万元
本科及以上艺术院校	25563.5	28037.6	123011.8	21508.5
高等职业院校	62518.7	76577.0	158044.1	42881.7
合计	88082.2	104614.6	281055.9	64390.2

数据来源:《2021年浙江省文化文物和旅游统计年鉴》。

(2)文化艺术科研机构综合情况(按行业分类)

2020年浙江省文化艺术科研机构情况如表24所示。其中,文化科技研究机构本年收入合计2783.1万元,综合性艺术研究机构本年收入合计191.3万元,地方性艺术研究机构本年收入合计851.7万元。

表24　2020年浙江省文化艺术科研机构情况

文化艺术科研机构	机构数/个	从业人数/人	本年度完成科研项目/个	专著数/册	论文数/篇	本年收入合计/万元
文化科技研究机构	2	21	6	2	23	2783.1
综合性艺术研究机构	1	8	1	0	0	191.3
地方性艺术研究机构	1	29	0	0	0	851.7
合计	4	58	7	2	23	3826.1

数据来源:《2021年浙江省文化文物和旅游统计年鉴》。

2.文化装备生产

(1)各设区市其他文化事业机构综合情况

2020年,浙江省其他文化事业机构总数为91个,其中,温州市有18个,占比为19.78%,绍兴市有13个,占比为14.29%,杭州市有12个,占比为13.19%。具体情况如表25所示。

表25　2020年浙江省其他文化事业机构综合情况

地区	机构数/个	从业人数/人	收入总计/万元	支出总计/万元	资产总计/万元	增加值/万元
浙江省	91	1383	54258.9	54906.9	63788.5	33055.9
省本部	1	17	4168.4	4116.6	973.3	583.8
杭州市	12	288	7711.6	7660.5	45173.1	8123.0
宁波市	5	106	3987.9	3999.1	610.9	3501.0
温州市	18	266	6177.9	6174.0	1106.2	4695.5

地区	机构数 /个	从业人数 /人	收入总计 /万元	支出总计 /万元	资产总计 /万元	增加值 /万元
嘉兴市	11	130	4697.1	4868.1	618.5	3297.0
湖州市	9	114	3484.1	3484.1	225.1	2617.8
绍兴市	13	123	3644.2	3851.5	1582.6	2921.5
金华市	6	118	1638.9	1640.6	525.1	1322.6
衢州市	2	29	1037.3	1037.6	84.7	799.5
舟山市	—	—	—	—	—	—
台州市	9	138	13917.4	13934.6	2686.0	3463.0
丽水市	5	54	3794.1	4140.2	10203.0	1731.2

数据来源:《2021 年浙江省文化文物和旅游统计年鉴》。

（2）各设区市其他文化企业综合情况

2020 年,浙江省其他文化企业机构总数达 32 个,从业人数有 584 人,资产总计 362175.4 万元。具体情况如表 26 所示。

表 26　2020 年浙江省其他文化企业综合情况

地区	机构数/个	从业人数/人	资产总计 /万元	所有者权益 合计/万元	营业收入 总计/万元	增加值 /万元
浙江省	32	584	362175.4	259940.5	15723.3	9928.8
省本部	14	321	78208.9	60261.1	7674.3	4993.7
杭州市	2	179	11840.2	10445.3	2281.5	1917.1
宁波市	7	48	105290.9	87366.5	4231.7	369.7
温州市	1	3	18448.8	14650.1	50.4	87.3
嘉兴市	3	4	36888.5	5653.0	2.1	1.5
湖州市	3	4	3356.1	1201.9	481.1	90.6
绍兴市	—	—	—	—	—	—
金华市	1	24	108060.4	80288.0	937.9	2445.8
衢州市	—	—	—	—	—	—
舟山市	—	—	—	—	—	—
台州市	1	1	81.6	74.6	64.3	23.1
丽水市	—	—	—	—	—	—

数据来源:《2021 年浙江省文化文物和旅游统计年鉴》。

3.文化消费终端生产

2020 年,浙江省文化产业基地机构总数达 88 个,从业人数为 125977 人,获得省级以上奖励 317 项、国家级奖励 87 项、知识产权 7171 项,辖区内企业有 9756 家,文化企业有 5011 家。各地区具体情况如表 27 所示。

表 27　2020 年浙江省文化产业基地综合情况

地区	机构数/个	从业人数/人	获得省级以上奖励数量/项	获得国家级奖励数量/项	获得知识产权数量/项	辖区内企业数量/家	文化企业数量/家
省本部	1	109	0	0	0	0	0
杭州市	19	5193	89	26	1671	5661	4003
宁波市	15	23845	63	17	3882	314	185
温州市	5	185	4	0	6	25	18
嘉兴市	4	486	0	0	3	0	0
湖州市	6	2717	17	5	41	95	11
绍兴市	5	2755	12	4	118	0	0
金华市	11	84885	25	4	1043	2495	156
衢州市	7	1186	62	24	6	1154	630
舟山市	2	86	1	0	0	0	0
台州市	8	3531	42	7	377	8	6
丽水市	5	999	2	0	24	4	2
浙江省	88	125977	317	87	7171	9756	5011

数据来源:《2021 年浙江省文化文物和旅游统计年鉴》。

三、浙江省文化产业发展主要特色

(一)高位统筹,政策保障

优化政策服务,走特色发展之路。在习近平总书记关于浙江如何破解"成长中的烦恼"、推动新一轮发展的重要指示的指导下,浙江省把加快建设文化大省作为"八八战略"的重要内容,就全省文化改革发展制定具体清晰的路线图,着力推动浙江省从文化大省迈向文化强省、文化浙江。

2020 年是浙江省基本公共文化服务标准化建设的关键之年。在全省统筹谋划和全面推进下,浙江省基本建成城乡一体、区域均衡、人群均等的现代公共文化服务体系,为公共文化服务高质量发展奠定基础。2020 年 3 月,浙江省委、省政府出台《关于高质量推进乡村振兴确保农村同步高水平全面建成小康社会的意见》,提出要补齐农村基础设施和公共服务短板,推动人才和科技返乡、入乡,繁荣农村文化体育事业。稳步开展"千镇万村种文化"活动,启动并实施万名文化礼堂骨干人才培育计划,新增农村文化礼堂。支持农家书屋提质增效。推进新时代文明实践中心、实践所、实践站三级体系建设。2020 年 6 月,浙江省委全面深化改革委员会办公室("最多跑一次"改革办公室)、省文化和旅游厅联合印发《浙江省公共图书馆服务大提升行动方案(2020—2022 年)》,从政府层面推动全省公共图书馆以全面提升读者对图书馆服务的满意度为目标,朝着整合图书馆资源、实现一体化管理的方向迈进,打造群众身边的满意的图书馆。为进一步提升公共文化服务水平,浙江省市场监督管理局发布了《县级文化馆总分馆制管理服务规范》这一推荐性省级地方标准,规范城乡公共文化服务行为,提出公共文化建设和服务的标准底线,提升基层公共文化设施管理的水平和效能。目前,全省已有省级地方标准 16 个、市级标准 14 个、县级标准 46 个,内容涉及公共文化设施的管理、运营、评价等各个方面,覆盖公共文化各领域,支撑高质量发展的标准体系初步形成。浙江省"城市书房标准化建设"也于 2020 年入选国家标准化管理委员会第六批社会管理和公共服务综合标准化试点项目。此外,优化行政审批服务,涉及省厅的 10 项审批事项实现"一次也不用跑"。率先完善"游艺娱乐场所设立审批"等 4 个审批事项,全面实施告即承诺、其他营业性演出"一件事"改革。

发挥政策优势,积极协助文化企业抗疫。率先修订完善文化和旅游场所及活动有序开放等 9 个工作指南共 190 条措施。围绕"六稳""六保"工作,指导各地用足各项纾困支持政策,建立驻企服务员机制,共派出驻企人员 4813 人次,驻企 7726 家,走访企业 29537 家,解决问题 3868 个。实施抗击疫情文艺轻骑兵"云"行动和文艺名家战"疫"行动。促消费,想尽各种措施和办法,推动文化和旅游市场恢复,自 2020 年 9 月开始,全省国内旅游已基本恢复到上年同期水平,全年累计接待游客 5.7 亿人次,收入达 8275.1 亿元,分别达到上年同期的 78.5% 和 75.8%。抓投资,全省在建项目共 2839 个,总投资为 20100 亿元,实际完成 2584.7 亿元,完成年度计划的 12.9%。

(二)城乡一体,均衡发展

文化产业城乡一体化是一项重大而深刻的社会变革,是社会发展的一个新阶段,是把城市与农村、城镇居民与农村居民作为一个整体,统筹谋划、综合研究,通过体制改革和政策调整,促进城乡在文化产业发展、市场信息、政策措施、设施设备、服务内容、服务水平等方面一体化,改变长期形成的城乡二元经济结构,实现城乡在文化产业与文化服务政策上的平等、服务水平的均衡和公共服务的一致,让农民享受到与城镇居民同样的文明和实惠,实现全民追求美好生活的愿望。

浙江省通过创新机制,采用多种途径和模式在基层建立城市文化资源等服务点。例如,浙江图书馆立足人民群众多样化、多层次、多方面的需求,在国内率先打破省域图书借阅服务地域限制。2020 年,浙江图书馆联合市、区、村,建立村级"信阅"服务点,面向村民提供线上和线下服务,集公共文化传播、图书借阅流通、阅读活动推广于一体。"信阅"服务从线上延伸至线下,先后在杭州市、舟山市、金华市、台州市等地区共建设 20 余个线下服务点。浙江省各乡镇(街道)大力开展文艺团队组建工作,并整合现有文艺团队,避免团队建设的重复交叉,打造"三团三社"成为乡镇综合文化站的标配。截至 2020 年底,浙江省已组建各县(市、区)不少于 300 支、各地市不少于 2000 支、全省不少于 3 万支的乡村文艺团队,覆盖率达到 100%。同时,全省各行政村围绕"三团三社"的要求,基本已建立 1 支以上人员相对稳定、经常开始活动的乡村文艺团队。与此同时,各地方也纷纷出台配套政策,助推"三团三社"建设工作,确保乡村艺术团队可持续地规范运行。

(三)产业融合,创新发展

推动文化和旅游产业深度融合发展。一是推动文化场馆景区化建设。中国丝绸博物馆、浙江自然博物院安吉馆、宁波中国港口博物馆被评为 4A 级景区。二是以文化为主核发展特色旅游业。浙江省有第四批省级红色旅游教育基地 10 家,发布 100 条浙江文化和旅游精品线路,完成两产业县(市)文化和旅游资源普查试点工作,率先完成全国红色旅游资源普查试点工作(嘉兴市)。2020 年 12 月,浙江省文化与旅游厅制定《关于推进文化和旅游深度融合发展的意见》(下文简称《意见》),推进全省文化和旅游业在更宽领域、更深层次、更高水平上实现融合发展。《意见》指出,要从实施"优秀传统文化+旅游""革命文化+旅游""社会主义先进文化+旅游"3 个方面探索文化和旅游融合的主要路径;从促进"农业文化+旅游""工业文化+旅游""服务文化+旅游""数字文化+旅游"4 个方面丰富文化和旅游融合形态;从把文化资源转化为旅游产品、为旅游产品植入文化元素、以融合的思路规划建设新项目 3 个维度探索文化和旅游融合方法;从产业融合、市场融合、对外和对港澳台交流融合、公共服务融合 4 个重点领域聚力推进文化和旅游深度融合,充分发挥融合的乘数效应。三是开展文旅融合发展监测体系研究。设计文旅融合发展评价指标体系,建立文旅融合发展指数模型,完成《浙江省文旅融合 IP 发展综合评价办法(试行)》,构建"文旅 IP"量化考核评价指标。四是加快推进系统集成改革。25 个县(市、区)被正式列入浙江省文旅产业融合试验区名单。推动杭州市申报国家文化和旅游消费示范城市工作,确定省级文化和旅游消费试点城市 23 个。推进"诗画浙江百县千碗"工程,认定 2 批共 263 家美食体验店。

推动文化与科技、金融等其他产业的融合发展。在此方面,浙江省各县(市、区)走在前列,催生了全新的文化业态,萌发了全新的商业形态,构建起全新的产业生态。其中,既有朝气蓬勃的数字文化产业、文化旅游产业,也有插上科技和创意翅膀实现转型的传统产业。与此同时,一批文化产业投资基金、文创银行等文化金融服务机构应运而生,政银企等多部门沟通协作机制逐步建立,探索出许多精准有效的文化金融服务模式。例如,在杭州市西湖区,文化与金融深度合作,国内首家文创金融专营机构——杭州银行文创支行专注于服务中小微文化企业,覆盖动漫游戏、艺术品、影视传媒等领域,推出游戏工厂贷、影视夹层贷、艺术品质押融资、银投联贷等新型服务模式,为 300 多家文化企业提供超过 50 亿元的信贷支持,有效解决了中小微文化企业融资难、融资贵的问题。破行业壁垒,促进文化与多产业的融合发展,已成为全省深化文化领域供给侧改革的重要抓手。

推进文化与城镇发展深度融合。建设文化特色小镇,以"互联网+"技术为引领,以特色产业为基础,以文化内涵为特色,促进产业集群发展,加快产业转型升级和推进新型城镇化,目前已经建成余杭梦想小镇、桐乡乌镇互联网小镇、临平艺尚小镇等一批文化特色小镇。推进"百城千镇万村"景区化,提前一年实现万村景区化,景区城覆盖率达 55.5%,景区镇覆盖率 34.7%,景区村覆盖率达 49.4%,如图 2 所示。加快 4 条诗路千万级核心景区建设,启动42 家千万级大景区培育工作。

景区城覆盖率:55.5%
景区镇覆盖率:34.7%
景区村覆盖率:49.4%

图 2　景区城、镇、村覆盖率情况

数据来源:《2021 年浙江省文化文物和旅游统计年鉴》。

推动文化与企业、机构、基地共建共享。例如,2020 年 3 月,金华市正式发布国内第一个文化建设军地共建共享地方标准——《军地文化共建共享服务规范》,明确了军地文化共建共享的边界,规定了军地文化共建共享的内容。截至目前,金华全市共有 3 个互联互通的学习服务平台、6 家军民融合图书分馆、20 个图书流通站、10 个军民融合文化活动场馆、15 支部队文艺特色队伍和兴趣小组、17 个军民融合教育实践基地。文化和旅游部与武警部队还在 2021 年的文化建设军地共建共享试点成果现场推广会上,向全国推广金华经验。

(四)串珠成链,以点带面

浙江省扎实的数字经济基础,推动数字文化产业平台异军突起。例如,在浙江省杭州市的之江文化产业带中,税收达 1 亿元以上的平台就达 8 个,已成为推动之江文化产业带发展的主力军。大量国内外优质资源集聚,如浙江国家音乐产业基地萧山园区以"音乐科技创新城"为核心定位,已吸引网易云音乐、放刺电音、超音体等 20 余家知名音乐企业入驻。重点项目建设形成了"串珠成链,以点带面"的良好发展势头。目前,产业带重点项目建设库中的项目已增加至 84 个,重点聚焦数字文化、影视文化、艺创设计、动漫游戏等优势行业,上市文化企业达 34 家。此外,杭州市还不断扩大对外传播,加强国际交流合作。产业带上已建有22 家重点文化出口企业和基地,华策影视、中南卡通、电魂网络等积极拓展海外文化市场。自国内首个城市文博会联盟成立以来,区域内的联动合作也更为频繁,推动产业带文化引领和辐射带动效应不断提升。

全省产业园发展势头较好,宁波市鄞州区广告产业园区、温州市鹿城区浙江创意园、衢州市开化县根博园等一批差异化重点园区,带动全省 140 余个文化产业园区竞相发展,形成影视动漫、文化创意、工艺美术品生产、文化产品制造等一批具有较强影响力的特色文化产业集群。绍兴市柯桥酷玩小镇、嘉兴市桐乡乌镇互联网小镇、金华市东阳木雕小镇、丽水市龙泉青瓷小镇和宝剑小镇、丽水市青田石雕小镇等均已形成富有地方特色的产业规模。此外,中国国际动漫节、中国(义乌)文化产品交易会、杭州文化创意产业博览会、中国(宁波)特色文化产业博览会、温州国际时尚文化产业博览会成为品牌展会,每年吸引海内外数百万人前往参观,现场成交和项目签约额累计超过 400 亿元。由此可见,一个立足浙江、面向全国、辐射全球的文化产业交流合作贸易平台方阵正在崛起。

浙江省推进"一人一艺"全民艺术普及工程。2016—2020 年,宁波市"一人一艺"共举办各类线下和线上活动 3000 余场,累计服务 800 万人次。根据第三方调查统计结果,截至2020 年 10 月,宁波全民艺术普及综合参与率达 82.93%,群众幸福感和获得感不断增强。浙江省还面向社会各界广泛吸纳热心公益和文化事业的人士参与文化志愿服务,发展壮大文化志愿者队伍。

(五)数字赋能,高效创新

建立文化和旅游企业"企业码"和信息库,筹建投融资服务平台,指导帮助企业做强办大。在做强产业平台方面,杭州市白马湖生态创意城获批为国家级文化产业示范园区,宁波市获批为国家级文化与金融合作示范区,创建国家级金华横店影视产业集聚区、衢州儒家文化产业园。

数字赋能高效治理,美丽宜居未来可期。2020 年 3 月,浙江省委、省政府发布《关于高质量推进乡村振兴确保农村同步高水平全面建成小康社会的意见》,推动乡村数字化变革。统筹规划大数据资源开发利用,构建数字乡村业务应用、应用支撑、数据资源和基础设施四大体系。健全乡村数据资源目录和标准规范,基本建成数字乡村云平台框架和核心数字资源库。加快数字技术在生产管理、产品流通、公共服务、乡村治理等领域的应用,扎实开展数字乡村试点,加快建设数字农合联,做强"网上农博"平台,推动种养基地数字化改造 1000 个。

以良渚博物院为例,2020 年,良渚博物院首次免费开放全球首款博物馆 AR 智能导览眼镜体验,通过虚拟与现实相结合的新型展览设置方式,为观众补充了现实展陈中缺乏的信息,方便观众获得更多生动的文物介绍与动态展示。观众通过良渚博物院官网、官方微信公众号,即可进入"云展览"端口,进行线上 360°观展,立体、真实地了解良渚古城遗址的独特风貌。2020 年 12 月,"云上泽国——良渚文明线上主题展"在国内和意大利米兰、德国汉堡同步上线。云上展览采用了先进的 AR 交互技术,以沉浸式沙盘动画及嵌入式视频还原了良渚王城风貌,让海内外体验者走进良渚,感受良渚,了解良渚古城遗址。据统计,2020 年 2—8 月,良渚博物院共计开展"云直播"活动近 30 场,累计观看人次超 1000 万人次。

以数字赋能,打造家门口的图书馆。2020 年 3 月以来,浙江省各级公共图书馆采用"图书馆+"模式,通过共建、合作等方式建成 200 余家具有地方特色的主题图书馆和城市书房,借助数字化技术,积极打造覆盖省、市、县、乡、村五级网络的公共图书馆服务体系——浙江省文献信息资源共建共享平台,重点解决基层网络不健全、资源不充分的问题,开展了一场依托"一朵云、一张网、一本证",以数字技术为基础,以共享理念为目标,以信用阅读为手段的全省图书馆公共文化服务的变革。截至 2020 年底,全省各类主题图书馆和城市书房的总量达 900 家,覆盖面广泛,让老百姓在家门口就能享受到高品质的公共文化服务。

浙江"爱心助盲"志愿者团队或个人按照浙江图书馆整理的"爱心书单",对书籍进行录制,每半年或一年将录制好的有声读物转交给浙江图书馆,供视障读者使用。目前从事该服务项目的团队有道富科技有限公司(2019 年录制绘本 23 本,2020 年录制中长篇小说 14 部)、浙江工商大学(2020 年录制中长篇小说 45 部)、中国计量大学(2019 年录制原创游记 6 篇,2020 年录制原创游记 6 篇)、蚂蚁集团(2019 年录制中长篇小说 11 部,2020 年录制中长篇小说 4 部)、浙江传媒学院(2019 年录制长篇小说 2 部,2020 年录制短篇集 1 部、散文 8 篇)。

(六)基因解码,创新传承

解码文化基因,活态传承利用。2020 年,浙江省实施《浙江省传承发展浙江优秀传统文化行动计划》,全面实施文化基因解码工程,印发实施方案和工作导则,研发"文化基因解码工程"信息管理系统(1.0 版);统筹推进全省 18 处上山文化遗址的研究、保护和宣传,制定《阳明文化、和合文化、南孔文化研究、保护和文旅融合发展行动计划(2021—2023)》;组织实施考古调查勘探项目 206 项、考古发掘项目 61 项,发现了中国东南沿海地区埋藏最深、年代最早的一处海岸贝丘遗址——井头山遗址;召开全省文物安全工作会议,落实文物安全工作责任制,推动文物安全工作纳入浙江省高质量发展综合绩效评价指标体系和省委组织部地方党政领导班子和领导干部年度考核;与浙江大学、浙江理工大学、中国计量大学开展全面合作;印发《浙江省省级文化传承生态保护区建设的意见》,遴选 17 个创建地区;出台《浙江省省级非物质文化遗产代表性传承人管理办法》,制定省级非物质文化遗产代表性项目和代表性传承人评估实施细则并组织实施;加快非遗保护公共服务平台建设,发布非遗数字地图"非遗 GO"。

2020 年,浙江省 11 个作品入选文化和旅游部发布的"庆祝中国共产党成立 100 周年舞台艺术精品创作工程"名单,数量居全国前列。浙江省开展"重要窗口"主题文艺精品创作,全省有 382 个项目列入题材规划;评审推出 2020 年度全省舞台艺术创作重点题材项目 11 个、当代舞台艺术精品创作扶持项目 5 个,举办 2020 龙游石窟国际音乐盛典等大型旅游演艺演出,命名第二批"浙江文艺创作采风基地"14 个、"浙江省戏曲之乡"12 个;举办各类美术展览 30 余个,获全国美术馆优秀公共教育项目和优秀展览提名项目各 1 项。浙江省有 5 个项目获国家社会科学基金艺术学重大项目立项,26 个项目获国家社会科学基金艺术学年度项目立项,均居全国前列。

浙江省是红船文化的发源地。2020 年,浙江省实施红色基因薪火行动,推动理想信念教育常态化、制度化,大力弘扬红船精神、浙江精神,加强嘉兴南湖红船、上海中共一大会址一体化保护研究,提升爱国主义教育基地建设水平,建设红色文化传承示范区。浙江省作为阳明理学的实践地,注重阳明文化等优秀传统文化资源的转化,依托阳明故里,积极打造阳明古镇。2020 年,浙江省深入推进大运河文化带和浙东唐诗之路、钱塘江诗路、瓯江山水诗路文化带建设,形成文明之源大遗址保护群、世界文化遗产群、宋韵文化传承展示中心,深入挖掘提炼"浙学"文化深厚内涵,唤醒非遗记忆,推动越剧申报世界非物质文化遗产,打造传统文化传承发展样板区。

(七)上下联动,文化惠民

加强文化民生,促进文化惠民。2020 年,浙江省围绕中心服务大局,坚决贯彻落实省委、省政府的工作部署,实干担当:深入开展"三服务""大学习大调研大抓落实"活动,想方设法地服务企业、服务群众、服务基层,办实事、解难事;加强法治文化建设;推进基层综合性文化中心社会化运营,提高基层文化场馆服务效能;会同省发改委制定印发《高质量打造未来社区公共文化空间的实施意见》,推动城市公共文化服务提档升级;启动新时代公共文化服务体系 2.0 版制订;制定《关于高质量推进旅游公共服务的实施意见》,印发《旅游志愿者服务规范》;持续开展文化惠民活动,新增农村文化礼堂 3463 个;全省送戏下乡 21677 场,送书下乡 2904020 册,送讲座、展览下乡 16193 场,文化走亲 1592 次,送教下乡 115 场且培训 9200 多人次,如表 28 所示。

表 28　2020 年浙江省文化惠民情况

活动类型	数量
送戏下乡/场	21677
送书下乡/册	2904020
送讲座、展览下乡/场	16193
文化走亲/次	1592
送教下乡/场	115
培训/人次	>9200

数据来源:《2021 年浙江省文化文物和旅游统计年鉴》。

截至 2020 年底,浙江省全面完成基本公共文化服务标准化考评认定工作,所有县(市、区)均通过认定,达到基本公共文化服务标准化的要求。浙江省组织实施《高质量推进旅游公共服务体系建设的实施意见》,大力提升旅游公共服务水平,编制全省旅游交通发展规划并组织实施。加快旅游厕所管理,建设示范性厕所 50 个,启动 100 个旅游驿站建设。2020 年 8 月底,杭州市萧山区"文化管家"项目已开展文化培训 869 课次,服务乡村群众 24.8 万人次,助力全区镇、村策划组织大型文化活动 100 余场,新组建各类基层文化团队 150 余支。杭州市萧山区"文化管家"的创新实践,为其实施乡村振兴战略、开展现代化乡村治理,探索出一条崭新的路子。

四、浙江省文化产业发展瓶颈与问题

(一)区域发展有待进一步均衡

浙江省公共文化服务体系和服务水平在地区、城乡间还存在较大差距。根据浙江省社科院研究结果,浙江文化发展水平不平衡主要体现在城与乡、不同地区之间的发展水平、建设成效等方面。例如,农村的公共文化设施多为小型和单一功能场所,大型、综合性文化场馆相对较少。农村和边远、贫困地区基础设施明显落后于城市和经济发达地区。人的现代化是现代化的核心要义,文明是现代化的显著标志。当今世界正经历百年未有之大变局,国内外形势发生了深刻复杂的变化,克服前进道路上的各种风险挑战,既需要强大物质力量的保障,也需要强大精神力量的支撑。2020年是高水平全面建成小康社会的决胜年,在即将开启社会主义现代化建设下一个百年之际,人民前所未有地期待更加充实、更为丰富、更高质量的精神文化生活,时代前所未有地呼唤文化发挥引领风尚、教育人民、服务社会、推动发展的作用,这迫切需要突破文化发展不平衡、不充分的问题。随着科技创新的深入推进和广泛应用,文化生产方式和传播手段发生了深刻的变化。

根据《2021浙江省数字经济发展综合评价报告》的评价结果,2020年浙江省各地区数字经济发展水平总指数总体呈现3个梯队,如表29所示。第一梯队分值在100分以上,杭州市继续以137.2的高分稳居榜首;第二梯队分值在80—100分,依次是嘉兴市(88.7分)、温州市(87.7分)、宁波市(87.5分)和湖州市(83.0分);第三梯队分值在80分以下,依次是绍兴市(79.8分)、金华市(78.5分)、衢州市(74.3分)、台州市(70.0分)、舟山市(69.8分)和丽水市(67.3分)。

表29　2020年浙江省各地区数字经济发展综合评价结果

地区	基础设施		数字产业化		产业数字化		新业态新模式		政府和社会数字化		总指数	
	得分	位次	得分	位次	得分	位次	得分	位次	得分	位次	得分	位次
杭州市	102.6	1	164.5	1	132.0	1	159.6	1	110.6	1	137.2	1
宁波市	95.7	3	75.7	5	89.9	6	80.8	4	105.9	2	87.5	4
温州市	89.3	5	82.2	3	85.7	7	89.9	3	99.2	4	87.7	3
嘉兴市	102.4	2	88.0	2	91.6	5	61.1	6	96.5	5	88.7	2
湖州市	83.5	9	78.1	4	100.2	3	59.0	7	91.8	8	83.0	5
绍兴市	84.0	8	72.6	6	99.2	4	52.3	9	89.0	10	79.8	6
金华市	85.1	6	65.4	7	79.6	8	75.2	5	100.7	3	78.5	7
衢州市	69.9	10	57.3	10	102.1	2	58.8	8	90.8	9	74.3	8
舟山市	90.5	4	60.6	8	71.3	9	39.1	11	92.1	7	69.8	10
台州市	84.2	7	59.9	9	70.0	10	48.5	10	96.1	6	70.0	9
丽水市	59.0	11	52.2	11	65.6	11	95.8	2	84.7	11	67.3	11

数据来源:《2021浙江省数字经济发展综合评价报告》。

(二)发展体系有待进一步完善

浙江省文化产业发展全面性有待进一步完善,群众对文化产业的认知度和重视度有待进一步提升。近年来,群众主动参与各种文化实践的热情越来越高涨,人数总体处于稳步增长态势。与此同时,文化服务的供给方式不断创新,如文化服务流动平台、文化信息资源共享平台、文化长廊等,这一系列文化工程使得我国乡村公共文化服务内容更加丰富,覆盖区域更加广阔。但也应看到,乡村公共文化发展依然不平衡,发展体系尚待完善;乡村公共文化发展的多元功能和综合价值没有得到充分体现;人均占有乡村公共文化发展资源的比重和发达国家相比还有较大差距,文化形式缺少创新,远远不能满足群众、乡村公共文化发展的需求。地域特色文化发展与乡村文明建设需求不适应,部分地区文化产品种类单一,还未形成自己特有的文化品牌,转化为乡村特色项目的效果并不明显。农村要留得住"乡愁",必须振兴乡土文化。只有重视乡土文化、挖掘和利用好乡土文化,不断推动乡土文化繁荣发展,才能使其成为乡村振兴的不竭源泉,为乡村振兴提供持续的精神动力。

乡村振兴战略是新时代"三农"工作的总抓手。乡村振兴的过程,本质上是农业农村现代化的过程。当今,互联网成为文化传播力、影响力的关键变量,因此必须加快推动以先进技术为牵引的文化变革。面对新形势和新要求,要进一步坚定文化自信和文化自觉,切实增强"重要窗口"意识,不断铸就浙江文化繁荣发展新辉煌,更高层次地实现物质文明和精神文明的协调发展,更高水平地谱写争创社会主义现代化先行省的文化新篇。目前,县域科技创新基础比较薄弱,创新资源配置较少,因此,需要提升科技供给能力,促进科技与产业深度融合,提高科技转化效率。

(三)产品供给体系有待进一步优化

浙江省文化产品类型和内容供给现状与广大人民群众高质量、多样化的需求尚存在一定差距,产品供给体系有待进一步优化。随着社会经济的发展和人们生活水平的提高,不同地区、不同特征的群体对文化的需求呈现出多元化、区域化、个性化的趋势。当老年人兴高采烈地跳着广场舞的时候,年轻人则热衷于动漫、创意、二次元、网红、追星等等,尤其在移动互联网、大数据、云计算、5G等技术广泛应用的新时代,多样化、个性化、高质量的快餐文化越来越成为消费热点。

目前,浙江文化产品和服务与人民群众日益增长的文化需求还不适应,广受欢迎的精品力作还不多,文化产品的数量、质量均有待提高;外贸文化产品发展相对滞后,对经济增长和转型升级的贡献率有待提升;文化遗产保护与构建优秀的传统文化传承体系还不适应,抢救保护任务依然繁重,合理利用机制有待健全;"互联网+"时代的到来和高新科技的日益发展,使得文化产业与其他产业的融合越来越紧密,推动文化生产方式和传播方式面临深刻的变革。

五、浙江省文化产业发展创新经验

(一)坚持顶层设计,一张蓝图绘到底

在习近平总书记关于浙江如何破解"成长中的烦恼"、推动新一轮发展的重要指示的指

导下,浙江省把加快建设文化强省作为"八八战略"的重要内容,就全省文化改革发展制定了具体清晰的路线图。历届浙江省委坚持习近平总书记的顶层设计战略思想,贯彻落实党中央文化建设的战略部署和要求,着力推动浙江省从文化大省迈向文化强省,再到文化浙江,在指导思想和宏观战略层面,一张蓝图绘到底。

结合新时代的文化产业发展战略和党中央对文化建设的新要求,我们要不断推进浙江文化发展战略的迭代升级;完善公共文化服务体系,创新文化服务机制;优化治理政策,提升服务水平,走特色发展之路;围绕加快把文化产业打造成为支柱产业,各县从自身空间格局、资源要素、特色优势着手,主动将文化产业发展纳入区域社会经济发展的总体框架中,发展文化产业园区、文化创意街区、文化特色小镇等多种形式的产业集聚空间,提升重点企业发展质量,培育一批中小微文化企业,并辅以人才、信息、金融、土地等方面一系列要素保障,以此推动文化产业跨越式发展。

(二)勇于探索创新,敢开天下先

从根本上说,文化产业是一个创新创意的产业。浙江文化企业普遍具备前瞻性的思维和创新精神,往往在市场还未发现商机或者还没有引起重视的情况下就先行一步。浙江文化企业创新模式多样,以产业创新衍生新兴产业、以文化形塑特色小镇激活其活力、以平台集聚文化企业聚力发展等模式都是典型代表。

横店将建筑产业资源优势衍生发展成"影视拍摄基地+旅游"的影视城,并迅速发展成为全球规模最大的影视实景拍摄基地,拥有 30 多个外景基地和主题公园、35 座室内高科技电影棚,集聚 843 家影视企业和 492 家艺人工作室。以"互联网+"技术为引领,以特色产业为基础,以文化内涵为特色,集聚旅游和社区功能,建成杭州市余杭梦想小镇、嘉兴市桐乡乌镇互联网小镇、杭州市临平艺尚小镇等一批文化特色小镇,使其成为浙江省加快产业转型升级和推进新型城镇化的有力抓手。浙江省拥有 143 个文化产业园区,入园企业占文化企业总数的比重超过 75%,这些特色鲜明的文化产业园,正成为汇聚浙江文化企业的"聚宝盆";以文化产业平台建设推动文化企业发展,中国(杭州)国际动漫节、中国(义乌)文化产品交易博览会等一批浙江文化产业展览展示平台也为文化企业发展提供了支持。

(三)做强优势产业,擦亮文化"金名片"

从打造优势产业来看,各县(市、区)能够找准定位,在"拉长板"上做足文章。杭州市西湖区紧抓之江文化产业带建设机遇,相继建成象山艺术公社、中国(浙江)影视产业国际合作区等重大文化项目,影视、数字内容和创意设计产业集群发展和辐射带动效应越来越明显。为进一步发挥领先优势,力争打造"全国文创产业品牌区",作为海上丝绸之路始发地、中国海上丝绸之路文化之乡的宁波市鄞州区,如今重点打造以文化夜市、文体赛事和影视产业为核心的现代都市文化产业,这座滨海小城焕发出现代时尚的活力。

大力发展影视产业,做大做强核心内容产业。浙江省影视产业在全国占有一席之地,举足轻重。目前,浙江省影视公司有 3000 多家,总体规模居全国第 2,仅次于北京。浙江省平均每年生产电影50部,居全国前3。浙江省影视产业的发展除了得益于影视基地建设,还得益于影视龙头企业的发展。华策从一家"小作坊"起步,最终于2010年上市。如今的华策影视集团已经是集网剧、电影、综艺于一体的全国影视行业龙头企业,其影视剧产量、一线卫视播出量一直位居全国第1,收视率排名位列全国前10,总计1万多小时的影视作品销往180多个国家和地区。以东阳市影视产业为例,横店影视文化产业集聚区已建成全球规模最大的影视实景拍摄基地,形成全国最为密集的影视产业集群,构建起最为完善的影视产业服务机制。截至目前,横店入区企业达1800多家,上市公司有31家,集聚了95%的国内500强影视企业,累计实现营业收入1200多亿元,累计税收达130亿元。今天的横店影视城,已成为浙江省享誉全国乃至世界的一张文化"金名片"。

(四)培育龙头企业,做强特色化产业

龙头企业可以从上至下串联带动一整个产业群。浙江省有华策影视、长城影视等影视产业,有宋城演艺等演艺娱乐和直播产业,还有由阿里巴巴引领的文化娱乐消费产业。这些文化龙头企业打造的产业链条,构建起浙江省文化产业的版图。浙江省通过支持民营龙头企业打造文化产业链,比如,阿里巴巴通过阿里文学提供创意和IP,阿里影视及其投资的影视制作公司制作和发行影片,利用大麦网、淘票票实现票务销售,大地影院、华数、优酷土豆作为播映平台,实现整个影视产业链的打通;同时,阿里巴巴还打造音乐、体育、游戏、文学和视频等文化娱乐产业链。

文化产业园区、特色小镇、文化创意街区是集聚产业空间、企业、人才和资本等发展要素的产业综合体,是县域文化产业发展的增长极。龙头产业平台,在引领县域经济发展、打造特色品牌、提升区域形象方面发挥着极为重要的作用。浙江省委宣传部认定公布的40个2017—2018年度省重点文化产业园区,带动全省140余个文化产业园区竞相发展,形成影视动漫、文化创意、工艺美术品生产、文化产品制造等一批具有较强影响力的特色文化产业集群。一个立足浙江、面向全国、辐射全球的文化产业交流合作贸易平台方阵正在崛起。

(五)紧乘互联网快车,鼓励新兴产业发展

"文化+互联网"塑造产业新生态。文化产业新兴业态不断涌现,数字出版、IP电视、手机阅读、网络文学、网络剧、网络游戏等正成为新的产业增长点。在杭州市余杭区,文化与数字科技融合进一步深化,阿里巴巴、哔哩哔哩等"领头雁"带动发展,形成数字文化创业创新高地。

疫情期间,各县(市、区)迎难而上,主动化危为机,一方面打好政策组合拳,纾困院线、文旅景区等受疫情影响严重的领域,另一方面抓牢数字经济和云端消费的机遇乘势而上,推出"云展览""直播带货""云复工"等创新模式,并使其成为推动文化产业复工、复产、复市的有力抓手。例如,中国(良渚)数字文化社区在疫情期间迎来"云开园",淘宝直播综合体项目、网易传媒(良渚)数娱创新基地、创梦天地华东总部项目、亚马逊云科技MSP项目等11个重点项目入驻签约,中国创新设计大数据杭州中心、浙江省设计智能与数字创意研究重点实验室揭牌,打开数字文化产业未来发展的想象空间。

(六)夯实人才支撑,打造现代化文化高地

以政策吸引和培养人才。人才是推动文化产业发展的根本,内容创意是文化产业的核心。2020年,浙江省全面启动文化和旅游导师工作室培育创建工作与舞台艺术"1111"人才等各类人才培养计划。浙江省组建文化和旅游创新团队26支,浙江音乐学院学生再次获得"中国好声音"总冠军。浙江省持续推进高等教育改革。浙江音乐学院成功获批国家级、省级一流本科专业6个,一流本科专业占比达75%;创设"五大学院"新型表演实践教学平台,探索"人才分类培养"模式创新;联合招收培养博士研究生。浙江旅游职业学院和浙江艺术职业学院双双进入全国、省"双高"建设序列。同时,浙江省各县(市、区)牢牢牵住人才和内容的"牛鼻子",坚持向外引进与本土培养相结合,坚持出政策、建学校、办培训等方式多管齐下,使得文化产业人才结构逐步完备。例如,龙泉市加大对瓷剑领域名家大师、企业家群体、技术工人和后备人才的培育力度,设立"龙泉青瓷宝剑终身艺术成就奖",完善大师带徒弟机制,每年举办技艺比武、原创设计大赛等活动,定期与景德镇陶瓷学院等开展培训合作,引领青年人才成长。目前,浙江省瓷剑行业有中国工艺美术大师7人、中国陶瓷艺术大师8人、中国工美行业艺术大师2人,培育省"151人才工程"培养对象4人、省首席技师2人、省技能大师工作室3个、工艺美术师179名,为瓷剑产业持续发展奠定了人力资源基础。湖州吴兴建立文化产业人才团队储备库,实施"南太湖优秀文化人才"引进计划,支持5个团队入选市级宣传文化创新团队,入选项目数占全市的1/3,文化人才进一步在中心城区集聚。温州鹿城施行招才引智"十条新政"和"白鹿引才"新政,引入西北工业大学、浙江理工大学设立鹿城技术转移中心,成立中津先进科技研究院,打造文创人才培养平台和产学研复合基地。

以美育课堂培养人才。2020年暑期,浙江省文化馆联合全省各地文化馆启动"圆梦青苗·以艺育美"声乐项目。此次声乐公益培训课是浙江省百名文艺志愿者面向农村未成年人开设的美育课堂项目,旨在大力培育乡村艺术人才,推进农村未成年人美育工作。该美育课堂项目被省文明办列为2020年浙江省未成年人思想道德建设10件实事之一。宁波市的"一人一艺"项目,经过4年多的建设,在全民艺术普及方面取得累累硕果。2020年10月,第三方零点公司调查统计数据显示,宁波市全民艺术普及综合参与率已达到82.93%,提前完成了预设目标。温州市以"凝聚社会力量,倡导公共阅读"为宗旨,融合各方"阅"力,成立温州读书会联盟,共同开展阅读推广活动,促进多元文化交流。截至2020年,温州市读书会联盟已有读书会140余家,累计开展线上和线下活动4492场,参与人次超过28万人次,起到了示范、辐射、引领的作用。

以文化志愿者推动人才培养。浙江省各级政府积极鼓励和推动文化志愿者基层服务模式:一是鼓励将自发、零散的文化志愿服务活动整合起来,推动文化志愿服务特色化和精准化;二是有组织、有计划地对文化志愿者进行分级分类的培训、指导,不断提升文化志愿服务的科学化、专业化水平;三是鼓励各地结合实际情况建立文化志愿服务激励回馈和嘉许制度,建立基层文化志愿服务长效机制,促进文化志愿服务健康发展。截至2020年底,浙江省文化志愿者总队拥有省直属支队 15 支,注册文化和旅游志愿者人数达 6000 余人;各设区市设立支队 11 支,市、县(市、区)设立文化和旅游志愿者大队 96 支,注册文化和旅游志愿者人数达 5.5 万余人,覆盖全省 11 个设区市,志愿服务年均惠及人次约 200 万人次,志愿服务项目获全国多个大奖。此外,重视文化类基金会,实现资金筹措多元化。杭州市图书馆事业基金会是中国第一家公共图书馆发展基金会。浙江省还扶持民办博物馆发展,以丰富城市文化内涵,在这方面也取得了一些成就。

六、浙江省文化产业发展趋势与展望

2021 年是建党 100 周年,也是高水平开启"十四五"规划、全面建设社会主义现代化先行省的开局之年。以习近平新时代中国特色社会主义思想为指导,全面贯彻党的十九大和十九届二中、三中、四中、五中全会精神,全面落实省委十四届八次全会部署,增强"四个意识"、坚定"四个自信"、做到"两个维护",立足新发展阶段,贯彻新发展理念,构建新发展格局,聚焦高质量竞争力现代化,围绕"忠实践行'八八战略'新篇章、奋力打造'重要窗口'"这一主题,以庆祝中国共产党成立 100 周年为主线,以开启"十四五"、奋进新征程为重点,以满足人民日益增长的精神文化生活和旅游休闲需求为目的,全面建设全国文化高地、中国最佳旅游目的地、全国文化和旅游融合发展样板地,为争创社会主义现代化先行省开好局贡献力量。

(一)浙江省文化产业发展趋势

浙江省以党的创新理论为引领的先进文化、以"红船精神"为代表的红色文化、以浙江历史为依托的优秀传统文化、以"浙江精神"为底色的创新文化、以数字经济为支撑的数字文化全面繁荣发展,文化自信充分彰显,文化形象更加鲜明,文明程度显著提升,人民群众文化生活丰富充实,基本建成中国气派、古今辉映、诗画交融的文化强省,在实现人的现代化方面走在前列。

——主流思想引领力强劲牢固。习近平新时代中国特色社会主义思想深入人心,增强"四个意识"、坚定"四个自信"、做到"两个维护"植根全省干部群众思想深处,社会主义意识形态焕发强大的精神力量和引领作用:浙江省成为有着学思用贯通、知信行统一的浓厚氛围的省份。

——先进文化凝聚力充分彰显。"红船精神""浙江精神"广为弘扬,优秀传统文化不断创新转化、丰富再造,浙学文化内涵与时代精神相得益彰,全省广大干部群众干在实处、走在前列、勇立潮头:浙江省成为精神标识鲜明的省份。

——文明风尚塑造力极大增强。社会主义核心价值观深入践行,公民思想道德素质、科学文化素质和社会文明程度显著提高,爱国爱乡、科学理性、书香礼仪、唯实惟先、开放大气、重诺守信的时代风尚蔚然成风:浙江省成为群众公认、全国示范的"最美"省份。

——文化生活服务力全面提升。全域高品质现代文化供给更加丰富,文化设施网络更加健全,文学、影视、音乐、舞蹈、美术、书法、摄影、戏剧、曲艺、金石篆刻等各个艺术门类全面繁荣,城乡一体的现代文化服务体系全面覆盖,人文关怀体现到城乡每个角落:浙江省成为文化获得感、幸福感丰厚的省份。

——文化改革创新力竞相迸发。文化领域集成创新能力显著增强,文化整体智治体系不断健全,文化产业在全国领跑优势更加凸显,文化与科技、文化与旅游、文化与制造、文化与会展、文化与金融等深度融合:浙江省成为文化创新创造活力强劲的省份。

——文化传播影响力广泛深远。现代传播体系基本建成,网上网下一体、内宣外宣联动的主流舆论格局全面形成,更多具有浙江印记的文化名片走向世界,对外文化话语权大幅提升:浙江成为讲好中国故事鲜活生动的省份。

2021 年确定的全省文化和旅游工作目标是:建党百年系列庆祝活动圆满完成;彰显"重要窗口"魅力的标志性成果继续增长;完成"优秀传统文化行动计划"项目总投资达 75%;完成制订文化和旅游公共服务新标准体系并组织实施;实现文化和旅游疫情零传播,并使文化产业和旅游产业增加值实现正增长;65% 以上县(市、区)达到国家、省全域旅游示范区标准,建成 50% 以上景区村、45% 景区镇、60% 景区城;"文化浙江""诗画浙江"影响力显著提升;省域文化和旅游现代化治理体系初步构建,全省文化和旅游发展再上新台阶。

(二)浙江省文化产业下一步发展重点

1.铸魂溯源,打造思想文化高地

坚持马克思主义在意识形态领域的指导地位,深入实施铸魂工程、溯源工程、走心工程,打造学习宣传研究实践习近平新时代中国特色社会主义思想的重要阵地。

用习近平新时代中国特色社会主义思想武装头脑指导实践。加强新时代理论武装工作,构建用党的创新理论武装党员、教育人民、指导实践、推动工作的长效机制。健全学习实践习近平新时代中国特色社会主义思想的制度体系,建立党委(党组)重大决策前专题学习制度,实施理论中心组学习巡听旁听制度。健全党员领导干部理论宣讲体系,深化省领导联系高校做形势政策报告制度,全面推行各级领导干部上讲台上党课制度。加强高校马克思主义学院建设,提升高校思想政治课的教育教学水平。健全基层理论宣传宣讲体系,完善党委讲师团工作机制,创新开展媒体理论传播、宣讲品牌打造、宣讲名师培育、宣讲平台整合"四大行动",推出更多有吸引力、感染力的理论宣讲载体。打造重大理论和政策发声平台,形成良好社会思潮,引领社会风尚。推进重点社科研究和交流平台建设,打造"浙学论坛"学术品牌。实施现代智库体系建设工程,培育国家高端智库建设梯队,创建浙江省文化软实力研究中心,高水平建设一批重点专业智库和重点培育智库。推动高校、科研机构在海外建立中国学术研究中心,加强国际合作研究和学术交流。设立国际人文社科基金,吸引全球更多社科学者研究浙江。

2.乘势而上,推进文化产业建设

(1)坚持市场主导。结合浙江特色服务产业发展趋势和热点消费关注,以及"品字标"区域公共品牌定位,编制饭店业"品字标浙江服务"团体标准,引导品牌建设有序推进。坚持企业主体。引导市场主体强化品牌意识,加大品牌培育力度,运用品牌理念推进服务业标准化管理和服务创新,不断提升服务质量和满意度水平。以旅游饭店业为试点,辐射培育一批知名度高、有影响力的"品字标浙江服务"品牌主体。坚持政府引导。加大政策扶持力度,完善"品字标浙江服务"公共品牌培育机制,形成更加成熟、更加定型的"品字标"品牌认同。

(2)组织开展建党百年系列主题活动。高质量举办"不忘初心再出发——浙江省庆祝中国共产党成立100周年"大型音乐舞蹈诗画文艺演出。组织开展百场建党百年文艺演出、百部红色经典剧目展演、百个文博场馆主题联展、百项群文宣传教育活动、百场"云上中国故事"宣介、百年百景红色主题旅游市场推广、百年百艺非遗展示展演等7个系列活动。开展"献礼建党100周年"系列主题宣传活动,组织"赤诚之心——讲述百年大党的风华正茂"全省文旅青年宣讲团百场大巡讲,举办"红心向党——讲述浙江文旅人的故事"短视频作品创作大赛。

(3)促进文化和旅游产业融合。积极争创首批全国文化和旅游产业融合发展示范区,提升省级文旅产业融合试验区建设质量。加快全省100张文旅融合"金名片"建设速度,加大文旅融合IP工程培育力度。建设一批省级"文旅+"产业融合基地。制定《关于促进旅游演艺发展的实施意见》,培育一批特色鲜明的旅游演艺项目,打造一批旅游演艺集聚区。继续组织实施博物馆(美术馆)旅游景区创建工程,加快省非遗旅游景区推进速度,建设一批文化主题(非遗)民宿。启动浙江省特色文化旅游线路建设计划,加大文创产品开发力度。

(4)提振文化和旅游消费。推进国家级和省级文化和旅游消费示范、试点城市建设工作。出台《关于加快推进夜间文化和旅游消费集聚区建设的实施意见》《浙江省省级夜间文化和旅游消费集聚区认定办法》并组织实施,建成2—3家国家级夜间文化和旅游消费集聚区,认定一批省级夜间文化和旅游消费集聚区。纵深推进"诗画浙江·百县千碗"工程,新创建一批美食特色小镇、10个美食园(街区)、200个美食体验店(示范店、旗舰店)。举办旅游商品大赛,优选文创旅游商品进景区、进民宿、进文化主题酒店。举办浙江省文化和旅游消费季和"走读浙江"系列宣传推广活动,指导各地培育聚人气、效果佳的"旅游+"营销活动品牌。

基层公共文化设施建设

(1)市有五馆一院一厅。各设区市建有文化馆、图书馆、博物馆、非遗馆、美术馆、剧院、音乐厅。其中,图书馆、文化馆达到国家一级馆标准。

(2)县有四馆一院。各县(市)建有文化馆、图书馆、博物馆、非遗馆或展示场所和剧院(场)。其中,一类地区图书馆、文化馆以国家一级馆为主,至少达到国家二级馆标准;二类地区图书馆、文化馆达到国家一级馆标准。

(3)区有三馆。各区建有文化馆、图书馆、非遗馆。

(4)乡镇(街道)有综合文化站。各乡镇(街道)建有单独设置的综合文化站,100%的乡镇(街道)设三级(含)以上文化站。其中,二类地区为二级(含)以上文化站,一类地区以二级(含)以上文化站为主。

(5)农村有文化礼堂。人口在500人以上的村实现农村文化礼堂全覆盖。其中,人口在1000人以上的新建礼堂建筑面积不少于300平方米;人口在500—1000人的新建礼堂面积不少于200平方米;人口在500人以下的可建设部分功能性文化场所。

3. 开放包容,推进国际合作交流

(1)提前谋划入境游市场复苏工作。用好用足 144 小时过境免签政策。恢复日韩和中国港澳台地区等重点客源市场,拓展欧美远程客源市场,培育中东、非洲等新兴客源市场。在主要客源国谋划设立推广中心。加强与"一带一路"沿线国家和地区的交流合作。继续培养"诗画浙江"友好使者。研究实施推进主要入境旅游目的地国际化能力和水平提升计划。

(2)拓展对外合作交流新渠道。开展"诗画浙江与世界对话"主题系列交流推广活动。利用杭州亚运会的有利时机,推广"亚运主题"旅游产品。实施"诗路寻音"沉浸式交响音乐盛典暨"诗画浙江"主题音乐推广项目,提升"美丽中国·诗画浙江"品牌。建成 15—20 个国际人文交流基地。建设国际丝绸之路与跨文化交流中心,提高中国义乌文化和旅游产品交易博览会、国际海岛旅游大会、国际乡村旅游大会的质量和影响力。建成世界旅游联盟总部,争取让国家级文化合作交流平台落户浙江。

国际传播重点项目

(1)新媒体国际传播平台。优化"印象浙江"英文网,扩大中国·浙江英文网覆盖面,建立省级和市级联动的"1+11"英文网集群,建立一批媒体、高校、机构和个人海外社交账号,培育"国际网红",打造现象级"爆款"产品。

(2)"天目"新闻英文频道。面向在浙外国人,创新办好"天目"新闻英文频道,提供方便快捷、内容丰富、实用贴心的媒体服务,展示浙江人文、山水、发展之美,提升"重要窗口"国际影响力。

(3)浙江广电集团英语频道。以在浙外国人为目标人群,利用全英文播报和 4K 高清播出,通过时政资讯、历史文化、政策服务等,构建符合外国人信息诉求与认知习惯的内容传播体系,提升浙江国际影响力。

(4)杭州英语电台。依托杭州广播主频率"杭州之声",推出英文节目,打造城市国际传播平台,使之逐步成为外国友人走进杭州、认识浙江、了解中国的窗口。

(5)国际人文交流基地。在全省范围遴选一批体现浙江特色、代表中国形象、具有国际影响力的机构或单位,到 2025 年,建成 50 个承载国际交流合作、文化海外传播、国际形象塑造功能的国际人文交流基地。

---

4. 改造提升,拥抱文化发展浪潮

在思想层面,浙江省贯彻落实习近平总书记任职浙江期间关于"推动质量振兴,打造品牌大省"的重要指示精神和党的十九届五中全会关于推动高质量发展主题要求的重要举措。根据《国务院办公厅关于进一步激发文化和旅游消费潜力的意见》《文化和旅游部关于实施旅游服务质量提升计划的指导意见》和《中共浙江省委浙江省人民政府关于开展质量提升行动的实施意见》等文件要求,以习近平新时代中国特色社会主义思想为指导,以满足人民群众对美好生活的需求为工作重心,着力推进"品字标浙江服务"品牌建设。以文化和旅游领域为"品字标浙江服务"突破口,紧扣提供优质文化和旅游服务这个中心环节,大力推动文化和旅游服务提质升级,进一步激发城乡居民的文化和旅游消费潜力,以此带动浙江省服务行业服务技能持续提升、服务设施持续完善、消费结构更加合理、产品供给更加丰富,增强广大群众的获得感、幸福感、安全感,助推浙江省经济高质量发展。

在政治建设层面,持之以恒地学懂、弄通、落实习近平新时代中国特色社会主义思想,增强"四个意识"、坚定"四个自信"、做到"两个维护",不断提高政治判断力、政治领悟力、政治执行力。认真学习贯彻习近平总书记关于文化和旅游工作的重要论述、指示、批示精神,持续深抓对党忠诚教育。组织开展庆祝建党百年微党课视频比赛、"四史"知识竞赛、重温誓词党章、主题党日等活动。做好全省文化和旅游系统优秀党员、功勋人员、模范人物等先进事迹宣传工作,向优秀老共产党员发放"光荣在党50年"纪念章,巩固深化"不忘初心、牢记使命"主题教育成果。实施"三服务"活动2.0版,按"党支部建设提升工程"2.0版标准,建强支部堡垒,发挥党员先锋作用。营造"唯实惟先、善作善成"团队文化。

5. 落地实践,转化基因解码成果

(1)激发广大文艺工作者精益求精、勇于创新的精神。衡量一个时代的文艺成就最终要看作品,衡量文学家、艺术家的人生价值也要看其作品。鼓励文学家、艺术家努力创作无愧于我们这个伟大民族、伟大时代的优秀作品。要把质量作为文艺作品的生命线,不断提升作品的精神能量、文化内涵、艺术价值。要挖掘中华优秀传统文化的思想观念、人文精神、道德规范,把艺术创造力和中华文化价值融合起来,把中华美学精神和当代审美追求结合起来,激活中华文化生命力。要把握传承和创新的关系,学古不泥古、破法不悖法,让中华优秀传统文化成为文艺创新的重要源泉。要正确运用新的技术、新的手段,激发创意灵感、丰富文化内涵、表达思想情感,使文艺创作呈现更有内涵、更有潜力的新境界。

(2)开展未来系列改革试点。组织开展针对后疫情时代文旅消费特点变化的业态研究,加快改革项目谋划。推进未来文化社区、未来景区、未来民宿、未来酒店、未来山地休闲度假等建设试点工作。启动推出磐安县尖山镇、松阳县四都乡等民宿助力乡村振兴改革试点。指导编制三门湾、象山港湾等湾区未来旅游发展规划。探索以自贸区政策拉动形成新的增长点,制定并实施《浙江省自由贸易区文化和旅游产业发展工作方案》。

(3)推动舞台艺术精品创作生产。精心打造歌剧《红船》、交响乐《大潮至上》、婺剧《信仰的味道》、舞集《良渚》等文艺精品。实施新时代文艺精品创优工程,加快"重要窗口"重大题材文艺精品的创作;努力推出一批"说浙江""唱浙江""写浙江""演浙江",重点描写党的十八大以后浙江改革发展经验成果,具有浓郁地域特色,思想性和艺术性俱佳的"浙产"精品力作。创作3—5首反映时代特色、具有浙江特点、高质量传唱的主旋律歌曲。

(4)组织开展高水平艺术活动。研究整合艺术节庆活动,提升平台能级。打造全省艺术数媒服务平台,发展网络演播事业。举办新年演出季、浙江省传统戏曲演出季活动,开展《唱支歌儿给党听》浙江省优秀音乐作品巡演活动,举办龙游石窟国际音乐盛典、全省旅游歌曲创作演唱大赛。搭建美术藏品资源共享平台,开展美术数字资源共享试点。开展全省美术馆优秀展览项目评选活动。

（5）全力振兴传统戏剧。组织实施民间传统戏曲曲牌抢救计划,建设全省 18 个传统剧种曲牌库。创新体制机制,加强人才队伍建设,加强经费保障,进一步振兴越剧、婺剧、昆剧等传统戏剧。有计划地开展《牡丹亭》等经典传统戏剧复排工作。

（6）下沉一级发展音乐和美术事业。推动设区市开展"专业乐队（团）、音乐厅、音乐学校"三位一体建设并取得实质性进展。制定关于促进美术事业发展意见,鼓励有条件县（市、区）率先发展。

文艺精品提升工程

（1）当代文学精品。聚焦现实题材,重点抓好现实题材长篇小说和报告文学创作,推出 20 部优秀长篇小说和报告文学作品,办好郁达夫小说奖,提升文学整体水平。

（2）美术书法精品。深化"百年追梦"浙江美术书法精品创作工程,推出一批具有时代特征、浙江特色、艺术魅力的优秀美术书法作品。实施浙籍美术名家作品引聚展示工程,办好浙江美术作品展、兰亭书法节等具有全国影响力的美术书法活动。

（3）现代音乐精品。实施"唱响浙江"音乐创作推广计划,集中打磨推出 2—3 首表现新时代、新生活,易于传唱、代表浙江的优秀歌曲,推动创作一批具有浙江特色的优秀交响乐作品。

（4）影视动漫精品。实施影视动漫精品创作计划,策划、遴选一批重点选题和作品列入影视动漫精品工程名录,推出具有国内一流水准、深受群众喜爱、富有浙江特色的 10 部电影、20 部电视剧、10 部纪录片和 10 部动漫作品。

（5）传统戏曲精品。实施地方戏曲振兴工程,推出一批适应需求的戏曲精品剧目。加大对国家级和省级重点戏曲院团的投入保障力度,扶持基层和民营戏曲艺术表演剧团。

（6）歌剧舞剧精品。新创或提升 5 部左右思想精深、艺术精湛、制作精良,具有浙江特色的歌剧舞剧作品,力争部分优秀作品入选国家级展演或获国家级奖项。

---

6. 共享信息,打破传统数据孤岛

（1）打通"数据孤岛"。自政府数字化转型工作启动以来,浙江省各地坚持问题导向、效果导向,结合深化"最多跑一次"改革,以数据共享为突破口,着力解决阻碍改革的痛点和难点问题,主动服务意识明显增强,数据归集共享明显加速,老百姓体验感明显改善。当然,尽管浙江省在打通"数据孤岛"上做出了很大努力,在大数据的积累与应用上取得了长足进步,但要实现更大范围、更深程度的大数据共享,依然任重道远。大数据问题具有普遍性,例如,全省 11 个设区市的健康码互不相认,多个主体重复收集数据,势必增加社会成本,造成很大的社会资源浪费。出现上述问题的根本原因是省市之间、地方之间、企业与政府之间以及部门之间的数据共享不足,"数据孤岛"现象比较突出。因此,要切实以"一号工程"来解决新基建投入,努力打通"数据孤岛",实现数据共享、服务决策协同,为政府治理体系和治理能力现代化建设提供强有力的保障。

（2）挖掘数据价值。随着"互联网＋政务"的深入推进,数据开放共享势在必行。但事实上,各地各部门的"数据割据""数据孤岛"现象仍不同程度地存在。挖掘大数据价值,要力戒形式主义;共享大数据,要力戒官僚主义。要建设集中统一的政务数据共享交换平台,推动大数据共建共享;要打破条条框框,打破信息壁垒,消除"数据孤岛",解决数据"聚而不通、通而不用"的问题。《关于构建更加完善的要素市场化配置体制机制的意见》提出,要优化经济治理基础数据库,加快推动各地区各部门间数据共享交换,制定出台新一批数据共享责任清单。为此,要制定大数据管理标准、大数据开放与共享实施细则,让数据共享有章可循、有法可依。

(3)推进数字赋能。基于全省"一张网""一朵云",全面构建"1+4+N"的数字化改革总框架,建设智慧文旅大脑,构建数字政务服务体系、数字公共文化服务体系、数字文化和旅游产业发展体系、数字文化和旅游治理体系,持续推出"N个应用场景"。集成创新文化和旅游"一件事"改革,全面实现文化和旅游系统"掌上办事""掌上办公"。实施浙江"文化和旅游新基建"建设计划。加快推进红色旅游、海岛公园大数据中心试点,推动"互联网+旅游"发展。

(4)强化数字监管运用。全面推广"互联网+监管"平台应用。推动线上线下相结合,深化"双随机"检查,扩大基层一支队伍管执法试点。综合运用大数据技术,完善信用体系建设,打造文化和旅游信用监管2.0版。探索"信用游"浙江,推进失信黑名单认定。

新型主流传播矩阵

(1)"天目"新闻客户端。坚持内容全国化、平台国际化,突出短视频传播特色,优化资源配置,突破资金、技术、人才等发展瓶颈,集中力量打造具有较强传播力、影响力的移动传播平台,力争近3年每年新增千万用户,5年内聚合用户达到1亿人。

(2)"人文+综艺"融媒视听传播平台。整合浙江广播电视集团资源要素,打造"人文+综艺"特色的互联网视频平台,培育涵盖IP版权、演艺经纪、演艺培训、影视后期制作等全产业链条,构建网络视频生态圈。

(3)构建全省贯通的媒体融合技术平台。依托浙报集团"天目云"和浙江广电集团"中国蓝云"技术平台,构建系统集成的开放式网络技术平台,强化省、市、县三级新型主流传播矩阵运维服务和技术支撑能力。

(4)浙江新闻客户端。突出党端特质、融媒特征,进一步丰富政务、民生信息和服务、社交功能,做强"大政经"特色,打造权威新闻的发布平台和浙江政务信息的服务平台。

(5)中国蓝新闻客户端。发挥浙江广电集团新闻生产优势,推动融媒体新闻中心优势力量向移动端生产平移转型,打通与集团各媒体单元的新闻共享通道,聚合、整合、融合资源,打造在全国有影响力的移动新闻传播终端。

(6)小时新闻客户端。围绕"大生活"定位,以社会、社区、社群为重点,进一步提高原创品质内容的全网传播力、影响力,充分反映浙江人民的美好生活,打造群众喜爱的都市融媒体平台。

---

7. 保护文遗,谱写文旅产业新篇

(1)加强文化标识建设。继续推进实施"文化基因解码工程";在此基础上,充分运用解码成果,组织实施文化标识工程,指导各地遴选培育 100 个文化标识。深入实施《阳明文化、和合文化、南孔文化研究保护、研究和文旅融合发展行动计划(2021—2023)》;研究制订关于宋韵文化等以浙江传统文化遗产为底蕴的重大标识研究保护利用方案。

(2)加大考古研究力度。开展省级以上文物保护区域评估和土地储备考古前置工作。持续推进余姚井头山遗址、绍兴宋六陵、安吉古城、下菰城、金衢盆地、临安天目窑等一批重点考古研究项目。推进海洋文物考古工作,探索海洋文化起源。加强文明之源大遗址群保护,深入挖掘上山遗址、河姆渡遗址、良渚古城遗址等历史遗存的深厚内涵;推动"上山文化"等重点项目的考古研究及保护利用工作,加快建设上山文化考古遗址公园群落。开展全省石窟寺专题调查并形成保护计划。完成《良渚》大型纪录片拍摄和"浙江考古与中华文明"系列丛书编纂等工作。完善宁绍地区考古学文化谱系和历史发展脉络。开展长三角区域考古合作。

(3)提升文物保护利用水平。编制文物保护与利用"十四五"规划并组织实施。深入宣传贯彻《杭州市大运河世界文化遗产保护条例》,建立健全大运河遗产保护综合协调机制,建设并完善大运河世界文化遗产监测平台。完成诗路沿线地区文物资源调查,保护修缮诗路文化遗产,复兴古城、古镇、古村和历史文化街区。加强革命文物资源保护和利用。实施全省博物馆优化提升服务计划。

(4)加强非物质文化遗产保护。编制非遗保护"十四五"规划并组织实施。做好联合国教科文组织非遗名录项目申报工作。继续推进省级文化传承生态保护区创建。开展《浙江省非物质文化遗产保护条例》修订调研工作,协同推进大运河非遗保护,启动第六批省级非遗项目申报推荐工作。

(5)加大非物质文化遗产传承和利用力度。举办浙江省传统戏曲演出活动,办好"文化和自然遗产日"宣传展示活动、"浙江好腔调"传统戏剧曲艺展演、第四届"少年非遗说"全省传统故事讲述大赛、非遗购物节等活动。持续举办浙江·中国非遗博览会(杭州工艺周)。加快非遗特色村镇、街区建设,推进"非遗在社区"工作。启动全省非遗曲艺书场建设试点。

文化遗产重大标识性项目

(1)上山遗址。深化上山文化遗产价值提炼,积极申报世界文化遗产,建设上山文化考古遗址公园,建立上山文化考古遗址公园群落,推出上山文化考古特色精品旅游线路,建设展示"万年浙江""世界稻作之源"的"重要窗口"。

(2)河姆渡遗址。启动河姆渡国家大遗址项目申报工作,加强河姆渡省级考古遗址公园建设,争创国家考古遗址公园。

(3)良渚古城遗址。深挖良渚古城世界文化遗产价值,打造中国城市文明起源的典型样本。开展以良渚古城为核心的良渚文化考古,推进良渚古城国家考古遗址公园建设,完

成良渚文明系列著作的翻译、校稿及出版,设立世界考古论坛·良渚分论坛暨良渚国际考古论坛。

(4)宋韵文化传承展示中心。建立省、区、市三级统筹协调工作机制,推进宋韵文化研究传承和南宋文化品牌塑造,做好"两宋"文物遗址考古勘探和发掘,实施南宋皇城综合保护工程,启动德寿宫遗址公园暨南宋博物院建设。开展南宋主题文艺精品创作,高质量举办南宋文化节,推出一批具有标志性的南宋文化文旅项目。

2021年,浙江省将加快发展文化旅游产业。实施文化产业提升计划,大力发展数字文化新业态,健全现代文化产业体系和市场体系。推进之江文化产业带建设,支持横店影视文化产业集聚区、象山影视城建设,打造具有国际影响力的影视文化创新中心。实施浙江文化出海工程,打造国际化人文交流基地,建设国际传播媒体集群。深化文旅融合,以挖掘文化内涵和提升游客微观感受为导向,开展旅游业"微改造、精提升",深入推进大运河国家文化公园建设,创建国家全域旅游示范省。提高社会文明程度。坚持以社会主义核心价值观为引领,大力弘扬"红船精神""浙江精神",推进新时代公民道德建设工程,深入实施红色基因薪火行动、新时代文明生活行动、人文素养提升行动。坚持高标准、常态化,巩固提升全国文明城市创建成果。深化"最美"品牌培育,擦亮"最美浙江人"名片。大力倡导"礼让斑马线、聚餐用公筷、排队守秩序、垃圾要分类、餐饮不浪费"等文明好习惯。推进新时代文明实践中心三级阵地网络建设。健全现代志愿服务体系。广泛开展全民阅读活动,扎实推进书香浙江建设。

8.未来乡村,引领文化发展方向

为了解决新时代背景下的"三农"问题,党的十九大报告中首次提出乡村振兴战略,随后《中共中央国务院关于实施乡村振兴战略的意见》和《国家乡村振兴战略规划(2018—2022年)》相继出台。乡村振兴战略成为解决新时代我国社会主要矛盾、实现"两个一百年"奋斗目标和中华民族伟大复兴中国梦的必然要求。未来乡村建设,作为一项具有创新性、前瞻性的工作,无先例可循,也是新时代美丽乡村和数字乡村建设的递进版,主题文化的繁荣成为其中的重要内容之一。

未来乡村以营造"人的生活场景"为核心,注重人与自然和谐共生、人与社会和谐共存、人与人和谐共富等,是一种产业蓬勃兴旺、环境秀美宜居、文化潜移默化、农民怡然自得的新型乡村形态。从狭义上讲,未来乡村建设是指以村、镇和片区(跨镇)为单位载体,推进乡村发展空间布局有机更新,打造主题特色鲜明、主导产业突出、功能布局完善、公共服务健全、治理机制科学、区域边界合理、共同富裕坚实的未来乡村。未来乡村建设以人本化、生态化、数字化为建设方向,以原乡人、归乡人、新乡人为建设主体,以造场景、造邻里、造产业为建设途径,以有人来、有活干、有钱赚为建设定位,以乡土味、乡亲味、乡愁味为建设特色,本着缺什么补什么、需要什么建什么的原则,打造未来产业、风貌、文化、邻里、健康、低碳、交通、智慧、治理等场景,集成"美丽乡村+数字乡村+共富乡村+人文乡村+善治乡村"建设,着力构建引领数字生活体验、呈现未来元素、彰显江南韵味的乡村新社区。

参考文献

[1] 中共中央 国务院关于支持浙江高质量发展建设共同富裕示范区的意见[J].中华人民共和国国务院公报,2021(18):4-10.

[2] 浙江省发展改革委 省委宣传部关于印发《浙江省文化改革发展"十四五"规划》的通知[EB/OL].(2021-06-30)[2022-12-01]. https://www.zj.gov.cn/art/2021/6/30/art_1229540815_4673572.html.

[3] 关于高质量打造新时代文化高地推进共同富裕示范区建设行动方案(2021—2025 年)[EB/OL].(2021-11-03)[2022-12-01]. https://zwgk.mct.gov.cn/zfxxgkml/qt/202111/t20211124_929222.html.

[4] 李学勇.加强科技进步与创新 为新农村建设提供有力支撑[J].华夏星火,2007(1):14-15.

[5] 文化及相关产业分类(2018)[EB/OL].(2018-05-09)[2022-12-01]. http://www.gov.cn/zhengce/zhengceku/2018-12/31/content_5427877.htm.

[6] 浙江省文化和旅游厅 2021 年工作总结和 2022 年工作思路[EB/OL].(2022-04-01)[2022-12-01].http://ct.zj.gov.cn/art/2022/4/1/art_1643509_59010037.html.

[7] 江于夫,郑亚丽.浙江精神的传统文化底蕴——访省社科院副院长陈野[N].浙江日报,2019-09-05(2).

[8] 郭璇,郭占恒.浙江省文化治理面临的问题与建议[J].政策瞭望,2020(7):30-33.

[9] 2021 浙江省数字经济发展综合评价报告[EB/OL].(2022-01-04)[2022-12-01].http://www.myjjzx.cn/cj/view.php? aid=477.

[10] 何春燕,江骏霞.2021 年浙江经济高质量发展再上新台阶 共同富裕示范区建设扎实开局[J].统计科学与实践,2022(2):40-43.

[11] 浙江省人民政府办公厅关于开展未来乡村建设的指导意见[J].浙江省人民政府公报,2022(Z4):28-32.

[12] 刘昱如,解斌,罗雅.浙江省"未来乡村"的实践探索[J].城乡建设,2021(13):46.

[13] 李国新.擘画未来指引方向明确任务促进发展——《"十四五"公共文化服务体系建设规划》解读[J].图书馆论坛,2021,41(8):1-6.

[14] 李明,邢雪娥.基于文化场景理论视角下的乡村文化场景构建[J].宿州学院学报,2021,36(2):9-12.

[15] 张燕妹,陈建平.迈向积极引领:破解基层社会治理中党建工作难题的新取向[J].领导科学,2021(2):4-7.

第 二 篇

浙江省文化产业发展区域报告

引 言

文化是取之不竭、用之不尽的宝库资源。鼓励推动区域文化发展,是实现文化自信的重要途径。同时,区域特色文化发展,可以推动区域经济发展和促进区域产业转型。近年来,区域文化能够促进区域经济发展成为一个重要的新发展理念,文化与经济之间的关联性也开始被不断探讨。

目前,浙江省各设区市文化产业蓬勃发展,产业规模不断扩大,文化贸易加速发展,产业平台加强建设,产业保障体系日趋完善,产业综合竞争力持续提升,产业特色愈加突出,已经成为国内文化产业发展的高地。

2020年,浙江省各市级政府在完善文化产业政策,加强文化市场建设和管理,推动有关文化产业发展方面做了大量工作,积极发展文化事业和文化产业,增强文化产业的整体实力和竞争力。浙江省各市各县利用自身得天独厚的文化优势推动区域经济快速增长,从而使得整个浙江省的经济发展也获得了瞩目成效。

本篇分区域对浙江省11个地区文化产业发展情况做概述。

2021 年杭州市文化产业发展报告

陈 怡

2020 年,在统筹推进疫情防控和经济社会发展的关键时期,习近平总书记亲临杭州视察,赋予浙江省建设"重要窗口"的新目标新定位,为杭州市高质量发展指明了战略方向。面对严峻复杂的国内外形势,杭州市坚持以习近平新时代中国特色社会主义思想为指导,以强有力的举措抓"六稳"、促"六保"、拓"六新",以自身发展的确定性对冲外部环境的不确定性,高水平全面建成小康社会,高质量发展走出坚实步伐,为开启全面建设社会主义现代化新征程奠定了坚实基础。2020 年,杭州市文化产业直面多重考验挑战,统筹推进"战疫情、促发展",奋力交出"两战全胜"的高分报表,如表1、表2所示。杭州入选首批国家文化和旅游消费示范城市,央视《新闻联播》等主流媒体多次报道、点赞了杭州数字赋能景区治理、假期管控有序有力等做法。

表 1   2015—2020 年杭州市文化旅游发展主要指标

指标	2015 年	2016 年	2017 年	2018 年	2019 年	2020 年
文化事业费/万元	82268	95918	95917	101713	119307	130551
人均文化事业费/元	91.2	104.4	101.3	103.7	115.2	109.4
平均万人拥有图书馆建筑面积/平方米	150.7	162.2	165.2	172.7	179.5	145.3
人均拥有公共图书馆藏量/册	1.48	1.62	1.68	1.78	1.77	1.57
文物藏品数量/件(套)	74646	96822	139490	156168	170478	181457

数据来源:《2021 年浙江省文化文物和旅游统计年鉴》。

表 2   2020 年杭州市文化行政主管部门基本情况

从业人数/人	本年收入合计/万元	本年支出合计/万元	资产总计/万元
837	99334.5	99329.5	64582.0

数据来源:《2021 年浙江省文化文物和旅游统计年鉴》。

一、杭州市文化产业发展环境分析

(一)区位环境:长三角重要中心城市

杭州市简称杭,是浙江省省会,是浙江省政治、经济、文化、金融和交通中心,是我国著名的七大古都之一,也是国务院确定的重点风景旅游城市和历史文化名城。杭州市地处中国东南沿海杭州湾西端、长江三角洲南翼、京杭大运河南端、浙江省东北部、钱塘江下游,是中国东南部交通枢纽、长江三角洲重要中心城市、环杭州湾大湾区核心城市、沪嘉杭 G60 科创走廊中心城市、重要的国际电子商务中心。2020 年,杭州市总面积为 16850 平方千米,辖上城区、下城区、江干区、拱墅区、西湖区、滨江区、萧山区、余杭区、富阳区、临安区 10 个区,建德市 1 个县级市,桐庐县、淳安县 2 个县。2020 年末,常住人口为 1194 万人。2020 年,杭州市在浙江省的龙头地位不断得以巩固,全国战略地位日益增强,国际美誉度持续提升,是全国唯一连续 14 年入选"中国最具幸福感城市",被评为全国唯一的"幸福示范标杆城市"。

(二)产业基础:"新基建"赋能数字经济发展

杭州市是国家信息化试点城市、电子商务试点城市、电子政务试点城市、数字电视试点城市和国家软件产业化基地、集成电路设计产业化基地。杭州市致力于打造"滨江天堂硅谷"。以信息和新型医药、环保、新材料为主导的高新技术产业发展势头良好,已成为杭州的一大特色和优势。通信、软件、集成电路、数字电视、动漫、网络游戏等 6 条产业链正在做大做强。在高科技企业的带动下,互联网经济成为杭州市新的经济增长点。

2020 年,杭州市全面实施"六新"发展行动,加快推动以数字基建为核心的新基建布局建设,全面赋能新消费、新制造、新电商、新健康、新治理,奏响抢滩新基建浪潮、迈向高质量发展的最强音。对于志在打造"全国数字经济第一城"和"数字治理第一城"的杭州市来说,新基建是激发新动能、推动稳增长的重要力量。根据实施"六新"发展行动的具体规划,杭州市将加快推进 5G 建设,加快建设绿色示范数据中心、空地一体无人系统、"云计算之城"与重大科学基础设施等,筑牢新基建地基,让新基建释放更多红利,以动能的"进"来支撑全市经济运行的"稳"。

(三)创新环境:"双 5G"赋能"三新"经济增速

2020 年是 5G 商用的关键之年,也是大力推动新基建的爆发之年。2020 年,杭州市已成为中国"5G 第一城"。杭州市城区 5G 连续覆盖率在 92% 以上,基站数量、网络质量和 5G 应用生态均领先全国,杭州市成功打造了全球首个自主可控的"5GSA 云网络",还形成了智慧医疗、物联网+、智慧城市等不同的应用场景以及"5G+工业互联网""5G+智慧交通"和 5G 应用生态"5G+区块链"等多领域的标杆应用。杭州市建成了中国规模最大的 5G 试验网,覆盖杭州市核心商务区、特色小镇、科研院所等十大区域,打造了 5G 产业联盟、5G 联创中心和 5G 创新园区等。

杭州市 5G 产业规划领先全国,以其深厚的数字经济基础作为支撑,全力打造 5G 与云、区块链、智慧基建等多领域的融合,探索 5G 的应用场景与产业集聚,全面推动杭州市从"5G第一城"向"双 5G 第一城"的战略延伸。2020 年,杭州市移动携手华为公司联合发布了业界首个《"双 5G"数字城市白皮书》,提出最关键的"双 5G"网络规划建设:"双 5G"由"5G+F5G"构成,5G 网络能够实现 AR/VR、工业自动化、自动驾驶等场景应用,而 F5G 则聚焦于固定连接场景。目前,F5G 已经在杭州市数据中心、城市天眼、未来社区等场景中被广泛应用。

2020 年新冠肺炎疫情期间,杭州市率先推出"健康码",建成全国推广的抗疫防线,依靠强大的数字经济基础与加速的 5G 产业布局,凸显数字产业优势。基于快速发展的 5G 建设基础,杭州市的市场应用生态正加速升级,围绕数字经济、数字治理和数字生活等重点领域,推动以智能制造、全光医疗影像云、城市大脑、未来社区、无人机、自动驾驶等为代表的"双 5G"创新应用。未来杭州市将凭借云计算、大数据、5G 的"组合拳",通过 5G 带动从基站建立到终端产品衍生出庞大的产业链及应用市场,开发智能制造、区块链、智慧城市、智慧医疗等领域蕴藏的巨大市场投资潜力,"双 5G 第一城"前景可期。

据初步核算,2020 年杭州市实现地区生产总值 16106 亿元,比上年增长 3.9%。数字经济赋能发展,全年以新产业、新业态、新模式为主要特征的"三新"经济增加值占生产总值的 35.5%。民营经济活力持续增强,全年民营经济增加值达 9855 亿元,占生产总值的 61.2%,比上年提高 0.2 个百分点。全年财政总收入为 3854.2 亿元,增长 5.6%。一般公共预算收入为 2093.4 亿元,增长 6.5%,其中税收收入为 1978.6 亿元,增长 10.5%,占一般公共预算收入的 94.5%。城乡居民收入分别增长 3.9% 和 6.7%,其中第三产业增加值为 10959 亿元,增长 5.0%。

2020 年,杭州市一般公共预算支出为 2069.7 亿元,增长 60%,其中民生支出为 1583.6 亿元,占一般公共预算支出的 76.5%。全年文化产业增加值为 2285 亿元,增长 8.2%,占生产总值的比重为 14.2%。2020 年末,各类旅行社有 926 家,数量增长 3.5%。同时,受新冠肺炎疫情的影响,第三产业的部分行业增长率下降。住宿和餐饮业增加值为 213 亿元,下降 10.6%。第三产业实际利用外资为 48.7 亿美元,下降 9.7%。全年旅游休闲产业增加值为 999 亿元,下降 16.3%。旅游总收入为 3335.4 亿元,下降 16.7%;旅游总人次为 17573.1 万人次,下降 15.6%,其中接待入境过夜游客 14.3 万人次,下降 87.4%。

二、杭州市文化产业发展现状

(一)产业总体发展现状

经初步测算,2020 年杭州市接待旅游总人次为 17573.1 万人次,恢复至上年同期的 84.4%;旅游收入恢复至上年同期的 83.3%。2020 年,杭州市新增 6764 家文化和旅游企业,重大文旅项目投资综合指数位列全省第 1,非物质文化遗产传承保护发展综合指数位列全省第 1;广电安全播出考核等次为优秀,位列全省第 1。

2020 年,杭州市在国内首推"数字经济旅游十景",首创文旅夜经济 IP"杭州奇妙夜","一键借阅"改革攻坚项目被各方点赞。同时,杭州市艺校迁扩建项目正式立项,桐庐县旅游度假区、千岛湖旅游度假区、滨江区白马湖生态创意城、西湖区艺创小镇分别成功创建国家全域旅游示范区、国家级旅游度假区、国家级文化产业示范园区、国家级视听创新创业基地,为杭州又添多枚"金字招牌"。

(二)产业分类发展现状

1.文化核心领域

(1)新闻信息服务

2020年,杭州市高新区(滨江)坚持推动直播产业化与直播电商催化实体经济双轮驱动,形成直播行业的滨江风向。同时,中国(杭州)直播电商产业基地,是杭州市余杭区继成功打造梦想小镇、中国(杭州)人工智能小镇、中国(杭州)5G创新园之后,紧跟时代发展潮流,紧抓产业发展风口打造的又一个创新创业平台。产业基地计划通过3年努力,集聚一批电商平台公司、网红孵化公司、网红经纪公司、供应链公司和网红达人,扶持10家具有示范带动作用的头部直播机构,培育50家有影响力的网红经纪公司,孵化500个网红品牌,培训5000名带货达人,实现1000亿元成交总额,将未来科技城打造成为全国著名的直播电商示范基地。作为余杭区最早在直播电商业发力的企业之一,遥望网络也在中国(杭州)直播电商产业基地发布会上正式启动直播电商产业园,将建立超过200个直播间,目前确定入驻的品牌有100多个。同时,余杭区家纺协会、蜜饯协会、时尚联合会等多家实体协会代表以及余杭区农业农村局、区文化和广电旅游体育局等政府机构,已经与遥望直播电商产业园签订战略合作协议。

(2)内容创作生产

2020年末,杭州市有文化馆(含省)15个,公共图书馆(含省)14个,剧场(含省)11个,音乐厅(省)12个,博物馆、纪念馆78个,以及全国重点文物保护单位48处。杭州市群众艺术馆、文化馆、艺术站、文化站、公共图书馆等建设情况,如表3—表10所示。全年制作电视剧5部、199集和原创动画片26733分钟。放映电影116万场,电影票款收入达4.8亿元。2020年末,有线电视注册用户达310.7万户。同时,在新文化业态塑造、数字内容产业、公共文化服务、文化遗产保护等方面具有显著进步,主要体现在以下5个方面。

表3　2020年杭州市群众艺术馆、文化馆、艺术站建设情况

机构数/个	从业人数/人	提供文化服务次数/次	本年收入合计/万元	本年支出合计/万元	资产总计/万元	组织品牌节庆活动/个
189	1487	38244	516390	534702	1470883	106

数据来源:《2021年浙江省文化文物和旅游统计年鉴》。

表4　2020年杭州市文化站综合情况

机构数/个	从业人数/人	提供文化服务次数/次	提供戏曲进乡服务次数/次	服务惠及人次/万人次
175	1220	23838	1829	50.74

数据来源:《2021年浙江省文化文物和旅游统计年鉴》。

表 5　2020 年杭州市文化站基本情况

组织文艺活动次数/次	举办培训班次数/次	举办展览个数/个	服务惠及人次/万人次
13052	9012	1774	507266

数据来源:《2021 年浙江省文化文物和旅游统计年鉴》。

表 6　2020 年杭州市公共图书馆综合情况

机构数/个	从业人数/人	总藏量/万册	资产总计/万元	本年收入合计/万元	本年支出合计/万元	总流通人次/万人次
14	667	1879.06	64995.0	25087.1	24909.7	1158.82

数据来源:《2021 年浙江省文化文物和旅游统计年鉴》。

表 7　2020 年杭州市公共图书馆藏量情况

图书/册	古籍/册	报刊/册	试听文献/件(套)	馆藏品/件(套)	其他/册
16760510	65139	955795	981666	57	27389

数据来源:《2021 年浙江省文化文物和旅游统计年鉴》。

表 8　2020 年杭州市文物行政主管部门综合情况

机构数/个	从业人数/人	收入合计/万元	支出合计/万元	资产合计/万元
5	245	31359.7	31327.9	17864.6

数据来源:《2021 年浙江省文化文物和旅游统计年鉴》。

表 9　2020 年杭州市文物保护管理机构综合情况

机构数/个	从业人数/人	藏品数/件(套)	参观人次/万人次	门票销售总额/万元
10	1587	496	535.57	14219.2

数据来源:《2021 年浙江省文化文物和旅游统计年鉴》。

表 10　2020 年杭州文化(文物)部门事业收支情况　　　　　　单位:万元

文化事业收入合计	文化事业支出合计	文化事业资产总计	文物事业收入合计	文物事业支出合计	文物事业资产总计
253514.0	249372.5	493113.1	156454.7	146241.3	63467.1

数据来源:《2021 年浙江省文化文物和旅游统计年鉴》。

①"区块链＋文化"新业态。区块链技术在城市数字治理、产业升级等领域,与云计算、人工智能、物联网和大数据等技术应用结合越发紧密,发挥着越来越重要的作用。区块链的出现赋予杭州市新的活力,也将助力杭州市打造"中国数字经济第一城"。截至 2020 年,杭州市已有 7 个区块链产业园正式投用,其中,余杭区有 3 个,萧山区有 2 个,西湖区和下城区各有 1 个。近 40 家区块链研发企业、超过 100 家涉及区块链技术及应用的企业入驻园区,质量与数量方面稳居国内第 4 位。

在 2020 年中国区块链技术创新典型企业名录中,杭州市的云象网络技术、趣链科技、复杂美、巴比特、溪塔科技、下笔有神科技、安存网络科技、宇链科技、浙江爱立信、浙江连接电子商务等列入全国前 100 名。2020 年,蚂蚁集团在西湖区西溪谷浙商回归产业园挂牌"杭州蚂蚁链产业创新中心",计划打造"一平台三中心",重点开展区块链前沿技术研究。2020 年 7 月,浙江省区块链专业标准化技术委员会在杭州市区块链国际周开幕式上揭牌成立。作为国内首家区块链领域标准化技术委员会,对扩大浙江省区块链先发优势,推动区块链行业发展有着重大意义。

②"在线新经济+数字内容产业"。2020 年,杭州市的"数字基因"结合新冠肺炎疫情防控催生的"阅屏"需求,使"在线新经济"找到发展窗口,成为构建文化产业新发展格局的"新动能",促使数字科技与文化产业融合发展。一批以数字娱乐、数字阅读、数字游戏、在线教育等为代表的数字内容产业快速崛起,文化企业纷纷着手数字化转型发展。如:从 2018 年就开始布局在线教育的杭州阿优文化科技有限公司,于 2020 年迎来"丰收季"。其近年研发的阿优智慧幼儿园系统派上大用场,采购金额达到 7000 余万元,成为公司转型升级的新动能。2020 年,杭州市数字内容产业增加值增速达 12.7%,成为带动文化产业向上向好快速发展的重要力量。第十四届杭州文化创意产业博览会开幕式发布《中国数字内容产业发展指数及评估报告(2020)》,根据清华大学研究指数,杭州市数字内容产业发展居全国第一梯队(全国第 4 名),并逐步构建起互动性高、聚合性强、影响力广的数字内容产业生态。

③"杭式生活"新服务。2020 年,杭州市全面推进民生实事项目建设,新建社区文化家园 260 家,新建"杭州书房"36 家,使之成为集图书免费借阅、旅游咨询、"互联网+文旅"体验等多功能于一体的文旅融合"杭式生活"重要窗口、文化消费网红打卡地。2020 年,杭州图书馆等文化场馆正朝数字化目标发展,积极打造"家门口的图书馆",推出"一键借阅·满城书香"公共服务平台,服务市民达 62 万人次。杭州市、区两级 6 家公共图书馆的借阅人次、借阅的图书数量,相比 2019 年都有大幅增长,数字资源访问量增幅达到 87.57%;全市 34 个大型图书馆全年接待 474.25 万人次,借阅量为 235.27 万册,累计为已建成的 1812 个文化礼堂送出文化活动 2531 场,覆盖率为 100%。同时,举办杭州国际音乐节、国际戏剧节、南宋文化节等活动,成功举办"最艺杭州——新剧目汇演""风雅颂"民间舞蹈等展演活动。新冠肺炎疫情期间,创新推出线上艺术战"疫"经典剧目云播、主题作品云创、书画创作云展等活动,更好地丰富了群众精神文化生活。《外交风云》获"飞天奖"优秀电视剧奖,杭州摊簧《淑英救弟》获牡丹奖。

④"城市记忆"新线路。2020 年 11 月由杭州市文化广电旅游局主办的"城市记忆工坊"杭州区、县(市)推广季活动启动仪式在鼓楼二楼大华书场剧院举行。在启动仪式上,杭州市文化广电旅游局党组成员张安胜致辞,"城市记忆工坊"杭州区、县(市)推广季活动精彩发布,包括陆续开展 89 堂免费体验课程、全国首推十条"城市记忆"主题文旅线路产品、西湖银泰和飞猪线上线下文旅产品展销活动等。萧山、余杭、临安、富阳、桐庐、淳安、建德 7 个区、县(市)现场展示了当地"城市记忆"的文旅产品。各地文广旅体局代表、非遗传承人代表、旅

行社代表、媒体记者等 80 余人参加了本次活动,国内 168 家媒体宣传报道,总曝光量超 1 亿次。

⑤文化遗产保护＋旅游产品转化。2020 年,杭州市加强文化遗产保护,设立"西湖日" "良渚日",启动良渚古城遗址综保工程二期建设,加快大运河国家文化公园建设。大运河、钱塘江诗路、钱塘潮涌文化传承生态保护区被列入省级文化传承生态保护区创建名单。德寿宫遗址保护工程暨南宋博物院开工。杭州西湖博物馆总馆、中国茶叶博物馆、杭州工艺美术博物馆入选国家一级博物馆。杭州市文史研究馆开馆,严州古城开门迎客。杭州市开展第三批市级非遗旅游景区认定工作,非遗传承保护发展综合指数位列全省第 1。截至 2020 年底,杭州市已拥有人类非遗项目 4 项、国家级项目 44 项、省级项目 184 项、市级项目 368 项,以及国家级非遗项目代表性传承人 34 名、省级传承人 204 名、市级传承人 388 名。

2020 年,杭州市出版首批优秀传统文化丛书和德育教材——《最忆杭州》,引导广大市民爱党、爱国、爱乡。举办首届杭州市大学生"双创日"活动,举办"双创日"吉祥物、"我的创业故事"和"唱响杭州"抖音短视频征集大赛,推荐认定 2020 年杭州市文旅行业"能工巧匠"。同时,杭州市持续推进美食行业、茶楼行业、演艺行业、疗休养行业、保健行业、化妆行业、女装行业、运动休闲行业、婴童行业、工艺美术行业等十大特色潜力行业向旅游产品转化,积极推进"百县千碗——杭州味道"的品牌打造,全市评定"百县千碗"美食体验店 28 家、示范店 19 家、旗舰店 15 家。

(3)创意设计服务

2020 年,杭州拥有国家级文化产业平台 14 个,省市级文化产业示范园、文创街区等 50 余个。为加快推动文化产业集聚发展,全力打造国际文化创意中心,杭州市认定了新一批"杭州市文化产业园区"及"杭州市文化创意街区"。其中,杭州之江文化创意园、西溪创意产业园、中国(浙江)影视产业国际合作区等 40 个园区被评"杭州市文化产业园区",凤凰山南影视文化街区、五柳巷历史文化街区、杭州新天地文化创意街区等 12 个街区入选"杭州市文化创意街区"。

同时,杭州市依托历史文化遗存、废旧工厂等载体,已经创建了一批较为成熟的文化创意产业园区,包括:之江文化创意园等国家级文化产业园 8 个,西湖创意谷、西湖数字娱乐产业园、运河天地文创园和下沙大学科技城等市级文创产业园 20 个,国家级文化产业示范基地 7 个,以 OMO 创意谷、杭州时尚创意园为代表的文创产业特色楼宇 35 个,市级文创小镇培养对象 10 个,发展文创产业的龙头企业 25 家。

此外,杭州市还确定了十大园区作为主平台。这十大园区呈"两圈"和"两带"格局:"两圈"是指环西湖文化创意圈和环西溪湿地文化创意产业圈,依托西湖和西溪湿地的自然和历史条件,将其作为杭州市文化创意产业的核心区进行打造;"两带"是指沿运河文化创意产业带和沿钱塘江文化创意产业带,形成产业群,发挥引导和示范作用。

(4)文化传播渠道

2020 年,杭州国际音乐节、杭州国际戏剧节、杭州西溪国际艺术节、杭州草莓音乐节等艺术表演品牌逐渐在杭州生根,对音乐和戏剧文化的普及和推广产生积极影响。同时,杭州小剧场兴起,艺术气息浓厚,有很好的观众基础。浙江大学、中国美术学院、浙江传媒学院、杭州师范大学等一大批高校都有学生剧社,校园话剧市场火热。2020 年,杭州市艺术表演团体演出和收支综合情况分别见表 11 和表 12,主要艺术节和新兴表演形式有以下 5 种。

表 11　2020 年杭州市艺术表演团体演出情况

机构数/个	从业人数/人	本团原创首演剧目/个	本团拥有知识产权数量/项	演出场次/万场	国内演出观看人次/万人次
131	4929	15	13	1.24	902.77

数据来源:《2021 年浙江省文化文物和旅游统计年鉴》。

表 12　2020 年杭州市艺术表演团体收支综合情况

总收入/万元	总支出/万元	资产总计/万元
65595.1	97564.2	1395763.9

数据来源:《2021 年浙江省文化文物和旅游统计年鉴》。

①2020 杭州国际音乐节。2020 年 9 月 16 日—10 月 13 日,杭州国际音乐节由中共杭州市委宣传部、杭州文化广播电视集团主办,杭州演艺集团和杭州爱乐乐团共同承办。音乐节包括驻节演出 15 场、公益普及演出 10 场、云上音乐会 4 场、大师公开课 4 场、音乐讲堂 3 场,以及城市灯光秀等 37 个系列活动。

②2020 杭州国际戏剧节。2020 年 10 月 11 日—11 月 16 日,杭州国际戏剧节由中共杭州市委宣传部、杭州文化广播电视集团、杭州市文化广电旅游局主办,杭州演艺集团、杭州蜂巢戏剧文化有限公司、浙江大船文化发展有限公司承办,大屋顶文化、国大城市广场协办,杭州演出有限公司执行。孟京辉导演担任艺术总监。本届戏剧节汇集六大板块,包括:孟京辉 12 部新作首发,10 部新多元剧目汇演,戏剧“跨界”的“种子单元”,24 小时“不掉线”的“云上戏剧节”直播企划,40 余场线下活动,如打破两大艺术的“戏剧影像单元”和焕发活力的“亲子单元”等。

③2020 杭州西溪国际艺术节。2020 年 11 月 6 日,杭州西溪国际艺术节开幕式暨“如流·游”AR 展启动仪式在西溪天堂园区举行。艺术节取孔融《论盛孝章书》“岁月不居,时节如流”中的“如流”为主题。与往年不同的是,本届艺术节横跨 3 个月,分为“如流·演”“如流·游”及“如流·味”3 个板块,探寻当代人的生活状态和潮流方向,基于大空间 AR 技术的突破对一个大范围的现实空间进行虚拟改造,以线下空间为载体进行场景上的全新尝试,为游客带来有参与感、记忆感、获得感的独特游览体验,积极推动“科技+文旅”融合创新发展。

④2020 杭州草莓音乐节。2020 年 11 月 13—15 日,杭州草莓音乐节在滨江区塘子堰胜利桥西草坪举行。音乐节展示了流行音乐的多形式和多风格,共计 45 组音乐人参演,受到市民欢迎,并由往年的 2 天延长至 3 天。

⑤杭州小剧场。近年浙江话剧团、杭州话剧艺术中心等专业院团通过创作小剧场话剧,

不断引领市场。从宣传到演出，小剧场通过更多的沟通，提供更为精准的服务。小剧场是都市化进程中的文化标志之一，对于小剧场来说，除了演出话剧，还可以有更为开放的思维空间，如戏剧新人作品首演、演讲会、舞蹈、默剧、表演工作坊、互动亲子剧、音乐会。

（5）文化投资运营

2020年杭州拥有国家级文化产业平台14个，杭州秉持"以文图强、文化兴市"理念，继续推进文化产业平台综合集成规划。同时数字经济产业不断发展壮大，科技创新赋能全产业集群化发展，互联网、文化创意、金融服务、健康医疗、新能源等新经济产业不断涌现，优势产业聚集，催生了产业会议蓬勃发展。文化经营机构综合情况如表13所示，主要发展集中在以下2个方面。

表13 2020年杭州市文化经营机构综合情况

机构数/个	从业人数/人	资产总计/万元	营业收入/万元	营业成本/万元	营业利润/万元
2619	43128	8595381.9	5328678.7	4940634.0	388046.5

数据来源：《2021年浙江省文化文物和旅游统计年鉴》。

①文化产业平台综合集成规划。2020年，新时代文化浙江工程重点平台——之江文化产业带建设驶入快车道，成为带动杭州乃至全省文化产业高质量发展的主引擎。2020年之江文化产业带已有重点项目71个，涉及投资金额1185亿元，其中65个项目已基本建设完成或开工建设，如杭州大会展中心项目开工，世界旅游联盟总部暨世界旅游博物馆项目主体完工，产业平台的集聚力、辐射力、带动力不断提升。在培育产业平台的同时杭州市重视"服务＋政策"的迭代升级，以优质营商环境助力文化企业破难攻坚，2020年杭州市"建立文化贸易境外促进中心"案例入选全国深化服务贸易创新发展试点。2020年杭州市艺校迁扩建项目正式立项，桐庐县成功创建国家全域旅游示范区，淳安千岛湖旅游度假区成功创建国家级旅游度假区，滨江区白马湖生态创意城成功创建国家级文化产业示范园区。在文化和旅游部召开的推动文化产业高质量发展座谈会，以及在杭州市召开的文化和旅游消费工作现场会上，杭州市均做了典型交流发言。

②"新经济会议目的地＋文旅赋能乡村"。2020年，杭州市政府与省文化和旅游厅签订18张文旅"金名片"共建协议，文旅投资综合指数位列全省第1；创新推出文旅赋能乡村"6＋X"计划，积极引导旅行社等文旅企业通过聚焦乡村旅游，与镇（街）村落签订"一对一"战略合作协议，实现供需双方有效对接，打造"新经济会议目的地"。2020年，杭州市入选"全球会议目的地百强城市"。

（6）文化娱乐休闲服务

2020年，杭州市旅行机构有941个，从业人数达9235人，组织国内游客人天数为6646261人天，接待国内游客人次为2175832人次，接待国内游客人天数为6921845人天。（见表14）星级酒店机构有120家，其中五星级23家。（见表15）A级景区机构有104家，其中5A级3家。（见表16）A级景区共计104个，从业人数达5240人，接待人次达8050.6万人次,旅游营业收入达 23.8 亿元,门票收入为 11.0 亿元。(见表 17)娱乐场所机构数为 699 个,从业人数达 13081 人,资产总计 169756.5 万元,营业收入达 128738.4 万元。(见表 18)

新增省 5A 级景区城 1 个、4A 级景区城 1 个、5A 级景区镇 2 个、3A 级景区村 43 个。

表 14　2020 年杭州市旅行社基本情况

机构数/个	从业人数/人	组织国内游客人次/人次	组织国内游客人天数/人天	接待国内游客人次/人次	接待国内游客人天数/人天
941	9235	2486373	6646261	2175832	6921845

数据来源:《2021 年浙江省文化文物和旅游统计年鉴》。

表 15　2020 年杭州市星级酒店机构情况　　　　　　　　　　　　　　单位:家

合计	五星级	四星级	三星级	二星级	一星级
120	23	42	37	18	0

数据来源:《2021 年浙江省文化文物和旅游统计年鉴》。

表 16　2020 年杭州市 A 级景区机构概况　　　　　　　　　　　　　单位:家

合计	5A 级	4A 级	3A 级	2A 级	1A 级
104	3	41	50	10	0

数据来源:《2021 年浙江省文化文物和旅游统计年鉴》。

表 17　2020 年杭州市 A 级景区基本情况

总数/个	从业人数/人	接待人次/万人次	旅游营业收入/亿元	门票收入/亿元
104	5240	8050.6	23.8	11.0

数据来源:《2021 年浙江省文化文物和旅游统计年鉴》。

表 18　2020 年杭州市娱乐场所综合情况

机构数/个	从业人数/人	资产总计/万元	营业收入/万元
699	13081	169756.5	128738.4

数据来源:《2021 年浙江省文化文物和旅游统计年鉴》。

2020 年新冠肺炎疫情暴发后,杭州市第一时间贯彻落实党中央、省、市委疫情防控各项决策部署,妥善处置涉疫停退费工作,实现问题和解率、办结率 100%。出台"旅八条"助企纾困政策,兑现资金 1278 万元,暂退旅行社质保金 18591 万元。组织开展"欢乐游杭州"系列活动,推出十大类别 100 项健康旅游特色产品线路和 240 余项文旅惠民举措,吸引线上线下参与人次超过 3500 万人次。启动"2020 文旅消费季",集中推出五大板块共 56 个文旅促消费项目。开启全国首场文旅产品直播带货活动,4 小时销售文旅产品 2500 多万元。"2020 文旅市集·杭州奇妙夜"拉动文旅消费 3008 万元。举办杭州市文旅人才云招聘会,推出高层次人才"杭州人才码"文旅专项服务。举办杭州市金牌导游大赛,成立金牌导游直播联盟,直播销售文旅产品。

2020 年,杭州人游杭州的比例上升了 14.6 个百分点。2020 年,杭州市停业旅行社数量为 24 家,新开旅行社 54 家。携程提供的数据显示,2020 年全杭州市下线 1762 家酒店,新上线酒店达到 2741 家。2020 年,杭州市乡村旅游接待游客总人次为 7080.06 万人次,恢复到上年同期的 72.3％;旅游经营总收入为 69.28 亿元,恢复到上年同期的 83.76％。航空小镇、萧山湘湖景区、临安青山湖环湖绿道、余杭临平公园实现景区接待总人数正增长。大型文化娱乐休闲服务主要包括以下 3 项。

①"2020 文旅市集·杭州奇妙夜"新 IP。2020 年 8 月 14—16 日,由杭州市文化广电旅游局、江干区人民政府、杭州市商贸旅游集团有限公司主办的"2020 文旅市集·杭州奇妙夜"在杭州市钱江新城市民中心南广场——波浪文化城举行。这是杭州市针对夜经济、夜消费着力打造的文旅品牌,是体现人气、地气、烟火气,集展示、演艺、体验、消费于一体的"新"夜间集市,受到市民游客广泛欢迎。主管部门积极尝试培育十大夜地标、50 个夜生活 IP、100 多个网红夜游打卡地,全方位、多维度呈现杭式夜生活,让外地游客通过逛一场市集来读懂一座城市。本届市集吸引游客 11.8 万人次,线上线下共拉动消费 3008 万元。

②杭州市数字经济旅游新十景。2020 年 9 月 17 日,"2020 杭州文旅峰会·新经济会议目的地产业交易会"正式公布全国首创的"杭州数字经济旅游十景"。30 多家入选的杭州市特色小镇、企业、园区最终"PK"成团,形成十强名单并于会上公布,分别是阿里巴巴、海康威视、云栖小镇和杭州城市大脑公司、萧山信息港小镇、图灵小镇、阿里云 supET、大创小镇、大华智联、机器人小镇、华数集团。"杭州数字经济旅游十景"自 2020 年 9 月以来共接待党政、企业、研学等参访团队 742 批次,接待参观人次超过 3.8 万人次。

③2020 杭州全球旗袍日。2020 年 10 月 16 日—11 月 11 日,杭州市文化广电旅游局、上城区人民政府共同主办"2020 杭州全球旗袍日"活动,推出北山旗袍画卷、"杭州旗袍"全球征集及"云上展"活动、"杭州旗袍精灵"装置秀、"旗袍娃娃颂家乡"活动、清河坊"旗"妙夜等一系列丰富多彩的活动,致力于打造旅游与传统文化、现代时尚、文创科技等相关产业融合的平台,擦亮杭州市文旅融合金名片,提升夜间消费体验感,彰显"醉江南、最人文、最艺术"的城市魅力,主要活动包括六大"旗"遇。

2.文化相关领域

(1)文化辅助生产和中介服务

2020 年,受新冠肺炎疫情的影响,杭州市文化辅助生产和中介服务规模有所下降(见表19)。2020 年初以来,杭州市积极开展企业复工复产"三服务"等工作,先后为 100 余家文化企业兑现政策支持 2000 余万元。2020 年,通过人才带项目,招引落地 5000 万元以上重点文化企业(项目)37 个,涉及资金约 50 亿元。同时,创新线上线下办展模式,成功举办 9 项大型展会,助力提振文化消费,繁荣文化市场。

表 19　2020 年杭州市演出经纪机构综合情况

机构数/个	从业人数/人	资产总计/万元	营业收入/万元
138	5164	2886833.4	957771

数据来源:《2021 年浙江省文化文物和旅游统计年鉴》。

①2020 第六届中国数字阅读云上大会。2020 年 4 月 23 日,第六届中国数字阅读云上大会正式上线开幕。大会由国家新闻出版署、浙江省人民政府指导,中国音像与数字出版协会、中共浙江省委宣传部、中共杭州市委宣传部共同主办,中国音像与数字出版协会数字阅读工作委员会、杭州市西湖区人民政府、杭州市文化创意产业发展中心、咪咕数字传媒有限公司、杭州文博会组委会办公室共同承办。中宣部副部长梁言顺,全国政协委员、中国音像与数字出版协会理事长孙寿山,浙江省委常委、宣传部部长朱国贤,杭州市委常委、宣传部部长戚哮虎,杭州市西湖区委书记高国飞,中国移动副总经理简勤等为"4·23"世界读书日和大会上线开幕寄语。大会共举办了 100 余场活动,活动访问量突破 3000 万人次。

②2020 长三角·杭州都市圈旅游合作采购大会。2020 年 7 月 27 日,在国家恢复跨省旅游业务的背景下,杭州市文化广电旅游局联合杭州市都市圈六城市和上海市、南京市、苏州市等长三角城市,在杭州国博中心举办"长三角·杭州都市圈旅游合作采购大会暨 2020 杭州文旅消费季启动仪式",推出了杭州市都市圈旅游采购大会、数字文旅消费、演艺文旅消费、节庆文旅消费、夜间文旅消费等五大板块 56 项文旅促消费活动,以加强长三角城市文化旅游合作,促进文化旅游市场复苏、振兴,推动企业转型升级,提振文旅消费信心。

③2020 杭州文旅峰会·新经济会议目的地产业交易会。2020 年 9 月 17 日,"2020 杭州文旅峰会·新经济目的地产业交易会"开启,此次活动由杭州市文化广电旅游局主办,杭州市文化和旅游推广中心、36 氪承办。本次会议以"新挑战、新场景、新融合"为主题,包括主峰会、平行论坛、投融资对接酒会、产业交易会、杭州市资源考察等多个环节,通过对新经济优势产业与会议业互促共荣的多元化赋能、专业化分享、权威性研判,展现了杭州市作为"新经济会议目的地"的产业实力、创新动力、发展潜力等独特优势。"杭州数字经济旅游十景"重磅发布,中国新经济 CMO 杭州目的地联盟正式成立,新经济会议目的地生态链合作宣布达成,第十批"杭州会议大使"正式上岗。

④2020MIP China 戛纳电视节中国(杭州)国际电视内容高峰论坛。2020 年 9 月 23 日,2020MIP China 戛纳电视节中国(杭州)国际电视内容高峰论坛开幕式在杭州市拉开帷幕。这是戛纳电视节第四次来到杭州市,携手杭州市打造一个符合行业所需且具有全球性的电视内容盛会。会议围绕一对一商务洽谈、论坛培训、全球电视内容展播及行业新片推介会四大板块进行,包含海外发行、联合开发、跨国制片、国际采购、市场环境等 60 余场活动。本届活动的举办不仅体现出杭州市的城市影响力,也是对国内外电视行业的再一次助力。MIP China 已成为国际电视内容行业交易的重要部分。2020 年在特殊环境下开设的线上活动得到了国内外参与公司的高度认可和评价,获得了有质量的电视内容及结识了潜在的合作伙

伴,推动了中国电视内容交易的进行。

⑤2020 杭州南宋文化节。2020 年 9 月 25 日—11 月上旬,杭州南宋文化节以"御见·清河坊宋韵·最杭州"为主题,以全新亮相的清河坊历史街区为物理展示空间,以传播南宋文化为主要内容,结合新消费元素,围绕"秀、剧、赛、展、会"五大板块,推出南宋瓦肆、百姓大戏台、非遗精品展等 20 余项活动,呈现了一场传统文化与现代艺术形式并存的文化盛宴。和往年相比,本届文化节"项目最多、规模最大、文化特质最凸显"。据统计,10 月 1—8 日,清河坊历史街区日均访客达 11.8 万人次,总浏览量达 94.5 万人次,恢复至 2019 年十一假期的81% 以上。

⑥2020 第十六届中国国际动漫节。2020 年 9 月 29 日,第十六届中国国际动漫节在杭州白马湖动漫广场举行。"十三五"期间,中国国际动漫节的专业化、国际化、产业化、品牌化、智慧化水平不断提升。2020 年的杭州市国际动漫节采用数字化防疫手段,共吸引了 65个国家和地区的 2680 家中外企业机构、5886 名客商展商和专业人士参与,参加线下各项活动人次达 73.92 万人次,通过"云上国漫"平台参与线上互动人次达 1012 万人次。2020 年,杭州市拥有国家级动漫产业基地 2 家、国家级动画教学研究基地 3 家,动漫游戏企业数量达327 家,形成了包括 3 家主板、1 家创业板、1 家美国纳斯达克,以及多家新三板挂牌的动漫游戏上市企业集群。高新区(滨江)作为中国国际动漫节这场国内规模最大、人气最旺、影响力最广的动漫专业盛会的主会场,拥有文创企业 3000 余家,其中 1/3 是动漫游戏业企业,成为杭州市文创产业的新兴力量。中国国际动漫节与杭州的新城市文化一起成为一个独具魅力的品牌,也成为中国动漫、杭州市动漫走向世界的桥梁纽带。杭州市动漫游戏产业精准把握文化建设地位日益凸显和杭州市数字经济迅猛发展的态势,走在了全国前沿。

⑦2020 第十四届杭州文化创意产业博览会。2020 年 10 月 29 日,第十四届杭州文化创意产业博览会开幕式暨文化产业高峰论坛在滨江区白马湖建国饭店举行,本届文博会以"创意杭州·联通世界"为主题,重点围绕"新文化·新消费·新生活"进行专题策展。主会场共设置工艺创新展区、国际展区、文化品质消费展区、"一带一路·匠心视界展区"、设计创新展区、创意新农展区六大展区,展示面积约 7 万平方米;在此基础上,还设置了中国网络作家村、杭州创意设计中心、浙江展览馆、最葵园、桐庐分水镇笔业展览中心 5 个线下分会场和"创意精抖云""东家风物"2 个专题线上分会场,同时举办了 20 余场产业高峰论坛。主会场接待嘉宾观众 6 万余人次,两大线上分会场点击量达 9.3 亿人次。线上、线下共吸引了 60余个国家与地区的 4000 余家文化机构(企业)参展,参展品牌总数比上届提高了 60%,境外品牌参展面积仍然占总展示面积的 40%。展会期间,完成现场成交及项目签约额 21.9 亿元,达成融资授信 170 亿元,展会绩效再创新高。

本届展会采取线上、线下"双管齐下"的办展形式,报名线上参展的 3000 余家国内外企业充分呈现了"线下活动很精彩,线上活动更出彩"的展会效果。观众认为这次展会文创产品档次高、学术论坛规格高、策展专业水平高。经问卷调查,本届文博会展商满意率达 98%,观众满意率达 99%。与往届相比,本届文博会更加强调了策展模式、消费模式和传播模式等方面的创新,《中国数字内容产业发展指数及评估报告(2020)》《2020 内容商业洞察报告》等专业指数报告显示:杭州市数字内容产业发展居全国第一梯队(全国第 4 名),并逐步构建起互动性高、聚合性强、影响力广的数字内容产业生态。

⑧2020 世界旅游联盟"杭州之夜"推介会。2020 年 11 月 13 日,"2020 世界旅游联盟·杭州之夜"推介会在杭州开元森泊度假乐园举办。"世界旅游联盟作为首个由中国发起的国际旅游组织,总部永久落户杭州市,对杭州市全面推进旅游国际化战略,打造会展之都、赛事之城,建设世界名城具有十分重要的意义。"杭州市副市长陈国妹在致辞中表示。11 月 13—14 日,"2020 世界旅游联盟·湘湖对话"活动在萧山区圆满举行。"湘湖对话"是世界旅游联盟倡导主办的国际旅游业高层论坛,2020 年是在萧山区召开的第 3 年。

⑨2020 中国(杭州)苏东坡文化旅游节。2020 年 12 月 10 日,中国(杭州)苏东坡文化旅游节开幕式暨苏东坡文化论坛在杭州市花家山庄举行。本活动由中国文保民族品牌文化委员会、中国民族书画院、杭州市文化广电旅游局、杭州西湖风景名胜区管委会(杭州西溪国家湿地公园管理委员会)、杭州市上城区人民政府联合主办。通过举办苏东坡文化论坛、中国苏东坡品牌文化研讨会、苏东坡主题文化(书画作品)邀请展等系列活动,共同研讨苏东坡文化的内涵精髓和中华优秀传统文化传承发展之路,共商共谋新时代深化文旅融合和推动文化产业振兴发展的新举措。

(2)文化消费终端生产:"互联网+文旅"新消费

2019 年是杭州市文旅融合发展元年,2020 年文化和旅游消费是杭州市新的消费热点,对推动消费升级、优化产业结构、促进经济增长具有十分重要的作用。从文化消费季到文旅消费季,杭州用坚定而富有创意的步伐推进文化和旅游消费试点示范工作、推进文化产业和旅游产业融合发展、推进夜间文旅消费集聚区建设、加大金融支持文化和旅游消费工作力度、营造良好的消费环境、着力丰富产品供给、推动景区提质扩容、提升入境旅游环境等,不仅推动着整座城市文旅消费意愿前行,也正在打造文旅消费的杭州模式。

2020 年,杭州市"国家文化消费试点城市"创建工作领导小组办公室(杭州市文化广电旅游局)联合阿里巴巴集团、上海交通大学国家文化和旅游研究基地等单位,公布了《2019 杭州文旅消费报告》。报告分析解读 2019 年度杭州市文化和旅游消费情况,对部分文化娱乐行业和企业经营销售情况的调查表明:市民和游客文化娱乐消费稳步增长,文化旅游演艺消费增长显著,阅读和电影依然是文化消费的重要内容,在线阅读受追捧。

三、杭州市文化产业发展主要经验

2020 年,杭州市文化产业依托数字经济基础,从技术赋能、文旅融合和产业规划等多角度积极探索,其主要创新模式包括区块链赋能文化产业、数字化赋能文旅消费、数字经济旅游新十景、夜经济 IP 和"城市记忆"新游线、"产业集群规划+创意中心建设"等 5 个方面。

(一)区块链赋能文化产业

2020 年 9 月,中国国际服务贸易交易会发布《2020 中国区块链城市创新发展指数》,对

83 个中国城市（港澳台除外）的区块链技术与产业创新发展情况,从研发、产业发展、公共热度和政策 4 个维度进行综合评估,得出中国区块链城市创新发展指数进入前 50 强的城市,其中新一线城市杭州市位列全国第 4,仅次于北京、深圳、上海 3 个城市。区块链本质上是一种分布式加密数据库,集分布式网络、智能合约、非对称加密等技术于一身。在密码学的基础上,区块链将数据加密打上时间戳,形成数据链,并以分布式形式存储。区块链技术具有去中心、难篡改、可追溯、公开透明等特征。区块链赋能文化产业主要体现在数字版权保护、重塑文化产业模式和文化产品创新 3 个方面。

首先,在数字版权保护方面,区块链技术应用于数字版权保护可以提高确权效率,降低维权成本。数字版权所有者将版权内容加密后上链存储,保证其难以被篡改。非对称加密和加盖时间戳确保版权的唯一性和归属。另外,针对数字版权侵权举证难的问题,区块链数字版权检测系统可以跟踪并锁定侵权地址,抓取侵权证据上链保存。

其次,在文化业态重塑方面,区块链凭借去中心的特点,能够打破以往文化产业中心化的商业模式,降低文化生产到消费全流程的成本。区块链能够在内容生产者和消费者之间建立点对点的直接联系,使版权所有者可以获得直接即时的收益,激发内容生产者的创作热情。同时,区块链也能够赋能文旅行业,通过在区块链上记录旅游信息,实现资源整合,促进全域旅游发展。此外,区块链技术在非物质文化遗产和一些艺术品的价值鉴定、产业链建构等方面也能发挥积极作用,提高其市场价值。

最后,在文化产品创新方面,区块链可以在文化领域创造出原生的区块链产品,如 NFT（Non-Fungible Token）。NFT 是基于区块链加密技术的非同质化通证,是用于表示数字资产的唯一加密通证。作为文化产品的数字载体,NFT 能确保文化作品的不可复制性和独特性,保证了文化产品的市场价值。无论是绘画、音乐、游戏还是小说,它们的数字内容都可以进行通证化,通证化后的产品可随时进行交易,大大增加了文化产品的流动性和产业价值。

总之,由于文化产业与数字技术的高度适配性,区块链赋能文化产业能够不断解决文化产业发展的痛点,建构公正透明、激励原创优质内容的文化产业生态。未来,整个文化产业都将因区块链的赋能发生质变。文化产业组织或将通过共识机制进行决策、借助通证激励和智能合约进行运作,原有的垂直管理模式最终向分布式自治转变,文化产业组织形式发生颠覆性变革。相信随着区块链技术的演进与发展,区块链技术将与文化产业产生更加深度的融合,不断催生新的文化业态,推动文化产业数字化转型升级。

（二）数字化赋能文旅消费

2020 年,杭州市文化产业发展最主要的特色是实践"互联网＋文旅"新消费策略,数字化成为杭州市文化和旅游企业应对挑战的重大利器。

其中最重要的尝试是依托城市大脑,通过大数据平台将政府部门数据与商业平台数据多维度叠加后,实现了对游客搜索、预订、轨迹、消费及评价等数据的动态监测,利用数据科技实现了对文旅市场的立体描述。这种描述可以精准刻画不同区域、不同人群消费偏好,有针对性地开展分众化、精准化营销,方便企业精准营销,应对市场变化。特别是在疫情期间,景区景点与城市大脑文旅系统的业务协同,帮助景点在开放后,实现"限量、错峰、分时段预约",同时提供的入园、售票等"非接触服务",让游客可以在保证安全的情况下,享受美景。同时,"10 秒找空房""20 秒景点入园""30 秒酒店入住"等便捷服务能让游客在杭州市多消费、多体验,根据城市大脑测算,如果每位游客都在杭州市多游 1 小时,那么杭州市可以增收100 亿元。

围绕"多游一小时"的目标,2020 年杭州市在全市 195 个景点、206 个文化和旅游消费场所及 515 家酒店推出"20 景点秒入园""30 秒酒店入住"等应用场景,大力推广无接触服务和消费,累计使用人次超过 2000 万人次。西湖、西溪湿地、良渚古城遗址公园等景区积极开发电子地图,开展智能导游导览,为游客提供全方位、多角度的智慧旅游服务,极大地增强了游客体验度。依托城市大脑,强化数字赋能,实现数据互联互通,在国内率先推行文化旅游场所分时段预约,把流量管控的关口前移,避免了游客瞬间集聚,实现了"收放自如"的管理,也极大地提升了游客舒适度。杭州市文化和旅游发展中心(杭州市旅游经济实验室)相关负责人表示,"多游一小时"累计为游客、市民节约时长 8565 万分钟。

(三)数字经济旅游新十景

杭州市自 2018 年提出打造全国"数字经济第一城"以来,万向、娃哈哈、吉利、传化等民营经济龙头企业不断变革创新、走智能化之路,阿里巴巴、网易、海康威视、大华等头部企业抢占数字经济赛道,云栖大会、2050 大会、网易未来大会、Money20/20 等国内外顶级大会扎根杭州市,各类研讨会、发布会络绎不绝。会议集聚不仅促进企业成长、品牌传播,更使杭州市成为一座城市"新经济会议目的地"。2020 年杭州市将新经济会议目的地与乡村旅游结合,创新推出文旅赋能乡村"6+X"计划,积极引导旅行社等文旅企业通过聚焦乡村旅游,与镇(街)村落签订"一对一"战略合作协议,实现供需双方有效对接,打造乡村"新经济会议目的地"。

未来数字经济产业旅游将成为现实,为更多数字经济企业搭建"对话"的桥梁。杭州市快速崛起的数字经济产业吸引着越来越多的中外商务游客,在赏玩"西湖十景"的自然风光后,也想到知名的数字经济企业考察交流。2020 年杭州市文化广电旅游局正式启动"杭州数字经济旅游十景"遴选活动,遴选对象包括杭州市范围内的知名企业、特色小镇、经济机构等,作为旅游考察景点,被纳入杭州市会奖旅游产品体系,常态化、市场化向商务和研学游客预约开放,进一步彰显杭州市数字经济独特魅力。中国旅游研究院院长戴斌认为,这是杭州人自己的创新,既有国际范又具杭州风味,"在西湖十景的基础上,寻找到了'杭式产业'的新十景"。

(四)夜经济 IP 和"城市记忆"新游线

2020 年杭州市积极探索文旅融合,将城市文化深度挖掘融入旅游产品的打造中去,通过对"杭式"生活提炼,拓展新消费场景,打造文旅品牌,讲好杭州故事,呈现"最江南、最科技、最人文"的杭州印记。

2020年杭州市首创了文旅夜经济IP——"杭州奇妙夜",这种夜经济、夜消费着力打造的文旅品牌,这种集人气、地气、烟火气,以及展示、演艺、体验、消费于一体的"新"夜间集市,培育了十大夜地标、50个夜生活IP、100多个网红夜游打卡地,全方位、多维度呈现了杭式夜生活,受到市民、游客广泛欢迎。集市囊括长三角文旅超市、杭派国潮、非遗课堂、爱情博物馆、杭州书房等十大单元展销区,以及"最忆是杭州"、太阳马戏、茶园放映会等特色表演区块,涵盖了旅游休闲、艺术文创、电影音乐、非遗体验、特色美食等丰富多元的体验内容,以沉浸式、多维度的形式,诠释韵味独特的江南夜生活文化。

2020年,杭州市在全国首发10条"城市记忆"主题文旅线路产品,经文史专家实地调研,由杭州文史学家、考古学家、金牌导游、资深旅游达人组成的"城市解读人"带队出游,一路走、一路讲,重新解码老杭州的文化基因、挖掘深层次的城市记忆。同时,在上城区非遗中心新增"城市记忆工坊"主题馆,集中推出向市民、游客免费开放的体验课,涵盖鸡血石雕、天目器漆、桐庐剪纸等非遗体验项目。还推出舌尖记忆、声音记忆、生活记忆、手工记忆等其他类别城市记忆产品并在随后的萧山周、余杭周、临安周、富阳周、桐庐周、建德周展开不同主题的非遗、民俗体验,由大师级传承人现场授课。10条"城市记忆"主题文旅线路多样化、多品类、多层次、立体化展现杭城文化内涵,扩宽杭州记忆的边界,让杭州的文化元素触手可及,使"城市记忆"主题文旅线路产品的创新走在全国前列。

(五)产业集群规划十创意中心建设

2020年杭州市逆水行舟、乘风破浪,利用文化底蕴深厚、产业基础好的优势,提前布局文化产业,一批重点项目平台实现提质增效。

2020年杭州市确定了十大园区作为主平台,十大园区呈"两圈"和"两带"格局。"两圈"是指环西湖文化创意圈和环西溪湿地文化创意产业圈,依托西湖和西溪湿地的自然和历史条件,将其作为杭州市文化创意产业的核心区进行打造。"两带"是指沿运河文化创意产业带和沿钱塘江文化创意产业带,形成产业群,发挥引导和示范作用。杭州市整体文化创意产业涵盖面广,产业链加长,确立信息服务业、动漫游戏业、设计服务业、现代传媒业、艺术品业、教育培训业、文化休闲旅游业和文化会展业等八大行业为文化创意产业的发展重点,打造了具有区域特色的文化创意产业集群。

同时,杭州市为加快推动杭州文化产业集聚发展,全力打造国际文化创意中心,认定了新一批"杭州市文化产业园区"及"杭州市文化创意街区"。杭州市作为全省文化产业发展的主战场、主阵地,加快推动国际文化创意中心和"动漫之都"建设,取得了良好成效。同时,依托历史文化遗存、废旧工厂等载体,创建了一批较为成熟的文化创意产业园区。杭州市文化产业在集群驱动力量的推送下,离"国际文化创意中心"的目标越来越近,在国际化之路上越走越远。

四、杭州市文化产业发展瓶颈与问题

(一)文化产业发展质量需提升和文旅融合深度需拓展

2020年杭州市文化产业的品牌化和规模化发展尚未完善,品牌效应不强,规模化不足,需要推进文化与旅游、消费、会展深度融合,打造具有"中国气派、江南韵味、杭州特色"的文化品牌,全面呈现古今交会文化新盛景。加快之江文化产业带、大运河文化带、钱塘江诗路文化带建设,促进文化产业提质增效。打造世界文化遗产群落,有序推进南宋皇城遗址、钱塘江古海塘、天目窑遗址等保护和申遗工作,加强宋韵文化挖掘。创新实施文艺精品工程和文化惠民工程,规划建设文化新地标。深化文旅融合,提升全域旅游发展水平。推进媒体深度融合,夯实主流舆论阵地。

(二)数字赋能文化产业的规模待扩大和强度待提高

2020年杭州数字经济与文化产业的融合处于初步阶段,数字赋能文化产业的规模较小,强度不够。需要强化数字赋能,引领文化行业提升发展,做大做强优势行业。深入实施数字经济"一号工程",大力推进5G网络、数据中心建设和应用,大力培育具有国际竞争力的数字产业集群,推动研发设计、科技服务、商贸物流、广告会展、管理咨询等生产性服务业集成化、平台化、国际化发展。壮大数字内容、动漫游戏、创意设计、影视演艺等优势产业。建设全国影视文化创新中心和影视产业高质量发展基地,加快国家(杭州)短视频基地建设。

(三)文化产业对外开放水平需提高

2020年受新冠肺炎疫情影响,杭州市文化产业的接待规模有所下降。需要借助亚运会契机,打造国内大循环的强劲动力源、国内国际双循环的强大链接点,打造具有全球影响力的国际文化创意中心城市。打造"三圈三街三站"时尚科技艺术消费地标,加快发展新型旅游模式,结合"五港联动""六铁四高两枢纽两环线"等重大交通项目,建成省域、市域、城区3个"1小时交通圈",结合"两带领""五廊支撑"和"八组团联动",精心打造"中国演艺之都""国际动漫之都""数字文旅之都"和新旅游标杆城市,持续擦亮杭州市文化金名片。

五、杭州市文化产业发展趋势与展望

2021年,杭州市文化产业可以"打造具有全球影响力的国际文化创意中心"为目标,从文化产业高质量发展、数字文化产业创新发展和文化新生活创意发展3个层面展开建设。

(一)打造文化产业高质量发展样板地

2021年,杭州市需要继续推动文化和旅游深度融合,统筹推进旅游业扩消费、稳投资、拓市场,从文旅产业质量提升、文化产业集成规划和文旅消费促进等3个方面着手,打造全国文化产业高质量发展样板地,构建旅游发展新格局。

在文旅产业质量提升上,可继续引进一批重大活动。如:举办世界旅游联盟2021年会暨湘湖对话,积极促进亚洲之光国际艺术节、中国国际网络文化博览会和全国旅游休闲城市峰会等落户杭州市。继续推进 18 张文旅金名片项目建设,开展全市文化和旅游资源普查,科学引进可持续发展的文旅项目,深化文旅赋能乡村"6+X"计划。

在文化产业集成规划方面,可通过"之江文化产业带和大运河(杭州段)文化产业带"的"两带引领",之江影视演艺产业走廊、之江动漫游戏产业走廊、运河沿岸创意设计产业走廊、城西文化科技创新产业走廊、"两江一湖"文旅产业走廊的"五廊支撑","白马湖湘湖数字内容产业组团、三江汇文化艺术产业组团、西溪影视内容产业组团、九乔数字时尚产业组团、钱塘文化科技融合产业组团、世纪城数字音乐产业组团、临平创意设计产业组团、良渚文化内容创新产业组团"的"八组团联动",建立文化产业的集成化发展模式。文化产业渗透至数字内容业、影视生产业、动漫游戏业、创意设计业、现代演艺业等。

在文旅消费促进方面,需要启动 2021 年文化和旅游消费季,做精做强西湖、湘湖水上夜游产品,加快推进特色休闲街区、夜间消费集聚区业态优化,继续实施"城市记忆工坊"等主题互动项目。深度挖掘杭州市文化内涵,努力把杭州书房、良渚文化、南宋皇城遗址、苏东坡文化旅游节、"杭州奇妙夜"和"全球旗袍日"等打造成知名文旅 IP。

(二)打造数字文化产业创新发展示范地

2021 年,杭州市需要拓展数字技术和文化产业的融合深度,扩大文化产业的规模,从智慧广电、智慧文旅和数字内容产业三大方面出发,建立全国数字文化产业创新发展示范地。

在智慧广电方面,需要打响"智慧广电+"的杭州品牌,支持国家短视频基地建设,如:支持华数集团打造浙江(长三角)"5G+超高清视频产业创研基地",支持中国(之江)视听创新创业基地建设,等等。弘扬正能量、唱响主旋律,开展建党百年安全播出保障专项行动,持续做好广电惠民、地卫整治、对农节目管理等专项工作。鼓励传统文化生产制造朝数字化、智能化方向发展,加强高端软件产品和装备自主研发及产业化。

在智慧文旅方面,需要继续依托城市大脑,将"30 秒酒店入住"和"非接触服务"功能覆盖全市 700 家酒店,推广"城市通(City Pass)"暨亚运一站通,开展杭州市"智慧文旅"示范企业创建,深入企业开展"走亲连心三服务"。加大对企业精准服务力度,全力当好"企业店小二",营造良好的企业发展环境。通过"云直播""云发布""云互动""云交易"等方式,拓展文化"云展览"新方式,打造"云游"博物馆、纪念馆、艺术馆、非遗馆等全景在线产品,培育数字艺术体验场景。

在数字内容产业方面,需要聚焦全球数字内容产业中心建设,壮大网络文学、数字出版、数字传媒、数字音乐、短视频等重点行业实力,创作一批弘扬中华优秀传统文化和社会主义核心价值观的原创经典作品。加强数字文化企业与互联网旅游企业的对接合作,促进数字内容向旅游领域延伸,强化文化对旅游的内容支撑和创意提升作用,鼓励沉浸式文化业态与城市综合体、公共空间、旅游景区等协同发展。促进文化艺术内容与社交电商、网络直播、短视频等在线新经济结合,引导基于知识传播、经验分享的创新平台发展,培育壮大一批线上艺术品交易平台和线上艺术教育平台。

（三）打造"文化创意新生活"引领地

2021年,杭州市需要深入挖掘时代精神和本土文化,提升文化作品质量,并借助亚运会契机,提升文化设施品质和公共服务水平,从文化工程塑造、文化基因解码、文化惠民工程建设、文化遗产保护等4个方面推动杭州市文化从中国走向世界,打造"文化创意新生活"引领地。

在文化工程塑造方面,需要打造一批紧扣时代脉搏、讴歌时代精神、反映重大主题的人民群众喜闻乐见的杭州市原创文艺作品,结合新时代精品"六个一工程""建党百年,红色杭州"主题宣传推广活动,立足大运河、宋文化等本源文化,拍摄杭州市故事系列视频,扶持优秀文艺作品。

在文化基因解码方面,需要开发杭州市世界文化遗产系列特色旅游线路,深入研究和挖掘南宋历史文化,积极推进三条诗路文化带建设。在现有社会资源国际旅游访问点基础上,深入挖掘、推广杭州市"城市记忆"主题文旅资源。实施世界文化遗产弘扬、文物激活等系列文化品质铸造工程,持续擦亮杭州市文化金名片。开展国内重点旅游客源地城市和对口支援合作城市文旅促销和"文化走亲""非遗走亲"等文化交流活动,深化"数字经济旅游十景"遴选活动,开展"我的家乡我代言"活动。

在文化惠民工程建设方面,需要完善图书馆"一键借阅"服务功能,全面升级打造"杭州书房2.0版",优化"多游一小时"应用场景,开展"新时代文明生活"行动。深化社区文化家园、农村文化礼堂等基层公共文化设施建设,全力推进中国京杭大运河博物馆、杭州钱塘江博物馆、中国国际茶博会永久会址、中国国家版本馆杭州分馆、浙江省之江文化中心、杭州音乐厅、浙江美术馆、杭州市非遗保护中心、杭州市群众文化中心等重大公共文化设施配套建设,完善公共文化设施服务功能,打造杭州市文化新地标。

在文化遗产保护方面,需要深入推进西湖综保工程,加快大运河国家文化公园建设,强化良渚古城遗址保护,启动"千年古城"复兴计划。加快德寿宫遗址保护工程暨南宋博物院项目建设,开展钱塘江古海塘价值评估,加大对吴越国王陵考古遗址公园、临安天目窑考古的发掘与保护力度,推进世界爱情文化之窗等重大项目建设。深化金石篆刻、浙派古琴等非遗活化传承。加大对历史建筑、历史街区、工业遗产、古镇古村、古树古木、古民居古祠堂的保护力度。大力发展丝绸、扇、伞、剪等历史经典产业。

参考文献

[1] 2021年浙江省文化文物和旅游统计年鉴[M].杭州:浙江省文化和旅游厅,2021.

[2] 2021年杭州市政府工作报告[EB/OL].(2021-02-09)[2022-12-01].http://www.hangzhou.gov.cn/art/2021/2/9/art_1229063401_3844551.html.

[3] 谁是5G第一城?[EB/OL].(2020-06-11)[2022-12-01].http://tzcj.hangzhou.gov.cn/art/2020/6/11/art_1621408_53965339.html.

[4] 2020年杭州市国民经济和社会发展统计公报[EB/OL].(2021-03-18)[2022-12-01].

http://www. hangzhou. gov. cn/art/2021/3/18/art_805865_59031363. html.

［5］张建文，孙豪建，李苑，等.杭州文广旅游大数据交出年度"答卷"2021 年重点推进十大工程［N］.杭州日报，2021-02-08(A16).

［6］推动高质量发展，2021 杭州文化广电旅游工作聚焦五大重点、夯实五大基础、推进十大工程［EB/OL］.(2021-02-09)［2022-12-01］. http://www. hangzhou. gov. cn/art/2021/2/9/art_812262_59027580. html.

［7］中国(杭州)直播电商产业基地落地未来科技城［EB/OL］.(2020-04-29)［2022-12-01］. http://www. yuhang. gov. cn/art/2020/4/29/art_1532128_42755103. html.

［8］浙江省区块链专业标准化技术委员会在杭州成立［EB/OL］.(2020-07-07)［2022-12-01］. http://jxt. zj. gov. cn/art/2020/7/7/art_1659736_50051661. html.

［9］浙江省区块链技术和产业发展"十四五"规划［EB/OL］.(2021-05-13)［2022-12-01］. http://jxt. zj. gov. cn/art/2021/5/13/art_1562871_58926576. html.

［10］文化产业乘"数"破浪［EB/OL］.(2021-01-29)［2022-12-01］. http://jxt. zj. gov. cn/art/2021/1/29/art_1562850_58925984. html.

［11］杭州市 2020 年文化旅游工作总结和 2021 年工作思路［EB/OL］.(2021-07-06)［2022-12-01］. https://wgly. hangzhou. gov. cn/art/2021/7/6/art _ 1229278314 _ 3896080. html.

［12］传匠人之心承杭州之忆——"城市记忆工坊"杭州区、县(市)推广季活动拉开帷幕！［EB/OL］.(2020-11-18)［2022-12-01］. https://wgly. hangzhou. gov. cn/art/2020/11/18/art_1229436837_58924168. html.

［13］杭州市人民政府办公厅关于省政协十二届四次会议 732 号提案的答复［EB/OL］.(2021-09-15)［2022-12-01］. http://www. hangzhou. gov. cn/art/2021/9/15/art _ 1229063434_3933282. html.

［14］杭州市文化广电局关于市政协十一届五次会议 131 号提案的回复［EB/OL］.(2021-05-11)［2022-12-01］. https://wgly. hangzhou. gov. cn/art/2021/5/11/art _1229278767 _ 3871488. html.

［15］杭州市认定新一批"市级文化产业园、文化创意街区"［EB/OL］.(2020-03-11)［2022-12-01］. http://www. hangzhou. gov. cn/art/2020/3/11/art_812270_42225844. html.

［16］杭州市人民政府办公厅关于印发杭州市文化创意产业发展"十三五"规划的通知［EB/OL］.(2017-06-19)［2022-12-01］. http://www. hangzhou. gov. cn/art/2017/6/19/art_1302283_4072. html.

［17］杭州市人民政府办公厅关于印发杭州市现代服务业发展"十三五"规划的通知(杭政办函〔2016〕125 号)［EB/OL］.(2016-12-12)［2022-12-01］. http://www. hangzhou. gov. cn/art/2016/12/12/art_1241171_3947. html.

［18］2020 杭州国际音乐节迎秋而至［EB/OL］.(2020-09-08)［2022-12-01］. https://m.

gmw. cn/baijia/2020-09/08/34166413. html.

[19] 开启一场戏剧狂欢！2020 杭州国际戏剧节即将开幕［EB/OL］. (2020-09-22)［2022-12-01］. https：//zj. zjol. com. cn/news/1528736. html.

[20] 超时空的自然秘境——2020 西溪国际艺术节"如流·游"AR 展正式启动［EB/OL］. (2020-11-06)［2022-12-01］. https://baijiahao. baidu. com/s? id＝1682616329312613629&wfr＝spider&for＝pc.

[21] 小剧场，一座城市的文艺范［EB/OL］. (2017-07-12)［2022-12-01］. https：//zjnews. zjol. com. cn/zjnews/hznews/201707/t20170721_4604982. shtml.

[22] 杭州在全国首创"数字经济旅游十景"［EB/OL］. (2020-09-17)［2022-12-01］. http：//www. hangzhou. gov. cn/art/2020/9/17/art_812262_57710116. html.

[23] 2020 年杭州市旅游经济运行分析［EB/OL］. (2021-01-10)［2022-12-01］. http：//www. hangzhou. gov. cn/art/2021/2/10/art_1229063408_3845291. html.

[24] 约会美丽，六大"旗"遇！2020 杭州全球旗袍日时尚来袭［EB/OL］. (2020-10-22)［2022-12-01］. https：//wgly. hangzhou. gov. cn/art/2020/10/22/art_1229436837_58924142. html.

[25] 2020 年中国数字阅读云上大会落幕［EB/OL］. (2021-05-02)［2022-12-01］. https：//www. nppa. gov. cn/nppa/contents/280/74199. shtml.

[26] "四手联弹"高质量发展协奏曲——长三角三省一市文化和旅游一体化深入推进［EB/OL］. (2020-08-06)［2022-12-01］. https：//mct. gov. cn/whzx/whyw/202008/t20200806_873889. htm.

[27] 2020MIPChina 戛纳电视节中国（杭州）国际电视内容高峰论坛开幕［EB/OL］. (2020-09-23)［2022-12-01］. https：//ori. hangzhou. com. cn/ornews/content/2020-09-23/content_7819277. htm? from＝singlemessage.

[28] 2020 南宋文化节还在继续最美十大宋韵打卡点评出来了［EB/OL］. (2020-10-09)［2022-12-01］. https：//baijiahao. baidu. com/s? id＝1680027743729560798&wfr＝spider&for＝pc.

[29] 2020 南宋文化节启幕带你寻找"南宋的味道"［EB/OL］. (2020-09-25)［2022-12-01］. https：//baijiahao. baidu. com/s? id＝1678815948255876875&wfr＝spider&for＝pc.

[30] 杭州"动漫之都"建设再上新台阶［EB/OL］. (2020-12-20)［2022-12-01］. https：//baijiahao. baidu. com/s? id＝1686563496310532927&wfr＝spider&for＝pc.

[31] 杭州高新区（滨江）持续打造动漫游戏产业第一区［EB/OL］. (2020-10-05)［2022-12-01］. http：//www. hangzhou. gov. cn/art/2020/10/5/art_812262_59012252. html.

[32] 第十四届（2020）杭州文博会开幕.［EB/OL］. (2020-10-30)［2022-12-01］. http：//www. hangzhou. gov. cn/art/2020/10/30/art_812262_59015545. html.

[33] 第十四届（2020）杭州文博会圆满落幕［EB/OL］. (2020-11-02)［2022-12-01］［2020-11-

02]．http：//www．hangzhou．gov．cn/art/2020/11/2/art_812262_59015871．html.

[34] "2020 世界旅游联盟 • 湘湖对话"活动落幕[EB/OL]．(2020-11-16)[2022-12-01].
https：//baijiahao．baidu．com/s? id＝1683505369086149623&wfr＝spider&for＝pc.

[35] 打造重要窗口共建世界旅游命运共同体 2020 世界旅游联盟 • 湘湖对话圆满举行[EB/
OL]．(2020-11-16)[2022-12-01]．https：//baijiahao．baidu．com/s? id＝168350536908
6149623&wfr＝spider&for＝pc.

[36] 中国(杭州)苏东坡文化旅游节盛大举办[EB/OL]．(2020-12-14)[2022-12-01].
https：//wgly．hangzhou．gov．cn/art/2020/12/14/art_1229436837_58925102．html.

[37] 新可能! 区块链技术赋能文化产业[EB/OL]．(2021-11-15)[2022-12-01]．http：//
kpzg．people．com．cn/n1/2021/1115/c437610-32282396．html.

[38] "杭式"文旅新消费获集体"点赞"[EB/OL]．(2020-09-18)[2022-12-01]．http：//www.
hangzhou．gov．cn/art/2020/9/18/art_812268_57847127．html.

2021 年宁波市文化产业发展报告

刘晓莉　林　海

2020 年,宁波市文广旅游系统坚持以习近平新时代中国特色社会主义思想为指导,全面贯彻党的十九大和十九届二中、三中、四中、五中全会精神,学习贯彻习近平总书记考察浙江重要讲话精神。坚持新发展理念,把握新发展格局,聚力"六争攻坚、三年攀高"行动,着力打造优秀文化精品,加大优质旅游产品供给,统筹推进疫情防控和文旅行业复苏,扎实推动文化广电旅游高质量发展。

一、宁波市文化产业发展环境分析

(一)新阶段赋予文化产业发展的新使命

"十三五"期间,我国进入全面建设社会主义现代化国家新阶段,中华民族伟大复兴战略全局和世界百年未有之大变局及疫情时代新世界格局相互交织。党和国家提出发展中国特色社会主义文化、建设社会主义文化强国的目标,进一步发展社会主义先进文化,提升国家文化软实力。《宁波市国民经济和社会发展第十四个五年规划和二〇三五年远景目标纲要》提出,要优化宁波市文化产业结构和布局。为此,宁波市必须深刻认识新发展阶段的新变化、新使命,着眼世界大变局、国内新格局和产业新趋势,推动文化产业发展在危机中育先机、于变局中开新局。

(二)新格局带给文化产业发展的新机遇

"十三五"期间,我国将开启全面建设社会主义现代化国家的新征程。从发展格局看,以国内大循环为主体、国内国际双循环相互促进的新发展格局加快形成,文化消费潜力进一步释放。从发展结构看,文化产业具有绿色低碳属性,是推进供给侧结构性改革、实现高质量发展的必然选择。从发展空间看,随着乡村振兴战略的深入实施和生态文明建设的持续推进,文化和旅游融合发展的空间进一步扩大。《宁波市国民经济和社会发展第十四个五年规划和二〇三五年远景目标纲要》提出,要推进文旅深度融合发展。因此,宁波市必须牢牢把握新格局带来的新机遇,加快拓展文化产业发展内涵,提升发展能级。

(三)新科技注入文化产业发展的新动能

从技术趋势看,以 5G、人工智能、大数据等数字化技术为主要特征的新一轮科技革命和产业变革加速演进,科技与文化产业融合态势更加明显,科技创新成为文化产业发展的重要驱动力量。新技术将逐步渗透到产业链各个层面和环节,进一步加快文化产业发展模式变革和发展空间拓展,带动文化产业发展方式的全方位变革。《宁波市国民经济和社会发展第十四个五年规划和二〇三五年远景目标纲要》提出,要推动文化产业数字化赋能。因此,宁波市必须充分认识到科技创新在文化产业高质量发展中的关键作用,加快推动技术赋能,促进跨界融合。

二、宁波市文化产业发展现状

(一)产业总体发展现状

"十三五"期间,宁波市文化产业持续较快增长,已发展为国民经济支柱性产业。按宁波市统计口径,2020 年全市文化产业增加值为 987.75 亿元,占全市地区生产总值的比重为 8.0%,其中文化制造业增加值位居全省第 1。"十三五"期间,全市文化产业增加值占地区生产总值的比重呈稳步增长趋势;其中,规模以上文化产业增加值为 708.52 亿元,占文化产业增加值的 71.7%。按浙江省统计口径,2020 年全市规模以上文化产业增加值为 390.67 亿元,增速为 10.8%,高出同期地区生产总值增速 7.5 个百分点。具体如图 1 所示。

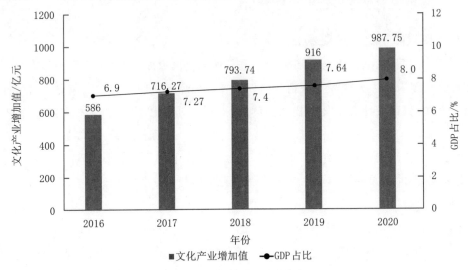

图 1　2016—2020 年宁波市年文化产业增加值及占比

数据来源:《宁波市文化产业发展"十四五"规划》。

(二)产业分类发展现状

1. 文化市场经营

2020 年,宁波市文化相关产业发展势头较好。如表 1 所示,2020 年,宁波市文化市场经营机构数为 2123 家,从业人数共计 20981 人,资产总计 74.29 亿元,营业收入为 26.72 亿元,营业成本为 25.47 亿元,营业利润为 1.25 亿元。此外,2020 年底宁波市域范围内广播节目综合人口覆盖率、电视节目综合人口覆盖率、有线电视入户率均达到 100%。

表1　2020年宁波市文化市场经营机构综合情况

机构数/个	从业人数/人	资产总计/亿元	营业收入/亿元	营业成本/亿元	营业利润/亿元
2123	20981	74.29	26.72	25.47	1.25

数据来源：《2021年浙江省文化文物和旅游统计年鉴》。

2.内容创作生产

2020年,宁波市内容创作生产相关产业不断发展完善。如表2所示,2020年,宁波市公共图书馆共计12家,从业人数共计487人,总藏量为1163.49万册,总流通人次达1104.96万人次,资产总计8.24亿元,本年收入合计1.71亿元,本年支出合计1.71亿元。如表3所示,2020年,宁波市群众艺术馆、文化馆、艺术站共计161家,从业人数共计967人,提供文化服务37877次,组织品牌节庆活动105场,资产总计17.73亿元,收入合计3.39亿元,支出合计3.41亿元。如表4所示,2015—2020年,宁波市文化事业费由58897万元增长至90949万元,人均文化事业费由75.3元增长至96.7元,平均万人拥有图书馆建筑面积由148.2平方米增长至179.0平方米,人均拥有公共图书馆藏量由0.98册增长至1.24册,文物藏品数量由179107件(套)增长至199149件(套)。此外,2020年底,宁波市域范围内的全国重点文物保护单位有33处,主要国有博物馆有16家,国家级非物质文化遗产代表性项目有25项,省、市级非物质文化遗产代表性项目有390项。

表2　2020年宁波市公共图书馆综合情况

机构数/个	从业人数/人	总藏量/万册	资产总计/亿元	本年收入合计/亿元	本年支出合计/亿元	总流通人次/万人次
12	487	1163.49	8.24	1.71	1.71	1104.96

数据来源：《2021年浙江省文化文物和旅游统计年鉴》。

表3　2020年宁波市群众艺术馆、文化馆、艺术站建设情况

机构数/个	从业人数/人	提供文化服务次数/次	本年收入合计/亿元	本年支出合计/亿元	资产总计/亿元	组织品牌节庆活动/场
161	967	37877	3.39	3.41	17.73	105

数据来源：《2021年浙江省文化文物和旅游统计年鉴》。

表4　2015—2020年宁波市主要文化事业发展指标

指标	2015年	2016年	2017年	2018年	2019年	2020年
文化事业费/万元	58897	83728	86547	96395	104782	90949
人均文化事业费/元	75.3	106.3	108.1	117.5	122.7	96.7
平均万人拥有图书馆建筑面积/平方米	148.2	198.6	188.3	239.2	232.3	179.0
人均拥有公共图书馆藏量/册	0.98	1.06	1.12	1.31	1.46	1.24
文物藏品数量/件(套)	179107	265453	264158	267381	279567	199149

数据来源：《2021年浙江省文化文物和旅游统计年鉴》。

3. 文化传播渠道

2020 年,宁波市艺术创作不断推陈出新。如表 5 所示,2020 年,宁波市艺术表演团体共计 212 个,从业人数为 7444 人,原创首演剧目为 11 个,拥有知识产权 7 个,演出共计 1.91 万场,国内演出观看人次达 1273.08 万人次。如表 6 所示,2020 年,宁波市艺术表演团体实际使用房屋建筑面积为 13.70 万平方米,实际拥有产权面积为 3.18 万平方米,资产总计 4.43 亿元,总收入合计 3.21 亿元,总支出合计 3.32 亿元。

表 5　2020 年宁波市艺术表演团体演出情况

机构数/个	从业人数/人	原创首演剧目/个	拥有知识产权数量/项	演出场次/万场	国内演出观看人次/万人次
212	7444	11	7	1.91	1273.08

数据来源:《2021 年浙江省文化文物和旅游统计年鉴》。

表 6　2020 年宁波市艺术表演团体综合情况

总收入/亿元	总支出/亿元	资产总计/亿元	实际使用房屋建筑面积/万平方米	实际拥有产权面积/万平方米
3.21	3.32	4.43	13.70	3.18

数据来源:《2021 年浙江省文化文物和旅游统计年鉴》。

4. 文化投资运营

2020 年,宁波市文化投资运营规模较大。如表 7 所示,2020 年,宁波市演出经纪机构共计 59 个,从业人数总计 791 人,资产总计 9.38 亿元,营业收入总计 2.82 亿元。如表 8 所示,2020 年,宁波市文化行政主管部门从业人数总计 503 人,资产总计 2.01 亿元,本年收入合计 7.22 亿元,本年支出合计 7.23 亿元。此外,2020 年宁波共实施文化和旅游项目 293 个,总投资达 3276.9 亿元,实际完成投资 428.5 亿元;全市文化和旅游招商项目共签约 55 个,合同利用资金达 627.7 亿元。

表 7　2020 年宁波市演出经纪机构综合情况

机构数/个	从业人数/人	资产总计/亿元	营业收入/亿元
59	791	9.38	2.82

数据来源:《2021 年浙江省文化文物和旅游统计年鉴》。

表 8　2020 年宁波市文化行政主管部门基本情况

从业人数/人	本年收入合计/亿元	本年支出合计/亿元	资产总计/亿元
503	7.22	7.23	2.01

数据来源:《2021 年浙江省文化文物和旅游统计年鉴》。

5.文化娱乐休闲服务

2020 年,宁波市扎实推动文化娱乐休闲服务产业高质量发展。如表 9 所示,2020 年,受新冠肺炎疫情影响,宁波市实现旅游总收入 1999.46 亿元,比上年下降 14.2%;接待国内游客 1.25 亿人次,比上年下降 10.2%;实现国内旅游收入 1998.4 亿元,比上年下降 13.2%;接待入境游客 5.6 万人次,比上年下降 92.7%;实现入境旅游收入 0.16 亿美元,比上年下降 96%。如表 10 所示,2020 年,宁波市旅行社机构数有 281 个,从业人数为 3076 人,组织国内游客人次共计 1249307 人次,组织国内游客人天数共计 3297590 人天,接待国内游客人次共计 683721 人次,接待国内游客人天数共计 1339103 人天。如表 11 所示,2020 年,宁波市 A 级景区有 63 家,其中,3A 级景区 27 家,4A 级景区 34 家,5A 级景区 2 家。如表 12 所示,2020 年,宁波市 A 级景区总数为 63 家,从业人数为 4535 人,接待人次共计 3792.9 万人次,旅游营业收入共计 23.0 亿元,门票收入共计 5.2 亿元。如表 13 所示,2020 年,宁波市星级酒店机构数为 82 家,其中,一星级酒店 1 家,二星级酒店 7 家,三星级酒店 25 家,四星级酒店 28 家,五星级酒店 21 家。如表 14 所示,2020 年宁波市娱乐场所有 651 个,从业人数达 8638 人,资产总计 14.85 亿元,营业收入共计 8.79 亿元。

表 9　2020 年宁波市旅游业发展基本情况

旅游总收入/亿元	国内游客/亿人次	国内旅游收入/亿元	入境游客/万人次	入境旅游收入/亿美元
1999.46	1.25	1998.4	5.6	0.16

数据来源:《2021 年浙江省文化文物和旅游统计年鉴》。

表 10　2020 年宁波市旅行社基本情况

机构数/个	从业人数/人	组织国内游客人次/人次	组织国内游客人天数/人天	接待国内游客人次/人次	接待国内游客人天数/人天
281	3076	1249307	3297590	683721	1339103

数据来源:《2021 年浙江省文化文物和旅游统计年鉴》。

表 11　2020 年宁波市 A 级景区分类概况　　　　　　　　　　　单位:家

合计	5A 级	4A 级	3A 级	2A 级	1A 级
63	2	34	27	0	0

数据来源:《2021 年浙江省文化文物和旅游统计年鉴》。

表 12　2020 年宁波市 A 级景区基本情况

总个数/个	从业人数/人	接待人次/万人次	营业收入/亿元	门票收入/亿元
63	4535	3792.9	23.0	5.2

数据来源:《2021 年浙江省文化文物和旅游统计年鉴》。

表 13　2020 年宁波市星级酒店概况　　　　　　　　　　　　　　　单位:家

合计	五星级	四星级	三星级	二星级	一星级
82	21	28	25	7	1

数据来源:《2021 年浙江省文化文物和旅游统计年鉴》。

表 14　2020 年宁波市娱乐场所基本情况

娱乐场所/个	从业人数/人	资产总计/亿元	营业收入/亿元
651	8638	14.85	8.79

数据来源:《2021 年浙江省文化文物和旅游统计年鉴》。

三、宁波市文化产业发展主要经验

(一)彰显文化产业特色模式

宁波市文化制造业优势明显。2020 年,全市规模以上文化制造业增加值达 215 亿元,占全省的 27.9%,总量位居全省第 1,并逐步向高端化、智能化和品牌化发展,其中文具产业入选国家产业集群区域品牌建设试点。文化服务业加快发展,产业集聚效应逐步显现,已形成象山星光影视小镇、北仑博地影秀城等产业集聚区。

(二)突出企业主体培育模式

宁波市文化企业数量不断增加。截至 2020 年底,全市规模以上文化及相关产业单位有 1038 家,企业营业收入达 1713.5 亿元。龙头骨干企业培育成效显著,2020 年宁波市营业收入超 5 亿元的文化企业达 48 家,超 10 亿元的达 21 家,超 50 亿元的达 6 家;拥有国家级文化出口重点企业 10 家、省级 16 家,上市文化企业 9 家,国家级制造业单项冠军示范企业 3 家,省级隐形冠军企业(含培育)6 家。

(三)重视载体平台建设模式

"十三五"期间,宁波市 20 个文化产业重点功能区建设稳步推进,截至 2020 年底,共有市级(含培育)文化产业园区 69 个,其中重点文化产业园区 8 个、文化创意街区 9 个,集聚近万家文化企业,实现总产值 300 余亿元。宁波市文创港核心区建设取得成效,正加快打造城市建设新地标、创新研发新平台、都市经济新引擎和百姓生活新社区。象山影视城争创全国影视基地剧组拍摄样板,名列宁波市品牌百强榜第 11。宁波市音乐港能级持续提升,"驻港"企业达 60 余家,多层次音乐生态体系逐步建立。

(四)升级文化消费市场模式

宁波市入选首批国家文化和旅游消费试点城市,"十三五"时期城乡居民人均教育文化娱乐支出年均增速达 5.9%;连续 5 年举办中国(宁波)特色文化产业博览会,其中 2020 年与宁波国际旅游展合并升格为海丝之路(中国·宁波)文化和旅游博览会,现场交易额累计达 21.6 亿元,成为浙江领先、全国准一流的国际化文化交流合作平台。开展东亚文化之都·

宁波年、宁波·尼斯国际嘉年华、亚洲艺术节等数十项重大活动,文化市场影响力持续扩大。

(五)优化产业发展环境模式

宁波市政策体系加快完善,先后出台《宁波市级文化创意产业园区认定及管理办法》《宁波市文艺人才培养扶持办法(试行)》等系列文件,促使文化产业发展专项资金规模提升至 2 亿元。文化金融服务全国领先,成为获批创建国家文化与金融合作示范区的 2 个地区之一,成立农行宁波文创支行,组建总规模为 20 亿元的宁波文旅产业基金,建立市文化产业信贷风险补偿专项资金并累计放贷 1.83 亿元;市股权交易中心开设"文化创意板",累计挂牌企业 181 家。文化人才队伍建设全面加强,全市入选全国文化名家暨"四个一批"人才 8 人、省级及以上"万人计划"人文社科领军人才 5 人、省"五个一批"人才 25 人,建立文艺大师工作室 12 个、省重点文化创新团队 6 个。

四、宁波市文化产业发展瓶颈与问题

宁波市文化产业发展虽取得了明显成效,但与高质量发展和唱好"双城记"的要求相比,仍存在不少短板和不足,主要表现为以下 4 个方面。

(一)产业结构有待优化

宁波市文化产业规模有待提升,虽已位列全省第 2,但与杭州相比有较大差距。产业内部结构有待优化,内容创作生产领域产值占比偏低,数字内容产业更是"短板产业"。产业主体对自身认识和定位不清晰,推进文化产业发展动力不足。一些地区和部门对发展文化产业的积极主动作为意识不强,对"如何按照市场规律大力发展文化产业"的研究不足,缺乏市场观念。

(二)特色平台较为缺乏

高能级、大规模、有特色的平台较为缺乏,文化产业园区入园企业平均产值约为 200 万元,与杭州 800 万元平均产值相比差距明显,园区规范化、集约化发展水平仍待提升,特别是能带动产业集聚发展的大产业发展平台较少,现有园区产业发展同质化严重,错位、协同发展格局尚未建立。政府没有形成有效的协同机制,束缚了文化产业的快速成长。同时,还缺乏简要健全的管理体制和激励引导的配套政策。

(三)产业发展能级不高

产业发展能级不高,90% 以上为小微企业与个体工商户,有实力、影响力和带动力的龙头企业数量不多;在整合和开发深厚的文化资源方面有待进一步加强,缺乏独具特色的文化产业品牌的支撑,对特色资源开发的方向不明确,重复建设严重。宁波市文化产业的主导力量仍是国有企业,因此,文化产业无法完全满足市场多元化的需求,市场竞争力不足。

(四)要素制约日益凸显

要素制约日益凸显,人才结构性短缺和流失现象较为严重,文化产业项目用地需求与土地资源短缺的矛盾日趋突出,文化产业招商联合机制有待完善。文化产业区域间、行业间发展不平衡,不同类型的文化产业内各类行业协调性不够,各个生产要素的利用也未达到均衡。文化产业无形资产债权融资面临重重困难,资金无法在文化产业市场有效流动,文化企业在发展过程中常常面临资金短缺的问题。文化发展领域经营人才缺乏,是宁波市文化产业发展的制约因素之一。

五、宁波市文化产业发展趋势与展望

高举习近平新时代中国特色社会主义思想伟大旗帜,深入贯彻党的十九大和十九届二中、三中、四中、五中、六中全会精神,增强"四个意识"、坚定"四个自信"、做到"两个维护",贯彻新发展理念,坚定文化自信,坚持守正创新,坚持以社会主义核心价值观为引领,坚持把社会效益放在首位、社会效益和经济效益相统一,围绕举旗帜、聚民心、育新人、兴文化、展形象的使命任务,弘扬"四知"宁波精神,全面开启"文化宁波"建设新征程,以推动文化产业高质量发展为主题,以深化供给侧结构性改革为主线,以提升产业竞争力和实力为核心,以内容产业创新突破为重点,以数字创新和产业融合为手段,促使满足人民文化需求和增强人民精神力量相统一,构建特色鲜明、优势突出、富有创意、竞争力强的文化产业高质量发展体系,锻造硬核力量、唱好"双城记"、建好示范区、当好模范生,着力推动"港产城文"融合发展,为构建与打造宁波现代化滨海大都市、争创社会主义现代化先行市、建设高质量发展共同富裕示范区先行市相适应的新时代文化高地提供强有力的产业支撑。具体发展思路包含以下 8 个方面。

(一)提升传统文化产业能级

做大做强重点制造行业,实施全产业链数字化赋能,提升数字文化装备创新水平,将高端文化智造作为发展千亿产业集群的重要组成部分,推进科技在文化制造业的深度应用,畅通文化科技成果转化通道,实现从"文化制造"到"文化智造"转型提升,将宁波市打造成为全球文化智造中心。做强大运河—丝路文旅品牌,做大诗画之路文旅品牌,做深红色文旅品牌,做美乡村文旅品牌,做优影视文旅品牌,做特文旅标志 IP 品牌,坚持以文塑旅、以旅彰文,加快数字赋能格局下的文旅融合提质,培育文旅融合新业态、新空间,推进全市旅游设施数字化、国际化改造升级,打造一批文旅综合体、文旅融合品牌和文旅消费集聚区,打造长三角文旅融合先行区,建设一批高能级旅游景区和度假区。

(二)壮大核心文化产业规模

推进城市设计创新发展,深化工业设计融合发展,促进专业设计特色发展,加快设计促进传统文化资源转化,推进创意宁波建设,推动创意设计产业更好地服务城市品位提升、经济结构优化、传统文化转化和产业结构升级,建设创意设计高地,打造在国内具有一定影响力的创意之城。提高影视产品创作水平,打造全国一流影视拍摄示范区,提升影视制作和出品实力,拓展影视产业链条,加快影视宁波建设,打造影视产业全产业链,做大做强影视创作、拍摄制作、发行传播、资源交易等产业关键环节,打造全国一流影视产业基地,争创联合国全球创意城市网络"世界电影之都",建设具有国际影响力的影视文化创新中心。完善音乐产业链条,繁荣演艺市场,搭建产业高能级载体,推动音乐宁波建设,提升宁波音乐演艺产业的核心竞争力和品牌影响力,构建海上丝绸之路音乐母港,建设长三角音乐时尚消费中心,打造在国内乃至国际上具有较高知名度的音乐之城。打造在全国有影响力的新媒体平台,推动出版发行业转型升级,加强书香宁波建设,坚持以信息技术为支撑,以内容建设为根本,推动传统媒体和新兴媒体的深度融合,构建起集内容创作、终端应用、数字传播、运营出版、营销推广等于一体的传媒出版全链条产业体系。

(三)补齐数字文化产业短板

加快数字内容产业创新发展,培育一批具有鲜明宁波市特色的原创IP,推进动漫游戏、电子竞技、网络文学、数字创意等数字内容产业。加紧培育数字文化新业态,深化数字赋能文化产业创新,发展数字影视、数字音乐、数字演艺、数字艺术展示、数字新媒体、线上演播、短视频、沉浸式体验等数字文化新业态,打造一批云演艺品牌,培育一批沉浸式剧场和云上剧场,推进一批"互联网+展陈"的展馆数字化示范项目。发展文化平台经济,支持互联网企业打造数字精品内容创作和文化资源传播平台,推出文化"短视频+电商""自由视角+直播"等业态,打造新媒体电商平台和基地。利用5G、工业互联网、虚拟现实等新一代信息技术,深化数字赋能文化制造和文旅产业。推进文化新基建,推动图书馆、文化馆、博物馆和美术馆等文化设施数字化建设,构建文化数智场馆。创新布局文化科技前沿产业,创新大数据赋能文化产业,在宁波市城市大脑平台上建立宁波市文化大数据应用模块,加快大数据、云计算在文化产业领域的应用。推进人工智能赋能文化产业,加快开发文化产业领域智能制造嵌入式系统、工业互联网操作系统等智能工业软件。推进区块链赋能文化产业,推进区块链应用延伸到文化产品和服务溯源、版权保护与交易、电子证据存证、文化大数据交易等领域。推进新技术、新设备、新材料、新模式等先进、成熟、适用技术在文化领域的应用,开拓文化领域科研和未来艺术的新路径。坚持数智立新,实施数字文化发展战略,促进文化产业"上云用数赋智",依托宁波市国家文化与科技融合示范区,推进新一代信息技术的融合应用,加快数字内容创新,补齐数字文化新业态短板,布局文化科技前沿产业,打造全国数字文化产业新兴集聚区,建设数字文化强市,为浙江省打造数字文化产业集群提供强有力的支撑。

(四)加快文化企业方阵建设

坚持把社会效益放在首位,实现社会效益和经济效益相统一,逐步构建并形成"潜力企业—骨干企业—龙头企业"的企业方阵。实施文化领军企业"凤凰"引培计划。引进国内外大型文化企业总部及其研发基地、生产基地、交易中心等,培育一批大中型文化产业战略投资者。融入省百家文化名企创优工程,引导文化企业对接资本市场,加大对其在股份制改革和国内证券市场上市关键成长期的支持力度,扶持并壮大一批主业突出、核心竞争力强、市场占有率高的"文化航母"。实施文化骨干企业"单项冠军"小巨人计划。着力打造一批专注于细分市场、创新能力强、市场竞争优势突出的单项冠军、隐形冠军企业。实施文化潜力企业"新势力"成长计划。加快个人工作室、独立策划机构、"文化创客"等文化"双创"企业成长,支持掌握核心技术、拥有原创品牌、具市场竞争力的小微文化企业上规上限,建立挂点联系服务企业工作机制,培育一批文化领域"瞪羚企业"。实施"数字内容"优质企业发现计划。充分利用资本发现、地方培育等方式,加快发现数字内容领域的优质企业,增强数字文化企业对产业发展引领作用,使数字文化新业态和内容企业数量不断增加、质量不断提高。实施文化企业"创新发展"计划,使文化科技企业快速成长为高新技术企业,加强对文化领域"独角兽企业""准独角兽企业""潜在独角兽企业"的发掘和支持,鼓励文化科技企业建设省级重点实验室、工程技术研究中心,鼓励建设文化产业技术创新联盟。

(五)提升文化产业平台能级

打造"国家级文化产业示范园区—省级重点文化产业园区—市级文化产业示范园—市级文化产业园区"平台梯队,培育并建设一批具有先导性、基础性、战略性的文化产业功能平台。规范文化产业园区认定、遴选、管理和考核制度。加强对市级文化产业园区的分类认定和管理,对园区招商引进文化产业新兴业态、提升数字化水平等进行考核,鼓励园区引进和培育高质量企业和头部企业,引导园区提高服务质量和发展水平。推动文化产业园区做大做强。强化文化产业园区数字赋能,加强园区数字化改造,依托园区产业大脑,建设一批数字化示范产业园区。强化文化消费、新型营销、智能产业的集聚发展,建设一批具有前瞻性、标杆性、带动性的新兴文化产业园区(街区)。推进园区平台专业化运作,支持园区加强规划指导,开展亩均效益评估,提高园区产业特色化、集约化水平。建设文化产业融合创新载体。依托在甬高校、研究机构和宁波市文创港、国家大学科技园区等平台,推进数字文化产业园区(基地)建设。整合全市文化企业数据资源,建立文化企业大数据服务平台。鼓励文化领域孵化器、加速器、创业空间、共享空间等各类服务平台和载体优化,打造文创孵化交易展示专业平台。扩大文旅产品供给,加快研学基地建设。

(六)促进文化消费提档升级

加快建设国家文化和旅游消费试点城市,促进文化消费高质量发展。一是培育文化消费新热点。促进文化、旅游与现代技术相互融合,创新文化消费新场景,发展基于5G、超高清、虚拟现实、人工智能等技术的新一代沉浸式文化消费内容,推动定制消费、体验消费、智能消费等新型消费发展。推进数字技术赋能夜间文旅产品,开辟"夜游宁波"专线、特色文化夜市等,提供"三江夜游"多样化服务。二是创新文化消费新模式。引导文化企业开发数字化产品和服务,通过直播电商、社交营销等手段,开启"文化云逛街"等新消费模式。创新无接触消费模式,提高文化消费便捷程度,结合线上文化消费卡,推广电子票、云排队等消费新手段,打造一批文化智慧商圈、文化智慧集市和文化智慧商店。三是丰富文化消费新载体。打造宁波市文化消费新地标,高标准建设老外滩国家级步行街,提升月湖西区、南塘河、鼓楼等历史文化街区品质,打造一批文化消费网红打卡地。深化沉浸式演出、艺术展览展示等文化消费的导入,建设一批文化旅游消费综合体。强化文化消费设施建设,高水平建设天一阁博物馆新馆、非物质文化遗产馆、河海博物馆、文化馆新馆、新音乐厅,加大对旅游景区、影剧院和实体书店的设施投入,提高文化设施数字化建设水平。

(七)强化文化金融合作示范引领作用

一是加大文化产业金融支持。高质量完成国家文化与金融合作示范区创建,加快形成一批文化与金融合作的"宁波经验",充分发挥宁波市的示范引领作用。建立稳定的财政投入机制,争取中央预算内投资、国家专项建设基金等资金支持,健全由政府引导、市场主导的文化资金长效投入机制。二是强化文化产业金融投资。充分发挥宁波文旅集团的引领作用,持续推进宁波文旅产业基金运作。发挥保险资金融通和投资功能,开发影视、艺术品、演艺类文化产业责任险等产品。稳步推进文化资产证券化,推进重大文化产业项目投资和文化资本运作。三是优化文化产业金融服务。深化文化金融服务中心建设,持续运作好"文化产业风险池",举办文化金融论坛等活动,搭建内容生产企业、供应链运营企业、金融资本机构三方对接合作平台。鼓励金融机构创新文化金融产品,支持建立针对文化产业各门类的差别化授信政策。支持发展文化金融特色支行或文化金融事业部,加快发展文化担保公司等服务机构,推动文化信托、文化保险、文化融资租赁等新业态。

(八)创新文化人才队伍建设

一是打造文化产业人才蓄水池。深入实施"甬江引才工程",融入浙江省文化人才"鲲鹏计划",支持文化企业引进高层次人才和团队。以培养内容创作、创意设计、数字文化等人才为重点,鼓励高等院校、职业院校加强设计、艺术、传媒、影视等学科建设。二是提升平台引才聚才能力。打通高校院所、文化企事业单位之间的人才通道,支持相关行业协会、龙头企业、高校及科研机构共同建立文化产业产教融合基地,开展协同育人项目。以文化产业园区、创意街区和企业等为载体,培养一批文化产业领军人才、经营管理人才和创新团队。搭建文化人才交流宣传平台,推进文化领军人物评选、发布,加大人才宣传力度。推动沪甬人才合作示范区建设,优化文化产业人才国际交流培育机制。三是优化创业创新环境。打通人才共享和柔性流动通道,推进人才分类评价和双向流动改革,制定全市文化产业人才评价和职称评定标准。建立文化产业人才数据库,建设文化产业专业智库。提升文化人才服务水平,实施文化产业人才服务"一码通",打造文化产业人才之家等一站式人才服务综合体,实施文化产业人才安居计划。

参考文献

[1] 2021年浙江省文化文物和旅游统计年鉴[M].杭州:浙江省文化和旅游厅,2021.

[2] 葛宇乾.宁波文化产业的发展问题和对策建议[J].宁波工程学院学报,2018,30(2):67-71.

[3] 宁波市国民经济和社会发展第十四个五年规划和二〇三五年远景目标纲要[N].宁波日

报,2020-03-04(A10).

[4] 宁波市文化产业发展"十四五"规划[EB/OL]. (2021-12-16)[2022-12-01]. http://www. ningbo. gov. cn/art/2021/12/16/art_1229099769_59041225. html.

[5] 宁波市文化广电旅游局 2020 年工作总结和 2021 工作要点[EB/OL]. (2022-07-04)[2022-12-01]. http://wglyj. ningbo. gov. cn/art/2022/7/4/art_1229057630_4005690. html.

[6] 宁波市文化和旅游发展"十四五"规划[EB/OL]. (2021-12-31)[2022-12-01]. http://wglyj. ningbo. gov. cn/art/2021/12/31/art_1229057568_58922041. html.

[7] 2021 年宁波市人民政府工作报告[EB/OL]. (2021-02-26)[2022-12-01]. http://kab. ningbo. gov. cn/art/2021/2/26/art_1229104354_58893382. html.

2021年温州市文化产业发展报告

辛　爽

近年来,温州市委、市政府高度重视文化产业发展,把发展文化产业作为文化大市建设的一项重点工作来抓。通过加大投入、优化环境、大力培育、调整布局等多项措施,温州文化产业发展取得了明显成效。2020年,浙江中胤时尚股份有限公司在深交所创业板挂牌上市,成为温州市文化产业的标志性事件,这也意味着温州市实现了上市文化企业零的突破。各地和各级主管部门加大对文化产业园区、文创街区和重点文化企业的培育扶持和指导服务力度,落实相关政策,集聚发展要素,不断创新业态模式产品,持续做强、做优、做大,2020年,温州市文化创意街区的数量位列浙江省第1。"十四五"期间,温州市将着重于文化高地建设,促进文化产业高质量发展。

一、温州市文化产业发展环境分析

(一)产业环境

2020年,温州市生产总值为6870.9亿元,比2019年增长3.4%,占浙江省生产总值的10.61%,相比2019年增长了264.79亿元;人均生产总值为71774元,相比2019年增长了549元。从产业结构来看,2020年温州市第一产业增加值为159.8亿元,占温州市生产总值的比重为2.33%;第二产业增加值为2834.5亿元,占温州市生产总值的比重为41.25%;第三产业增加值为3876.6亿元,占温州市生产总值的比重为56.42%。全年市区居民消费者价格指数(CPI)比2019年上涨2.0%。其中,食品烟酒、其他用品和服务、衣着、生活用品及服务、教育文化娱乐同比分别上涨6.4%、4.9%、2.5%、1.5%和1.5%;居住同比持平;医疗保健、交通和通信同比分别下降0.3%、2.9%。工业生产者出厂价格下降1.1%,工业生产者购进价格下降2.1%。

(二)区位环境

温州市是我国黄金海岸线中部的重要港口城市,是浙江省三大中心城市之一。它同时还是长三角一体化发展的中心城市之一,是连接长三角与海西区的重要城市,是我国东南沿海重要的商贸城市和区域中心城市。2020年,温州市深入实施大都市区主中心一体化战略,以行政区划调整、产业新区整合提升、新一轮"大建大美"、TOD开发等为重要抓手,大力推动城市有机更新,提升集聚功能。温州市拟打造千万级常住人口城市,加快撤县(市)设区步伐,拉开城市框架,提升中心城区承载人口能力。

（三）政策环境

2020 年，温州市统筹推进新冠肺炎疫情防控和经济社会发展，出台实施了"温 28 条""温 32 条""工业 10 条""市场纾困 15 条"等 17 个抗疫惠企政策，在损失弥补、市场拓展、消费培育等方面释放显著的政策红利，最大限度地减轻企业发展负担。2020 年，温州市为企业减负降本达 451 亿元，在确保"两手硬、两战赢"方面发挥了重要作用。2020 年，温州市人民政府办公室出台《关于推进公共文化服务高质量发展的实施意见》，旨在践行高质量发展理念，强化各级政府及部门的主体责任，深化国家公共文化服务体系示范区建设，实现文化治理法治化、规范化、标准化，进一步优化城乡文化资源配置，高水平建成城乡一体、区域均衡、人群均等的现代公共文化服务体系，以文化创新驱动展示温州作为"重要窗口"的使命担当。2020 年，温州市以"普惠共享、优质均衡"为目标，加快构建高质量发展的现代公共文化服务网络体系。推进城乡公共文化空间发展，培育文旅新业态，加大对优秀传统生态的保护力度；以激发各类市场主体活力为动能，广泛吸纳社会力量参与公共文化建设管理，积极实施"走出去"文化发展战略，推动区域文化协同发展。同时，以深化文化体制改革为主线，提高公共文化法治建设水平，深化公共文化机构法人治理结构改革，深化、细化公共文化群众参与率、知晓率、满意度考核评价体系建设。

二、温州市文化产业发展现状

（一）产业总体发展现状

2020 年，温州市文化事业结出新硕果。国家公共文化服务体系示范区高分通过创建验收。牵头组建"全国城市书房联盟机制"，城市书房标准化服务作为全省公共文化领域唯一项目入选国家试点，温州援建格尔木首家城市书房正式对外开放。指导 4 个镇（街道）入选浙江省文化强镇，10 个村入选浙江省文化示范村。2020 年，温州市公共文化设施网络基本实现全覆盖，公共文化服务保障机制不断完善，公共文化服务和产品供给日趋丰富。2020 年，温州市拥有 3 个国家文化先进县，8 个省级文化先进县，20 个省级文化强镇，95 个省级文化示范村（社区），7 个公共文化服务示范项目（区）（国家级 2 个、省级 5 个）。"城市书房""文化驿站""乡村艺术团"等文化品牌不断擦亮，创新项目领跑全国，公共文化服务走向内容品质化、供给主体多元化、供需匹配精准化。

截至 2020 年末，温州市共有文化站 184 家、文化馆 12 家、博物馆 54 家、公共图书馆 12 家、电影放映单位 113 家、城市书房 102 家、百姓书屋 73 家、文化驿站 210 家、文化礼堂 3013 家。公共图书馆藏书达 1428.08 万册，比 2019 年增加 50.68 万册。全年院线电影放映 64.3 万场，观看人次达 1088.9 万人次；农村数字电影放映 5.25 万场，观看人次达 620 万人次。2020 年末，温州市拥有人类非遗代表性项目 4 个、国家级非遗代表性项目 34 个、省级非遗代表性项目 145 个、市级非遗代表性项目 779 个（保护单位 963 个）、国家级非遗代表性传承人 37 人、省级非遗代表性传承人 206 人、市级非遗代表性传承人 733 人。全市文物保护单位有

877 家,其中,全国重点文物保护单位有 33 家,省文物保护单位有 111 家。

(二)产业分类发展现状

1.内容创作生产

(1)群众文化服务业

图书馆。2020 年,根据深化事业单位改革的有关精神和要求,原温州市图书馆和原温州少年儿童图书馆合并组建新的温州市图书馆。截至 2020 年末,温州市共有公共图书馆 14 家,皆为国家一级图书馆,具体情况如表 1 所示。

表 1   2020 年温州市公共图书馆综合情况

机构数/个	从业人数/人	总藏量/万册	资产总计/万元	本年收入合计/万元	本年支出合计/万元	总流通人次/万人次
14	507	1453.57	38613.3	18178.5	17906.8	1495.70

数据来源:《2021 年浙江省文化文物和旅游统计年鉴》。

城市书房。2020 年,温州市新增城市书房 18 家,包括市区 6 家和各县(市)12 家。其中面积最大的是位于龙湾的创客小镇城市书房,占地 800 平方米。文化和旅游部公布《关于批准 2021 年第一批文化和旅游行业标准计划项目立项的通知》,其中由温州市图书馆牵头起草的行业标准《公共图书馆馆外服务场所服务规范》正式获批立项,标志着温州市城市书房建设标准走向全国。

文化驿站。2020 年,温州市文化广电旅游局出台了"文化驿站 22 条",全市"文化驿站"通过统筹布局实现"城市—乡镇—村社"全覆盖。"文化驿站"作为温州市的公共文化服务创新品牌,以其创新的工作机制、鲜明的品牌特色,受到我国文化和旅游部、浙江省文化和旅游厅相关领导及业内同行的广泛关注。4 月 8 日,由中国文化馆协会主办的"文化馆事业发展的思考与讨论"线上论坛在国家公共文化云平台开播。温州市文化广电旅游局的创新文化品牌"文化驿站"被列为论坛特选专题。

2020 年温州市群众艺术馆、文化馆、艺术站建设情况,如表 2 所示。

表 2   2020 年温州市群众艺术馆、文化馆、艺术站建设情况

机构数/个	从业人数/人	提供文化服务次数/次	本年收入合计/万元	本年支出合计/万元	资产总计/万元	组织品牌节庆活动/个
197	1308	33821	43921.3	42773.8	202907.3	58

数据来源:《2021 年浙江省文化文物和旅游统计年鉴》。

(2)文艺创作与表演

2020 年,温州市文艺创作与表演稳步发展。群文艺术持续推陈出新,精心打造抗疫题材情景报告剧《温·暖》,以文艺形式展现温州抗疫感人事迹和城市大爱形象,该剧入选全国抗疫题材重点舞台作品;策划导演的"海上花园·海霞故乡"洞头先锋女子民兵连建连 60 周年展演,引发社会各界热烈反响。立足打响"南戏故里"品牌,积极开展"南戏经典·回望故里"古典戏曲展演活动,承办 2020 省传统戏曲展演季。群文创作再登高峰,温州市在省三大示范性群文赛事中荣获 8 金、12 银,3 项赛事的作品入选数量均居全省各地市之首。文化交流迈开大步,高质量完成"东亚文化之都"申报工作,全球首次集中亮相展出永嘉大师玄觉著作《证道歌》《永嘉集》中日韩等国百余种版本,高水平举办"碧天芳草——李叔同与温州"专题展。

(3)文物业

温州市作为国家历史文化名城,历史底蕴深厚,文化遗存丰富,因此文物保护工作至关重要。2020 年,温州市积极推进文旅融合与革命文物保护利用,继续开展"文物点阅"试点工作,精心策划有影响力的大展。在夯实文博工作基础,强化文保工程管理,提升博物馆公共服务水平的同时,狠抓安全生产,扩大宣传影响,强化队伍建设,开创文物保护利用工作新局面。

2020 年 3 月,温州博物馆与温州市文物保护考古所(温州市东瓯文化研究保护中心、温州市专题博物馆管理中心)进行机构整合,重新组建温州博物馆。馆所合并后,温州博物馆在文化遗产保护与管理的数字治理方面再上新台阶。温州博物馆深入研究数字化应用场景,将信息化、智慧化转化为博物馆高质量运行的引擎,全面推动博物馆文物管理、展览宣教、社会价值的实现。温州市文物行政主管部门和温州文物保护管理机构综合情况分别如表 3 和表 4 所示。

表 3　2020 年温州市文物行政主管部门综合情况

本年修复文物数/件(套)	国保单位保护维修项目数/个	省保单位保护维修项目数/个	本年收入合计/万元	本年支出合计/万元
0	5	6	1002.5	970.5

数据来源:《2021 年浙江省文化文物和旅游统计年鉴》。

表 4　2020 年温州市文物保护管理机构综合情况

机构数/个	从业人数/人	藏品数/件(套)	参观人次/万人次	资产总计/万元
9	60	2383	41.19	889.9

数据来源:《2021 年浙江省文化文物和旅游统计年鉴》。

"十三五"期间,温州市历史文化名城名镇名村和街区"三名"申报及公布工作取得了突破性进展,"三名"数量大大增加。截至 2020 年末,温州市共有历史文化名城国家级 1 处、省级 2 处,历史文化名镇国家级 2 处、省级 7 处,历史文化名村和街区国家级 4 处、省级 26 处(见表 5)。地方性法规逐步建立,政策法规体系逐步完善。保护体系不断完善,保护内涵渐趋丰富,从古城保护扩展到中心城区及市域。以环境整治、旅游开发为手段,开展了大量"三名"保护实践,取得明显成效。

表 5 　2020 年温州市历史文化名城、名镇、名村和街区建设情况 　　　　　　单位：处

城、镇、村、街区	国家级数量	省级数量
历史文化名城	1	2
历史文化名镇	2	7
历史文化名村和街区	4	26

数据来源：《温州市历史文化名城名镇名村保护"十四五"规划》。

（4）数字内容服务

2020 年，温州市加快发展以业态创新、产品创新和内容创新为重点的网络文学、网络影视、动漫游戏、数字音乐、数字教育等新兴内容产业。围绕优质温州文化、影视、艺术品等原创 IP 价值，加快温州网络文学原创 IP 众创空间建设，打造影视、动漫、游戏、经纪、衍生品等全产业链众创空间平台，推动"IP＋影视""IP＋游戏""IP＋体验"等协调联动发展。对接腾讯、阿里巴巴、虎牙、斗鱼等大型动漫游戏平台及直播平台，引进国内外游戏研发、游戏发行等电竞产业链企业落户温州，做强做优网络游戏、电子竞赛类等，加快浙南电竞小镇建设，把浙南产业集聚区打造成浙南电竞产业新高地。

2.创意设计服务

广告服务是现代文化产业的重要组成部分。温州市专业从事广告业务的市场主体从 2015 年的 2452 家增加至 2020 年的 5350 家，同时还有约 2.3 万家兼营广告业务的市场主体，广告产业正繁荣发展。而在其他创意设计服务方面，2020 年，温州市发展壮大以网游交易、电子竞技、网络直播、网红、微电影、动漫游戏等为特色的文化创意产业。大力发展建筑设计、智能设计、时尚设计、品牌设计、新媒体和体验交互设计等产业，推动温州市传统产业向时尚产业转型。建设温州时尚智造设计中心，打造浙东南"工业设计高地"。进一步提升国家广告产业试点园区等一批国家级、省级文化产业园区和文创街区的发展水平，培育一批特色鲜明、集聚度较高的文化产业园区、文创街区。

3.文化传播渠道

2020 年，温州市艺术表演团体演出情况和收支综合情况分别如表 6 和表 7 所示。

表 6 　2020 年温州市艺术表演团体演出情况

机构数/个	从业人数/人	本团原创首演剧目/个	演出场次/万场	观看人次/万人次
114	3348	17	1.14	688.1

数据来源：《2021 年浙江省文化文物和旅游统计年鉴》。

表 7　2020 年温州市艺术表演团体收支综合情况

总收入/万元	总支出/万元	资产总计/万元
144446.2	13228.3	8275.1

数据来源：《2021 年浙江省文化文物和旅游统计年鉴》。

4. 文化投资运营

(1) 文化投资与资产管理

2015—2020 年，温州市文化投资逐年增加，具体文化事业费和人均文化事业费如表 8 所示。与此同时，文化经营机构数量、从业人数和营业利润也都十分可观，如表 9 所示。

表 8　2015—2020 年温州市文化事业费发展指标

指标	2015 年	2016 年	2017 年	2018 年	2019 年	2020 年
文化事业费/万元	49876	56557	66450	77260	77746	88250
人均文化事业费/元	54.7	61.6	72.1	83.5	83.6	92.2

数据来源：《2021 年浙江省文化文物和旅游统计年鉴》

表 9　2020 年温州市文化经营机构综合情况

机构数/个	从业人数/人	资产总计/万元	营业收入/万元	营业成本/万元	营业利润/万元
1204	10753	112150.7	86546.7	82924.5	3622.7

数据来源：《2021 年浙江省文化文物和旅游统计年鉴》。

(2) 文化产业园区

2020 年 1 月，国家市场监督管理总局正式批复认定温州广告产业园区为国家广告产业园区，温州市也成为浙江省继杭州市、宁波市之后第 3 个获批国家级广告产业园区的地区。温州国家广告产业园区由浙江创意园、瓯海总部经济园 2 个园区组成，总占地面积达 865 亩，2020 年底已入驻广告企业及关联产业企业近 200 家，从业人数约为 3000 人，实现区域广告及关联产业产值 5 亿元。该园区是温州市文化创意产业的核心集聚平台之一，已引进猪八戒浙南总部等产值超 500 万元企业 23 家、总部型广告企业 20 家，拥有省级以上广告作品、广告技术专利 10 项。该园区具有完善的广告产业链，形成集广告研究、创意、策划、设计、制作、发布等于一体的广告服务体系，还成功举办全国大学生广告艺术大赛策划案现场决赛、"市长杯"中国(温州)工业设计大赛、温州广告人论坛、凤凰都市"LED"媒体行业高峰论坛等大型活动，成为辐射浙南闽北赣东区域的有影响力的广告产业品牌中心。

5. 文化娱乐休闲服务

尽管受到新冠肺炎疫情的影响，但在"十三五"的收官之年——2020 年，温州市文化娱乐休闲产业依然取得了不错的成绩，特别是旅游业基本实现复苏。除了旅游人次和收入小幅下降，产业效能和规模有效提升，业态体系持续优化，文化和旅游加快融合。2020 年，温州市接待海内外游客 11942 万人次,实现旅游总收入 1294.1 亿元,分别恢复至 2019 年的 87%和 83.4%。其中,接待国内游客 11939.1 万人次,实现国内收入 1293.1 亿元,分别恢复至 2019 年的 87.3%和 84.6%;接待海外游客 2.9 万人次,实现外汇收入 0.14 亿美元(见表 10),占全市生产总值的 7.67%。2020 年,全市文旅项目共有 539 个,总投资达 2601.09 亿元,年度计划投资达 288.58 亿元,实际完成投资达 303.94 亿元,项目推进综合指数居全省第 3。

表 10　2020 年温州市旅游业综合情况

总游客量 /万人次	国内游客 /万人次	海外游客 /万人次	旅游总收入 /亿元	国内收入 /亿元	外汇收入 /亿美元
11942	11939.1	2.9	1294.1	1293.1	0.14

数据来源:《2021 年浙江省文化文物和旅游统计年鉴》。

旅游业成为彰显目的地城市品质的重要载体。温州市高规格举办 2020 中国(温州)文化和旅游 IP 创新发展大会,其"侨家乐"品牌民宿被列为三大浙江民宿区域品牌之一,并在全省率先打造首批"非遗民宿",其成功列入省级试点工作。温州市还入选国家文化和旅游消费试点城市,其南塘文化旅游区(印象南塘)荣获"长三角夜间文化和消费样板街区"的称号,推出"瓯江夜游""塘河夜画""夜游楠溪"等夜游品牌。同时,温州市还入选 2020 年"东亚文化之都"候选城市,成为亚太城市旅游振兴机构(TPO)会员城市,推出国际大都市"遇上温州""邂逅温州"等系列国际营销活动,在全球讲述新时代温州故事。

三、温州市文化产业发展主要经验

(一)文化遗产传承新模式

大力传承发展浙江省优秀传统文化,获省政府嘉奖与激励。全国首创文物安全分色分级动态管理办法,获省领导批示肯定,要求全省学习推广。创新打造非遗"进民宿、进景点、进社区"系列品牌,其中非遗民宿列入省级试点工作,全市 4A 以上景区实现"非遗在景区"全覆盖,温州市成为全省唯一入选"非遗在社区"全国试点城市,非遗体验基地被列为省级公共文化服务创新项目。深入挖掘"永嘉学派"文化内涵,推出瓯江山水诗路十大线路,温州博物馆策划的"山水清音——瓯江诗路特展"入选国家文物局核心价值观主题展推介项目,永嘉马鞍山元代龙泉窑遗址入选 2020 年度浙江考古十大重要发现。

(二)文旅融合引领新风尚

温州市鹿城区、文成县、苍南县入选省级文旅产业融合试验区。树立"项目为王"的观念,抓好旅游项目梳理工作,深化项目挂钩服务机制。坚持民宿产业精品化、集群化发展,全面推进瓯海山根小镇、洞头东岙顶村、瑞安新瑶村等一批民宿特色集聚村(群)建设。精心打造"百县千碗"美食 IP,借力各大展会平台推介"百县千碗·瓯味百碗"美食品牌,推出"品味鹿城"等地方特色瓯菜。行业整体品质不断提升,创成 1 家四星旅游酒店、5 家四星品质旅行社、5 家省品质酒店、2 家特色文化主题酒店、2 家绿色酒店。

精心培育"两线三片"文旅业态,指导江心屿、公园路历史街区等改造提升并使其如期开放。积极践行"全域夜游"新模式,在温州举办全省首个夜间文旅消费现场会,印象南塘获评长三角夜间文化和消费样板街区。全面发力"文旅 IP+"新业态,成功举办 2020 中国(温州)文化和旅游 IP 创新发展大会,培育并推出"侨家乐""铁定溜溜"等一批温州特色文旅 IP,其中"侨家乐"民宿品牌被列为三大浙江民宿区域品牌之一。深入实施文化场馆景区化工程,温州博物馆携手 29 家本土优秀文创品牌、网红店铺举办"伴月来·温博夜市"系列"夜开放"活动,全年吸引市民 2.6 万余人次;乐清市图书馆"读万卷书·行万里路"入选文化和旅游部公共文化场馆文旅融合试点项目。

(三)数字文旅成为新引擎

温州市正式上线智慧文旅数据中心,全面形成温州文旅一体化监管、一站式服务、一中心决策的智慧文旅服务体系。完成"云游温州"全域导览系统上线推广,进一步提升"一部手机游温州"的功能应用。积极构建城市大脑"全域旅游监测精品场景",实现一屏监控全域旅游运行,同步启动"公共文化服务精品场景"建设。搭建温州文旅统一预约预订入口,实现分时预约错峰旅游和在线订票。持续深化行政审批数字化服务,推行所有事项 100%"网上办""掌上办"等不见面审批方式,实现从"最多跑一次"到"跑零次"。

四、温州市文化产业发展瓶颈与问题

(一)文化产业结构有待优化

首先,虽然近年来,温州市在创意设计、数字内容等新兴文化产业业态方面有了飞速的发展,但是总体上传统文化产业占比过高,产业结构还有待进一步优化。尤其是在新冠肺炎疫情常态化的情境下,数字文化产业的发展已经成为当务之急。其次,文化产业发展不平衡,温州市下辖各区(县)差异较大。个别区(县)产业认识有待强化。文化产业作为一个新兴的产业门类,其拉动经济增长的产业地位还没有引起足够重视,对"文化产业"概念的认识还不够清晰,发展文化产业的紧迫感和责任感还不够强。最后,温州市规模以上文化企业占比太小,多数是小微企业,存在着盈利不稳定和生命周期短的问题。

(二)高质量文化产品供给不足

虽然近年来,温州市推出了一系列文化产品,但是文化产品的品质尚需提升,文化产业服务体系有待优化。温州文化产品尚存在"富资源缺精品,有星星无月亮"的现状,具有国际范、世界级、地标性的重大文化产业项目数量太少。

(三)投融资渠道有待完善

目前,温州市文化产业主要采取"借鸡生蛋""借海出船"的发展模式,投融资主体和方式单一,投资结构有待优化,特别是政策资金、社会资本和企业投入等渠道要进一步打通融合,为产业的发展注入更多金融血液。

(四)人才管理有待加强

相对于文化产业迅猛发展的现状,温州市文化产业人才短缺现象依然比较突出,特别是真正懂文化、善经营、会管理的高端复合型人才和文化创意产业的综合创作型人才,需加大引进培养力度。

五、温州市文化产业发展趋势与展望

自从 2021 年开始进入"十四五"发展阶段,温州市文化产业发展应该紧紧围绕"十四五"发展的主要目标——先进文化繁荣发展。温州市应抓住文化发展政策机遇,融入大局,促进本地文化事业大发展。深挖和盘活"东瓯古国""国家历史文化名城""中国山水诗发源地""中国数学家之乡""中国寓言文学创作之乡""南戏故里""歌舞之都""书画名城""百工之乡"等多张金名片的深厚家底,同时注重巩固经验,总结和拓展好历年来的特色亮点工作,拓宽工作视野,建设好人才队伍,落实精品项目,推动温州市文化高质量发展,为续写好新时代温州创新史,争创社会主义现代化先行市做出新的更大贡献。具体可以从以下方面入手。

(一)推动文化和旅游产业深度融合发展

以打造国际化休闲度假旅游城市为目标,加大文旅宣传推广力度,放大文旅综合效应,打响"诗画山水·温润之州"文旅品牌。加快建设瓯江山水诗路文化带,陆海联动推进海洋旅游大发展,加速创建一批国家级和省级全域旅游示范区。深入挖掘具有温州特色的文化元素,着力打造一批标志性、功能性文化地标,形成"名城、名镇、名村、名街、名居"等文化和旅游发展体系。继续打响雁荡山、楠溪江等旅游品牌,加大新5A级景区、国家级旅游度假区创建力度,打造一批千万级核心景区。推进城市旅游化改造,打响"瓯江夜游""夜画塘河"等品牌,全面激活月光经济。因地制宜地发展乡村旅游,深入实施"千村百镇十城景区化"工程,狠抓西部生态休闲产业带建设,大力培育森林康养、"侨家乐"品牌民宿等新增长点。

(二)弘扬和发展优秀传统文化

持续深化"温州学""永嘉学派"研究,深入挖掘和提炼优秀传统文化精神内涵和时代价值,形成一批具有较高学术水平和较大影响力的研究成果,推动经典文化活化、当代化。建设温州学研究院、永嘉学派展示馆,实施在外温州学文献回归工程。擦亮"中国山水诗发源地""中国数学家之乡""南戏故里""百工之乡"等"国字号"文化金名片,打响"书香社会、墨香城市、阅读温州"文化品牌。弘扬革命精神和红色基因,推动红色文化传承。深化国家历史文化名城保护建设,加强古村落古民居古建筑保护开发,重视非物质文化遗产保护利用。完善文化交流合作和传播机制,加强与"一带一路"沿线国家的文化交流,全面提升温州市文化的传播力和影响力。

(三)激发文化创新创造活力

全面深化文化领域改革,完善文化发展体制机制,激发文化发展活力和创造力,推动文化产品和服务优化升级。坚持以人民为中心的创作导向,深入实施文艺精品创作星火计划,持续推进文艺"名牌、名品、名人"工程,努力创作一批具有温州地域特色、展示温州人文精神、深受群众喜爱的优秀文艺作品。制定实施文化产业发展专项规划和扶持政策,推动文化与科技、金融、制造、旅游、体育等产业深度融合,重点发展创意设计、数字创意、影视内容、文化旅游、工艺美术、文化制造等文化产业。实施一批具有引导性和带动性的重大文化项目,提高文化产业化、规模化、集约化发展水平。实施文化企业培育计划,发展壮大文化市场主体。开展文化人才和文化名家培育行动,加强高素质文化人才队伍、基层文化人才队伍建设。积极创建全国版权示范城市。

(四)完善公共文化服务体系

推进国家公共文化服务体系示范区建设,健全以需求为导向的公共文化供给机制,不断提升公共文化供给能力和水平。加强重大文化设施和文化项目建设,加快实施温州档案中心、温州美术馆、中国寓言文学馆等重大文化项目,改造温州非遗馆、温州大剧院等重点文化设施,打造一批温州文化新地标。优化城乡文化资源配置,织密基层公共文化设施网络,提升"文化礼堂""城市书房""文化驿站""百姓书屋"等建设管理水平,加强未来社区文化空间规划建设,打造城市"15 分钟文化圈"、农村"30 分钟文化圈"。高水平开展文化惠民工程,扩大基层文化惠民工程覆盖面,创新开展温州艺术节、市民文化节、全民阅读节等文化活动。积极运用数字技术与网络技术,推动公共文化资源联网上云,扩大公共文化服务半径和服务品质。推动传统媒体和新兴媒体深度融合,深化市级新型主流媒体建设,加强县级融媒体中心建设。

参考文献

[1] 2021 年浙江省文化文物和旅游统计年鉴[M]. 杭州:浙江省文化和旅游厅,2021.

[2] 2020 年温州市国民经济和社会发展统计公报[EB/OL]. (2021-03-23)[2022-12-01]. http://wztjj. wenzhou. gov. cn/art/2021/3/23/art_1243860_58726181. html.

[3] 温州广告产业园区升级为国字号[EB/OL]. (2020-01-14)[2022-12-01]. http://www. wenzhou. gov. cn/art/2020/1/14/art_1217831_41674561. html.

[4] 温州住建部关于印发温州市历史文化名城名镇名村保护"十四五"规划[EB/OL]. (2021-06-29)[2022-12-01]. http://zjj. wenzhou. gov. cn/art/2021/6/29/art_1229206191_3971587. html.

[5] 温州市旅游业发展"十四五"规划[EB/OL]. (2021-12-02)[2022-12-01]. http://www. wenzhou. gov. cn/art/2021/12/2/art_1229116916_1911485. html.

2021 年绍兴市文化产业发展报告

刘晓莉　　毕凤宇　　吴伊源

2020 年,绍兴市文旅工作坚持以习近平新时代中国特色社会主义思想为指导,全面加强党的领导和意识形态工作,紧紧围绕党中央和省、市各项决策部署,继续锚定"重塑城市文化体系、打造最佳旅游目的地、争创文旅融合样板地"三大目标,以"融合、转化、创新、服务"四大工作理念为牵引,坚持一手抓疫情防控,一手抓消费激活,以务实高效的行动,着力提升文旅融合发展水平,取得了积极成效。全市文化事业持续发展,文旅行业全面振兴,全域旅游加快推进,文旅品牌逐步打响,文化遗产保护利用卓有成效。

一、绍兴市文化产业发展环境分析

(一)政治环境

绍兴市纵深推进"最多跑一次"改革,41 项个人和企业全生命周期事项纳入"一件事"集成服务,政务事项掌上可办理率达 95%。实施优化营商环境"10＋N"便利化行动,深化标准地改革,创新容缺受理施工许可申请,健全民营经济高质量发展"14＋9"政策体系,营商环境热力指数居全国地级市第 5 位。三区同权改革基本完成,部分行政区域界线变更顺利推进。新一轮机构改革、国资国企改革扎实推进,"华越""漓铁""平铜"完成改制。"亩均论英雄"改革入选全国改革开放 40 年地方改革创新案例,农村土地承包经营权抵押、土地储备出让预算管理成为全国试点。开放平台建设取得重大突破,浙江(新昌)境外并购产业合作园、跨境电商综试区建设进展顺利。东西部扶贫协作、对口合作支援、山海协作任务全面完成。

(二)经济环境

2020 年,绍兴市实现生产总值 6001 亿元,年均增长 6%,人均生产总值达 11.6 万元。完成财政总收入 853 亿元、一般公共预算收入 543.5 亿元,年均增长率分别为 7.2%和8.4%。规上工业增加值、服务业增加值年均分别增长 6.6%和 7%。固定资产投资、社会消费品零售总额年均分别增长 8.2%和 8%;出口额占全国出口总额 13.3‰,比"十二五"期末上升 1.4 个千分点。粮食产量达 79 万吨,生猪存栏超 51 万头。银行业金融机构存贷款余额双双超过万亿元。A 股上市公司数量累计达 68 家,居全国同类城市第 3 位。城市综合经济实力居全国第 31 位。

(三)文化环境

绍兴市文创大走廊布局不断完善,历史文化资源价值和活力充分激发,成功创建"东亚文化之都",颁布实施《绍兴古城保护利用条例》《绍兴市大运河世界文化遗产保护条例》,高标准办好公祭大禹陵、兰亭书法节、阳明心学高峰论坛等文化活动及水陆国际"双马"、女排世俱杯等国际赛事,成功举办绍兴发展大会、国际友城大会、"绍兴周"、中国越剧艺术节等活动,获评全国首批"中国研学旅游目的地"城市,柯桥区、新昌县获评全省首批 5A 级景区城,新昌县获评国家全域旅游示范区。广泛开展文化惠民活动,建成文化中心、奥体中心、名人馆、大禹纪念馆、阳明园等一批标志性文化设施和 1400 多个农村文化礼堂,实现全国文明城市创建"三连冠",诸暨市成为全国新时代文明实践中心"先行试验区"。

(四)技术环境

绍兴市深入实施创新强市、人才强市战略,成功创建国家创新型城市,绍兴科创大走廊建设扎实推进,创新服务综合体、研究院、众创空间等区域创新体系加快完善,全市研发经费支出占生产总值的比重达到 2.8%,培育国家高新技术企业 1000 多家、省科技型中小企业7000 多家,涌现出工厂化养蚕、"不上头"黄酒等一批颠覆性新技术新产品,建成一批人才创新创业园,新引进高层次人才数量连年攀升,全市人才资源总量超过 135 万人。

二、绍兴市文化产业发展现状

(一)产业总体发展现状

"十三五"期间,绍兴市按照技术先进、经济可行、社会效益明显等标准,建立文化产业项目库,共实施 1000 万元以上重点文化产业项目 200 余个,完成投资 500 多亿元。完善重点文化产业项目进展情况通报制度,协调解决重大问题,增强项目推进的实效性。2020 年,全市实现文化及相关特色产业增加值 350 亿元,占全市生产总值的 5.8%,具体情况如图 1所示。

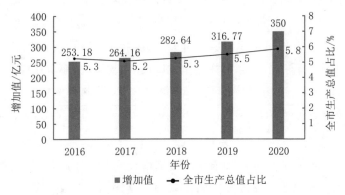

图 1　2016—2020 年绍兴市文化及相关特色产业增加值及占比

数据来源:《绍兴市文化产业发展"十四五"规划》。

(二)产业分类发展现状

1. 新闻信息服务

2020 年,绍兴市新闻信息服务产业稳步发展。如表 1 所示,2020 年,绍兴市文化市场经营机构数为 643 个,从业人员共计 10606 人,资产总计 35.42 亿元,营业收入为 19.95 亿元,营业成本为 15.30 亿元,营业利润为 4.65 亿元。

表 1 2020 年绍兴市文化市场经营机构综合情况

机构数/个	从业人数/人	资产总计/亿元	营业收入/亿元	营业成本/亿元	营业利润/亿元
643	10606	35.42	19.95	15.30	4.65

数据来源:《2021 年浙江省文化文物和旅游统计年鉴》。

2.内容创作生产

2020 年,绍兴市内容创作生产产业创新发展。如表 2 所示,2020 年,绍兴市公共图书馆共计 7 个,从业人数共计 296 人,总藏量达 743.92 万册,总流通人次为 607.32 万人次,资产总计 2.31 亿元,收入合计 1.02 亿元,支出合计 1.03 亿元。如表 3 所示,2020 年,绍兴市群众艺术馆、文化馆、艺术站共计 110 个,从业人数共计 535 人,提供文化服务共计 13484 次,组织品牌节庆活动 57 场,资产总计 4.50 亿元,本年收入合计 1.58 亿元,本年支出合计 1.53 亿元。如表 4 所示,2015—2020 年,绍兴市文化事业费由 33568 万元增加至 65983 万元,人均文化事业费由 67.6 元增加至 125.2 元,平均每万人拥有图书馆建筑面积由 189.7 平方米减少至 181.1 平方米,人均拥有公共图书馆藏量由 0.77 册增加至 1.41 册,文物藏品数量由 89630 件(套)增加至 124832 件(套)。此外,绍兴市共有全国重点文物保护单位 32 处,国家级非物质文化遗产名录 24 项、省级非遗名录 86 项、市级非遗名录 261 项,国家级非遗代表性传承人 21 人、省级代表性传承人 109 人、市级代表性传承人 366 人。

表 2 2020 年绍兴市公共图书馆综合情况

机构数/个	从业人数/人	总藏量/万册	资产总计/亿元	本年收入合计/亿元	本年支出合计/亿元	总流通人次/万人次
7	296	743.92	2.31	1.02	1.03	607.32

数据来源:《2021 年浙江省文化文物和旅游统计年鉴》。

表 3 2020 年绍兴市群众艺术馆、文化馆、艺术站建设情况

机构数/个	从业人数/人	提供文化服务次数/次	本年收入合计/亿元	本年支出合计/亿元	资产总计/亿元	组织品牌节庆活动/场
110	535	13484	1.58	1.53	4.50	57

数据来源:《2021 年浙江省文化文物和旅游统计年鉴》。

表 4 2015—2020 年绍兴市主要文化事业发展指标

指标	2015 年	2016 年	2017 年	2018 年	2019 年	2020 年
文化事业费/万元	33568	38294	39341	49038	57125	65983
人均文化事业费/元	67.6	76.8	78.5	97.4	113.0	125.2

指标	2015 年	2016 年	2017 年	2018 年	2019 年	2020 年
平均万人拥有图书馆建筑面积/平方米	189.7	192.3	190.8	190.0	189.1	181.1
人均拥有公共图书馆藏量/册	0.77	0.84	0.95	1.07	1.27	1.41
文物藏品数量/件(套)	89630	89481	99599	100018	102282	124832

数据来源:《2021 年浙江省文化文物和旅游统计年鉴》。

3. 文化传播渠道

2020 年,绍兴市文化传播渠道不断拓展。如表 5 所示,2020 年,绍兴市艺术表演团体共计 190 个,从业人数为 5901 人,原创首演剧目有 4 个,拥有知识产权 0 项,演出共计 1.03 万场,国内演出观看人次 908.79 万人次。如表 6 所示,2020 年,绍兴市艺术表演团体实际使用房屋建筑面积为 8.33 万平方米,实际拥有产权面积为 0.19 万平方米,资产总计 1.69 亿元,总收入达 1.72 亿元,总支出达 1.66 亿元。此外,绍兴市持续开展文化惠民活动,完成送演出下乡 1052 场,送图书下乡 10.64 万册,送讲座、展览下乡 358 场;开展线上文化服务活动 391 场,线上活动参与人次达 250.82 万人次。

表 5　2020 年绍兴市艺术表演团体演出情况

机构数/个	从业人数/人	本团原创首演剧目/个	本团拥有知识产权数量/项	演出场次/万场	观看人次/万人次
190	5901	4	0	1.03	908.79

数据来源:《2021 年浙江省文化文物和旅游统计年鉴》。

表 6　2020 年绍兴市艺术表演团体收支及面积综合情况

总收入/亿元	总支出/亿元	资产总计/亿元	实际使用房屋建筑面积/万平方米	实际拥有产权面积/万平方米
1.72	1.66	1.69	8.33	0.19

数据来源:《2021 年浙江省文化文物和旅游统计年鉴》。

4. 文化投资运营

2020 年,绍兴市文化投资运营高质高效。如表 7 所示,2020 年,绍兴市文化市场经营机构资产总计 35.42 亿元,营业收入为 19.95 亿元,营业成本为 15.30 亿元,营业利润为 4.65 亿元。如表 8 所示,2020 年,绍兴市演出经纪机构数共计 9 个,从业人数总计 219 人,资产总计 14.85 亿元,营业收入总计 0.84 亿元。如表 9 所示,2020 年,绍兴市文化行政主管部门从业人数总计 196 人,资产总计 1.03 亿元,本年收入合计 4.05 亿元,本年支出合计 4.08 亿元。此外,2020 年,绍兴市优选推进 167 个文化旅游项目,计划投资 200.11 亿元,全年实际完成投资 222.88 亿元,完成率为 111.38%。其中,阳明故里综合保护利用项目、绍兴东浦黄酒小镇等 7 个项目单体总投资超过 50 亿元。

表7　2020年绍兴市文化市场经营机构经营情况　　　　　　　　　　　　单位:亿元

资产总计	营业收入	营业成本	营业利润
35.42	19.95	15.30	4.65

数据来源:《2021年浙江省文化文物和旅游统计年鉴》。

表8　2020年绍兴市演出经纪机构综合情况

机构数/个	从业人数/人	资产总计/亿元	营业收入/亿元
9	219	14.85	0.84

数据来源:《2021年浙江省文化文物和旅游统计年鉴》。

表9　2020年绍兴市文化行政主管部门基本情况

从业人数/人	本年收入合计/亿元	本年支出合计/亿元	资产总计/亿元
196	4.05	4.08	1.03

数据来源:《2021年浙江省文化文物和旅游统计年鉴》。

5.文化娱乐休闲服务

2020年,在新冠肺炎疫情的影响下,绍兴市文化娱乐休闲服务产业稳中求进。2020年,绍兴市旅游总人次达9721.6万人次,同比恢复84.6%,实现旅游总收入1074.2亿元,同比恢复82.2%。如表10所示,2020年,绍兴市旅行社机构数为123个,从业人数为984人,组织国内游客人次共计443218人次,组织国内游客人天数共计841414人天,接待国内游客人次共计355102人次,接待国内游客人天数共计648016人天。如表11所示,2020年,绍兴市A级景区机构合计79家,其中,1A级景区有1家,2A级景区有25家,3A级景区有34家,4A级景区有18家,5A级景区有1家。如表12所示,2020年,绍兴市A级景区从业人员达4347人,A级景区接待人次共计2093.8万人次,A级景区旅游营业收入共计6.3亿元,A级景区门票收入共计2.1亿元。如表13所示,2020年,绍兴市星级酒店有42家,其中,三星级酒店有24家,四星级酒店有11家,五星级酒店有7家。如表14所示,2020年,绍兴市娱乐场所达196个,从业人数为3080人,资产总计4.30亿元,营业收入共计2.62亿元。

表10　2020年绍兴市旅行社基本情况

机构数/个	从业人数/人	组织国内游客人次/人次	组织国内游客人天数/人天	接待国内游客人次/人次	接待国内游客人天数/人天
123	984	443218	841414	355102	648016

数据来源:《2021年浙江省文化文物和旅游统计年鉴》。

表11　2020年绍兴市A级景区机构概况　　　　　　　　　　　　　　　单位:家

5A级	4A级	3A级	2A级	1A级	合计
1	18	34	25	1	79

数据来源:《2021年浙江省文化文物和旅游统计年鉴》

表 12　2020 年绍兴市 A 级旅游景区基本情况

总个数/个	从业人数/人	接待人次/万人次	旅游营业收入/亿元	门票收入/亿元
79	4347	2093.8	6.3	2.1

数据来源:《2021 年浙江省文化文物和旅游统计年鉴》。

表 13　2020 年绍兴市星级酒店情况

单位:家

五星级	四星级	三星级	二星级	一星级	合计
7	11	24	0	0	42

数据来源:《2021 年浙江省文化文物和旅游统计年鉴》。

表 14　2020 年绍兴市娱乐场所综合情况

机构数/个	从业人数/人	资产总计/亿元	营业收入/亿元
196	3080	4.30	2.62

数据来源:《2021 年浙江省文化文物和旅游统计年鉴》。

三、绍兴市文化产业发展主要经验

(一)丰富业态形式

近年来,绍兴市大力发展传统经典、文化旅游、创意设计、影视演艺等重点产业,培育发展数字内容、文化会展新业态。从企业经营看,涌现出特立宙动画、美盛文化等一批新型文化企业;从文化平台看,创设金德隆、尚 1051 等文化创意园区,带动一批小规模文化企业发展;从服务形式看,网络化、5G 技术与数字云等技术的加载,不断充实文化服务形式,先后创设网上图书馆、博物馆。企业经营内容、经营模式和文化发展平台、服务形式均得到极大丰富与扩展,持续推动文化产业发展。

(二)壮大市场主体

绍兴市共有各类文化产业单位 2 万余家、规上文化企业 600 余家。实施重点文化企业培育工程,建立并动态更新市重点文化企业名录库。推动文化企业兼并重组,成立市文化产业发展投资公司,推动其与原市旅游集团重组;推动成立绍兴市演艺集团,促进国有文化企业转型发展。美盛文化、明牌珠宝两度入选省重点文化企业 30 强,柯桥区两度入选省文化产业十强县(市、区)。

(三)增强集聚效应

绍兴市以集聚区培育为抓手,推动文化产业集聚发展,确定金德隆文化创意园等第一批重点培育的十大文化产业集聚平台,全市共有文化创意园区及产业集聚平台 25 个。出台文化产业集聚区建设管理相关意见,从建设目标、功能定位、完善服务、设立认定和健全统计等方面加强督查指导。柯桥、兰亭创意街区、鲁镇创意街区入选省文化创意街区,黄酒小镇、瓷源小镇、珍珠小镇等一批文化特色小镇初具规模。

(四)健全发展机制

绍兴市连续 2 年召开全市文化产业发展大会,完善绍兴文创大走廊建设 3 年行动计划,出台《关于加快文化产业发展的实施意见》,从顶层设计和细化实施层面明确文化产业发展方向。先后 3 次修订文化产业政策及配套细则,不断加大扶持力度,降低扶持门槛,扩大覆盖面,增强操作性,及时给予政策支持。自新政策出台以来,已兑现资金 9000 余万元,有力地激发了企业的生产创作热情。

四、绍兴市文化产业发展瓶颈与问题

(一)产业深度融合不够,集群化发展不够

全市传统优势产业与文化创意产业融合度不够,相关产品的文化元素植入和利用不足,文化创意价值实现形式比较单一,市场竞争力不强。文化产业园区和集聚平台总体体量较小,重大文化产业项目较少,文化产业跨区域集聚不够成熟,未能对产业高质量发展起到强大的支撑作用。

(二)企业总体规模偏小,龙头企业数量不多

推动文化产业发展的龙头企业数量仍然较少,对产业的引领性、带动性不强。龙头企业对小微企业平台型、延伸性、辐射性作用还未显现,区域内创新创造活力不足。规下文化企业(单位)占全部法人单位比例高达 97%。上市企业仅占规上企业的 2.3%。产业收入和效益偏低,2019 年全市规上文化工业企业(剔除黄酒行业)的利润率仅为 5.7%。

(三)资源转化程度不高,融合步伐有待加快

绍兴市虽然人文历史底蕴深厚,但对历史文化资源的利用程度有限。文化产业与地区传统优势产业深度合作不够,与互联网服务等新兴行业缺少深度融合,在融入产业发展、助力经济转型中的作用有待进一步加强。文化产业链未能与主要产业的产业链有效衔接与延伸,与创意制作、消费体验和创意衍生产品开发等环节未能很好衔接,文化创意价值实现形式单一,影响文化产品的深度开发和品牌塑造。

(四)专业人才结构单一,产业拓展后劲不足

创意设计、文化研究、经营管理等人才不足,缺乏引才留才的有效手段和机制。大部分人才集中在单一生产或经营领域,具有涉外、创业、管理等能力的复合型人才短缺。一些文化产业业态发展局限性较强,创新能力与发展要求不相匹配,缺少支撑要素,缺乏新的增长动能,文化产业向深处拓展的后劲动力略显不足。

五、绍兴市文化产业发展趋势与展望

绍兴市要坚持以习近平新时代中国特色社会主义思想为指导,坚持塑造具有更高品质的城市文化体系,打造文化守正创新、文商旅融合发展的标杆城市。进一步擦亮历史文化名

城和东亚文化之都"金名片",深入实施新时代文化绍兴建设工程,按照文化产业化和产业文化化的实施路径,加快把文化资源厚度转化为产业发展高度,打造全国文化产业高地。在率先走出的人文为魂、生态塑韵的城市发展道路上呈现绍兴文化姿态,为率先走上争创社会主义现代化先行省市域发展之路,奋力打造浙江高质量发展建设共同富裕示范区市域范例贡献文化力量。具体发展思路包含以下 8 个方面。

(一)打造五大产业集群

1.文化旅游集群

以绍兴古城为核心,以古越文明和运河文化为主线,联动越城区、柯桥区、上虞区、诸暨市文化旅游集群发展。发挥"历史＋人文"的优势,对标世界文化遗产标准,创新实施"千年古城"复兴计划,打造具有国际风度、中国气派、江南特质的国际文化名城。

2.轻纺时尚集群

以柯桥区轻纺时尚创意为核心,联动诸暨市袜艺、嵊州市领带服饰、新昌县丝绸等时尚创意,发挥"产业＋市场"的独特优势,形成推动纺织产业链转型升级和链接全球时尚资源的关键平台,完成从纺织产品制造中心向时尚创意产业中心的嬗变,建立世界级轻纺时尚集群。

3.诗路文化集群

以新昌县、嵊州市为核心,联动越城市、柯桥区、上虞区、诸暨市打造浙东唐诗文化产业集群。深入实施浙东唐诗之路 3 年行动计划,围绕"诗画""山水""佛道""名人"四大主题,凝练彰显"诗心自在"的文化内涵,对唐诗之路的文化底蕴和时代价值进行深入发掘,形成以文化旅游为核心,延伸至动漫、演艺、会展、影视、设计、民间工艺,集业态创新和文创开发于一体的全方位、高层次、多功能的文化产业新体系。

4.黄酒文化集群

以越城区为核心,联动柯桥区、上虞区,文创赋能黄酒产业创新,不断做大黄酒文化产业,引领文化消费需求,全力打造世界美酒产区、中国黄酒之都,建设黄酒文化地标,激活"酒经济、旅经济、夜经济"三大特色经济。

5.珠宝创意集群

以诸暨市珠宝文化创意为核心,与轻纺时尚集群联动,把握诸暨市山下湖成为世界珍珠大会永久会址的契机,引领珠宝国际化、高端化、时尚化,推动时尚珠宝创意与科技、金融、商务、旅游等融合发展。

(二)培育六大产业链

第一,数字出版链。培育形成以越城区为核心,联动上虞、柯桥区的数字出版产业链。第二,演艺游乐链。培育形成以越城区、柯桥区为核心,联动嵊州市的演艺游乐链。第三,游戏动漫链。培育形成以上虞区为核心,联动越城区、柯桥区、新昌县的游戏动漫产业链。第四,创意设计链。培育形成以越城区为核心,联动柯桥区、上虞区的创意设计产业链。第五,文化会展链。培育形成以越城区、柯桥区为核心的文化会展产业链。第六,书画工艺链。培育形成越城区、柯桥区、上虞区、嵊州市、新昌市联动,与非遗融合发展的书画工艺产业链。

(三)深化文化改革

深入推进文化金融改革。以改革示范区建设为契机,着力化解"文化资源多、价值转化难、融资需求多、抵押评估难"的问题,创设文化产业信用保证基金,打造文化产权交易平台。创新文化融资服务,积极为文化企业搭建股权投资、小贷融资等金融服务平台。力争为全国文化金融改革创新提供可复制、可推广的经验。继续深化经营性文化事业单位改革。加快构建有文化特色的现代企业制度,坚持正确导向和经营方向,积极稳妥推进混合所有制改革,形成有效制衡的公司法人治理结构和灵活高效的市场化经营机制,推动企业做强、做优、做大。不断完善文化产业政策。建立完备的文化产业发展政策体系,进一步重视和鼓励文化创新发展。

(四)培育文化企业

进一步壮大骨干文化企业。突出文化旅游、数字出版、演艺游乐、游戏动漫、创意设计等重点领域,培育一批具有行业领军地位的旗舰型文化企业。到 2025 年,新增旗舰型文化龙头企业 30 家,规上文化企业达到 800 家。推进国有文化企业战略重组和股份制改革,培育一批核心竞争力强的国有或国有控股文化企业(集团)。进一步培育高成长文化企业,支持处于成熟期、经营较为稳定的文化企业在主板上市,支持处于成长期、发展前景广阔的中小文化企业在创业板、中小板、新三板上市。扶持小微文化企业发展。实施小微文化企业创新工程,激发小微文化企业"双创"活力。支持具有良好发展前景的小微文化企业走"专、精、特、新"的发展路径,鼓励"个转企""小升规"。

(五)提升文化消费

一是坚持消费场景化。推动文化消费基础设施建设,改善文化消费条件。制定多层次、全方位地促进文创产品消费的专门措施,加强媒体对创意生活、休闲生活、健康生活等方面的宣传引导。二是坚持产品文创化。利用"文创+"创意模式,引进各类国内外顶级文创品牌,争取举办更多文创展示和文化体验活动;依托社区、民间社团等组织,开展有关文创消费的交流品鉴活动。三是坚持模式多元化。加快优秀文化产品的网络化和数字化,促进网络文化消费。鼓励社会力量通过由政府购买服务、政府和社会资本合作等方式,参与文化设施建设和运营,加强文化消费项目拓展创新。四是坚持夜经济文化化。鼓励全市主要商圈和特色商业街与文化、旅游、休闲等紧密结合,打造"深夜书店"等特色夜间消费区。

(六)建设多元平台

聚焦"一廊双核三带"重大支撑平台,重点打造"城、区、镇、园"等特色文创空间单位,高标准推进重大文化产业平台、项目和园区建设。打造具有区域特色的文化度假区,推动现有文化度假区提档升级,高标准建设会稽山旅游度假区、兰亭文化旅游度假区等平台。按照文化特色和错位发展的需求,培育各具特色、各有侧重的文化产业特色小镇。推进文化产业园区发展,鼓励利用旧民居、旧厂房和旧仓库等发展文化产业园区,积极申报国家级、省级重点文化产业园区(基地)。

(七)发掘文化产业

加强考古挖掘研究,进一步巩固绍兴市作为历史文化名城的地位,大力推进文物考古工作,丰富文化表现形式,为文化产业发展提供支撑。发挥智库作用,把绍兴市文化产业研究院打造成市级特色智库,充分发挥其在文化产业发展中的"智囊团"的作用。发挥全市重点文化创新团队的引领作用,鼓励在绍高校加强文化产业研究,形成具有绍兴地方特色的学科团队。推动"数字+"在重点文化消费场景中的研究,通过数字应用,助力文创产品打造,拓展文化数字化应用场景边界,拓宽文化内容价值的实现渠道。加强"文化+"研究发掘,让文化全方位融合发展,不断促进优秀传统文化创造性转化和创新性发展,使其成为产业转型升级的新引擎。

(八)引育文化人才

一是加强顶层设计。根据产业发展的需要,加强文化人才发展规划,持续健全高层次文化人才培养与引进长效机制。二是深化人才改革。健全文化产业人才评估体系、激励机制和保障制度。加快研究宣传文化单位的引才工作,降低准入门槛,简化招聘流程,出台市直文化类事业单位高层文化人才招聘实施意见。三是引进专业人才。建立文化产业人才数据库及引进需求名录,发布全市文化企业紧缺人才信息,拓宽文创人才引进渠道,引进一批产业和经营紧缺人才。四是创新培养模式。探索创新人才培养模式,实施文化产业复合型精英人才培养计划;引导支持文化企业和市内外高校合作,开设"订单培养"模式。实施重点文化人才提升计划,培育绍兴市的"文化工匠"。

参考文献

[1] 2021 年浙江省文化文物和旅游统计年鉴[M]. 杭州:浙江省文化和旅游厅,2021.

[2] 绍兴市国民经济和社会发展第十四个五年规划和二〇三五年远景目标纲[EB/OL]. (2021-02-26)[2022-12-01]. http://www. sx. gov. cn/art/2021/2/26/art_1229265334_3855199. html.

[3] 绍兴市文化产业发展"十四五"规划[EB/OL]. (2021-08-12)[2022-12-01]. http:// www. sx. gov. cn/art/2021/8/13/art_1229311201_1797120. html.

[4] 绍兴市文化广电旅游局 2020 年工作总结[EB/OL]. (2021-02-07)[2022-12-01]. http://sxwg. sx. gov. cn/art/2021/2/7/art_1229454477_3853793. html.

[5] 绍兴市文化和旅游"十四五"规划[EB/OL]. (2021-08-17)[2022-12-01]. http://www. sx. gov. cn/art/2021/8/17/art_1229311201_1798509. html.

[6] 绍兴市政府工作报告[EB/OL]. (2021-02-07)[2022-12-01]. http://www. sx. gov. cn/art/2021/2/7/art_1229265336_3853761. html.

2021 年台州市文化产业发展报告

王　玮　张湘毅

台州市地处中国黄金海岸线中段,"山海水城""和合圣地"与"制造之都"3 张名片响彻中外。2020 年,在浙江省文化和旅游厅的精心指导下,台州市坚持以习近平新时代中国特色社会主义思想和党的十九届五中全会精神为指引,主动作为,积极应对,全力以赴打好疫情防控总体战、打赢经济发展翻身仗,在全面打造文化发展高地、长三角最佳旅游目的地的征程上取得了新成绩。2020 年,台州市继续推进国家公共文化服务体系示范区创新发展,坚持政府主导、社会参与、重心下移、长效务实的原则,探索出一条"资源共享、服务联动、以点带面、惠及全民"的城市公共文化服务路径,增强了群众文化获得感和幸福感。

一、台州市文化产业发展环境分析

(一)自然环境:"山海水城"

从自然环境看,台州市是"山海水城"。台州市是浙江"七山一水两分田"的缩影,是山、海、水和谐的生态福地。台州市群"山"环抱,浑然天成,自古就以"海上名山"著称。台州市依"海"而兴、三湾联动。台州市是江南"水"乡,水穿城而过。历史上台州市"河网密布、港汊交纵",水乡风韵不亚于苏杭,有"走遍苏杭,不如温黄"之说。从"路桥""泽国""大溪"等地方的命名就能看出,台州市自古就是江南水乡,水资源丰富。随着市区"五湖四环、一廊多带"水利风景漫游体系的研究和实施,"水上台州"呼之欲出。2020 年,台州市统筹城乡,全力提升台州市的"颜值"。实施城市美丽行动,高标准推进"一江两岸"、高铁新区等市区十大重点区块开发建设,"两个大陈"建设提速。新建绿道 107 千米、绿地 165 公顷,50% 以上行政村建成新时代美丽乡村,新改建提升农村公路 1278 千米。圆满完成"水十条",3 个县(市)、80 个镇(街道)完成"污水零直排区"建设,建成省级美丽河湖 11 条,台州湾入选全国首批美丽海湾。2020 年 9 月 2 日,浙江省文化和旅游厅公布了浙江省省级文化传承生态保护区(创建)名单,"和合文化传承生态保护区"入选。

(二)文化环境:"和合圣地"

从文化环境看,台州市是"和合圣地"。台州市素以佛宗道源享誉海内外,是佛教天台宗和道教南宗的发祥地。天台山以其深邃的文化内涵孕育出了博大精深的"和合"文化。"和合"文化内涵丰富,其将儒、释、道三家互补共融,倡导和谐、开放、合作,是浙东区域文化的代表。习近平总书记曾说:"我们的祖先创造了无与伦比的文化,而'和合'文化正是这其中的精髓之一。"2020 年,台州市深化公共文化服务体系建设,新建农村文化礼堂 400 家,全省诗路文化带建设暨浙东唐诗之路启动大会在天台召开,徐霞客《游天台山日记》编入全国高中语文教材,仙居创成国家全域旅游示范区,路桥获评中国曲艺之乡。

(三)产业环境:制造之都

从产业特征看,台州市是制造之都。以制造业为主的民营经济创新发展,一直是台州市最大的优势、最亮的特色、最重的底牌。制造业门类齐全,配套能力强。台州市已形成汽摩配件、医药化工、家用电器、缝制设备、塑料模具等 20 多个规模上百亿元的块状特色经济带。"中国汽车及零配件出口基地""医药产业国家级新型工业化示范基地"等 51 个国家级产业基地落户台州市,74 个工业产品的国内市场占有率列第 1。

2020 年,全市生产总值增速从一季度的－8.8％,列全省第 10,回升到上半年的－0.4％、前三季度的 1.7％、全年的 3.4％,列全省第 5。强化数字赋能、科技赋能、资本赋能,高新技术产业、战略性新兴产业增加值增速分别高于规上工业 2.4 和 6.5 个百分点。自 2020 年 2 月 21 日实现 100％复工以来,台州市 199 个续建省、市重点工程,取得了"两手都要硬、两战都要赢"的阶段性胜利。台州市上市企业多,创新能力强,涌现了海正药业、双环传动、水晶光电、伟星新材等一批优秀制造企业。全市上市公司有 40 家,其中,39 家是制造类企业,"新三板"挂牌企业 45 家。金融生态优,城市活力足。台州市是全国唯一拥有 3 家城商行的地级市,全市有 221 家金融专营机构服务小微企业,被国务院列为国家小微企业金融服务改革创新试验区。

二、台州市文化产业发展现状

(一)产业总体发展现状

2020 年,台州市全系统共获得省级以上荣誉 82 项,其中国家级荣誉达 17 项。全国首个文旅疫后振兴品牌"追着阳光去台州"全面打响;全市文旅项目年度投资实现"倍增",全年实际完成有效投资超 200 亿元;全市高等级景区创建再创佳绩,全市 A 级景区达到百家;国家全域旅游示范区创建实现"零突破",仙居县荣登全国榜单;中国红色旅游推广联盟年会暨革命精神高峰论坛规模空前,大陈岛垦荒精神成为中国革命精神谱系的重要组成部分;全省诗路文化带建设暨浙东唐诗之路启动大会高规格举行,台州市诗路文化带建设成为全省标杆;中国八方旅游联合体 2020 峰会隆重举办,台州市推介引发广泛关注;长三角文化和旅游治理协同发展大会成功举办,台州市成为全国首个文化和旅游治理现代化创新实验城市。全域旅游人次增幅、文旅线上消费和线下消费、旅游营销系统媒体搜索指数、新增第五批国遗项目数、新增国家二级博物馆数等多项重点发展指标位居全省前列。

台州市实现了全国文明城市"两连创"、中国最具幸福感城市"五连创";市区一体化取得突破,中央商务区、"一江两岸"等区块初展新貌,玉环市顺利实现撤县设市,常住人口城市化率达 64.5％;空气质量稳居全国重点城市前列,生态环境质量公众满意率达到 95.1％;社会事业短板加快补齐,一批教育、医疗优质资源引进落地,公共文化服务体系建设成为国家示范,A级以上景区突破100家,人民群众有了更多获得感。深入推进"文化基因解码工程",坚定文化自信,大力弘扬台州市优秀传统文化、革命文化和社会主义先进文化,增强文化软实力,助推文旅融合发展。2020年,台州市实现了"十三五"胜利收官,为建设独具魅力的"山海水城""和合圣地""制造之都"做出了极大的贡献,使台州市经济底色更亮,社会地盘更稳,文化底蕴更深厚,发展底气更足。

(二)产业分类发展现状

1.文化核心领域

(1)内容创作生产

2020年,台州市95%的文化馆和图书馆达到国家一级馆标准,省级中心镇和人口超10万人的乡镇(街道)实现图书馆分馆全覆盖,全市行政村(社区)实现文化活动中心(室)全覆盖。椒江文化艺术中心、黄岩图书馆和文化馆新馆、临海紫阳街历史文化展示区、温岭市文化中心等一批县级文旅设施相继建设或建成使用,总建设规模超35万平方米,为历史之最。

2020年,台州市文物保护利用更加扎实,三大重要遗址考古挖掘取得重大进展。章安古郡遗址基础性工程完工,出土重要器物23件;黄岩沙埠窑成为浙江省第三批省级考古遗址公园,黄岩沙埠窑凤凰山遗址的主动性考古发掘启动,出版研究成果《丹丘瓷语——台州窑陶瓷简史》,填补了国内研究的学术空白;下汤遗址公园建设深入推进,完成《下汤遗址保护规划》《下汤省级考古遗址公园规划》修编,启动下汤遗址核心区保护展示工程项目。加强34家非国有博物馆规范化建设,总数量继续保持全省第1。2020年,台州市图书馆针对不同年龄群体推出涵盖终生的阅读推广体系,打造"童萌汇"小书坊、市民书友会、台州市民讲堂、乐龄e课堂等阅读品牌。"十三五"期间,台州市年人均阅读量从0.71册增加至1.42册,人均拥有公共图书馆藏量从0.63册增加至1.41册。

2020年,台州市境内共有公共图书馆10家,从业人员有246人,其中,专业技术人才1172人,正高级职称4人,副高级职称13人,中级职称82人。如表1所示,图书馆总藏量达924.73万册,其中,图书847.89万册(内含盲文图书0.53万册),古籍13.57万册(内含善本0.17万册),报刊36.34万册,视听文献8.11万册,微缩制品0.07万册,其他藏书18.17万册。藏书中,开架书刊达779.39万册,少儿文献达189.64万册。音视频总量达20小时,电子文本、图片文献达0.01TB,线上服务人次达904.04万人次,书架单层总长度达70300米,本年新购藏量达68.63万册,本年新增电子图书19.25万册,当年购买的报刊种类达4365种,有效借书证达929287张。总流动人次达698.57万人次,其中书刊文献外借98.46万人次。

表1 2020年台州市图书馆藏品情况 单位:万册

图书馆总藏量	图书	古籍	报刊	视听文献	微缩制品	其他图书
924.73	847.89	13.57	36.34	8.11	0.07	18.17

数据来源:《2021年浙江省文化文物和旅游统计年鉴》。

台州市共有群众文化馆、艺术馆 139 家,从业人员 679 人,其中,专业技术人才 310 人,正高级职称 8 人,副高级职称 19 人,中级职称 56 人。组织品牌节庆活动 40 场。提供文化服务 23509 次,惠及 535.17 万人次,组织文艺活动 11854 场,其中,为老年人组织专场 28 场,为未成年人组织专场 52 场,为残障人士组织专场 12 场,为农民工组织专场 15 场,文化活动观看人次达 402.42 万人次。举办培训活动 9680 场,培训 2034 万人次,其中对业余文化队伍的培训人次达 20.34 万人次。举办展览 1815 个,参观人次达 88.27 万人次,组织各类理论研讨和讲座 160 次,参加人次达 4.36 万人次。本单位受训人次达 2.15 万人次,线上群众文化活动参加人次达 638 万人次,线上服务人次达 317429 万人次。

(2)创意设计服务

2020 年,台州市博物馆征集藏品 27 件(套),举办临展 9 场。针对新冠肺炎疫情期间大部分群众在家的实际情况,组织市文化馆、图书馆、博物馆和非遗馆及时开通网上在线服务,提供内容丰富的文旅数字资源。台州市文化馆整理并上线近年来全市经典演出和超星资源库视频 4000 多部,图书馆推出 30 个数据库、上百万本免费电子书,博物馆和非遗馆推出虚拟展厅导览,让市民身临其境地逛博物馆和非遗馆。其中,"文化超市 4.0"搬进"云课堂"获《人民日报》刊登点赞。

2020 年,台州市境内共有艺术展览创作机构 1 个,藏品 42 件且免费对外开放,从业人员 10 人,其中,高级职称 2 人,副高级职称 1 人,中级职称 42 人。2020 年,台州市境内共有其他文化事业机构 9 个,从业人员 138 人,其中,专业技术人才 9 人,副高级职称 1 人,中级职称 3 人。

(3)文化传播渠道

2020 年,台州市线上线下联动开展文化年系列品牌活动,组织市、县两级重点文化演出、展览等活动 3000 多场,带动基层开展各类文化演出等活动 2 万多场,"文化超市 4.0""台州市民大讲堂""童萌汇小书坊"等品牌公益活动的受益群众超百万人次。以"众志成城战疫情"为主题的《春天来了》《祥瑞花开》等一批作品登上主流媒体。台州市文艺名家展演工程深入实施,张宝祥根雕艺术展等一系列展演活动顺利举办。话剧《和合》获得浙江文化艺术发展基金资助,乱弹《我的大陈岛》入选 2020 年度浙江省当代舞台艺术精品创作扶持工程,同时入选 2020 年度国家艺术基金资助项目。声乐《为你而来》、器乐《丹丘和音》、舞蹈《诗路遐想》参加浙江省第十一届音乐舞蹈节决赛并获优秀奖。《台州印象》《江山天骄——献礼建觉一百年》《垦荒者之歌》入选台州市重点文艺精品创作项目。越剧小戏《柿子红了》等 30 多个文艺作品或个人摘得浙江省级以上赛事桂冠。自 2020 年以来,台州市音乐界在原创作品上持续发力,创作出一批高水准、高传播度且独具地域特色的音乐精品。台州市音乐作品一方面获奖频频,得到了业内的认可,另一方面也飞入寻常百姓家,为群众所喜爱。

截至 2020 年,台州市全民艺术普及经典品牌"文化超市"已走过了 13 个年头,成功举办了 28 期艺术培训,受众达 25 万人次,从最初文化馆干部授课,面向机关干部的点对点艺术服务,到志愿者参与,面向大众,包含近 50 门课程的"阵地服务"3.0 版本,再到提供"线上＋

线下"全方位艺术培训,受众更广的"文化超市"4.0版本。"文化超市"在项目实施过程中,不断顺应时代发展潮流,进行调整和升级,成为一个集志愿参与、公益培训、成果展示、素质教育、基层服务等诸多功能于一体的综合性公共文化服务平台。

2020年,台州市境内共有艺术表演团体175家,其中补贴团数141家;从业人员5385人,其中专业技术人才1098人;演出场次为0.78万场,其中农村演出0.48万场;国内演出观看人次为440.95万人次,其中农村观看人次为225.50万人次。

(4)文化投资运营

如表2所示,2020年,台州市境内文化市场经营机构共有1207个,涉及从业人员12991人,资产总计151045.9万元,营业收入达94553.8万元。互联网上网服务营业机构共有540个,涉及从业人员1000人,资产总计15624.4万元,营业收入达8729.6万元。娱乐场所共有437个,涉及从业人员5846人,资产总计85898.5万元,营业收入达65014.8万元。非公有制艺术表演团体共有170个,涉及从业人员5368人,资产总计10732.5万元,营业收入达6519.3万元。非公有制艺术表演场馆共有13个,涉及从业人员415人,资产总计10790.8万元,营业收入达2058.8万元。艺术品经营机构共有10个,涉及从业人员13人,资产总计832.4万元,营业收入达576.3万元。经营性互联网文化单位共有22个,涉及从业人员222人,资产总计3174.5万元,营业收入达8648.5万元。演出经纪机构共有15个,涉及从业人员127人,资产总计23992.8万元,营业收入达3006.5万元。

表2　2020年台州市文化投资运营机构情况　　　　　　　　　　　　单位:家

文化市场经营机构	互联网上网服务营业机构	娱乐场所	非公有制艺术表演团体	非公有制艺术表演场馆	艺术品经营机构	经营性互联网文化单位	演出经纪机构
1207	540	437	170	13	10	22	15

数据来源:《2021年浙江省文化文物和旅游统计年鉴》。

(5)文化娱乐休闲服务

2020年,台州市连续第3年开展"台州人免费游台州"活动,全市27家收费景区景点共提供免费门票340万多张,享受活动福利人次达116多万人次。台州市挖掘传统村落、文物遗迹和非遗资源,打好"乡村＋文化＋景区"组合牌,形成"景城联动、景区带村"的乡村旅游发展新模式。三门县横渡镇岩下潘村、天台县赤城街道塔后村入选第二批全国乡村旅游重点村。天台石梁镇入选浙江省首批山地休闲旅游发展试点名单。

如表3所示,2020年,台州市共有A级景区96家,其中,5A级景区2家,4A级景区15家,3A级景区67家,2A级景区12家,从业人员1635人,接待游客4856.6万人次,旅游营业收入4.9亿元,门票收入2.3亿元。境外游客人均停留1.4天,人均花费241美元。

如表4所示,2020年,台州市共有星级酒店42家,其中,五星级酒店2家,四星级酒店6家,三星级酒店26家,二星级酒店7家,一星级酒店1家。星级酒店从业人员有4292人,其中大专以上学历1048人;营业收入总额8.6亿元,其中客房收入占32.2%,餐饮收入占 63.6％。

表 3 2020 年台州市 A 级景区分类情况 单位:家

5A 级	4A 级	3A 级	2A 级	合计
2	15	67	12	96

数据来源:《2021 年浙江省文化文物和旅游统计年鉴》。

表 4 2020 年台州市星级酒店分类情况 单位:家

五星级	四星级	三星级	二星级	一星级	合计
2	6	26	7	1	42

数据来源:《2021 年浙江省文化文物和旅游统计年鉴》。

2.文化相关领域

2020 年,台州市积极举办市群众舞蹈大赛,市第四届器乐大赛,市戏剧(小品、小戏)、曲艺比赛等赛事活动,承办了浙江省当代音乐创作精品工程——2020 系列主题歌曲创作活动、浙江省群文美术干部中国画创作活动、"在灿烂的阳光下"浙江省农村文化礼堂建设成果展演暨"三团三社"成果展演、上海杨浦·浙江台州书法交流展等高规格文艺赛事。"台州文献丛书"第六辑正式出版,累计出版古籍点校本 10 部 35 册、古籍影印本 20 部 52 册,出版相关研究专著 24 部。该套丛书已被 112 所国家级重点高校和省级图书馆、全省所有县级公共图书馆,英国牛津大学、美国斯坦福大学、美国国会图书馆等 19 所海外知名高校和图书馆收藏。

2020 年,台州市共有旅行社 160 家,从业人数为 1124 人,组织国内游客人次为 736515 人次,组织国内游客人天数为 1229119 人天,接待国内游客人次为 810207 人次,接待国内游客人天数为 1565069 人天。

三、台州市文化产业发展主要经验

(一)构建现代公共文化服务体系

按照"公益性、基本性、均等性、便利性"的原则,以服务民生、服务群众为导向,着力完善城乡公共文化基础设施,提高公共文化产品和服务供给能力,全面落实创建国家公共文化服务体系示范区的任务。

完善公共文化设施网络。按照国家公共文化服务体系示范区建设的标准,着力建好一批具有国家级水准并体现台州特色的标志性文化设施,建成覆盖城乡、布局合理、功能健全的公共文化设施网络,以缓解文化基础设施滞后与群众文化需求不断增长之间的矛盾。

建成创新、高效、现代的公共文化服务机制。构建开放多元主体的文化服务供给机制,建立群众参与机制,建立保障特殊群体公共文化服务机制,引入评价机制。2020 年,台州市上线"台州文化云"、"台州智慧旅游"、文旅电子畅游卡、"一部手机游台州"导游导览系统,发展云旅游、云直播、云展览等新业态。"台州文化云"平台粉丝注册人数超过45万人,"台州智慧旅游"粉丝人数超过48万人。构建广泛参与的文化活动机制。全力联动横向资源,组建环市民广场公共文化服务联盟,打通台州市文化馆、图书馆、博物馆、科技馆、青少年活动中心等11家公共文化服务单位,以统一标识、主席轮值、工作例会、平台预约等制度,实现资源互补、信息互通、场馆共享、活动共建,打破体制壁垒,深入开展面向基层群众的文化活动。

(二)大力发展文化产业

台州市拉高标杆,争先进位,确保实现"四翻番"目标,形成布局合理、特色鲜明、富有活力的文化产业体系。各项指标总量、增幅和整体实力跻身全省第二方阵。引导社会力量参与文化建设。坚持以政府主导为大原则,以公共财政支持为主渠道,不断推进服务提供主体、服务方式与手段向社会力量参与、社会化发展转变。

规划"一心三区一圈多节点"的文化产业空间布局。"一心":中心城市综合文化产业区,以城市中心区为基础,突出"三区"和开发区的示范和辐射功能。立足于创意研发、文化产业投融资创新改革、公共服务平台的打造和构建。"一圈":山海文化产业圈,推进三湾错位联动发展,以台州湾循环经济产业集聚区为重点,打造一批沿海高能级开放平台,形成以开放、宜居、宜游、国际化为特征的沿海经济走廊。"多节点":打造各县(市、区)优势文化产业集聚区,大力支持已有的文化产业项目,继续完善基础设施,搞好功能配套,努力形成生产要素集聚的高地;运用市场手段搞好规划建设和招商引资工作。

建立现代文化产业体系。以"创意、创新、创业"为主题,以"做大、做强、做优"为主线,构建台州"1+6"现代文化产业体系。重点培育创意设计业,以"文化+科技""文化+时尚"为特色,重点形成以工业设计、现代传媒、影视演艺、高端工艺美术、动漫游戏、3D打印等为主导,相关产业联动发展的文化创意产业体系,打造特色优势文化创意产业集群。扶持六大产业——文化旅游业、新闻传媒业、文化会展业、演出娱乐业、印刷服务业、工艺美术品业。

实施重大项目带动战略。开展全市重点文化产业园区的认定工作,充分发挥市级文化产业发展专项资金的作用,选择一批起点高、前景好、具备实施条件的重大项目给予重点扶持,并推荐进入浙江省乃至国家重点项目库。按照"引进一批、整合一批、新建一批、扶持一批"的原则,建立市、县两级文化产业项目库和项目动态管理机制,做好项目的跟踪管理工作。

全力争取上层资源。积极承办重大活动,如2020中国红色旅游推广联盟年会暨革命精神传承发展现场会、2021长三角文化和旅游联盟联席会议、第十六届长三角民族乐团展演等一批高规格文旅活动。台州市积极与浙江省内外知名艺术院团、高校、文化机构建立战略合作联盟,借力引智。

促进业态融合创新发展。促进文化产业与科技深度融合,促进以移动互联网、云计算、大数据、物联网等为代表的新一代信息技术与文化产业的融合发展;促进文化产业与电商融合发展,确保省、部文化科技对接项目,省级文化科技协同项目等重点项目落地,创新商业模式;促进文化产业与金融融合发展,拓宽融资渠道,完善文化企业融资服务链,创新文化金融配套服务机制;促进文化产业与旅游融合发展,推出一批与台州精神气质相吻合、代表台州形象的文化旅游产品;打造文化附加值高的体育品牌和相关衍生品,进而提高文化体育产业的品牌影响力,推进文化与工业、农业、生态的深度融合。

(三)繁荣文艺精品创作

切实加强对文艺创作的宏观管理,建立健全政府扶持艺术创作、生产和传播的长效机制,不断加大组织化程度,不断拓展创作领域,创作生产一批思想性、艺术性、观赏性、地方性相统一的精品力作。不断完善红色文化、台州文化、名人文化、山水文化等专题研究体系,重点推出一批具有历史价值、文献价值和应用价值的研究成果。促使全市文艺创作日趋活跃、精品力作不断涌现,保障文艺事业取得长足进展。

构建自由宽松的创作氛围。强化激励措施,对获得国家级、省级、市级奖项的单位或个人予以奖励,加大文艺精品创作的扶持力度,增加文艺精品创作扶持的专项资金总量。进一步创新艺术生产管理机制,探索重大文艺创作项目和活动项目的公开招标和政府采购制度,引入市场竞争机制。开拓艺术传播渠道,加强文艺精品的宣传推介。

紧抓创作主体培养。培育合格的文化市场主体是文化改革的重点所在,也是繁荣文艺创作的重要一环。一方面,要通过深化文化体制改革,扶强做大台州广电集团、台州报业集团等国有文化单位和台州乱弹剧团等民办公助文化单位。另一方面,充分发挥台州市民营经济发达的优势,积极营造国有单位和民营经济平等参与市场竞争、同等享有优惠政策等环境氛围,大力培育和扶持民营文化企业,为文艺繁荣发展创造良好的产业环境。同时,加大对文化研究的扶持力度,充分发挥文化研究机构的专业优势,加强文化研究成果编撰工作,推进新一轮地方文献的编修工作。

培育阵容强大的创作群体。建立以台州市文化馆为中心,以各县(市、区)文化馆、各艺术社团为基础的公共文化产品生产供给体系,扶持和推动优秀文化产品的创作、生产和传播,培育更多德艺双馨、深受人民群众欢迎的优秀文艺工作者,特别是名家大师,推出一批在省内乃至全国有影响的艺术家。加大对台州市乱弹剧团的扶持力度。

创作质量上乘的艺术精品。研究制定文化精品创作生产规划,精心策划"重大题材作品"和"重点创作作品"的创作生产。加大投入,拓展思路,优化资源,不断增强文化馆和专业艺术协会的创作演出(展览)能力,推动音乐、舞蹈、戏剧、美术、文学、书法、摄影、影视、民间文艺等各艺术门类创作全面繁荣发展,争取每年能生产出展示时代风貌、体现台州特色、具有市场潜力的艺术精品。大力扶持大众文化产品的创作生产,力争每年创作一批体现本土文化特色的群众文化产品,特别是适合农村群众观看的音乐、歌舞、戏剧小品、民俗表演及民间视觉艺术作品。

(四)推动国民素质和社会文明程度显著提升

面对全面建成小康社会的新要求,以创建学习型城市为载体,进一步提升公民思想道德素质和科学文化素质,切实提高城市文明程度和市民素质。

"倡导全民阅读,建设书香社会",科学设立服务指标,完善公共图书馆的软硬件设施建设,大力开展全民读书活动。深入推进学习型城市建设,建立学习型党组织、学习型机关、学习型社区、学习型企业等文化群体。弘扬科学精神,增强法制意识。加强对新居民的教育培训和素质提升。深入开展文明城市创建活动。基本形成全民阅读氛围,实现全市文明乡镇全覆盖,使得文明村创建覆盖率达到80%。

四、台州市文化产业发展瓶颈与问题

(一)公共文化基础设施不够完善

现有的公共文化基础设施与国家公共文化服务体系还有一定的距离,达标任务艰巨:非遗馆、大剧院、全民健身中心等基本公众文化设施相对不够完善;县级、乡镇、街道文化设施建设与管理利用相对滞后,一些乡镇(街道)未独立设置综合文化站;一些乡镇(街道)综合文化站设施老旧,服务功能不足,未正常开放。

(二)文化专业人才队伍力量薄弱

拔尖艺术人才匮乏,经营管理人才紧缺,文化馆、博物馆等文化机构人员编制数全省最少,文化干部人数不足;市级文化事业单位高级职称所占比例偏小。

(三)公共文化服务产品供给不足

文化产品和服务供给与人民群众日益增长的文化需求还不适应,广受欢迎的精品力作还不多,文化产品的数量、质量有待提高;公共文化服务水平与构建现代公共文化服务体系的要求还有差距,存在一定程度的城乡差距、区域差距和人群差别,统筹协调发展能力有待增强。

(四)文化遗产保护与利用不到位

文化遗产保护与构建优秀传统文化传承体系还不适应,抢救保护任务依然繁重,合理利用机制有待健全;传承人队伍建设有待进一步加强。

五、台州市文化产业发展趋势与展望

从国际看,我国的经济实力和综合国力达到新高度,国际地位不断提升。随着"一带一路"倡议的提出,中华文化的国际吸引力和影响力将进一步扩大。台州文化(如佛道文化、浙东唐诗之路)作为中华文化的重要组成部分,将更多参与国际文化交流与合作。

从国内看,国家高度重视文化建设,文化强国建设持续推进,一系列政策文件陆续出台,文化建设的战略地位进一步凸显;经济发展进入新常态,结构调整加快,发展动力转换,文化产业越来越成为经济结构调整的重要支点和转变经济发展方式的重要着力点。

下一步,台州市将推进台州大剧院等城市文化设施建设,培育城市文化空间试点,加快数字化、社会化改革步伐,进一步赋能文旅融合,努力为浙江"重要窗口"建设提供实践成果。

(一)助推重大项目,发展文化产业

加快推进相关特色小镇发展,打造文化产业与相关产业融合发展载体。加快推进园区

建设,建立文化对外贸易政策体系,推动工艺美术品等具有实用功能和台州文化元素的文化商品进入国际市场,逐步形成多渠道、多层次的国际市场营销网络。深化供给侧结构性改革,持续推动产业高质量发展,培育经济增长新动能。以企业为主体,以产品为基础,打造一批超级文旅融合 IP。鼓励发展红色旅游、主题公园、影视基地、特色文化主题酒店、非遗体验集聚区、数字文旅产业集聚区等。

(二)打造精品路线,繁荣精品创造

聚焦精品打造,着力丰富优秀文化产品与优质旅游产品。围绕献礼 2020 年全面建成小康社会、2021 年建党 100 周年等重大主题,组织推进精品文艺创作,策划举办一批主题展演展览,以高质量的供给服务满足人民群众日益增长的精神文化需求。创作一批文艺精品。打造一批品牌节庆活动。精心组织举办 2020 中国红色精神高峰论坛暨中国红色旅游推广联盟年会,配合做好和合文化国际论坛的工作。

办好中国旅游日、中国(台州)唐诗之路文化旅游节、中国(温岭)曙光节、天台山云锦杜鹃节、仙居杨梅节等特色节会,形成一批知名文旅节会品牌。组织青年舞蹈大赛、戏剧小品比赛、少儿戏曲比赛等,鼓励单位和个人积极参加省级以上各艺术门类比赛。继续举办全市文旅发展峰会,邀请国内知名专家为文旅产业发展把脉。推出一批独具本土特色的文化旅游项目。组织编制浙东唐诗之路目的地文旅发展三年计划,着力推进云端唐诗小镇、和合小镇、寒山文旅小镇、神仙居景区扩容提质建设工程、台州府城文化旅游区等项目建设。完善省市共建机制,启动文旅金名片培育八大工程项目,提高文旅融合发展水平。创成天台、仙居 2 家景区城,以及景区镇 20 家、景区村庄 180 家、省级旅游风情小镇 3 家;创建四星、五星级旅游饭店各 1 家,金叶级绿色旅游酒店 1 家,特色文化主题酒店 1 家,品质酒店 4 家,星级品质旅行社 4 家;打造 10 条跨区域精品线路。

(三)培育特色 IP,助推基因解码

台州市制定并实施《台州市"文化基因解码工程"三年行动计划(2020—2022)》《关于打造和合文化传播地、标志地,建设和合文化传承发展示范区的实施意见》。目前,"支持和合文化传承发展示范区建设"进入浙江文旅金名片厅市合作共建培育名单,梳理重点文化元素1000 多项、录入浙江省"文化基因解码工程"管理信息系统 660 余条。深挖"和合"源头活水,强化文化力量支撑,促进和合文化活化、物化和生活化。

(四)建设文化高地,统筹发展布局

抢占机遇,强力创建,立下军令状,横下一条心,临海市台州府城文化旅游区务必创成国家 5A 级景区。创成椒江大陈岛、天台琼台仙谷 2 家国家 4A 级景区。加快推进天台县、仙居县创建国家级全域旅游示范区,力争 2020 年创成 1 家。三门县创成省级全域旅游示范县,黄岩区、玉环市积极推进创建工作。推进三门县蛇蟠岛创建省级旅游度假区的工作。

借势借力,精心谋划,用心推进,构建既轰动吸睛又落地有效的文旅宣传营销格局。落实与景域集团的战略合作,深化县(市、区)与之对接的工作。推进与小红书等的战略合作,借助抖音、B 站等新媒体加强线上营销。

继续实施"向南向北"计划,深入开展"百县千碗·鲜在台州"品牌工程建设,充分挖掘台州本地美食资源,建设一批美食特色体验店、美食街区、美食小镇,推动本地美食进景区、进饭店、进院校、进机关食堂、进高速服务区。强化规划和改革。谋划全市文旅融合发展大会,梳理和落实一批重大平台、重大项目、重大政策。

(五)拓展文化传习,推动国际交流

坚持"走出去、引进来"战略,不断提高台州文化在国内外的知名度和影响力,建立更加开放的文化交流与合作网络,继续维护好与韩国江陵市、日本富士市、法国圣茹斯特市、加拿大达蒙维市等友好交往城市的文化交流;重点打造 1—2 个对外文艺精品项目,推进文化艺术产品输出,引进 3—5 个国际一流水准的艺术演出或展览活动。利用台州刺绣、台州剪纸画、仙居无骨花灯、台州玻璃雕刻、台州蓝印花布等知名品牌,搭建平台,开辟途径,打造内涵丰富的合作品牌。此外,拓展文化传习平台。开展和合文化"四进"行动,编撰出版《和合文化读本》等地方教材,推动和合文化生活化、大众化。组建和合文化宣讲团,举办"和合文化走进上海"等活动,举办和合文化节,创新"乡村十礼"礼仪体系,引导人们见贤思齐、崇德向善。

参考文献

[1] 台州市 2020 年国民经济和社会发展统计公报[N].台州日报,2021-05-12(08).

[2] 2021 年浙江省文化文物和旅游统计年鉴[M].杭州:浙江省文化和旅游厅,2021.

[3] 台州市人民政府办公室关于印发台州市文化产业"十三五"发展规划的通知[EB/OL].(2017-03-07)[2022-12-01].http://www.zjtz.gov.cn/art/2017/3/7/art_1229203398_1256174.html.

[4] 台州市文化和广电旅游体育局 2020 年上半年工作总结和下半年工作计划[EB/OL].(2020-07-14)[2022-12-01].http://www.zjtz.gov.cn/art/2020/7/14/art_1229191227_1872656.html.

[5] 2021 年台州市政府工作报告[EB/OL].(2021-02-25)[2022-12-01].http://www.zjtz.gov.cn/art/2021/2/22/art_1229197014_3690732.html.

2021 年湖州市文化产业发展报告

王丽云　李　硕

　　湖州市位于浙江北部、太湖南岸,因太湖而得名,是一座具有 2000 多年历史的国家历史文化名城。2020 年,面对国际国内风险挑战明显增多的宏观形势,特别是新冠肺炎疫情带来的严峻考验,湖州市上下深入学习贯彻习近平总书记考察浙江省时的重要讲话精神,忠实践行"八八战略",深入实施"一四六十"工作体系,聚焦"两手硬、两战赢",扎实推进改革发展稳定各项工作。2020 年是不平凡的一年,也是湖州市发展进程中极不寻常的一年。全市各级文旅部门和文旅企业主动出击、抢占市场,文旅市场复苏的各项指标走在全省前列,先后被评选为"最佳旅游营销城市""长三角文旅融合最佳城市"。3 月 30 日,习近平总书记亲临湖州市考察,对湖州市的工作给予充分肯定,赋予湖州市"再接再厉、顺势而为、乘胜前进"的新期望、新要求。3 月,湖州市 41 个亿元以上的项目在安吉集中开工,所有文旅项目率先实现应复尽复。2020 年,全市推广应用"文旅项目数字地图",223 个文旅项目投资完成率居全省前列。

一、湖州市文化产业发展环境分析

(一)区位环境:强化长三角中心区位优势,加速合作交流

　　湖州市地处长三角中心区域,是沪、杭、宁三大城市的共同腹地,是连接长三角南北两翼和东中部地区的节点城市,积极融入全省"四大"建设,加快实施杭湖、嘉湖一体化标志性项目,湖州市全面加速与长三角其他城市创新载体合作共建。2020 年,湖州市全力争取、成功承办长三角地区主要领导座谈会,借势推动沪苏湖高铁全线开工、长三角产业合作区签约共建,"小个子"迸发出大能量,展现了新形象。先后举办长三角旅行商大会、长三角产业合作区("一岭六县")文旅联合行动、长三角三省一市旅游协会联席会议等一批品牌活动,赴上海市、合肥市、杭州市、景德镇市等城市开展"诗行远方"文旅走亲活动。成为携程、驴妈妈、美团等 OTA 平台上海"周边游"首选地,以及长三角度假旅游热门目的地。强化区域竞争比较优势,打造营商环境最优市,谋划建设低成本创业之城和高品质生活之城,其综合信用指数在全国 261 个地级城市中居前 10 位。

(二)创新环境:深化"绿水青山就是金山银山"理念,提升产业品质

　　创新环境主要体现在"绿水青山就是金山银山"理念的生动实践、乡村振兴战略深化、数字化改革三方面,2020 年"绿水青山就是金山银山"理念提出 15 周年理论研讨会在湖州市召

开,"在湖州看见美丽中国"城市品牌进一步打响。湖州市以总分第1名的成绩通过全国文明城市复评,成为全国率先、全省首个实现市、县"满堂红"的地级市。2020年6月,安吉县率先开展"两山银行"改革试点,生动诠释了存入"绿水青山"取出"金山银山"的绿色发展实践。深入实施乡村振兴战略,44个新时代美丽城镇加快建设,6个镇获评全省优秀样板镇,在全省首次乡村振兴综合评价中居第1位。实施乡村全域土地综合整治与生态修复项目53个,涉及土地163.5万亩,出让全国首宗农业"标准地"。启动新时代美丽乡村样板片区建设,在全省率先实现A级景区村庄全覆盖。2020年,湖州市实现数字经济核心产业增加值164.3亿元,启动万物智联强市建设,以数字化引领企业转型升级。推进乡村治理多场景联动,长兴县获评国家级"互联网+"农产品出村进城试点县。

(三)产业环境:文旅升级促进消费持续复苏

2020年,湖州市实现地区生产总值3201.4亿元,比上年增长3.3%,财政总收入和一般公共预算收入比上年分别增长7.7%和6.5%,城镇、农村居民人均可支配收入比上年分别增长4.6%和7%。制定实施重大项目攻坚及招商引才"湖九条",新引进亿元以上项目645个,其中,50亿元以上项目17个。亿元以上工业项目开工建设521个、竣工投产357个,比上年分别增长37.5%和48.1%。推动开发区(园区)整合提升,2个产业平台入选省万亩千亿新产业平台培育名单,3个特色小镇获得省政府命名,14家小微企业园通过省级认定。加快恢复旅游市场,启动省级文旅消费试点,接待过夜游客4431万人次,实现旅游收入1284.6亿元,莫干山旅游度假区升格为国家级旅游度假区。促进消费持续复苏,创新举办首届"湖交会",社会消费品零售总额在全省率先实现正增长。

二、湖州市文化产业发展现状

(一)产业总体发展现状

2020年,湖州市投入文化事业费41947万元,在浙江省排名第8;人均文化事业费为124.6元,排名第5;文化事业费占财政支出的比重为0.87%,排名第3。湖州市获批"全国唯一"的文化和旅游公共服务机构功能融合试点及全国广播电视基本公共服务标准化试点。建成城市书房13家、农村文化礼堂115个,成为全国唯一的文旅公共服务综合性试点。完成100个小康体育村升级工程,建成60个百姓健身房。城市"15分钟"、农村"20分钟"公共文化服务圈基本形成,太湖溇港、桑基鱼塘分别入选世界灌溉工程遗产、全球重要农业文化遗产。德清县莫干山获批国家级旅游度假区,吴兴区创成省级全域旅游示范区,安吉县、长兴县、德清县分列2020年全国县域旅游综合实力第1、第3和第9位。

(二)产业分类发展现状

1.文化核心领域

(1)内容创作生产

2020年,湖州市境内共有公共图书馆6家、从业人员222人,其中,专业技术人才120

人,正高级职称 2 人,副高级职称 8 人,中级职称 58 人。图书馆总藏量达 355.56 万册,其中,图书 320.30 万册(内含盲文图书 0.38 万册),古籍 0.53 万册(内含善本 0.08 万册),报刊 14.13 万册,视听文献 8.28 万册,其他藏书 12.32 万册。在藏书中,开架书刊达 217.65 万册,少儿文献达 56.57 万册。具体情况如表 1 所示。音视频总量达 20 小时,电子文本、图片文献达 0.03 TB,线上服务人次达 2307.40 万人次,书架单层总长达 217529 米,2020 年新购藏量达 24.36 万册,2020 年新增电子图书数量达 35.40 万册,2020 年购买的报刊种类达 2879 种,有效借书证达 243546 张。总流动人次达 376.70 万人次,其中书刊文献外借 112.72 万人次。

表 1 2020 年湖州市图书馆藏品情况 单位:万册

图书馆总藏量	图书	古籍	报刊	视听文献	其他藏书
355.56	320.30	0.53	14.13	8.28	12.32

数据来源:《2021 年浙江省文化文物和旅游统计年鉴》。

2020 年,湖州市境内共有群众文化馆、艺术馆 78 家,从业人员 397 人,其中,专业技术人才 175 人,正高级职称 3 人,副高级职称 13 人,中级职称 45 人。举行品牌文化活动 26 场,提供文化服务 16089 场,惠及 448.17 万人次,组织文艺活动 10936 场,其中,为老年人组织专场 348 场,为未成年人组织专场 165 场,为残障人士组织专场 108 场,为农民工组织专场 330 场,文化活动观看人次达 386.90 万人次。举办培训活动 4004 场,培训 21.98 万人次,其中对业余文化队伍的培训达 7.14 万人次。举办展览 1032 个,参观人次达 38.05 万人次,组织各类理论研讨和讲座 117 场,参加人次达 1.25 万人次。本单位受训人次达 1.48 万人次,线上群众文化活动参加人次达 275 万人次,线上服务人次达 64793 万人次。

(2)创意设计服务

2020 年,湖州市艺术展览创作机构共有 2 家,均免费开放;从业人数为 46 人,其中专业技术人才 21 人;藏品 11456 件;全年举办展览 217 个;参观人次为 75000 人次,其中,未成年参观人次为 23090 人次。美术馆共有 1 家,举办公共教育讲座 6 场,开展教育活动 29 场,成立志愿者服务队 5 支,拥有志愿者服务队员 30 人,设立文化创意产品种类 12 种。其他文化事业机构共有 9 家、从业人员 114 人,其中,专业技术人才 9 人。

2020 年 6 月,湖州市美术馆和湖州市博物馆合并,两馆资源共享、深度融合。美术馆区一年来除了举办 12 场展览外,还定期开展美育讲堂、线上展览、线上展赛等文化艺术活动。其中,"千甓遗韵——湖州砖拓藏珍暨当代名家题跋邀请展"利用馆藏题跋珍品,以文物活化利用为契机,邀请全国 50 位金石、书法名家题跋,延前人之兴,让历史说话,让文物说话。"唐诗之路与田间地头艺术展"由一群来自全国各地的"70 后"画家呈现,他们重走唐诗之路,身在不同的地区和场所,面对不同的问题和环境,通过速写和写生将唐诗之路和田间地头的概念贯穿起来。这 2 次创作展览受到了社会的广泛关注。上线"生态文明专题资源服务平台",举办"白+黑""线上+线下"不打烊生态文明展览活动,全面展示湖州的"生态之美""精致之美"和"全域之美"。

（3）文化传播渠道

2020年，湖州市文艺精品创作活动精彩纷呈，圆满地完成了湖州市第九届南太湖艺术节各类赛事活动。南浔区推出"水晶晶女孩"全国选拔赛，打造全国首档"网综＋微综"青春偶像竞演综艺节目。德清县新市镇和安吉县孝丰镇赋石村入选第二批浙江省文艺创作采风基地名单。2020年，湖州市共有艺术表演团体84家，其中，补贴团83家；从业人员2397人，其中，专业技术人才434人；国内演出0.45万场，其中，农村演出0.22万场；国内演出观看人次372.94万人次，其中农村演出观看人次149.93万人次。

2020年，湖州市发起成立"全国生态文明示范市公共图书馆联合体"。该图书馆组织开展全市"全民阅读月"系列活动，以"微直播"形式举办了启动仪式，重点对"湖州数字图书馆"免费资源及服务进行宣介推广。通过线上和线下齐发力，营造了云端畅读、全城共读的浓厚阅读氛围。4—5月，联合区县馆共策划推出100余项线上阅读推广活动，其中，联合浙江之声"方雨的书架"推出的"韵海读书会"首场活动，取得较大社会反响。与芬兰通力百年基金会合作，推出"孩子们的流动图书馆"公益项目，先后服务青少年读者4000余人次，完成图书借阅1400余册次，获相关媒体报道30余次，得到社会极大的关注与好评。

2020年，湖州市已建成并投入运营的城市书房有36家。市民可就近在城市书房畅享书香空间，享用公共数字资源。书房定期开展读书分享、双语交流、文化沙龙等活动，已成为市民分享知识、交流信息和情感互动的第三文化空间。2020年8月，湖州市首家生态文明主题城市书房揭牌，该书房成为提供"绿水青山就是金山银山"理念、生态文明重要文献服务的公共文化场馆。12月，千甓亭城市书房开放运行，成为省内首家文物活化利用书房。城市书房的建立进一步完善了湖州市公共文化服务体系，有助于构建城市"15分钟文化圈"，成为清丽湖州文化新地标。

（4）文化投资运营

如表2所示，2020年湖州市境内文化市场经营机构共有717个，涉及从业人员7076人，资产总计177952.0万元，营业收入达174717.9万元。互联网上网服务营业场所共有200家，涉及从业人员604人，资产总计10855.8万元，营业收入达5195.3万元。娱乐场所共有364家，涉及从业人员3227人，资产总计101783.6万元，营业收入达31603.7万元。非公有制艺术表演团体共有84个，涉及从业人员2387人，资产总计1689.7万元，营业收入达1740.7万元。非公有制艺术表演场馆共有26家，涉及从业人员649人，资产总计37495.1万元，营业收入达38121.0万元。艺术品经营机构共有23家，涉及从业人员42人，资产总计7383.9万元，营业收入达1989.2万元。经营性互联网文化单位共有8家，涉及从业人员48人，资产总计10341.3万元，营业收入达4464.7万元。演出经纪机构共有12家，涉及从业人员109人，资产总计8402.6万元，营业收入达91440.6万元。

表 2 2020 年湖州市文化投资运营机构 单位:家

文化市场经营机构	互联网上网服务营业机构	娱乐场所	非公有制艺术表演团体	非公有制艺术表演场馆	艺术品经营机构	经营性互联网文化单位	演出经纪机构
717	200	364	84	26	23	8	12

数据来源:《2021 年浙江省文化文物和旅游统计年鉴》。

2020 年,湖州市启动全国首个旅游复苏专项行动。湖州市委书记、市长联名发布"春天,我和湖州有个约会"的旅游邀请函,发放了 56 万张消费券,金额达 1.98 亿元。全国首发"健康之旅"精品旅游线路,全国首创市长与董事长携手直播带货模式,全省率先成立安心游"零零联盟",开通携程旅游湖州旗舰店,全国首个民宿目的地官方旗舰店在飞猪平台上线,实施小红书网红城市行动计划,发放招揽奖励 805.24 万元,累计预订房间 16.5 万间,招揽游客 40262 人。暖心接待 5 个批次 1347 名全省援鄂医护人员来湖疗休养。从 6 月开始,旅游业单月接待指标"转正",湖州市是全省第 1 个实现单季度正增长的地级市,南浔古镇、太湖龙之梦、安吉余村等成为央视、新华社等主流媒体热搜和网红打卡地。

(5)文化娱乐休闲服务

如表 3 所示,2020 年,湖州市共有 A 级景区 79 家,其中 5A 级景区 1 家,4A 级景区 25 家,3A 级景区 53 家,从业人员 3030 人,接待游客 3237.6 万人次,旅游营业收入 24.8 亿元,门票收入 3.9 亿元。境外游客人均停留 2.2 天,人均花费 367 美元。

表 3 2020 年湖州市 A 级景区分类情况 单位:家

5A 级	4A 级	3A 级	2A 级	1A 级	合计
1	25	53	0	0	79

数据来源:《2021 年浙江省文化文物和旅游统计年鉴》。

如表 4 所示,2020 年,湖州市共有星级酒店 30 家,其中,五星级酒店 2 家,四星级酒店 12 家,三星级酒店 13 家,二星级酒店 3 家。星级酒店从业人员有 3311 人,其中,大专以上学历 412 人;营业收入总额 5.7 亿元,其中,客房收入占 27.5%,餐饮收入占 60.8%。

表 4 2020 年湖州市星级酒店分类情况 单位:家

五星级	四星级	三星级	二星级	一星级	合计
2	12	13	3	0	30

数据来源:《2021 年浙江省文化文物和旅游统计年鉴》。

2020 年,湖州市智慧文旅建设创新开展。启动智慧文旅数据治理项目,完成"云游湖州"支付平台、AI 服务和 VR 游内容建设,4A 级以上景区全部实现线上预约、实时监管和远程引导。整合 36 家景区和 9 家电影院推出惠游卡,面向市外游客推出 24 小时和 48 小时"转转卡",实现"一卡在手,玩转湖州"。主动适应"限量、预约、错峰"的新要求,线上整合旅游景区、酒店与文旅公共服务设施资源,将涉旅数据接入"政务云"体系和支付宝、飞猪、携程等第三方数据平台,满足游客"吃住行、游购娱"一站式服务需求。湖州市全面推进旅游度假区、旅游景区、旅游小镇、乡村旅游产业集聚区、重大旅游综合体五大平台体系建设。全市省级以上旅游度假区实现了县(市、区)全覆盖,太湖旅游度假区、安吉灵峰旅游度假区、莫干山旅游度假区成功创建国家级旅游度假区,湖州市成为全国唯一拥有 3 个国家级旅游度假区的设区市。湖州市 A 级景区村庄在浙江省率先实现全覆盖。安吉县鲁家村等 6 个村入选全国乡村旅游重点村名录。安吉县、长兴县、德清县分别以第 1、第 3、第 9 的位次上榜"2020 年全国县域旅游综合实力强县"。2020 年五一、端午、中秋、国庆等节假日期间,全市精品民宿、高端度假酒店预订呈现"一房难求"的局面,德清裸心谷、吴兴慧心谷、南太湖月亮酒店、长兴开元芳草地等热门民宿、酒店平均入住率在 95% 以上。

2.文化相关领域

(1)文化辅助生产和中介服务

2020 年,湖州市四套班子领导先后赴文旅企业开展"三服务"活动,累计为 56 家旅行社暂退质保金 1178.5 万元,为文旅企业争取贷款 121.62 亿元,提供保额 36.95 亿元。2020年,"湖州之远"特展走进上海历史博物馆,文博和美育品牌进一步打响,吸引大量游客前往湖州市参观打卡。2020 年,湖州市共有旅行社 82 家,从业人数为 719 人,组织国内游客人次为 212945 人次,组织国内游客人天数为 635336 人天,接待国内游客人次为 499961 人次,接待国内游客人天数为 956601 人天。旅游业成为湖州市第 2 个超千亿元大产业,服务全市发展大局的综合贡献更加凸显。

(2)文化消费终端生产

善琏镇拥有湖笔及相关工艺品生产企业 153 家、个体经营户 219 家。2020 年,全镇湖笔及相关产业产值约为 8.5 亿元,同比增长 12%;全国毛笔销售市场占有率为 30%,其中,中高档毛笔市场占有率达 60%,近 5 年市场份额年均增长 1.5%,且市场份额仍在逐年增加。湖笔市场拓展到日本、新加坡等 10 多个国家和地区,湖州市人民政府出台《湖州市湖笔产业振兴工作方案》《关于进一步扶持湖笔产业发展的若干意见》等相关文件,对符合条件的善琏湖笔厂等企业和单位项目进行资金扶持。2020 年,依托线上善琏湖笔旗舰店,创新直播间销售。安吉良朋乒乓球生产总量占全国的 60%,德清钢琴生产总量占全国的 10%,长兴紫砂工艺品发展势头良好,丝绸之路集团的真丝数码织锦文化创意产品、翔顺工贸礼品真丝丝巾被列为国家礼品。湖州市吴兴区是丝绸文化的发源地,其下辖的织里镇织造业相当发达,是全国知名的童装生产基地。

三、湖州市文化产业发展主要经验

(一)坚持均衡发展,全面构建现代公共文化服务体系

公共文化设施布局合理,互联互通,公共文化服务的内容和手段更加丰富,服务质量显著提升,公共文化服务体制机制进一步完善,公共文化服务提供主体和提供方式更加多元化,城乡、区域、群体间的基本公共文化服务水平相对均衡,人民群众基本文化权益得到更好

的保障,人民群众对文化发展的满意度持续上升。建立基本公共文化服务标准体系,全面落实《湖州市关于加快构建现代公共文化服务体系的实施意见》。根据湖州城镇化发展趋势和城乡常住人口变化情况,统筹规划各级公共文化服务设施的整体布局,健全各类公共文化设施建设标准,提升免费开放水平。探索建立群众文化需求反馈机制,开展公共文化"菜单式"服务,推进公共文化服务项目与内容标准化建设。在全省率先制定实施《示范民宿服务质量指南》《示范景区村庄服务质量指南》等 10 项地方标准,使德清地区的民宿标准上升为国家标准。

推进公共文化服务均衡发展。统筹全市文化资源,促进公共文化资源在区域内合理流动,打破制约人才和资源流动的体制屏障,实现资源一体化、人才一体化、服务品质一体化。加快公共文化服务数字化发展,适应大数据时代下新常态的发展过程。建立面向全市的文化资讯查询和文化服务交互信息平台,完善双向互动、资源共享、公平开放的公共文化产品提供和选择服务,推动文化供给和文化需求的无障碍对接。全市域打造城乡文旅公共服务圈,推动文旅公共服务"线上资源互通,线下主客共享"。承办全国文化和旅游公共服务机构功能融合试点工作培训班,作为全国唯一的文旅公共服务融合综合性试点单位,向全国各个省、区、市介绍并实地展示"湖州经验"。推出"闲步苕雪"文旅市集、非遗直播带货、千万级云闪付促消费活动和面向市内外游客的"惠游卡""转转卡",旅游业从 6 月开始在浙江省率先实现正增长。促进公共文化服务社会化发展。建立健全政府向社会力量购买公共文化服务机制。出台政府购买公共文化服务指导性意见和目录,将政府购买公共文化服务资金纳入财政预算。推广运用政府和社会资本合作等模式,促进公共文化服务提供主体和提供方式多元化。加强公共文化服务品牌化建设。推动形成具有鲜明特色和社会影响力的服务项目。实施基层特色文化品牌建设项目,精心组织湖州市音乐、戏曲、舞蹈优秀作品及公共文化服务类项目(活动品牌)参加奖项角逐,推出一批代表湖州水平、群众喜闻乐见的精品佳作和具有湖州特色的公共文化服务项目(活动品牌)。

(二)打造精品力作,实现文化艺术繁荣发展

坚持以人民为中心的创作导向,大力弘扬社会主义核心价值观,不断加强文化艺术原创能力建设,推动文化艺术创新,精品创作力、人才培育力、品牌塑造力、政策推动力明显增强,进一步完善艺术生产投资机制、管理机制、激励机制,扶持、培育一批活跃在市内外演出舞台上的知名文艺团体和优秀文艺人才,努力推动文艺精品创作繁荣发展。具体而言,第一,坚持精品战略。加强题材规划,推出一批具有鲜明时代特色、深受人民群众喜爱的精品力作。开展"深入生活、扎根人民"主题实践采风活动,从实践中汲取养分,创作一批接地气、有温度、带感情的优秀作品。第二,强化品牌发展。建设一批在浙江省内有影响力的艺术品牌。办好湖笔、湖丝、百叶龙等艺术品牌的重点文化活动。改进和提升大剧院"金秋演出季""新年演出季"等公益性文化品牌。扶持地方性文化品牌发展,使其在提升区域文化品位方面发挥引领作用。推出的"在湖州看见美丽中国"城市品牌,获得 2020 年度浙江省宣传思想文化工作创新项目。打造具有国际视野、中国气派、湖州特色的理念识别、视觉识别、行为识别体系。明确城市品牌打造的实现路径,夯实"美丽中国"标杆市建设的实践,挖掘阐释"在湖州看见美丽中国"城市品牌内涵,高质量推出支撑城市品牌的城市理念。进一步优化城市品牌结构,支持子品牌建设,培育形成"核心品牌＋区域品牌＋特色品牌"的一体化品牌矩阵。优化提升城市品牌传播体系,增加传播方式,加大内容生产创新力度,确保湖州城市品牌在全国具有较强辨识度、美誉度。第三,推进艺术创新。加强创新型艺术团队建设,提高文化艺术自主创新能力,努力取得一批具有一定影响力的艺术创新成果。

(三)加强文化遗产保护,健全优秀传统文化传承体系

探索研究性保护、创新性传承、重构性发展的文化遗产工作新思路,建立依法管理、创新传承、基础全面、重点突出、全民共享的适应经济社会发展新常态的现代文博发展体制和非遗保护传承体系,合理适度利用文物资源,努力推动文物"活"起来,为经济社会发展、优化城乡面貌、彰显地域特色、改善人民生活提供有力支撑。具体而言,第一,全面夯实文博事业发展基础。做好大运河(湖州段)后申遗时代相关工作,加强国家历史文化名城的保护管理。坚持抓重点、筑根基、提水平,实现文保工作从量的扩张到质的提升的转型。第二,健全非遗保护传承管理体系。坚持"保护为主,抢救第一,合理利用,传承发展"的工作方针,探索建立现代非遗保护传承体系。第三,提升文化遗产事业融合发展和服务能力。适应形势发展,促进文化遗产与当前经济社会发展的融合,以及与人民生产生活的融合,进一步发挥文化遗产在传承优秀传统文化、弘扬社会主义核心价值观中的重要作用。

(四)推动文化产业转型升级,完善现代文化市场体系

紧紧把握经济发展新常态下文化产业发展新机遇、文化市场新动态,大力实施"互联网＋""文化＋"发展战略,深化文化市场综合执法改革,培育壮大文化产业市场主体,规范市场经营行为,提升管理服务水平,健全完善现代文化产业体系和现代文化市场体系,着力构建结构合理、重点突出、各具特色的文化产业新格局。具体而言,第一,加速产业结构合理布局。以中心城市为主体空间,以新闻传媒、影视服务、创意设计、艺术会展等产业为重点,加快发展并形成湖州文化产业发展的核心圈。第二,促进产业融合发展。强化政策导向作用,重点实施"文化＋"发展战略,深化文化产业与相关产业融合发展,培育新型文化业态,推动产业转型升级,促进文化产业与科技深度融合。第三,加快现代文化市场体系建设。建立健全市场准入和退出机制,规范市场经营行为,鼓励各类市场主体公平竞争、优胜劣汰。降低市场准入门槛,鼓励社会资本投资兴办文化企业。第四,构建现代文化市场监管体系。适应文化市场发展新动态,树立"大文化、大市场、大安全"的理念,提升文化市场监管效能。建立健全文化市场行政裁量权基准制度,细化、量化行政裁量标准,规范裁量范围、种类和幅度。湖州市全面实施文化市场综合执法队伍"启航计划",在全省率先出台《旅游新业态安全监督管理办法》,多部门全过程联合监管的经验做法获浙江省文化和旅游厅和省安委办肯定和推广。文旅市场国内投诉量同比下降 63.6% ,办结率、满意率均达到 100% 。

(五)提高文化开放水平,构建新型对外对中国港澳台文化工作格局

紧紧围绕国家外交总体战略和浙江文化强省、湖州文化强市建设进程,坚持政府统筹、

社会参与、市场运作,统筹地方和中央、政府和民间、国内和国外等各方力量和资源,加强与"一带一路"沿线国家、城市的交流,促进对外文化贸易,深化对中国港澳台文化交流与合作,构建多渠道、多领域、多形式、多层次的工作格局,提升湖州文化的竞争力、影响力。具体而言,第一,办好重大文化交流活动。积极参与国家、省、市组织实施的大型对外文化活动。融入国家"丝绸之路经济带"和"21 世纪海上丝绸之路"倡议,推进与丝绸之路沿线国家的文化交流、文化传播和文化贸易,通过国家间、地域间文化交流项目和渠道广泛持久地传播文化艺术新成果。第二,实施文化品牌提升战略。立足湖州地域文化优势和资源优势,谋划打造"湖笔文化节""印度文化周"等系列对外和对中国台湾地区的文化品牌,广泛宣传中国梦和中华文化核心价值理念,大力推动湖州文化艺术和非物质文化遗产"走出去",增强对外文化的辐射力和影响力。第三,打造对外文化贸易平台。通过政策支持、信息服务平台搭建等多种措施,鼓励和支持文化企业在境外投资、营销、参展、宣传等领域开展活动。完善湖州市对外文化交流和贸易项目库建设,探索新型文化产品营销模式。

(六)促进管理创新,加强文化人才队伍建设

培养和造就一支适应湖州文化强市建设实际需要的文化艺术人才队伍,确保人才规模不断壮大、人才整体素质不断提高、人才结构更趋合理、人才成长环境逐步优化,加快推进优秀文化人才培养。具体而言,第一,建立健全人才培育发展平台。实施"金钥匙"人才工程,发挥专家型人才示范引领作用,使青年人在项目实践、师承传授、团队合作、培训教育等过程中成长成才、脱颖而出。第二,统筹推进各类文化人才建设。大力提升全市文化系统党政人才领导水平和执政能力,建设一支政治坚定、勇于创新、敢于担当、勤政清廉的高素质党政人才队伍。以提高专业水平和原创能力为核心,重点培养一批优秀青年文化专业人才,建成一支业务精湛、特色显著、梯次合理的文化专业人才队伍。第三,改进完善文化人才管理机制。坚持以用好用活人才为核心,破除人才成长和发挥作用的体制机制障碍。建立和完善优秀青年人的培养选拔与人才柔性流动机制,引导人才进行多方面的交流与合作,推动青年人挂职锻炼的常态化、制度化。第四,深化文化管理体制改革。进一步转变政府职能,推动文化行政部门由办文化向管文化转变,提升文化治理能力。深入推进简政放权工作,继续适时减少、下放行政审批事项,加强事中事后监管,发挥市场在资源配置中的决定性作用,提高文化宏观管理能力。第五,深化公共文化服务试点改革。推进全市基本公共文化服务标准化、均等化建设,督促落实有关实施意见及实施标准。推动以文化礼堂建设为核心的基层文化综合服务中心建设模式,丰富基层群众的精神文化生活。推动民办文化发展,健全向社会购买公共文化服务机制,拓宽社会力量"办文化"路径。

四、湖州市文化产业发展瓶颈与问题

(一)区域发展与资源禀赋不相协调

未能充分发挥丝瓷笔茶等中国代表性的文化资源优势,以及竹乡、太湖、莫干山等生态度假条件,湖州文旅的国内、国际影响力不够,入境文旅市场没有起色。区、县各有特色,但三县文旅业发展明显强于三区,区、县之间发展不平衡的现状仍然没有改善;湖州文旅目的地的整体概念不强,中心城市旅游凝聚力不够,文旅资源和公共设施未能得到充分利用。

(二)龙头企业亟待做大做强

龙头企业作为文化产业发展中的"领头羊",能够积极发挥带动作用,带动产业向专业化、规模化、集群化、高端化发展,对于推动文化经济加快壮大、提升文化产业发展中的区域文化产业竞争力及抗风险能力、提升城市文化形象、扩大和稳定区域就业等具有重要的现实意义。目前,在湖州市文化产业中,中小企业数量较多,真正做大做强的行业领军型企业数量不多,体量过小阻碍了湖州市文化产业从产业链低端向产业链高端迈进,龙头企业的缺乏限制了湖州市文化产业专业化、规模化、集约化、高端化发展,因此亟须扶持培育龙头企业。在文旅产业结构方面,景区和休闲观光游览产业及文化制造业占比较大,动漫游戏产业、创意设计产业等新兴产业发展仍然较慢,规模仍然较小,导致湖州市整体文化产业发展层次不高。

(三)文化优秀专业人才不足

目前,湖州市传统文化产业处境艰难,创新机制弱,技术应用滞后,人才价值的增值受到显著的抑制,企业(机构)文化显得老旧而缺乏活力,职工薪水低,人才活力不强。以电视台、报社为代表的传统国有文化单位在体制、机制上很难彻底改革到位,无法与轻装上阵的社会新媒体公司相比拟。湖州市的人才结构在发挥文化产业发展引擎方面略显吃力,集中体现在文化产业高端人才尤其是在国内外有影响力和知名度的人才较缺乏,精通文化资本运营、文化经纪代理、文化产业经营管理等高端复合型人才和综合型创作人才仍然匮乏,从而直接影响了湖州市的文化资源开发和文化产品升级。外地高端人才"引不进""留不住",而且本地有一定层次的人才普遍外流。

(四)支持文化消费的政策体系尚未形成

从 2020 年 1 月起,应疫情防控要求,湖州市相对密闭的公共场所关闭。湖州市部分文化机构也在积极采取一些措施助力文化市场复苏,如开展影院会员"0 元观影"活动。这些措施虽然对文化市场的复苏起到一定的积极作用,但仍有一些制约因素。从体制机制上看,支持文化消费的政策体系还未建立,如政府机关发文倡议机关企事业单位观看主旋律电影的机制尚未健全。

五、湖州市文化产业发展趋势与展望

(一)推进特色资源与产业融合发展

第一,推进"文化+"产业融合发展。推动演艺、文化遗产、湖州老字号等资源与文化产业融合发展,重点培育文化旅游、文化体育休闲、文化康养等"文化+"新业态。鼓励建设集文创商店、特色书店、小剧场、文化娱乐场所、文化新型空间等多种业态的消费集聚地。大力开发文创商品,推进博物馆文旅融合改革创新,鼓励浙江自然博物院(安吉馆)、长兴太湖博物馆等开展景区创建、开发文创产品,培育建设 20 条特色街区。第二,推进"百县千碗·湖州味道"美食文化工程。推进实施《湖州市"百县千碗·湖州味道"美食工程三年行动计划(2020—2022 年)》。到 2022 年,打造 2 个以上集美食研发、培训、交流、体验等内容于一体的"百县千碗·湖州味道"美食文化特色小镇,培育 6 个以上"百县千碗·湖州味道"美食文化街区,设立 100 家以上"百县千碗·湖州味道"美食文化体验店,全面打响"百县千碗·湖州味道"美食文化品牌。第三,大力发展夜间文旅经济。探索文旅夜间消费新模式,以"闲步苕雪"为总品牌,通过实施城市灯光造景和水上旅游产品联动建设,打造仁皇山体灯光秀,积极发展苕溪、雪溪、龙溪港、南太湖"三河一湖"和龙之梦乐园、南浔古镇等游船夜游、夜间演艺、城市夜场灯光秀、24 小时书店、特色风情街、美食网红店、文旅市集等夜间经济业态,打响"夜游湖城""夜赏湖韵""夜品湖味""夜购湖品"等消费品牌。

(二)扎实开展文旅产业提质工程

第一,实施文旅标准化工程。实施文旅标准化工作管理办法,落实文旅标准化工作奖励政策等,指导文化场所完成标准化改造和提升,营造更优的文化消费场景,确保居民游客放心消费、安全消费。扎实推进市区、德清县、长兴县、安吉县省级文化和旅游消费试点城市建设,推动全市文化和旅游消费提质转型升级。探索建立重要标准的实施评价机制,组织开展标准化试点示范创建,提升标准实施成效。第二,扎实开展文旅产业品质提升工程。打造多维消费场景,以"文旅+"为引擎,进一步完善"文旅+"扶持奖励机制,打造一批社会效益和经济效益俱佳的文旅融合产品。发挥湖州作为"绿水青山就是金山银山"理念发源地的优势,打造生态研学旅游目的地。支持各类资本参与文旅项目开发,建设一批与自驾游、休闲度假等相关的重大项目。持续打响"乡村旅游第一市"乡村文旅品牌,打造乡村文旅精品线路。第三,打造文旅融合 IP 集群。实施文旅融合 IP 工程,开展文旅融合 IP 资源普查,充分挖掘和利用湖州市文化和旅游资源禀赋,重点培育、认定一批成长性好、综合带动力大、市场前景广的文旅融 IP 示范项目。探索形成文旅融合 IP 的衍生机制和商业模式。建立文旅融合 IP 发展工作绩效评估机制。到 2022 年,认定 30 个以上升级文旅融合 IP,使湖州市文旅融合产品专利、商标、版权注册申请总量和规模居全省前列。第四,推动大运河诗路湖州段文旅建设。统筹推进城市亮化、美化及"丝韵、笔韵、茶韵、水韵、古韵、红韵"六大工程,加速推动太湖溇港、运河古镇集群等省市共建十大文旅"金名片"落地见效,持续丰富"丝绸小镇""湖笔小镇"等特色小镇文旅业态,串珠成链般打造"漫南浔水乡之旅""走运之旅"等线路,积极推进大运河国家文化公园建设。办好长三角乡村文旅创客大会,积极参加湖州商品交易会、中国义乌文化和旅游产品交易博览会等各类展会。

(三)众创众享建设创新人才蓄水池

第一,打造创新创业新空间。共建 G60 科创走廊,推动德清相关区块纳入杭州城西科创大走廊统一规划建设管理,规划建设沪苏湖绿色产业廊道和宁湖杭生态创新廊道,启动一批

"五谷丰登"计划标志性项目,推动联合国全球地理信息知识与创新中心落地运行。整合优势资源,打造战略性科创平台,加快太湖实验室、莫干山实验室建设,新认定省级以上研发机构 100 家,引进地校合作创新载体 15 家以上。提升科技城、高新区、孵化园等平台能级,新增省级以上众创空间 10 家。第二,建设面向全球的创新人才"蓄水池"。迭代升级人才新政,招引全球全国顶尖领军人才、优秀青年人才和高水平创新团队,新引进大学生 12 万人、高层次人才 1000 人以上。推进新时代浙江工匠培育工程,新增工程师和高技能人才 2 万人以上。推进人才发展体制机制改革,提升人才飞地发展质效。实施名校名院名所引进工程,推动湖州师院学院创建高水平大学,加快湖州学院落地以及其他高校建设。深化产教融合,建设一批高水平职业院校。

(四)抢抓文旅产业新平台新机遇

第一,打造智慧文旅。打造"云游湖州""云享湖州"等一站式智慧服务平台,推进消费预订、消费体验、消费结算,实现"一机智游湖州"。加大与在线旅游(Online Travel Agency,OTA)、线上支付平台的合作力度,创新数字营销模式。深化智慧文旅平台建设,共享共用多部门数据,实现数字文旅监管精准化、实时化。第二,抢抓文旅消费新机遇。指导企业针对游客文化消费新习惯,研发"周边游""错峰游""健康游""亲子游"等个性化、特色化的主题文旅产品。结合文化和旅游消费的新趋势、新需求,大力推动线上线下融合创新,培育发展文化和旅游消费新业态。促进生态旅游文化产业发展,策划推出一批新产品、新线路,加快推进文化旅游市场繁荣。以开展全国文旅公共服务综合性试点为契机,打造主客共享、线上线下一体的城市、乡村文旅公共服务空间,不断完善城乡互联互动的公共文旅服务体系。第三,打响特色文化品牌。举办文化和旅游消费季等活动,开展"湖州人游湖州"的优惠体验活动,积极融入"浙里来消费",开展商旅文联动促消费系列活动,联合打造金秋购物节、消费促进月、"淘宝造物节"等综合性品牌消费活动。充分利用湖州地方特色文化资源,开展群众参与性强的主题文化旅游节庆活动,不断打响具有湖州特色的文化和旅游推介品牌。

(五)灵活推出惠民惠企多项举措

第一,加大文旅惠民举措。积极探索弹性休假制度,鼓励单位与职工结合工作安排和个人需要分段灵活安排带薪年休假、错峰休假。深化国有景区门票制度改革,鼓励旅游景区、乡村旅游区实行淡旺季票价和非周末促销价,落实特殊人群门票减免政策。推动文旅消费项目与旅游景点优惠联票制,延长文化与旅游消费门票有效期,推出文化和旅游消费"一卡通"。第二,落实文旅优惠政策。发挥湖州市文旅产业绿色金融服务中心的作用,建立线下实体化服务平台,进一步简化、优化文化和旅游消费项目审批程序,确保文化和旅游企业享受各类优惠政策。试点期间,湖州市财政每年安排一定资金,用于刺激文旅消费的政策补贴和项目培育,从而加快文旅市场的振兴繁荣。第三,强化市场监管。以信用监管为基础,不断强化文化和旅游新业态监管,构建明察暗访相结合、线上线下相统一的监管工作体系。完善市场主体、从业人员信用记录,对列入文化和旅游市场黑名单的市场主体和从业人员实施联合惩戒,严厉打击违法违规经营行为。充分发挥文化和旅游相关行业协会的作用,引导行业自律规范发展。

参考文献

[1] 2021 年浙江省文化文物和旅游统计年鉴[M].杭州:浙江省文化和旅游厅,2021.

[2] 2020 年湖州市国民经济和社会发展统计公报[EB/OL].(2021-03-26)[2022-12-01]. http://tjj. huzhou. gov. cn/art/2021/3/26/art_1229208252_58869885. html.

[3] 湖州市人民政府办公室关于印发湖州市推进文化和旅游消费试点城市建设三年行动计划(2020—2022 年)的通知[EB/OL].(2020-12-18)[2022-12-01]. http://www. huzhou. gov. cn/hzgov/front/s1/xxgk/zcwj/szfwj/hzbfx/20201218/i2862063. html.

[4] 2021 年湖州市政府工作报告(全文版)[EB/OL].(2021-03-01)[2022-12-01]. http:// kjj. huzhou. gov. cn/art/2022/1/5/art_1229615253_58928401. html.

[5] 2020 年湖州市文化广电旅游(文物)工作总结[EB/OL].(2021-03-16)[2022-12-01]. http://whgdlyj. huzhou. gov. cn/art/2021/3/16/art_1229209587_58809542. html.

2021 年嘉兴市文化产业发展报告

辛　爽

嘉兴市自提出"文化兴市"战略以来,充分挖掘利用嘉兴文化优势,围绕建设"两富""两美"嘉兴,打造现代化网络型田园城市。"十三五"时期,嘉兴市文化产业快速、协调、科学发展,文化产业规模化、集约化、专业化水平显著提高,现代文化产业体系初步建成。嘉兴市文化产业总量和产值比重连上新台阶,对地方经济增长的贡献日益显著,文化产业也呈现良好的发展势头。嘉兴市文化产业政策日趋完善,顶层设计更加突出,重点领域更加明确,还出台了一系列针对性较强的具体政策,为文化产业发展提供了良好的制度环境。国有资本、民间资本不断投向文化产业,市场主体总量和资金实力显著增长,文化产品出口不断增加,居民文化消费水平进一步提升。

一、嘉兴市文化产业发展环境分析

(一)产业环境

2020 年,嘉兴市生产总值达 5509.52 亿元,比上年增长 3.5%。其中:第一产业增加值为 124.18 亿元,比上年增长 1.8%;第二产业增加值为 2861.09 亿元,比上年增长 2.8%;第三产业增加值为 2524.25 亿元,比上年增长 4.3%。三大产业增加值结构为 2.3:51.9:45.8。2020 年,嘉兴市区消费者价格指数(CPI)累计上涨 2.4%,其中食品烟酒类价格上涨 8.6%,服务项目价格上涨 0.3%,工业品价格下降 0.8%。2020 年,全市工业生产者出厂价格累计下降 4.2%,工业生产者购进价格累计下降 3.4%。新动能逐步壮大,新产业、新产品、新业态、新模式不断成长。新产业逆势上扬,2020 年全市规模以上文化制造业、高技术制造业、装备制造业、时尚制造业和战略性新兴产业增加值快速增长,分别比上年增长57.1%、47.2%、22.6%、19.3% 和 14.2%,增速分别高于全省平均水平 49.2、31.6、11.8、14.4 和 4.0 个百分点,增速均居全省首位。

(二)区位环境

嘉兴市地处我国经济发展最活跃的长三角腹地,与沪、杭毗邻,既具有与上海市和杭州市在资本、人才、技术、信息等方面的同城效应,又具有区域商务成本较低的独特优势。嘉兴市在推进长三角经济一体化、建设现代产业体系的进程中,通过主动接轨上海市、杭州市,承接上海、杭州文化产业快速发展的溢出效应,吸引国内外投资,扩大对外贸易和国际合作,实现产业联动、功能互补和错位发展。"十三五"期间,嘉兴市交通运输系统充分发挥区位优势,紧扣"一体化"和"高质量"的要求,牢牢把握作为浙江省接轨上海市的"桥头堡"的职责使命,全面实施融入长三角一体化发展首位战略。2020 年,嘉兴市积极落实"三省一市"交通运输部门关于《长三角地区打通省际断头路合作框架协议》。截至 2020 年末,嘉兴市共开通了 25 条毗邻公交,姚杨公路、朱吕—善新公路等一批项目也正加紧推进,实现了与省际接壤县(市、区)毗邻公共交通全覆盖。同时,嘉兴市还开通了西塘、乌镇至上海浦东国际机场和杭州萧山国际机场的直达客运专线。

(三)资源条件

嘉兴市是国家级历史文化名城,是作为江南文化之源的马家浜文化的发源地,孕育了海宁皮影戏、嘉善田歌、平湖派琵琶、海盐腔、桐乡三跳、硖石灯彩、嘉兴竹刻等独具魅力的民间艺术和民俗文化。截至 2020 年末,嘉兴市拥有各类非物质文化遗产 252 项(其中,世界文化遗产和世界人类非物质文化遗产名录项目各 2 项,国家级、省级非物质文化遗产保护名录项目分别有 13 项、60 项,市级非物质文化遗产 177 项);拥有省级历史文化名城 1 座、中国历史文化名镇 3 座、省级历史文化名镇 1 座;拥有各类文物保护单位 998 家(其中,全国重点文物保护单位 20 家,省级文物保护单位 45 家,市级文物保护单位 933 家)。其水乡文化、红色文化、生态文化各具特色。

作为中国优秀旅游城市,嘉兴市文化休闲旅游产业实力雄厚,拥有乌镇、南湖旅游区等 3 家 5A 级、10 家 4A 级以上景区和盐官观潮、运河风韵等知名度较高的品牌。作为时尚产业的后起之秀,嘉兴市拥有服装、皮革、羊毛衫等 3 家省级文化产业设计基地,时尚产业成熟度和区域知名度都已达到相当高的水平。作为未来文化影视产业的希望之地,嘉兴市已拥有国家级影视基地中国(浙江)影视产业国际合作实验区海宁基地,培育、引进了浙江大学国际影视发展研究院、上海华彰影视文化传媒、海宁狮门影业、海宁澳亚影视传媒等 300 多家影视传媒研究机构和企业,初步形成了具有嘉兴特色的文化产业发展体系。

二、嘉兴市文化产业发展现状

(一)文化产业总体发展现状

2020 年,尽管受到新冠肺炎疫情的影响,但是嘉兴市文化产业整体发展状况良好,文化产业实力显著增强,文化产业结构明显改善。在文化产业增加值中,嘉兴市传统文化产业稳步增长,新兴文化产业较快发展,形成以文化产品的生产门类和产业集群为主体,以文化相关产品的生产门类为补充的发展形态,实现产业的高端化。同时,文化产业发展体系更加完善,基本形成以文化休闲旅游、设计服务、文化影视、现代传媒、印刷包装和工艺美术等产业为重点,主导行业突出、布局结构合理、创新能力较强、市场繁荣有序、带动作用明显的文化产业发展格局,成为浙江省文化产业的重要引擎、红色文化产业的引领之地。

截至 2020 年末,全市拥有县级以上公共图书馆 8 个、文化馆 8 个、文化站 72 个、博物馆 36 家、农村文化礼堂 791 家。县级文化馆和图书馆覆盖率均达 100%,乡镇文化站和行政村文化活动室覆盖率均达 100%,公共图书馆虚拟网络基本全覆盖。全市拥有文化艺术表演团体 19 家、艺术表演场所 26 处、电影院 69 家、广播电台 6 座、电视台 6 座。全市行政村有线电视联网率达 100%,广播和电视人口覆盖率均为 100%。

(二)文化产业分类发展现状

1.内容创作生产

(1)群众文化服务业

2020 年,嘉兴市实施公共服务创新提升行动计划。推进公共服务创新发展,充分发挥国家公共文化服务体系示范区创新研究中心(浙江嘉兴)的作用,试点开展文化馆企业分馆建设。推进公共服务设施网络建设,配合秀洲区做好市文化艺术中心建设相关工作,继续推进图博二期工程,确保图书馆二期开馆运行。全市新增智慧书房 10 家以上、名师工作室 15 家,转型提升 7 个重点镇(街道)和 21 个重点村(社区)的公共文化设施。推进公共服务品牌化建设,策划开展第四届市民文化艺术节系列活动,继续深入开展全民阅读活动。

在公共图书馆业方面,构建了城乡一体化公共图书馆服务体系,综合情况如表 1 所示。嘉兴市推动了“政府主导、统筹规划,多级投入、集中管理,资源共享、服务创新”的图书馆总分馆建设。截至 2020 年,嘉兴地区“五县二区”已建成乡镇(街道)分馆 58 家,其中,市本级建成乡镇(街道)分馆 12 家,实现了全覆盖;村(社区)分馆已在全市推广,共建设村(社区)分馆 70 多家,馆外流通点 400 多家。嘉兴市本级总馆、区分馆及 5 个乡镇分馆已经试运行 RFID 图书自助借还系统,开通 24 小时自助图书室。以“中心馆—分馆”的公共图书馆服务体系为依托,将文化共享工程、公共电子阅览室、职工书屋、农家书屋、党员远程教育、中小学远程教育等工程提供的资源在乡镇(街道)和村(社区)层级上整合起来,通过图书馆的专业化管理与服务不断提升资源的社会效用,节约管理成本。

打造书香嘉兴,探索“书院+图书馆”的文化传播模式。一是打造鸳湖书院,探索将书院改建成图书分馆的可行性做法,对嘉兴市原有“明伦堂”的环境和设施设备进行整修,使其具备开展活动的功能,目前已在少年路分馆明伦堂设立鸳湖书院。二是建设“曝书亭+图书馆分馆”模式。近年来,《鸳鸯湖棹歌》传唱、朱彝尊诗歌朗诵会、秀洲区全民阅读节等大型文化活动都在此举办。三是推动“文保单位+图书馆”建设。嘉兴市图书馆王店分馆位于第八批全国重点文物保护单位王店粮仓群周边,成为当地居民丰富文化生活的好去处。王店分馆由粮仓群周边的废旧房屋改建,面积为 400 多平方米,现有藏书 3 万余册,提供成人图书借阅、少儿图书借阅、各类少儿活动、亲子活动、报刊阅览、电子阅览、共享工程播放、移动阅读体验等服务。

表 1　2020 年嘉兴市公共图书馆综合情况

机构数/个	从业人数 /人	总藏量 /万册	资产总计 /万元	本年收入 合计/万元	本年支出 合计/万元	总流通人次 /万人次
7	470	1078.26	55193.2	15024.1	14846.3	798.19

数据来源:《2021 年浙江省文化文物和旅游统计年鉴》。

截至 2020 年末,嘉兴市群众艺术馆、文化馆、艺术站建设情况如表 2 所示。

表 2　2020 年嘉兴市群众艺术馆、文化馆、艺术站建设情况

机构数 /个	从业人数 /人	提供文化服务 次数/次	本年收入 合计/万元	本年支出 合计/万元	资产总计 /万元	组织品牌 节庆活动/场
80	823	24610	44411.3	41301.0	61550.1	32

数据来源:《2021 年浙江省文化文物和旅游统计年鉴》。

（2）文艺创作与表演

2020 年,嘉兴市实施建党百年精品创作行动计划。协调、指导一批文艺精品创作,协助做好“红船颂”全国美展等“红船”系列主题艺术精品创作和展演基础工作。歌剧《红船》于 2020 年创作完成并正式首演。以“南湖艺启”项目为抓手,以“百场文化庆小康”“百场戏曲进乡村”“我们的节日百村（社区）同庆”为主题,全年完成“幸福南湖·365 天天欢乐大舞台”各类演出 246 场,开展文化公益课堂培训 16 期和文化主题展览 12 期。在疫情防控期间,积极开启线上文化惠民服务新形式,推出“红船旁的文艺力量”抗疫作品展播、“南湖文化公益课堂”等线上文化服务活动 72 场,联合中国诗歌春晚组委会举办“勇担使命·共克时艰”第六届中国诗歌春晚南湖会场抗击疫情网络（直播）“云诗会”。围绕迎接建党百年,开展第三届“红船颂·南湖情”全国原创歌词征集和“红船杯”全国红色诗歌征稿大赛,收到原创歌词、诗歌近 4000 首。打造原创合唱作品《因为信仰》、小品《菱灯情缘》、舞蹈《初心》等。举办“建党迎百年联袂颂初心”长三角美术书法作品展。

（3）文物业

嘉兴市作为国家历史文化名城,历史底蕴深厚,文化遗存丰富,文物保护工作至关重要。嘉兴市文物保护管理机构综合情况如表 3 所示。

表 3　2020 年嘉兴文物保护管理机构综合情况

机构数/个	从业人数/人	藏品数/件（套）	参观人次/万人次	门票销售总额/万元
6	51	965	104.36	68

数据来源:《2021 年浙江省文化文物和旅游统计年鉴》。

2.文化传播渠道

2020 年,嘉兴市艺术表演团体演出情况和收支综合情况分别如表 4 和表 5 所示。

表 4　2020 年嘉兴市艺术表演团体演出情况

机构数/个	从业人数/人	本团原创首演剧目/个	演出场次/万场	国内演出观看人次/万人次
20	390	7	0.37	94.81

数据来源:《2021 年浙江省文化文物和旅游统计年鉴》。

表 5　2020 年嘉兴市艺术表演团体收支综合情况

总收入/万元	总支出/万元	资产总计/万元
2139.3	1835.1	1636.5

数据来源:《2021 年浙江省文化文物和旅游统计年鉴》。

3.文化投资运营

(1)文化投资与资产管理

2015—2020 年,嘉兴市文化投资逐年增加,具体文化事业费和人均文化事业费如表 6 所示。与此同时,文化经营机构数量增长迅速,具体机构数、从业人员数、资产总计、营业收入、营业成本、营业利润等如表 7 所示。

表 6　2015—2020 年嘉兴市文化事业费发展指标

指标	2015 年	2016 年	2017 年	2018 年	2019 年	2020 年
文化事业费/万元	36109	38557	52005	62663	70171	74426
人均文化事业费/元	78.8	83.6	111.7	132.5	146.2	137.8

数据来源:《2021 年浙江省文化文物和旅游统计年鉴》。

表 7　2020 年嘉兴市文化经营机构综合情况

机构数/个	从业人数/人	资产总计/万元	营业收入/万元	营业成本/万元	营业利润/万元
705	533.5	156028.6	71368.9	68529.7	2838.9

数据来源:《2021 年浙江省文化文物和旅游统计年鉴》。

(2)文化产业园区

嘉兴市注重具有集聚性和全局性的产业园区和基地建设,为现代传媒产业发展提供坚实的基础。主要包括建设江南传媒文化创意产业园、嘉报集团文化产业园和嘉兴文化传媒广场等园区,积极拓展报业传媒、咨询策划、印刷设计等业态,努力培育具有市场竞争力的知名品牌,不断拓展现代传媒产业园区的发展空间。嘉兴国际创意文化产业园(嘉兴市南湖区)、嘉报集团文化产业园(嘉兴市南湖区)、中国(浙江)影视产业国际合作实验区海宁基地(海宁市)、海宁中国皮革城品牌风尚中心(海宁市)和凤岐茶社数字经济产业园(桐乡市)5个园区进入 2020 年度浙江省重点文化产业园区名单。

4.文化娱乐休闲服务

近些年,嘉兴市娱乐产业发展迅速。截至 2020 年,嘉兴市共拥有娱乐场所机构数 291 家、从业人员 3394 人,资产总计 53138.7 万元,营业收入达 30427.1 万元(见表 8)。由于受到新冠肺炎疫情的影响,嘉兴市旅游人次和收入呈现小幅下降趋势,但 2020 年全市依旧共计接待国内外游客 10108.79 万人次,实现旅游收入 1172.60 亿元,分别恢复至 2019 年的 84.04% 和 82.41%(见表 9)。

表 8 2020 年嘉兴市娱乐场所综合情况

机构数/个	从业人数/人	资产总计/万元	营业收入/万元
291	3394	53138.7	30427.1

数据来源:《2021 年浙江省文化文物和旅游统计年鉴》。

表 9 2020 年嘉兴市旅游业综合情况

总游客量/万人次	总游客量恢复水平/%	旅游总收入/亿元	旅游收入恢复水平/%
10108.79	84.04	1172.60	82.41

数据来源:《2021 年浙江省文化文物和旅游统计年鉴》。

2020 年,嘉兴开展"暖春"行动,出台文旅产业相关扶持政策,着力培育"文旅+产业"体系,降低新冠肺炎疫情对文旅产业的负面影响,从而提升旅游产业增加值。通过"爱嘉游·再出发"行动,提振疫后文旅消费。推出防疫旅游综合保险,开展线上线下推介活动,推进行业复苏。继续打造"心游嘉兴"IP 集群,丰富红色、古镇、乡村、运河等特色旅游产品,探索夜间文旅经济。加快村庄景区化创建步伐,推进全域旅游示范县、景区城、景区镇、A 级旅游景区和旅游风情小镇创建工作。

嘉兴市大力弘扬红色基因,推动南湖旅游区成为城市新地标。重点实施南湖旅游区湖滨区域改造提升工程,总投资达 13.9 亿元,围绕鸳湖里弄、嘉绢印象、南湖书院、南堰新景,加快建设南湖湖滨区域,建成集国际交流、文化体验、红色教育、旅游休闲等功能于一体的"南湖新天地"。南湖景区自 2020 年 7 月 1 日起对全社会免费开放,自免费开放施行后,南湖景区取消 30 元门票,仅保留 20 元的渡船费。该项目是嘉兴市作为献礼建党百年、弘扬"红船精神"的一项重要举措,被列入 2020 年嘉兴市政府民生实事项目之一。

在疫情常态化的情况下,嘉兴市全力发展在线文旅。完善文旅综合管控平台,搭建全面覆盖、实时共享的文化旅游服务平台,整合数字资源,推出"云展览""云旅游"等线上服务与产品。推进新兴技术成果应用于网络视听等数字内容生产及超高清视频直播等平台建设。加大数字文化和旅游资源的开放共享力度,结合 5G 互动直播,借助 VR/AR、语音讲解、三维地图等技术,开发建设数字文旅应用场景,打造"云游嘉兴"自助导览和 5G 示范运用系统,拓展网上"云游"文化场馆和沉浸式全景在线产品。推动企业拓展线上旅游市场,实现在线预订、分时预约、移动支付、快捷入园等旅游服务;推进星级酒店、民宿、旅行社等开展旅游电商,实现线上线下同步销售、市场推广、多平台跨区域运营。

三、嘉兴市文化产业发展主要经验

(一)弘扬红船精神,品牌建设在冲刺中精益求精

着力推进南湖湖滨区域项目建设,嘉绢印象、南堰新景等地块完成建筑结构施工,南湖书院启动施工。牵头推进新时代"重走一大路"工程,嘉兴火车站广场、宣公弄、狮子汇渡口等 5 个项目正按计划实施,完成兰溪会馆及周边地块城市更新研究项目,初步完成鸳湖旅馆及汤家弄 3 号和"重走一大路"风貌特征研究及实施项目设计方案。加强与中国歌剧舞剧院、浙江歌舞剧院等专业院校(院团)合作,歌剧《红船》已于 2020 年 8 月 30 日圆满完成首次试演并得到高度评价,电视剧《大浪淘沙:启航》等完成前期制作,舞剧《秀水泱泱——王会悟》进入创排阶段。红色群众文艺创作结出硕果,双人舞《带你去远方》和群舞《早春的飞燕》分别获浙江省第十一届音乐舞蹈节舞蹈类金奖、铜奖。南湖景区从 7 月 1 日起向全社会免费开放,南湖旅游区入选全国红色旅游发展典型案例。

(二)彰显风范,复兴禾城文化,追寻古城情怀

出台《禾城文化复兴三年行动计划》《嘉兴市江南水乡古镇保护办法》,编制《嘉兴历史文化遗存保护传承利用专项规划》,公布第四批嘉兴市历史建筑名单。推动江南慢享古城工程,配合相关部门做好马家浜遗址公园(马家浜遗址保护大棚)建设、子城遗址公园建设及天主堂修缮工作,完成东门区域调查勘探,发现瓮城城墙及河岸遗迹,并做好东塔、真如塔地下考古调查工作。推进大运河文化带建设,继续实施"一核十镇百项千亿"重大项目,推进子城历史地段、"月芦文杉"片区等重点工程建设。活态传承民俗文化,携手嘉兴职业技术学院成立全省首家非遗学院,推出 9 条非遗旅游线路及首张非遗旅游手绘地图,新增市级非遗项目 65 项、市级首批非遗主题小镇 8 个、民俗文化村 18 个、非遗体验点 27 个。

(三)创新为要,提升公共服务,继续领跑全国

国家公共文化服务体系示范区创新研究中心进入实体化运行,嘉兴市南湖旅游服务中心入选国家级文旅公共服务机构功能融合试点。出台《关于推进文化馆企业分馆建设的指导意见》,已建成 45 家企业分馆。成立全省首家文旅标准化技术委员会,浙江省市场监管局以文化馆总分馆制的"嘉兴模式"为基础,正式发布《县级文化馆总分馆制管理服务规范》。嘉兴市基层公共文化服务评估蝉联全省"七连冠",文化机构、文化活动、文化享受等 3 项综合指标位列全省第1。嘉兴市嘉善县西塘镇等 5 个镇被正式命名为"浙江省文化强镇",南湖区大桥镇天香社区等 9 个村(社区)被命名为"浙江省文化示范村(社区)"。完善智慧文旅综合管控平台,实现全市 4A 级以上景区和县级图书馆客流全监控,形成全市文旅数据互通共享。完善全市文旅导航导览系统,设计、制作嘉兴手绘电子导览图,涵盖 3A 级以上景区、旅游度假区等重点旅游目的地,建成线上全景展馆 23 家,推出导游导览电子地图 48 张。丰富线上文化活动,如嘉兴市图书馆提供海量线上数字资源,获《人民日报》《光明日报》点赞。

(四)化危为机,推动文旅产业融入区域发展

出台《应对疫情支持文化和旅游企业共渡难关的十二条措施》《关于支持文化企业战胜疫情和平稳发展的八条措施》《应对疫情支持旅游企业稳定健康发展资金补助细则》等多项政策。推进景区城、景区镇建设。桐乡市、海宁市、嘉善市、平湖市等 4 地被评为 2020 年全国县域旅游综合实力百强县;嘉善县成功创建了国家级全域旅游示范区,南湖区、桐乡市创建省 4A 级景区城;濮院等 17 个镇成功创建为景区镇。平原地区村庄景区化建设成为全省深化村庄景区建设发展试点,南湖区新丰镇民丰村等 17 个村庄创建为 3A 级景区村庄,海宁市丁桥镇新仓村(梁家墩)入选全国乡村旅游重点村名单。嘉兴市成功入选省级文化和旅游消费试点城市名单。举办 2020 年嘉兴市生态文化旅游节及生态健康旅游季长三角云推介活动,嘉兴市委书记张兵亲自代言引发关注。

四、嘉兴市文化产业发展瓶颈与问题

(一)文化和旅游产业融合程度有待提升

嘉兴市文旅产业总体存在发展不充分、规模小、同质化严重等问题,特色文化资源尚需挖掘和利用,景区地方文化元素需要强化。同时,缺少具备较强文创开发和投资能力的集团企业引领带动,文化旅游产品转化率不高,规模化、市场化程度有待提高。

(二)文化产业低水平重复建设,自主品牌缺乏

嘉兴市文化产业近些年虽然发展迅猛,但是存在很多项目重复建设的问题,尤其是不同县(区)间的文化产业同质化现象严重。此外,除了与红船相关的产品,嘉兴市文化产业缺乏其他有代表性、有知名度的品牌。

(三)资金需求对接渠道不通畅

目前,嘉兴市文化产业投融资主体和方式单一,投资结构有待优化。如何进一步打通融合政策资金、社会资本和企业投入等渠道,为产业发展注入更多新鲜的金融血液,从而推动嘉兴市文化产业成为千亿级产业,是当前亟须解决的问题。

(四)文化产业人才尤其是高端和复合型人才短缺

嘉兴市文化产业人才短缺现象依然比较突出,特别是真正懂文化、善经营、会管理的高端复合型人才和文化创意产业的综合创作型人才,亟须加大引进和培养力度。如何优化人才工作管理机制,完善高层次文化产业人才引进计划和人才分类评价制度,加强文化产业专家数据库建设,制定高层次人才、紧缺人才扶持办法,成为嘉兴市面临的挑战。

五、嘉兴市文化产业发展趋势与展望

从 2021 年开始进入"十四五"发展阶段,嘉兴市文化产业发展应该紧紧围绕"十四五"发展的主要目标——加快建设现代化文化强市,打造江南水乡文化名城。具体可以从以下几个方面入手。

（一）大力弘扬红船精神

2021年，嘉兴市紧紧抓住建党百年的契机，发挥作为中国革命红船启航地的政治优势，持续丰富时代内涵，进一步打造成为学习弘扬革命精神和全国党性教育的重要基地。加强嘉兴南湖红船、上海中共一大会址一体化保护研究，提升爱国主义教育基地建设水平，建设红色文化传承示范区。优化、提升南湖革命纪念馆的功能，充分发挥浙江红船干部学院的作用，加强红船精神研究院建设。推进"重走一大路"主题品牌策划。提升嘉兴市红色文化影响力，打造全国红色旅游标杆城市，推动嘉兴市成为以弘扬红船精神为核心的全国红色旅游胜地和传播新时代中国红色文化的国际窗口。

（二）打造推广城市文化品牌和空间

传承、弘扬以江南文化为最显著特征的优秀传统文化，深植嘉兴文化基因。彰显诗画江南、水乡古镇的文化特色，将江南传统建筑、路桥和园林文化理念融入现代化城乡规划布局中，规划、设计、建设一批江南文化精品建筑。打响运河文化品牌，推动"海宁海塘·潮文化"申报世界文化遗产，推进马家浜考古遗址公园建设。加强老沪杭铁路沿线设施遗址、遗迹的整体保护和挖掘，做好文物考古工作。宣扬名人文化，加大名人故居保护力度，打造"嘉禾名人展示专题历史街区"。加强对非物质文化遗产的保护传承，加强对老字号文化品牌的保护利用。

优化、提升中心城区文化功能空间布局，推进国家历史文化名城建设。推进南湖区湖滨区块改造提升工程和子城遗址公园建设，开展老城区整治提升，推进古城墙复建，复兴千年古城。规划建设大运河文化带，合力推进大运河嘉兴段整体保护利用，建设大运河国家文化公园，支持海盐古城保护提升。加强对乌镇、濮院、盐官、西塘等古镇和历史街区的保护利用，加快文化资源恢复展现。促进城市文化元素融入，突出红色主体，凸显江南风光，体现中华风范，丰富城市设施文化内涵。

（三）提升公共文化服务水平

完善公共文化服务体系，推进农村文化礼堂、城市文化公园、社区文化家园、智慧书房、"文化有约"等载体建设，进一步增强使用效能。谋划推进文化馆新馆建设，提升镇（街道）综合文化站功能品质。大力组织开展群众性文化活动。鼓励探索具有特色的公共文化服务社会化运营模式。支持文艺精品创作，完善引导和扶持机制，提升优秀文艺作品的社会效益和经济效益，努力形成"高原＋高峰"的文艺繁荣新局面。

（四）深化文化体制改革

完善文化管理体制，促进文旅融合发展和文化价值转化。推进文联、社科联等深化改革，支持文化事业单位法人治理结构改革，发展一批适应现代市场的文艺院团。推进公共文化服务数字化，建设一批新的文化服务载体和媒体终端。创新传播手段，推动媒体跨界融合发展。加强全媒体中心建设，健全完善全媒体传播体系。支持市级媒体控股或参股互联网科技企业。提升县级融媒体中心运行效能。

（五）壮大文化特色产业

健全现代文化产业体系和市场体系，推动传统文化制造业、工艺美术业等转型升级，支持红色文化产业、休闲旅游业、现代传媒业、影视产业等加快发展。加强文化创意街区等建设，促进文旅融合。培育新型文化业态，鼓励"文化＋"衍生创新。引育和壮大文化市场主体，鼓励文化企业做大做强，探索、组建文化产业投资集团，培育一批主业突出、具有核心竞争力的骨干文化企业。加强文化人才队伍建设，形成一批优秀文化人才，培育、集聚青年人才。规划建设新的体育中心，更好地发挥嘉兴市残奥中心体育馆的作用，提升体育场地设施功能，积极承办、协办国际、国内体育赛事，打造体育城市，塑造新时代体育文化。

参考文献

[1] 2020年嘉兴市国民经济和社会发展统计公报[EB/OL].（2021-08-09）[2022-12-01]. http://tjj.jiaxing.gov.cn/art/2021/3/9/art_1512321_59003973.html.

[2] 2021年浙江省文化文物和旅游统计年鉴[M].杭州:浙江省文化和旅游厅,2021.

2021 年衢州市文化产业发展报告

张艺宁　　王　玮　　王丽云

2020 年,严峻复杂的国内外环境特别是新冠肺炎疫情对衢州市造成了一定的冲击。在衢州市委、市政府的坚强领导下,全市上下坚持以习近平新时代中国特色社会主义思想为指导,认真贯彻"八八战略"、践行"八个嘱托"、推进"八大任务",坚持市委"1433"发展战略体系,持续深化"三服务",聚力推进"三个年",扎实做好"六稳"工作,全面落实"六保"任务,使得衢州市主要经济指标在全省领先,高水平全面建成小康社会取得决定性成就。

一、衢州市文化产业发展环境分析

(一)区位环境:区域联动开放发展

衢州市历来是浙闽赣皖 4 省边际交通枢纽和物资集散地,素有"四省通衢、五路总头"之称。衢州市坚持借势借力、开放开发,着力打开有形、无形两个大通道。有形大通道是指由高铁、高速、航空、航运等构成的现代综合交通网络体系。衢州港龙游港区、衢江港区正式开港,杭衢游轮正式开通,杭金衢、杭新景高速和黄衢南、龙丽温高速形成"两横两纵"路网框架,全长 215 千米的美丽沿江公路全线贯通。浙赣铁路、杭长高铁、衢九铁路横贯全境,杭衢高铁建衢段于 2020 年 3 月全线开工,计划 2022 年基本建成、2023 年运营通车,实现枢纽接枢纽、西站通西站、高地到高地、通达变通勤。衢宁铁路于 2020 年 9 月 27 日正式通车,在衢州逐步形成"米"字形铁路枢纽,是全省首个通高铁(动车)、高速公路的地级市,区位优势愈加凸显。无形大通道是杭州市和衢州市创新合作机制,打造杭衢山海协作升级版,使衢州全面融入杭州都市圈、创新生态圈,加速杭衢同城化、一体化。衢州市于 2018 年 10 月 25 日正式加入杭州都市圈。2021 年 6 月,中国(浙江)自由贸易试验区衢州联动创新区获授牌,这标志着自贸区衢州联动创新区正式启动运作。衢州联动创新区以"一体两翼"的空间格局,共涵盖 3 个片区,实施范围达 119.57 平方千米,为打造四省边际共同富裕示范区、四省边际中心城市奠定坚实基础。

(二)产业环境:文旅融合协调发展

初步核算,2020 年,衢州市生产总值为 1639.12 亿元,按可比价格计算,比上年增长 3.5%。分产业看,第一产业增加值为 92.27 亿元,与上年持平;第二产业增加值为 659.48 亿元,比上年增长 3.0%;第三产业增加值为 887.37 亿元,比上年增长 4.2%,其中,文化产业新增固定资产 369 万元。衢州生产总值现价总量为 1574.57 亿元,按可比价格计算,比上年增长 6.7%,三大产业增加值结构为 5.5：41.1：53.4。衢州市居民教育文化和娱乐消费价格指数比上年增长 0.4%。

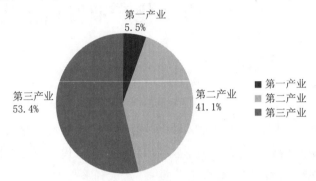

图 1　2020 年衢州市生产总值产业分布

数据来源:《2020 年衢州市国民经济和社会发展统计公报》。

文化和旅游融合成为发展新动能,产业开始叠加裂变,成为全市美丽经济幸福产业的主平台和重点培育的千亿产业之一。全市正以培育国家文化产业示范园、文旅融合改革试验区、旅游特色小镇等多种载体推进文化与旅游产业融合发展。

衢州市加强与上海市、杭州市等长三角重点城市的左右协同,和上海市春秋旅行社签订合作协议,和杭州运河集团开展杭衢游轮紧密合作。与上海市闵行区开展文旅合作,组织参加 2020 江南吃货节(上海)、上海旅游节等推介活动。履行协作区秘书处职责,完善协作区 19 个市的生态旅游协作联络平台、会商机制,与上饶市共同筹办协作区第二次推进大会。举办第十七届浙皖闽赣四省四市民间艺术节。主动推动衢黄南饶“联盟花园”建设。

同时,文旅营销和宣传推介善作善成,取得了明显成果。2020 年,共策划开展 25 项推广活动,文旅推广的足迹遍布国内 10 省、市,行程超过 1.5 万千米,实现衢州文旅“4 亿＋”的曝光量,旅游营销高分频显。围绕文旅企业复工复产、浙皖闽赣生态旅游协作区、“钱塘江诗路文化带”、衢宁铁路开通等中心工作,实施系列旅游营销事件。“跟着衢宁铁路游衢州”百度相关搜索结果达到 2400 万条,杭衢钱塘江诗路之旅首航式全网阅读量达 2000 万人次。“云游衢州”云旅游推介播放总量达 1.3 亿次。

（三）创新环境:数智推动产业升级

近年来,衢州市坚持“整体智治”的理念,紧跟数字经济发展的新趋势、新热点、新机遇,统筹推动数字技术应用和制度创新,对理念、机制、工具、手段进行全方位、系统性、重塑性的变革,由企业发力、政府助力、市场添力,使数字技术深度融入各行各业、全面渗透百姓生活中,从而加速产业升级、业态更新、城市发展。衢州市政府与阿里巴巴、华为等公司合作,加速建设“全国数字经济第一城副中心城市”“四省边际数字经济发展高地”,更加推动了衢州产业的创新转向。

同时,衢州市紧抓 5G 发展历史窗口期和战略机遇期,坚持需求牵引、创新驱动、开放共享,大力推进 5G 网络建设和融合应用,加快培育 5G 核心产业,推动 5G 应用与产业发展的良性互动。深度挖掘各领域对 5G 应用的需求,立足基础,发挥优势,突出特色。探索并形成可复制、可推广的模式,打造"5G ＋"生态系统,培育新的经济增长点,构建具有衢州特色的 5G 产业生态体系,培植数字经济发展新优势,为全市经济高质量发展提供基础支撑。

二、衢州市文化产业发展现状

(一)文化产业总体发展现状

2020 年,衢州市围绕市委市政府"活力新衢州、美丽大花园""发展高质量、治理现代化"的目标任务,按照"三个年"(全面小康决胜年、招商引资攻坚年、重大项目推进年)的总体部署要求,重点聚焦美丽经济幸福产业发展、乡村振兴大花园建设和文旅公共基础设施提升等方面,推进衢州文化产业发展。在此期间,衢州市文化产业保持了平稳的发展态势,多个文旅项目正在突破中;践行打造"两子文化"品牌,"南孔圣地·衢州有礼"深入人心。

2020 年,衢州市文化及相关产业增加值(国家口径)为 59.87 亿元,比上年增长 9.3％(未扣除价格因素),占生产总值的比重为 3.7％,如表 1 所示。

表 1　2015—2020 年衢州市文化及相关产业增加值占生产总值比重

年份	2015	2016	2017	2018	2019	2020
占比/％	4.4	5.2	4.0	4.3	4.1	3.7

数据来源:《2021 年浙江省文化文物和旅游统计年鉴》。

分行业看,2020 年,衢州文化制造业增加值为 36.79 亿元,占文化及相关产业增加值的比重为 61.5％,比上年提高 1.2 个百分点;文化服务业增加值为 18.17 亿元,占比为 30.3％,比上年下降 0.8 个百分点;文化批发和零售业增加值为 4.91 亿元,占比为 8.2％,比上年下降 0.4 个百分点。

(二)文化产业分类发展现状

衢州市共有公共图书馆 7 家,面积为 35664 平方米;公共文化馆 7 家,面积为 22237 平方米;博物馆 6 家,面积为 35208 平方米;南孔书屋 37 家;图书馆分馆 44 家;非遗保护机构 7 家;文物机构 19 家;乡镇(街道)综合文化站 100 家,面积为 128408 平方米;农村文化礼堂 1170 家。根据《文化及相关产业分类(2018)》,并通过对衢州市 2020 年以来文化产业的各项指标和政策建议进行分析,探索未来衢州市文化产业的创新发展之路。

1.文化核心领域发展情况

(1)新闻信息服务

衢州市早在 2020 年 1 月就出台了《关于加快推进 5G 产业发展的实施意见》,构建具有衢州特色的 5G 生产生态体系,全力打造数字经济第一城市副中心城市和四省边际数字经济发展高地,培植数字经济发展新优势,为全市经济高质量发展提供基础支撑。衢州移动、联通积极助力 5G 精品网络建设,推动衢州智慧城市发展。2020 年 6 月底,衢州移动建成 5G 基站 1300 个以上,实现 6 县(市、区)城区、杭金衢高速、5A 级景区 5G 信号全覆盖和重点区域连片优质覆盖。表 2 展示了 2020 年衢州市经营性互联网文化单位综合情况。

表 2　2020 年衢州市经营性互联网文化单位综合情况

机构数 /个	从业人数 /人	资产总计 /万元	营业收入 /万元	营业成本 /万元	营业利润 /万元	增加值 /万元
6	27	586.4	229.7	321.9	−92.2	194.1

数据来源:《2021 年浙江省文化文物和旅游统计年鉴》。

衢州市日均发行《衢州日报》5.1 万份、《衢州晚报》4.2 万份。2020 年末,有综合档案馆 7 家和国家专门档案馆 1 家,总面积达 37467.59 平方米,馆藏档案有 1182 个全宗。

衢州市有广播电台 6 座,广播节目综合人口覆盖率达 100%;电视台 6 座,电视节目综合人口覆盖率达 100%;数字电视用户 59.88 万户。全年城市影院观看人次达 103.34 万人次,票房收入为 0.33 亿元。

(2)内容创作生产

衢州市遗产保护工作正扎实开展,文物和非遗保护传承迈上新台阶。衢州市文化保护管理机构及博物馆综合情况如表 3、表 4 所示。2021 年 5 月 28 日,浙江省第十三届人大常委会第二十九次会议批准通过了《衢州市历史文化街区保护条例》。衢州市龙游县姜席堰被列入世界灌溉工程遗产,全国重点文物保护单位增至 16 处,省级文物保护单位增至 104 处。实施各级文物保护单位修缮工程 176 处,竣工 157 处。考古新发现 7 项,其中,衢江孟姜村古墓葬入选浙江十大考古重要发现。龙游县荷花山遗址考古公园入选第三批省级考古遗址公园。柯城区九华立春祭入选人类非遗名录,全市国家级非遗增至 10 项,省级非遗增至 76 项。

表 3　2020 年衢州市文物保护管理机构综合情况

机构数 /个	从业人数 /人	登记注册 志愿者/人	藏品数 /件(套)	本年新增藏品 /件(套)	基本陈列 /个	临时展览 /个	参观人次 /万人次
7	36	10	2677	0	5	7	169.83

数据来源:《2021 年浙江省文化文物和旅游统计年鉴》。

表 4　2020 年衢州市博物馆综合情况

机构数 /个	从业人数 /人	登记注册 志愿者/人	藏品数 /件(套)	本年新增藏品 /件(套)	基本陈列 /个	临时展览 /个	参观人次 /万人次
6	85	177	20082	18	21	34	50.16

数据来源:《2021 年浙江省文化文物和旅游统计年鉴》。

根据《浙江省公共图书馆服务大提升行动方案(2020—2022 年)》(下文简称《提升行动方案》)的要求,衢州市不断加强公共图书馆服务建设,形成了"图书馆分馆""流动图书馆""农家书屋"等模式的服务体系,同步实现《大提升行动方案》的目标,以促进成果的全民共享。

2020 年,衢州市公共图书馆综合情况如表 5 所示。2020 年,衢州市共有公共图书馆 7 家、从业人员 123 人、总藏量 384.28 万册,以及总流通 340.38 万人次,本年收入合计 4137.6 万元,本年支出合计 3981.9 万元,增加值达 2168.1 万元。金华衢州市组织各类讲座共计 409 场,举办展览 137 次,举办培训班 661 期,开展基层培训辅导 4.3 万人次。受新冠肺炎疫情防控的影响,随着疫情防控形势的变化,衢州市也相应地加大了线上服务的力度,线上服务共计 117.61 万人次。除此之外,衢州市群众艺术馆、文化馆、文化站共计 109 个,提供文化服务 11496 次,文化服务惠及 268.77 万人次。

表 5　2020 年衢州市公共图书馆综合情况

机构数 /个	从业人数 /人	总藏量 /万册	总流通人次 /万人次	本年收入 合计/万元	本年支出 合计/万元	增加值 /万元
7	123	384.28	340.38	4137.6	3981.9	2168.1

数据来源:《2021 年浙江省文化文物和旅游统计年鉴》。

(3)文化传播渠道

近年来,衢州市始终牢记习近平总书记的殷殷嘱托,深入践行打造"两子文化"品牌。举办中国 VS 东南亚"烂柯杯"网络围棋团体联谊赛。举办推进南孔文化创造性转化、创新性发展研讨会。开设儒学馆问道论语厅。开展"南孔大讲堂·国学论衡"5 期活动。有效地增强了孔子文化和围棋文化的吸引力、影响力,提高了"南孔圣地""围棋仙地"的知名度、美誉度,推动了"两子文化"品牌的发展。加快推进媒体深度融合,建设新媒体传播矩阵,打造新型文化传播平台。

如表 6 所示,衢州市艺术表演团体演出机构共计 36 家,从业人员共计 1234 人,本团原创首演剧目 1 个,全年共计演出 4000 场,其中,农村演出 2800 场,占总演出场次的 70%。本年收入合计 4056.6 万元,本年支出合计 3647.9 万元,增加值为 3387.3 万元。

表 6　衢州市艺术表演团体演出及收支综合情况

机构数 /个	从业人数 /人	本团原创 首演剧目/个	演出场次 /场	本年收入 合计/万元	本年支出 合计/万元	增加值 /万元
36	1234	1	4000	4056.6	3647.9	3387.3

数据来源:《2021 年浙江省文化文物和旅游统计年鉴》。

(4)文化投资运营

"南孔圣地·衢州有礼"的城市品牌深入人心。全国文明城市高位创成。深化完善"大文旅"专项资金体系,出台《衢州市大文旅专项资金管理办法》,加大投入,支持文化高地建设、文化公共服务设施等重点领域发展。投资 20 多亿元推进南孔古城复兴,统筹抓好特色小镇、文创街区等古城保护建设开发工作,积极引进文化主题公园、文化娱乐中心、主题赛事等项目,加快培育衢州伴手礼产业。同时,衢州市还将文化建设作为"两专工程"重要内容,深入实施"青年'财'俊'政'担当'80''90'素质提升"工程,打造"与礼同行财有所为"文化阵地,推动"礼财之窗"文化品牌提档升级。依托"四个我为"专题实践活动,组织全局开展庆祝建党百年"十个100"、水亭门浸润式演出等文化活动,自主编写创作《七月再启航》等感染力强、时代气息浓厚的财政文艺作品,进一步弘扬核心价值、服务基层,增强群众的文化获得感,提高群众的文化满意度。

2020 年,衢州市文化市场经营机构共计 370 个,其中,艺术品经营机构与演出经纪机构数量均处于增长态势,反映出衢州市文化投资运营发展较好。具体情况如表 7、表 8、表 9 所示。

表 7　2020 年衢州市文化市场经营机构综合情况

机构数 /个	从业人数 /人	资产总计 /万元	营业收入 /万元	营业成本 /万元	营业利润 /万元	增加值 /万元
370	2965	66495.0	16291.9	15138.9	1153.0	9739.3

数据来源:《2021 年浙江省文化文物和旅游统计年鉴》。

表 8　2020 年衢州市艺术品经营机构综合情况

机构数 /个	从业人数 /人	资产总计 /万元	营业收入 /万元	营业成本 /万元	营业利润 /万元	增加值 /万元
10	15	1175.0	110.5	113.0	−2.5	75.5

数据来源:《2021 年浙江省文化文物和旅游统计年鉴》。

表 9　2020 年衢州市演出经纪机构综合情况

机构数 /个	从业人数 /人	资产总计 /万元	营业收入 /万元	营业成本 /万元	营业利润 /万元	增加值 /万元
4	9	36.4	383.9	316.7	67.2	112.9

数据来源:《2021 年浙江省文化文物和旅游统计年鉴》。

（5）文化娱乐休闲服务

"8090 新时代理论宣讲"形成品牌,"最美衢州人"不断涌现。"九华立春祭"入选人类非遗名录,庙山尖、孟姜村古墓葬和山崖尾遗址入选浙江考古重要发现。"江郎山•廿八都"成功创建 5A 级景区。水亭门街区入选首批国家文化产业发展项目。《雾山五行》被誉为"国漫新标杆"。衢州市正加快推进文体农旅深度融合,逐步接轨钱塘江诗路文化带、之江文化产业带建设,深入挖掘常山宋诗之河、江山千年古道和开化红色革命文化,争创南孔古城、烂柯山、灵鹫圣境、"龙游石窟—红木小镇"5A 级景区。同时,支持柯城区建设国家级运动休闲旅游度假区,支持常山县建设四省边际文旅融合创新示范区。大力发展围棋文化,制定实施围棋文化促进条例,建设国际围棋文化交流中心、烂柯围棋文化园,打造世界围棋圣地。积极创建全国全民运动健身模范市,举办浙江省第四届体育大会。

如表10所示,2020年衢州市娱乐机构数共计136个,从业人数达1354人,资产总计38132.6万元,全年营业利润为746.7万元,增加值为5776.1万元。

表10 2020年衢州市娱乐机构综合情况

机构数/个	从业人数/人	资产总计/万元	营业收入/万元	营业成本/万元	营业利润/万元	增加值/万元
136	1354	38132.6	10144.7	9398.0	746.7	5776.1

数据来源:《2021年浙江省文化文物和旅游统计年鉴》。

2.文化相关领域

目前,衢州市文化辅助生产和中介服务、文化装备生产、文化消费终端生产均处于起步阶段,规模较小,影响力较弱,还有待发展提升。

(1)文化辅助生产和中介服务

衢州市正加快构建文化和旅游产业投融资服务新模式。跨部门共享"企业码""中小企业金融服务平台"等系统及数据,集成金融、投资、项目、招商、政策、运营等要素资源,为上下游文化和旅游企业提供高效、便捷、精准的投融资服务,构建线上、线下联动的精准招商和项目匹配系统,培育一批领军型、骨干型、新锐型企业。

同时,全面贯彻落实国务院、省政府关于"放管服"改革的总体要求,推进"最多跑一次"改革向中介机构延伸,进一步规范涉批中介机构管理,提升涉批中介服务市场化、规范化、信息化水平,创新中介机构服务模式,推进中介服务费用和时间双下降,构建"市场开放、竞争有序、执业规范、收费合理、服务高效"的中介服务市场,助力打造中国营商环境最优城市。

表11 2020年衢州市文化产业示范基地综合情况

机构数/个	从业人数/人	营业收入/万元	资产总计/万元	获得省级以上奖励/个	获得知识产权/项	文化企业/家
7	1186	11917.0	547887.1	62	6	630

数据来源:《2021年浙江省文化文物和旅游统计年鉴》。

(2)文化装备生产

根据产业集群的优势和经济特征以及装备制造业的特征,衢州市装备制造业产业集群仍处于原始状态,处于成长期,存在着诸如集群规模小、集群程度低、产业链条短、技术创新因素缺乏、整体竞争力不强等问题。

(3)文化消费终端数字化转型

衢州市正加快转型建设数字文化和旅游产业发展新体系。

首先,培育数字文化和旅游产业新主体。开展文化和旅游企业数字赋能计划,优化文化和旅游企业数字赋能方式。引导文化企业、旅游企业加大对数字技术应用的研发投入,支持自主或联合建立技术中心、设计中心等,推动产品服务和业务流程改造升级。大力引导文化和旅游企业上云,积极推动企业"资源上云、管理上云、业务上云、数据上云",鼓励企业升级信息系统,提升文化和旅游产业数字化水平。

其次,发展数字文化和旅游产业新业态。运用 5G、VR/AR、人工智能、多媒体等数字技术,发展"互联网＋文化""互联网＋旅游"新模式,开发沉浸式旅游演艺、全息互动投影、无人机表演、夜间光影秀等产品,跨部门协同"产业大脑",发展在线定制旅游、在线游戏、光影互动等新型文化和旅游业态,办好中国国际网络文化博览会。

三、衢州市文化产业发展主要经验

(一)地域文化品牌化效益模式

近 10 年来,中国各大城市品牌如雨后春笋般涌现,唯有牢牢地掌握了品牌的独特性方向方有突破,因此,衢州市政府着力于差异化、个性化的品牌传播。

首先,衢州市利用城市品牌的天然差异,以南孔为人文资源基础,与北方的曲阜遥相呼应,成为"一南一北"两个儒学发展名城。所以,衢州市城市品牌宣传部门牢牢抓住了"有礼"的形象,将其与美丽生态、活力之都相结合,并在形象代言、宣传、媒体择取、内容播报上具有相当的统一性,凸显了城市的气质风貌。举办推进南孔文化创造性转化、创新性发展研讨会,开设儒学馆问道《论语》展厅,开展"南孔大讲堂·国学论衡"5 期活动,有效增强了孔子文化和围棋文化的吸引力、影响力,提高了南孔圣地、围棋仙地的知名度、美誉度,促进推动"两子文化"品牌发展。

其次,衢州市政府运用了整合传播的方法。一是利用新旧传播媒介,如报纸、户外广告、网络等,举办大小宣传活动造势,吸引群众目光。同时,把城市品牌的视觉要素渗透到城市的总体环境中,运用交通体系、公共设备、产品包装等,让城市品牌气息融入居民的日常生活吃穿住行之中。二是重视信息的交互传播。利用微博、微信、知乎等平台,根据用户需求实现信息传播的定制,并提炼衢州的标志性景色、美食、活动等加以大力宣传。三是通过组织大型社会活动,增加城市的曝光度,打响衢州市的名号。在大型活动中,融入衢州的特色文化与历史人文元素,如祭孔大典将传统民俗、旅游观光与学术研究融为一体,形成了衢州节庆品牌。

(二)文旅产业数字化效益模式

衢州市以数字经济"一号工程"为引领,扎实开展数字经济发展"五年倍增计划",通过"四聚焦"推进数字经济高速发展。

首先,努力构建数字化创新平台。在政策基础上,围绕"一楼一镇两园六飞地"创新创业平台建设,不断为衢州市集聚数字经济发展科创资源,孵化数字经济创新企业,培育数字高端人才。通过引进数据挖掘、工程信息服务等市场服务主体,帮助入驻数字经济企业加快建立人脉、拓展市场。

其次,加快推进文旅产业的数字化建设,发展数字文化和旅游产业新业态。利用数字技术在文化和旅游重要领域实现体制机制、组织架构、业务流程的系统性重塑,实现从"数字"到"数治"的新生态,基本实现景区、文化场馆、旅游企业的数字化改造和应用,全面提升群众数字公共服务获得感。运用 5G、VR/AR、人工智能、多媒体等数字技术,发展"互联网＋文化""互联网＋旅游"新模式;培养数字文旅产业新主体,推动文旅企业信息系统升级。

最后,全面开展数字乡村建设。数字技术能有效推动公共服务的完善,在"未来社区""数字乡村"的规划指导下,推动文化和旅游信息资讯服务进入各种公共服务场所,推动基本公共文化服务均等化,实现省、市、县互联互通、共建共享、一体化运营的公共文化和旅游服务新模式。

(三)公共服务多样化模式

公共服务模式的多样化建设有利于高质量的文化供给,增强人民群众的文化获得感和幸福感。

首先,衢州市加大对党的政策的宣传力度,赴乡村、社区、企业宣传文明新风、安全教育、惠企政策。组织开展网上教学宣传,做好技术支持和网络资源服务,明确线上教学时间、内容、方式和要求。

其次,加快公共项目建设,包括学校建设与医疗系统建设。如衢州市工程学校一期扩建、中小学素质教育实践学校二期、衢州高级中学搬迁、中央美院附属衢州高级中学、智慧新城一期教育配套项目等有序推进;在医疗建设方面,加快补齐医疗卫生短板,与树兰医疗管理集团签订合作协议,树兰(衢州)医院、衢州市公共卫生服务中心等项目前期加快推进,衢州市妇保院新院区投入使用,四省边际中心医院加快建设。全民运动健身模范市加快创建。推进公共文化设施提升工程,注重公共文化的发展状况,包括建成并投入使用市文化艺术中心、衢江区文化中心、龙游县"两馆五中心"、江山市文化艺术中心(二期)、常山县"三馆两中心"、开化县公共文化广场等一批重大公共文化场馆。同时,完善重点文化场馆服务,健全配套设施、精准对接需求、创新服务供给,进一步推动市级主流媒体的整合发展进程。

再次,丰富公共文化活动,深入推进文化惠民,组织送戏下乡共计 6723 场,送书 83.71万册,送展览和讲座 4306 场,送电影 11.47 万场、文化走亲 420 次、乡村艺术团 1927 个,举办文化节和艺术节活动 1848 场,参与群众达 780.21 万人次,扩大了文化娱乐的受众范围。

最后,加强公共文化服务的保障体系建设。构建完备的监管体系,有利于营造新区文体行业发展环境。目前,衢州市正全力抓好支部党建工作。紧紧围绕学习贯彻习近平新时代中国特色社会主义思想,统一支部党员队伍思想认识,不断加强理论武装和忠诚教育,切实做到"两个维护"。定期召开支部党组织生活会,开展党员民主评议等活动;按要求完成局机关党委组织的党建示范点参观学习任务;按要求开展党员发展工作,新转入党员 2 名。

四、衢州市文化产业发展瓶颈与问题

(一)市场化程度不高

衢州市文化创意产业发展市场化程度不高,投融资体系和要素市场有待完善。文化艺术、新闻出版、广播影视等传统行业,由于缺乏精品原创,经营模式市场化不足,内生动力日益匮乏。随着信息技术的变革和居民消费习惯的变化,文化开始交融于社会生产、消费各环节,行业边界趋向模糊。

(二)文旅融合程度不深

衢州市、县一体化融合程度不深,文化和旅游资源整合利用不充分,相关部门的融合意识不强。新兴文化产业发展滞后,旅游业全要素生产率不高,在四省边际中的文旅影响力不强,遮蔽效应仍然比较突出。在儒学文化产业园区,儒学文化主题不够突出、氛围不够浓厚的问题依然存在,如圣地的庄严感、厚实感还不足,导致吸引力也不强。南孔文化的挖掘、儒学文化的整合还不充分,历史街区的业态不够丰富。产业园内缺少特色主导产业,缺少专业文化旅游园区,也缺少可持续发展的产业支撑。

(三)产业配套设施短板突出

公共文化服务短板突出,文旅产品、公共服务等供给还不能满足个性化、精细化、品质化的消费需求。旅游产业配套设施不够完善,旅游消费品品质不高,产业整体配套不足,等等,导致难以满足产业持续发展的需要。创新创意产品双向互动有待提高,文化符号没有转化为现代文创产品,历史文化街区缺乏内涵。如何把传统的文化资源通过创意设计转化成现代的文化产品,如何把现代的设计理念植入传统的文化符号中使之变成商品,成为亟待解决的问题。

(四)高端创意人才短缺

对于广告会展、艺术品交易、设计服务等优势行业,由于平台建设和人才培养等滞后,其行业规模难以壮大。高端创意人才和复合型人才短缺,文化产业技术人才、创新人才、特种人才和工匠人才短缺。

五、衢州市文化产业发展趋势与展望

"十三五"期间,是衢州全面提速、加快追赶,确保与全省同步基本实现高水平现代化的关键期。衢州市将紧紧围绕"十四五"规划的发展策略,加快经济转型和创新性产业的发展,催生良好的经济发展生态,注重特色人才培养与管理体系健全,其工作思路与目标具体如下。

(一)数字技术助力文旅产业

衢州市应坚持"整体智治"的理念,向数字技术提供的新趋势、新热点、新机遇靠拢,促进数字技术与各行各业的融合,拓展新的发展空间,进行全方位、系统性、重塑性的变革,政府、企业、市场共同助力发展。数字技术对文旅产业的作用主要体现在 2 个方面:一是对文旅产业服务、监管系统的数字化改造;二是对文旅项目、体系的数字化改造。

1.对文旅产业服务、监管系统的数字化改造

第一,升级衢州市智慧文旅信息服务系统,持续助力全省智慧文化云项目上线。实现景区、文化场馆、旅游企业运行体系的数字化改造,进一步加快文旅治理体系的现代化发展进程,并带动周边地区的数字化产业发展。

第二,构建数字赋能、精准高效的信用监管、执法新机制。全面融入"大综合、一体化"执法体系,创新监管理念、制度、方式,构建以信用为基础的文化和旅游市场监管新机制。同时在传媒领域,可构建智慧型广电新体系。实现省、市、县传媒集团的融媒体业务协同、数据共享,实现相关数字化平台互联互通,以此构建"媒体+智慧监管"体系、加强"监测+服务"能力建设。

2.对文旅项目、体系的数字化改造

第一,进一步构建公共文化和旅游服务新模式、产品和服务供给新模式、公共文化和旅游资讯服务新场域,即以省、市、县互联互通、共建共享、一体化运营的公共文化和旅游服务新模式为目标,着力发展"未来社区""数字乡村",推动文化和旅游信息资讯服务进入公共服务场所,实现基本公共文化服务的均等化。

第二,建设数字文化和旅游产业发展新体系。在新业态方面,发展"互联网+文化""互联网+旅游"新模式,灵活运用数字技术,开发沉浸式旅游演艺、全息互动投影等项目。在新主体方面,引导大、中、小企业加大对数字技术的研发与投入,形成新的风向标,推动企业"资源上云、管理上云、业务上云、数据上云",加速企业发展与数字技术的融合。在新模式方面,推动跨部门共享系统及数据,集成要素资源,为上、下游文化和旅游企业提供高效、便捷、精准的投融资服务。

(二)城市品牌持续打响

2004 年 10 月,浙江省委书记习近平在衢州市考察调研时指出,衢州要挖掘好文化内涵,打好"两子"(孔子和棋子)文化品牌,围棋文化要进一步提高运作水平,开展一些有影响的活动。衢州市坚持以社会主义核心价值观为引领,按照"推动南孔文化重重落地"的要求,做深"文化+文明"的文章,其中包括"南孔文化""围棋文化"。

1.塑造"南孔文化"新名片

推进"南孔圣地·衢州有礼"品牌提升工程,让城市品牌为城市发展全面赋能,全面建设"一座最有礼的城市"。如:对南孔文化进行创造性转化和创新性发展,促进南孔古城复兴,建设"古城双修"新时代文化地标。深入推进文化研究工程,组织编纂《衢州年鉴》,开展南孔(大型)文献整理与研究项目,持续推进中华版本资源征集工作。

在城市品牌名片方面,力图完善城市品牌共建共享机制,构建市县联动"衢州有礼"城市品牌体系,即规范城市品牌使用管理,强化城市品牌场景运用,推进城市品牌有效转化,提高城市 IP 形象辨识度,等等。

2.推进"世界围棋圣地"建设

大力发展围棋文化和产业,推进"世界围棋圣地"建设,成为围棋文化对外交流的"重要窗口",并制定《关于加快建设"世界围棋圣地"的若干政策措施(试行)》,以激发各种发展要素,推动衢州围棋事业蓬勃发展,重点围绕人才引进培养、围棋教体融合、职业梯队建设、"烂柯"赛事打造、文化宣传推广、产业融合发展等方面制定政策。

(三)加强建设公共文化服务体系

衢州市力图优化城乡文化资源配置,健全以需求为导向的公共文化供给机制,提升公共文化服务水平,织密基层公共文化设施网络,创新公共文化管理体制机制,提高设施综合使用率和服务水平,实施文艺精品提升工程。其中包括:

1.构建公共文化和旅游服务新模式

融合全市优秀文化产业资源信息数据,建立由市、县、企共建共享的管理和服务机制,实现多层级、多维度互联互通公共文化服务体系,一窗集成"浙里好玩"衢州站一站式公共服务,实现省、市、县互联互通、共建共享、一体化运营的公共文化和旅游服务新模式。

2.构建产品和服务供给新模式

一是推动基本公共文化服务均等化,构建面向不同群体的个性化、智能化产品和服务供给新模式,完善优质公共服务资源统筹供给机制。二是推动数字文化产品和服务在公共文化场馆的应用,推进非遗数字化。建立非遗传承与创新的数字化应用,加强非遗的网络传习,推动非遗的线上传播。三是集成创新"文化点单"服务、个人生命周期"个人文化宝"服务等个性化文化服务应用,实现数字化全流程闭环体验服务,建设文化场馆的智能化服务终端。

3.构建公共文化和旅游资讯服务新场域

结合"未来社区""数字乡村"建设,推动文化和旅游信息资讯服务进入公共场所,拓展文化和旅游信息咨询服务新渠道,拓宽文化和旅游信息资讯服务的广度并提高其效能,构建集约化、广覆盖的公共文化和旅游资讯服务新模式。

(四)持续发展特色文旅经济

衢州市注重打造乡村"五夜"产品体系。按照《关于加快发展美丽乡村夜经济的指导意见》的相关要求,大力培育美丽乡村夜经济,创新消费场景,加快乡村休闲旅游市场提振复苏,推动乡村振兴持续发展。

一是规划引领,建立协调推进工作机制。统筹农业农村、文旅、发改、住建、环保、市场监管等相关部门,理顺发展机制,编制乡村夜经济发展专项规划,明确区域特色、功能布局、配套业态,找准定位,做到差异化、个性化发展。

二是政策推动,加大对乡村夜经济建设的政策扶持。做好对乡村公共基础设施建设,如对公厕、道路、灯光亮化等给予补贴,并引进主体进行企业化经营。

三是项目带动,推动美丽乡村、电商、文旅等专项资金支持乡村夜经济重点项目建设。

如以"景观＋光影＋民俗＋夜秀"的产品开发思路,运用多媒体、全息投影、声光电等视听技术升级"信安湖·光影秀"、《你好江山》、根宫夜宴等夜游产品。

四是丰富乡村夜经济内涵。将文化、旅游、康养等作为重要元素植入夜间经济,强化融合发展,构建以"夜食、夜购、夜赏、夜娱、夜宿"为主题的乡村"五夜"产品体系。

(五)优化人才生态

衢州市注重建立市、县两级人才工作专项投入稳定增长机制和多元化人才投入机制,大力实施"揭榜挂帅"等制度,健全以实绩论英雄、和能力相匹配、与贡献相挂钩的人才激励体系。

在制度方面,优化制度供给,完善人才服务暖心机制,提高科研人员、青年人才创新创业积极性。

在创新方面,推动科技创新与产业创新"双联动"。加快建设创新平台,并加快完善科技创新政策体系、服务体系,全面加强知识产权保护工作。积极引进衢州市外科创要素和资源,开展关键核心技术攻坚,力夺浙江省"科技创新鼎"荣誉。

在人才培育机构方面,全力创建浙江省信安实验室,更好地发挥产业创新服务综合体的作用,加快建设浙江大学衢州"两院"、电子科技大学长三角研究院,推进与温州医科大学、浙江中医药大学、西南政法大学、树兰(衢州)医院等的合作项目,抓好华东(衢州)数字经济示范区和东南数字经济发展研究院建设,谋划建设建筑业智慧产业园,等等。

参考文献

[1] 2021 年浙江省文化文物和旅游统计年鉴[M].杭州:浙江省文化和旅游厅,2021.

[2] 衢州市发展和改革委员会 衢州市文化广电旅游局关于印发《衢州市文化和旅游发展"十四五"规划》的通知[EB/OL].(2021-08-16)[2022-12-01].http://www.qz.gov.cn/art/2021/8/16/art_1229542783_59004964.html.

[3] 衢州市人民政府 2020 年政府信息公开工作年度报告[EB/OL].(2020-04-28)[2022-12-01].http://www.qz.gov.cn/art/2021/3/9/art_1229037201_4529493.html.

[4] 关于衢州市 2020 年国民经济和社会发展计划执行情况及 2021 年国民经济和社会发展计划草案的报告(摘要)[EB/OL].(2021-03-05)[2022-12-01].http://www.qz.gov.cn/art/2021/3/5/art_1229457023_4527763.html.

2021 年丽水市文化产业发展报告

戴卓敏   王   玮   王丽云

2020 年,面对突如其来的疫情,丽水市以"两手抓、两手硬、两战赢"为目标,在坚决打赢疫情防控阻击战的基础上,紧扣高质量发展主题,勇于担当、锐意进取,突出重点、狠抓落实,文化和旅游发展取得新成绩。2020 年,丽水市乘势而上,开启高水平全面建设社会主义现代化新征程,奋力加快跨越式发展,努力打造高水平建设和高质量发展"重要窗口",其文化产业发展正处于大有作为的重要战略机遇期,迎来了极为广阔的发展前景与空间。

一、丽水市文化产业发展环境分析

(一)区位环境:对外交流实现新突破

丽水市地处浙江省西南部山区,其东南与温州市接壤,西南与福建省南平市、宁德市毗邻,西北与衢州市相接,北部与金华市交界,东北与台州市相连,辖区总面积为 1.73 万平方千米,是浙江省陆域面积最大的地级市。2020 年,丽水市加入长三角资本市场城市联盟,长三角招商中心新签约落地大项目 26 个。未来建筑科技小镇进入规划实施阶段,原能细胞产业园、惠明禅茶文化产业园等重大项目落地开工。引进上海世外合作办学,华东师大附属丽水学校开工建设,实现与长三角地区门诊医保实时结算。新签订山海协作产业项目 118 个、实际到位资金 187.63 亿元,与宁波市、嘉兴市、湖州市共同设立山海协作产业基金,义乌—莲都大厦开工。新增海外飞地 4 个,侨商回归签约项目 24 个,总投资 133.18 亿元。

(二)产业环境:文化产业成为新的增长点

2020 年,丽水市生产总值为 1540.02 亿元,比上年增长 3.4%。其中,第一产业增加值为 104.61 亿元,第二产业增加值为 555.19 亿元,第三产业增加值为 880.22 亿元,比上年分别增长 2.5%、1.0% 和 5.4%,三大产业对经济增长的贡献率分别为 5.2%、12.6% 和 82.2%。三大产业增加值比例为 6.8∶36.0∶57.2。

2020 年,龙泉市和青田县被列为省级文化产业重点县(市)。云和县木制玩具、庆元县铅笔产值年均增速保持在 20% 以上,均成功打造成为国家外贸转型升级基地、国家级出口质量安全示范区,丽水市的文化服务贸易成为其文化产业新的增长点。云和县木制玩具产业集群、缙云文化运动休闲产业集群入选浙江省产业集群跨境电子商务发展试点,松阳茶产业创新服务综合体被列入省级创建名单。建成绿谷信息产业园、装饰设计产业园、摄影文化产业园、大修厂文化产业园、龙泉剑瓷产业园区、云和木制玩具文化产业园等一批文化产业园区、基地,入园企业数量和产值快速增长。古堰画乡核心区所在的大港头镇被列入国家级特色小镇;庆元县铅笔文化产业园获评浙江省重点文化产业园区的称号。丽水市共培育创建省级特色小镇 16 个,其中省级命名小镇 1 个,省级创建小镇 10 个,省级培育小镇 5 个。

(三)创新环境:数字赋能产业新发展

2020 年,丽水市组建正处级国企单位——丽水数字经济发展有限公司,由其全面负责推进丽水市数字经济产业平台建设。丽水市和余杭区统筹谋划并建立了绿谷信息产业园、杭州丽水数字大厦、丽水数字经济双创园、丽水数字经济天宁基地等"三园一基地"数字经济发展主平台。2020 年,丽水市先后出台科技新政 26 条、人才新政 15 条,高水平支持企业创新能力提升。云和县木制玩具、遂昌金属制品、庆元竹木被列入浙江省级产业创新服务综合体创建名单,累计达到 6 家。与之江实验室、清华大学长三角研究院、阿里巴巴集团、中国科学院微电子所、浙江大学、武汉大学等达成战略合作,设立首家离岸孵化器——丽水·柏林·海纳孵化器。2020 年,国家级高新技术企业达到 455 家,省级科技型中小企业达到 1397 家,省级高新技术企业研发中心和省级企业研究院分别达到 184 家和 52 家;新产品产值率为 36.6%,全员劳动生产率为 20.2 万元/人。实施"雏鹰行动""雄鹰行动""凤凰行动",大、中、小微企业梯度培育和融通发展实现新突破,全市累计培育省级隐形冠军企业 10 家,纳爱斯集团和瑞浦科技被列入浙江省"雄鹰行动"培育企业,上市企业达到 8 家。

二、丽水市文化产业发展现状

(一)文化产业总体发展现状

2020 年,丽水市文化产业规模持续扩大。据初步统计,2020 年,丽水市文化产业增加值约为 95 亿元,较 2015 年的 62.41 亿元约增长了 32.59 亿元,年均增长约 8.7%。云和木制玩具、缙云体育用品产业成为增长主力;文化产业增加值占生产总值的比重由 2015 的 5.7% 提升到 2020 年的 6.1%(见表 1),占比仅次于杭州市和金华市,位居全省第 3 位。

表 1　2015—2020 年丽水市文化及相关产业增加值占生产总值比重

年份	2015	2016	2017	2018	2019	2020
占比/%	5.7	6.3	5.9	6.0	6.0	6.1

数据来源:《2021 年浙江省文化文物和旅游统计年鉴》。

(二)文化产业分类发展现状

1.文化核心领域

(1)新闻信息服务

丽水市统筹推进光网城市、无线城市、4G/5G 建设等系列工程,全面升级数字化基础设施。全面完成"光纤城市"建设,基本完成政府网站 IPv6 升级改造。4G 网络覆盖全域行政村,5G 网络实现市本级和县(市)城区连续覆盖和重点乡镇、景区热点覆盖,2020 年累计建成投用 5G 站点 2826 个,完成规划总数的 47.1%。飞利信丽水大数据云中心建成投产,紧水滩水冷式绿色数据中心等大数据中心项目建设加快推进。

(2)内容创作生产

丽水市持续推进全域文物保护利用。积极推进革命文物保护利用 9 个特色片区建设,组织全市开展国家资金项目申报,编制项目计划书,重点推进市区省委机关旧址之黄景之律师事务所旧址、刘英旧居及新四军驻浙办事处旧址等一批保护修缮和展示工程,其中黄景之律师事务所旧址工程项目已完工。完成《浙西南革命文物保护利用规划》《全域传统村落暨老屋保护与发展规划》编制。完成丽水饭店区块古城墙遗址考古勘探。《丽水市大窑龙泉窑遗址保护条例》正式施行,《全国重点文物保护单位处州廊桥保护规划》通过国家文物局审查。2020 年丽水市文物行政主管部门综合情况如表 2 所示。

表 2　2020 年丽水市文物行政主管部门综合情况

机构数 /个	从业人数 /人	藏品数 /件(套)	本年新增 藏品/件(套)	本年收入 合计/万元	本年支出 合计/万元	增加值 /万元
10	272	2261	28	264475	268408	68929

数据来源:《2021 年浙江省文化文物和旅游统计年鉴》。

丽水市持续提升博物馆公共服务水平。修订市、区民办博物馆补助政策内容。完成"瓯江文苑"民办博物馆项目公开招馆与内容评审,选定入馆主题。完善网络服务体系建设,9县(市、区)文博展馆均实现线上预约并提供免费网络权限服务。丽水市博物馆创新推出《丽博瓯朋邀你听——〈丽水有意思〉》《丽博瓯朋微周刊——丽博观古·处州遗存》等微信原创音频节目,助力文旅融合。龙泉市博物馆获评国家二级博物馆,景宁畲族博物馆获第四届全省博物馆免费开放最佳文旅融合奖,松阳县博物馆"这里是我们的家"展览获第十四届全省博物馆陈列展览优秀奖。2020 年,丽水市博物馆综合情况如表 3 所示。

表 3　2020 年丽水市博物馆综合情况

机构数 /个	从业人数 /人	登记注册 志愿者/人	藏品数 /件(套)	本年新增藏品 /件(套)	基本陈列 /个	临时展览 /个	增加值 /万元
22	328	732	55120	1371	45	76	5359.4

数据来源:《2021 年浙江省文化文物和旅游统计年鉴》。

丽水市 9 县(市、区)全部通过省基本公共文化服务标准认定,全市达标率为 100%,这意味着公共文化服务体系更加健全。在市级层面,丽水市美术馆、市非遗馆、市图书馆新馆先后建成开放,实现"市有五馆"的目标。丽水市图书馆新馆试运营开放并成为市民网红打卡地,斗笠老人借书故事被 20 余家媒体报道,被网友赞为"最温暖图书馆"。县级层面,基本实现"县有三馆",松阳等部分县(市)还建有非遗馆。全市乡镇(街道)综合文化站和村(社区)文化服务中心实现全覆盖。2020 年丽水市公共图书综合情况如表 4 所示。

表4　2020年丽水市公共图书馆综合情况

机构数/个	从业人数/人	总藏量/万册	总流通人次/万人次	本年收入合计/万元	本年支出合计/万元	增加值/万元
10	170	314.17	412.77	6013.7	6015.5	3627.5

数据来源:《2021年浙江省文化文物和旅游统计年鉴》。

(3)创意设计服务

2020年,丽水市建成绿谷信息产业园、装饰设计产业园、摄影文化产业园、大修厂文化产业园、龙泉剑瓷产业园区、云和木玩文化产业园等一批文化产业园区(基地),入园企业数量和产值快速增长。古堰画乡核心区所在的大港头镇被列入国家级特色小镇;庆元县铅笔文化产业园获评浙江省重点文化产业园区。截止到2020年,共培育创建省级特色小镇16个,其中省级命名小镇1个,省级创建小镇10个,省级培育小镇5个。各地节庆展会平台国际化、市场化、产业化推进深入开展,世界青瓷大会、青田侨博会、中国(国际)茶商大会等影响力持续放大。2020年丽水市艺术展览创作机构基本情况如表5所示。

表5　2020年丽水市艺术展览创作机构基本情况

机构数/个	本年支出合计/万元	资产总计/万元	展览用房/平方米	库房面积/平方米	画室面积/平方米
10	40.0	20.0	200	60	60

数据来源:《2021年浙江省文化文物和旅游统计年鉴》。

(4)文化传播渠道

2020年,丽水市文化活动丰富多彩,围绕"庆祝丽水撤地设市20周年"这一主题,组织开展"你好丽水"庆祝撤地建市20周年暨丽水市第一届群星视觉大展、丽水市第十五届原创歌曲大赛等主题文艺活动。丽水市品牌建设取得重要成效。乡村春晚品牌影响力进一步提升,成功举办2020年全国乡村春晚集中展示启动仪式,全国13个省份同步启动。评选公布市级乡村春晚示范基地(文化梦剧场)36个、乡村春晚精品节目10个。稳步推进二十四节气品牌建设,开展首批二十四节气文旅融合示范项目申报,共有49个项目入库。丽水市文艺精品创作成果丰硕。围绕中国共产党成立100周年和"中国梦"等重大主题,全市文艺工作者创作推出原创文艺作品50件。以"三个地"文艺创作为基础,打造情景音画诗剧《云和故事》、舞台艺术《畲山黎明》等精品剧目15个。《因为有你》等10首原创歌曲被"学习强国"平台选登。《诗画浙江》《清风有情》入选2020年度浙江省十佳优秀歌曲。2020年丽水市艺术表演团体演出及收支、艺术表演场馆综合情况如表6、表7所示。

表6　2020年丽水市艺术表演团体演出及收支综合情况

机构数/个	从业人数/人	本团原创首演剧目/个	演出场次/万场	本年收入合计/万元	本年支出合计/万元	增加值/万元
143	3826	1	1.14	6013.7	6015.5	3627.5

数据来源:《2021年浙江省文化文物和旅游统计年鉴》。

表7　2020年丽水市艺术表演场馆综合情况

机构数/个	从业人数/人	座席数/个	演(映)出场次合计/万场	观看人次合计/万人次	总收入/万元	总支出/万元	增加值/万元
8	127	3260	0.01	8.86	3092.4	2229.6	1162.8

数据来源:《2021年浙江省文化文物和旅游统计年鉴》。

(5)文化投资运营

2020年,丽水市政府与清华大学长三角研究院、之江实验室、浙江大学、武汉大学、阿里巴巴集团等达成战略合作,在德国柏林设立首家离岸孵化器。工业企业研发经费增长57.1%,新增国家高新技术企业126家、省级企业研发机构28家,遂昌县、云和县、庆元县各有1家产业创新服务综合体列入省级创建单位。引进各类急需紧缺人才2876名、高校毕业生15373人,实现人才净流入。固定资产投资增长11.5%,增幅居全省第2。92个项目入选省"五个千亿"投资工程计划,新落地省、市、县长项目19项。完成特色小镇投资168.77亿元,古堰画乡正式入选第三批省级特色小镇。已落地总部经济项目95项,实现税收23.65亿元,增长93%。2020年丽水市文化市场经营机构综合情况如表8所示。

表8　2020年丽水市文化市场经营机构综合情况

机构数/个	从业人数/人	资产总计/万元	营业收入/万元	营业成本/万元	营业利润/万元	增加值/万元
430	5667	127133.4	22275.1	23635.3	−1360.9	22073.5

数据来源:《2021年浙江省文化文物和旅游统计年鉴》。

(6)文化娱乐休闲服务

2020年,丽水市古堰画乡入选全省首批未来景区改革试点,松阳县四都乡列入全省首批民宿助推乡村振兴改革试点,龙泉市青瓷文化、遂昌县"天工之城"、云和县梯田入选全省首批山地休闲度假发展试点。景宁大均古镇、庆元百山祖镇成功创建省旅游风情小镇,龙泉兰巨、庆元竹口、青田方山等3家单位列入培育创建单位。提升旅游民宿品质,新获评白金宿1家、金宿3家、银宿22家。新获评省中医药文化养生旅游示范基地、省工业旅游示范基地、文化产业示范基地、省红色旅游教育基地各1家。开展文旅从业人员研学实践能力提升行动计划,成功举办丽水市研学产品策划设计大赛。新增三星级旅游酒店3家、金树叶级绿色旅游酒店1家、银树叶级绿色旅游酒店2家、金鼎级特色文化主题酒店1家、银鼎级特色文化主题酒店 1 家、银桂级品质酒店 3 家、三星级品质旅行社 3 家。具体情况如表 9、表 10 所示。

表 9 2020 年丽水市娱乐场所综合情况

机构数/个	从业人数/人	资产总计/万元	营业收入/万元	营业成本/万元	营业利润/万元	增加值/万元
105	1082	11947.5	9499.5	9006.5	493.0	4511.0

数据来源:《2021 年浙江省文化文物和旅游统计年鉴》。

表 10 2020 年丽水市星级酒店分布情况   单位:家

五星级	四星级	三星级	二星级	一星级	合计
1	3	9	0	0	13

数据来源:《2021 年浙江省文化文物和旅游统计年鉴》。

2.文化相关领域

(1)文化辅助生成和中介服务

2020 年,丽水市有各级各类学校 759 所,其中小学 202 所,初中 78 所,普通高中 24 所,中等职业教育学校 13 所,高等院校 3 所,幼儿园 430 所,特殊教育学校 9 所,各级各类学校在校生 423860 人。丽水市人才总量达到 48.8 万人,深入实施"绿谷·精英创新引领行动计划",积极开展"人才金桥"工程,不断优化市场化引才方法,青年人才净流入数量逐年递增。围绕乡村振兴,打造丽水"农三师"总品牌,培育形成"缙云烧饼师傅""青田西餐师傅"等 21 个特色产业人才品牌。培养"百千万"高技能领军人才中的"拔尖技能人才"20 名、首席技师 30 名、市"五养"技能大师 150 名。基于"双百"人才计划,累计选派 263 名博士到 235 家企业、12 个乡镇挂职服务。

(2)文化装备生产

2020 年,丽水市以莲都区、青田县、缙云县为重点,引导集聚发展,积极推动传统包装印刷业绿色化、数字化、智能化、融合化;推广应用数字化印刷、绿色印刷技术,鼓励规模以上的印刷企业建立绿色环保印刷体系。支持企业探索应用 3D 打印等新技术、新材料,推动印刷复制业向高新技术产业转变。2020 年丽水市文化产业示范基地综合情况如表 11 所示。

表 11 2020 年丽水市文化产业示范基地综合情况

机构数/个	从业人数/人	营业收入/万元	营业成本/万元	获得省级以上奖励数量/项	获得知识产权数量/项	文化企业数量/家
5	999	24108.6	20685.6	2	24	2

数据来源:《2021 年浙江省文化文物和旅游统计年鉴》。

三、丽水市文化产业发展主要经验

(一)"政策包"扶持企业健康发展

2020 年,丽水市全力推进复工复产,文旅行业逐步复苏。通过落实一系列措施政策,全市旅游业从 5 月开始迅速复苏,到 8 月基本恢复到上年同期水平。2020 年,全市旅游接待总人次达 6586.3 万人次,同比恢复到 84.5%;旅游总收入为 655.99 亿元,同比恢复到 84%,位居全省前列。

"政策包",即制定并推出的一系列扶持企业健康发展的政策。丽水市出台《应对疫情支持旅游企业共渡难关的十一条措施》及实施细则,市本级安排 500 万元以上旅游专项资金对企业予以扶持,全市文旅系统扶持旅游企业资金超过 3000 万元。推出全省首创的"安心游"防控传染病公众责任险,为丽水市全境旅游保驾护航。与中国农业银行丽水分行达成"文旅复苏、金融支持"战略合作协议,助力丽水市文化和旅游产业高质量发展。

(二)"标准包"确保企业防控到位

"标准包",旨在指导、监督旅游企业做好疫情防控工作,确保企业防控到位。2020 年 2 月 18 日,发布《丽水市 A 级旅游景区恢复开放公告》,在全国率先全面开放景区。实施《丽水市 A 级旅游景区新冠肺炎疫情防控和复工复产指导意见》,帮扶指导企业做好防疫相关工作,做到复工复产和安全防控同推进、同部署、同落实。

(三)"营销包"着力刺激文旅消费

"营销包",力求恢复市场活力,着力刺激旅游消费。创新开展"书记市长带你游丽水"宣传活动,微视频分别在"学习强国""人民网""今日头条"等 40 余个平台多轮多批次推出。其中,《胡海峰邀您游丽水》阅读量合计 4500 万人次,《丽水市市长吴晓东邀您品味丽水》阅读量合计 3900 万人次。

四、丽水市文化产业发展瓶颈与问题

(一)公共文化服务有待优化

丽水公共文化服务有待优化。目前,丽水市、县、乡(镇)和村(社区)的四级文化网络虽已基本形成,但设施落后,部分阵地被移作他用。市、县(市、区)两级的文化馆、图书馆、博物馆和影剧院等公共文化服务阵地和设施未能跟上城市化的进程,服务覆盖面与扩容功能配套出现了空白地带。随着"文化惠民"行动的实施,乡(镇)、村(社区)两级文化站(室)建设已取得新进展,基本达到全覆盖的目标,但离国家的建设标准要求及功能作用的有效发挥还有一定的差距。因设施设备的不健全,经费保障不到位,部分乡镇一年未开展过一次文化活动,部分农家书屋多年未购进一本新书。

(二)文化产业结构不合理

丽水市产业结构不合理,整体竞争力不足。全市文化产业中,约 70% 的产值集中在传统

的工艺美术品制造业和文化用品制造业,在创意型产业及高科技产业方面发展较为弱势,产值总量和增加值的占比仍然偏低。虽然丽水市文化资源丰富,但许多文化产品仍以传统工艺为主,现代科技应用较少,尤其像剑瓷、石雕、木玩等传统工艺品,依旧以手工作坊式、家庭管理式中小企业为主,尚未形成大规模、专业化、集约化的生产模式,生产效率相对低下,生产成本偏高。

(三)未形成特色区域品牌

丽水市已经形成了"一县一品"的特色文化产业发展格局,但市、县产业各自为政、零星发展,业态形式单一,因此目前未能实现丽水市整体或部分特色区域文化品牌的打造,市场也无法对丽水市文化产业形成准确、清晰、立体的认知,更不利于丽水市特色文化产品长期的传播和销售。

(四)文化人才结构不平衡

由于受地理位置、教育资源配置及经济发展水平等各项因素的限制,当前丽水市所拥有的人才结构单一、能力覆盖面不广,创新设计人才团队与科技研发团队"留不住"问题依旧严重。虽然丽水市已大力开展文化企业培育工作,但对于市内大多数企业来说,企业家文化创新意识与美学意识仍显不足,无法对接国内外先进标准。

(五)红色文化整合联动不够

丽水市虽然红色资源丰富,但是各单位单干多、联动少。由于行政区划的分隔,丽水市既缺乏县域范围内的资源整合互补,又缺少市、县、区之间的整体规划与联动开发,跨区域整合而形成的项链式产品不多。每个县(市、区)都想自成体系,很少有县(市、区)之间联合发展的行动,导致线路行程过短,难以留住客人来产生更大的经济效益。从现有的红色资源开发来看,丽水市红色资源具有典型的"星星多、月亮少,珍珠多、项链少"的特征,这对革命遗址的宣传、利用非常不利。

五、丽水市文化产业发展趋势与展望

2021年是中国共产党建党100周年和"十四五"开局之年。丽水市深入学习贯彻党的十九届五中全会精神,持续推进文化丽水建设,不断提升公共文化服务水平,为打造高水平建设和高质量发展"重要窗口"提供坚实支撑。

(一)推进公共文化服务提升

一是提高服务效能。推进高质量公共文化服务体系建设,提高公共文化服务产品质量和服务效能,推动基层文化站职能从"办文化"向"管文化"转变,更好提升运营效能。二是推进公共服务数字化。深入推进数字文化馆建设,提供更多数字文化形式的公共文化产品和服务,完善文化定制数字服务平台,探索建设智慧城市书房。三是打响特色品牌。立足国家公共文化服务体系示范项目创建基础,持续打造全国乡村春晚大本营,开展全国乡村春晚"百县万村"区域网络联动优秀节目展播、"我要上村晚"抖音大号上线等乡村春晚线上活动。

四是融入长三角文艺建设。举办"美艺求美"浙江省女画家作品展、2021 浙江丽水·上海奉贤美术作品交流展、浙江丽水上海虹口美术作品精品展。

(二)推进产业结构优化

一是有效开展传统文化转化工作,深度融合文化制造业与文化服务业,加快文化产业高级化进程,发展新兴数字影像产业链,使得主题式、场景式、沉浸式文化消费新业态不断呈现,区域发展整体规模优势和特色差异品牌更加彰显。二是借助建设"未来智能建筑产业园"等机遇,加强与上海市等发达地区的对接,吸引国外先进设计研发中心、设计机构等落户丽水市,加快培育一批具有一定规模的文化创意与设计龙头企业,集聚一批文化创意设计专业高端人才,使文化创意与设计业成为带动制造产业结构转型的战略产业。

(三)建设丽水特色文化品牌

一是大力实施经典产业品牌创建、品牌认证、品牌保护、品牌推广的"四大计划",联动推进公共品牌、自主品牌、老字号品牌建设,联动构建销售平台、实体门店、经销网络、电子商务等多维立体营销网络,更好地推动产业整体"走出去"。二是在品牌打造方面,要贯通全市上下力量,形成统一的宣传口径,充分整合、利用各类资源对城市品牌进行宣传营销,提升以"丽水山耕""丽水山景""丽水山居"为代表的丽水区域品牌曝光度。

(四)加强文化产业复合型人才培养与保障

一是强化人才要素保障。贯彻落实人才保障项目,重点加强民间工艺传承人、产业技术工人、企业家和文化骨干等四支人才队伍建设。鼓励民间工艺大师收徒授业,组建民间工艺传承人队伍,传承"丽水三宝"的工艺技术,提升民间工艺的文化和艺术价值;引进高校专业力量,定期举办如"丽水文化产业研讨会""文化企业家高级研修班"等文化产业讲座及培训班。二是进一步完善人才引进政策。通过简化人才购房、落户、子女就学等手续来保障内部文化人才储备。拓宽、增加灵活的人才流动渠道,对文化人才实行柔性管理,充分体现个人意愿和自主权,并使人才在科研立项、成果转化创新创业等方面,享受各类优厚待遇。

(五)加强红色文化建设

一是实施九大连片革命遗址保护工程、革命文物"安全工程",创建国家文物保护利用示范区、全国红色旅游示范城市,大力支持革命老区振兴发展。紧紧围绕红色旅游核心吸引物的培育,聚力推进浙西南革命精神弘扬引领平台的建设,推动遂昌王村口、龙泉住龙、松阳安民—枫坪、庆元斋郎等全国红色旅游示范小镇创建,形成一批有全国影响力的红色旅游经典景区。二是加强区域合作,举办浙西南革命精神论坛、红军长征论坛,联动红船、长征等红色主题经典旅游线路,以北上抗日先遣队、红军挺进师、红十三军、闽东红军独立师革命斗争线路为主题,打造一批红色旅游经典线路。

参考文献

［1］2021 年浙江省文化文物和旅游统计年鉴［M］.杭州：浙江省文化和旅游厅,2021.

［2］关于印发《丽水市文化产业"十四五"发展规划（2021-2025）》的通知［EB/OL］.（2021-06-29)［2022-12-01］.http://fgw. lishui. gov. cn/art/2021/6/6/art_1229228854_58720500. html.

［3］丽水市发改委 丽水市经信局关于印发《丽水市数字经济发展"十四五"规划》的通知［EB/OL］.（2021-09-10)［2022-12-01］.http://www. lishui. gov. cn/art/2021/9/10/art_1229542830_4728311. html.

［4］丽水市发展和改革委员会 中共丽水市委组织部 丽水市科学技术局关于印发《丽水市人才科技 发展"十四五"规划暨产业发展人才科技支撑规划》的通知［EB/OL］.（2021-04-24）［2022-12-01］. http://www. lishui. gov. cn/art/2022/9/29/art _ 1229564498 _ 5002779. html.

［5］丽水市文化和广电旅游体育局 2020 年工作总结和 2021 年工作思路［EB/OL］.（2021-02-22）［2022-12-01］. http://www. lishui. gov. cn/art/2022/2/28/art _ 1229268117 _ 2394643. html.

［6］2021 年丽水市人民政府工作报告［EB/OL］.（2021-02-23)［2022-12-01］. http://www. lishui. gov. cn/art/2021/3/4/art_1229283363_4527472. html.

［7］吴迪.丽水市文化产业发展现状及对策研究［D］.杭州：浙江大学,2019.

［8］郑媛."两山"理念背景下丽水市文化产业发展研究［J］.丽水学院学报,2020,42(4)：23-26.

2021 年金华市文化产业发展报告

陈　怡　谷卫英

2020 年是"十三五"收官之年,面对极其严峻复杂的国内外形势,特别是新冠肺炎疫情的严重冲击,金华市坚持以习近平新时代中国特色社会主义思想为指导,全面贯彻党的十九大和十九届二中、三中、四中、五中全会精神,深入贯彻习近平总书记考察浙江重要讲话精神,坚决落实省委省政府和市委决策部署,坚持稳中求进的工作总基调,统筹疫情防控和经济社会发展,忠实践行"八八战略",奋力打造"重要窗口",扎实做好"六稳"工作,全面落实"六保"任务,使得"九场硬战"三年行动计划胜利收官,高水平全面建成小康社会取得决定性成就。2020 年,全市共接待游客 11816.59 万人次,实现旅游收入 1298.60 亿元。

一、金华市文化产业发展环境分析

(一)区位环境:"浙江之心"

金华市位于浙江省中部,是浙江省中西部中心城市、浙江省辖地级市、长江三角洲中心区 27 城之一。地处"浙江之心"的金华是浙江省唯一既不沿海也不邻省界的城市,同时是浙江地貌的"代言人",是浙江地貌景观最丰富的区域之一。义甬舟开放大通道、义新欧班列在金华市交会。金华市还拥有全国最大的小商品集散中心、"一带一路"重要枢纽和跨境电商综试区。金华市下设婺城区、金东区 2 个市辖区,兰溪市、义乌市、东阳市、永康市 4 个县级市,以及武义县、浦江县、磐安县 3 个县,总面积为 10942 平方千米。2020 年末,常住人口数为 705 万人。

(二)产业基础:商贸中心和五金集群

金华市作为浙江省对外开放的桥头堡之一,下辖的义乌的国际商贸城、永康的五金、东阳的影视等具有全国影响力。2020 年,金华市的经济规模居全国第 49 位、浙江第 7 位。金华市的工业产业基础扎实,现代五金产业入围国家先进制造业集群培育名单,电子信息、生物医药、新材料等新兴产业也开始崛起。2020 年 1 月,金华市在中国城市科技创新发展指数排名中居第 60 位。2020 年 6 月,位列中国经济活跃城市营商环境综合排名第 9 位。2020 年 8 月,入选 2019 年中国外贸百强城市名单。2020 年 8 月,入选国家体育总局公布的国家体育消费试点城市名单。2020 年 10 月,在"2020 中国旅游城市排行榜"中居第 36 位。

(三)创新环境:影视产业集聚

在文化产业方面,金华市得益于横店影视文化产业的集聚优势,影视主体积极进驻,在东阳、永康、磐安一带形成全国最集中的影视企业方阵。2020 年,金华市影视市场主体已超过 4200 家,约占浙江全省的 2/3;其中,入选"全国文化企业 30 强"1 家、2019—2020 年国家文化出口重点企业 4 家、浙江成长型文化企业 18 家,全国影视企业排名前十有 8 家,进入资本市场的有 32 家,规模以上入库企业有 78 家。

经初步核算,2020 年金华市生产总值为 4694.96 亿元,比上年增长 2.8%。其中:第一产业增加值为 157.17 亿元,比上年增长 1.9%;第二产业增加值为 1814 亿元,比上年增长 0.4%;第三产业增加值为 2732.79 亿元,比上年增长 4.7%。三大产业对生产总值增长的贡献率分别为 2.3%、5.5% 和 92.2%。全市人均生产总值为 95431 元,比上年增长 2.2%。三次产业增加值结构为 3.3∶38.6∶58.1。全市一般公共预算支出为 703.41 亿元,比上年增长 5.9%。2020 年,一般公共预算支出的 72.5% 用于保障和改善民生,其中,文化旅游体育与传媒支出比上年增长 20.3%。一般公共预算收入比上年增长 2.9%,城镇、农村居民收入比上年分别增长 3.7% 和 6.5%。受新冠肺炎疫情的影响,2020 年全市共接待游客 11816.59 万人次,比上年下降 15.6%;实现旅游收入 1298.60 亿元,比上年下降 17.8%。其中,接待国内游客 11812 万人次,比上年下降 15.1%;实现国内旅游收入 1297.16 亿元,比上年下降 15.9%;接待入境游客 4.59 万人次,比上年下降 94.8%;实现旅游外汇收入 2076.57 万美元,比上年下降 96.1%。

二、金华市文化产业发展现状

(一)文化产业总体发展现状

2020 年,金华市高举习近平新时代中国特色社会主义思想伟大旗帜,全面贯彻市委七届八次全会精神,数字赋能、拼搏争先,全力推进高质量文化供给地和高品质旅游目的地建设,为打造浙江中部商业、金融和文化三大中心,建设新时代全面展示中国特色社会主义制度优越性的"重要窗口"开好局、起好步。2015—2020 年金华市主要文化旅游发展指标如表 1 所示,2020 年金华市文化行政主管部门如表 2 所示。

表 1　2015—2020 年金华市主要文化旅游发展指标

指标	2015 年	2016 年	2017 年	2018 年	2019 年	2020 年
文化事业费/万元	33070	35144	39008	40411	43212	45609
人均文化事业费/元	60.6	63.7	70.1	72.1	76.8	64.7
平均万人拥有图书馆建筑面积/平方米	131.7	141.8	139.6	152.9	168.5	143.5
人均拥有公共图书馆藏量/册	0.58	0.67	0.74	0.85	1.03	0.82
文物藏品数量/件(套)	69557	79836	80110	103292	84305	105053

数据来源:《2021 年浙江省文化文物和旅游统计年鉴》。

表 2　2020 年金华市文化行政主管部门基本情况

从业人数/人	本年收入合计/万元	本年支出合计/万元	资产总计/万元
359	58121.5	58740.8	28984.7

数据来源:《2021 年浙江省文化文物和旅游统计年鉴》。

(二)文化产业分类发展现状

1.文化核心领域

(1)新闻信息服务:广播电视信息服务和互联网信息服务

2020 年,金华市广播人口综合覆盖率为 99.9%,覆盖人口达 491.38 万人;电视人口综合覆盖率为 99.9%,覆盖人口达 491.56 万人。2020 年,金华市新经济新业态蓬勃发展。金华市狠抓数字经济"一号产业",承办全国信息技术应用创新专题研讨会,数字经济核心产业制造业增加值增长 29.4%,居全省首位。同时,金华市做强网络直播。全力扶持 9158、齐聚科技、秀吧网络、印象软件、熊猫 TV、花椒直播等企业做大做强,使其成为全国视频直播行业的龙头企业。依托腾讯众创空间,大力发展"网红+影视""网红+电商""网红+VR"等新业态,推进金华市网红经济发展。

(2)内容创作生产:广播影视节目制作、创作表演服务、数字内容服务和内容保存服务

2020 年,金华市推进影视文化产业数字化转型。横店影视文化产业集聚区挂牌,影视文化产业克服重重困难实现复苏,网络影视剧产量实现翻番。以横店影视产业实验区为龙头,实施影视数字化战略,优化数字影视企业服务,打造国家数字内容产业基地,打造数字影视产业示范区。推进影视文化产业与网络视听、网络剧、网络电影、网络综艺、动漫游戏、数字文化装备等新业态融合发展。

2020 年,金华市拥有文化馆 10 家、公共图书馆 11 家,基本完成《金华市区公共文化设施布局专项规划(2021—2035)》的编制,具体情况如表 3—表 6 所示。积极实施文化惠民工程,完成送戏 2522 场,送图书 57.57 万册,送展览讲座 3661 场,"文化走亲"159 场;建设 2 家"阅读吧"自助图书馆,建成农村文化礼堂 697 家,提供点单式服务 3141 场次。从 2020 年 2 月 3 日开始,整合各类文化资源,集结浙江婺剧艺术研究院、市图书馆、市少儿图书馆、市文化馆、市博物馆、市非遗保护中心等文化场馆力量,持续深化文化惠民活动。不因疫情关闭公共文化场馆而减少对群众公共文化服务的供给,推出"e 家书房"线上公共文旅服务平台,涵盖有声读物、在线书海、少儿读物、魅力婺剧等内容,一站式满足市民的精神文化需求,11 个月访问量达 82 万人次。

表 3　2020 年金华市群众艺术馆、文化馆、艺术站建设情况

机构数/个	从业人数/人	提供文化服务次数/次	本年收入合计/万元	本年支出合计/万元	资产总计/万元	组织品牌节庆活动/场
158	693	22838	16867.4	17167.4	33931.7	45

数据来源:《2021 年浙江省文化文物和旅游统计年鉴》。

表4　2020年金华市文化站综合情况

机构数/个	从业人数/人	提供文化服务次数/次	提供戏曲进乡服务次数/次	服务惠及人次/万人次	组织文艺活动次数/次	举办培训班次数/次
148	450	11605	1814	48.01	6423	4383

数据来源:《2021年浙江省文化文物和旅游统计年鉴》。

表5　2020年金华市公共图书馆综合情况

机构数/个	从业人数/人	总藏量/万册	资产总计/万元	本年收入合计/万元	本年支出合计/万元	总流通人次/万人次
11	289	576.1	23256.4	7900.4	8032.0	508.84

数据来源:《2021年浙江省文化文物和旅游统计年鉴》。

表6　2020年金华市公共图书馆藏量情况

图书/册	古籍/册	报刊/册	试听文献/件(套)	馆藏品/件(套)	其他/册
5203357	77208	390170	67119	1874	21310

数据来源:《2021年浙江省文化文物和旅游统计年鉴》。

2020年,金华婺剧入选首批"浙江文化印记",白沙溪三十六堰入选世界灌溉工程遗产。非遗活态保护工作不断推进。持续推进"婺风遗韵"非遗品牌进景区、进社区、进文化礼堂、进福利院,全年开展"婺风遗韵金华非遗进万家"展演活动等共36场。一台戏演绎八婺文化传承。汇聚55个精品非遗项目,组织120位金华市民(演员)、非遗传承人和民间艺人参与展演,场景化、沉浸式地打造"婺风遗韵·水墨金华"非遗一台戏和"金华人演绎金华故事,金华非遗讲述中国文化"的金华非遗一台戏。金华非遗一台戏在2020浙江(金华)中非文化合作交流周首演,得到与会嘉宾的一致好评,荣获2020年度博鳌国际旅游奖之年度非遗创新奖。文化保护考古工作得到加强(见表7—表9),金华市博物馆被评为国家二级博物馆,义乌桥头考古遗址公园被评为省级考古遗址公园。

表7　2020年金华市文物行政主管部门综合情况

机构数/个	从业人数/人	收入合计/万元	支出合计/万元	资产合计/万元
10	144	20713.9	21546.1	14288.5

数据来源:《2021年浙江省文化文物和旅游统计年鉴》。

表8　2020年金华市文物保护管理机构综合情况

机构数/个	从业人数/人	藏品数/件(套)	参观人次/万人次	门票销售总额/万元
8	67	22767	337.72	0

数据来源:《2021年浙江省文化文物和旅游统计年鉴》。

表 9 2020 年金华市文化(文物)部门事业费收支情况

文化事业收入 合计/万元	文化事业支出 合计/万元	文化事业资产 总计/万元	文物事业收入 合计/万元	文物事业支出 合计/万元	文物事业资产 总计/万元
99618.7	102561.7	205432.7	41671.1	43478.7	40151.0

数据来源:《2021 年浙江省文化文物和旅游统计年鉴》。

(3)文化传播渠道:艺术表演业

2020 年,金华市按照一级响应要求,实行最严管控措施,全系统没有发生疫情传播事件,自 1 月 24 日起坚决关停文旅场所,全面关停文化场馆 43 家、网吧 706 家、娱乐场所(KTV、歌舞厅)231 家、游戏场所 5 家、演艺酒吧 2 家、电影院 71 家、A 级以上景区 76 家,并切实加强对文旅市场的监管。同时,全力做好统筹推进疫情防控和文旅企业复工复产工作(见表 10、表 11)。

表 10 2020 年金华市艺术表演团体演出情况

机构数/个	从业人数/人	本团原创首演 剧目/个	演出场次 /万场	观看人次 /万人次
101	4376	4	11.32	1289.78

数据来源:《2021 年浙江省文化文物和旅游统计年鉴》。

表 11 2020 年金华市艺术表演团体收支综合情况

总收入/万元	总支出/万元	资产总计/万元
26482.6	26776.6	13928.3

数据来源:《2021 年浙江省文化文物和旅游统计年鉴》。

(4)文化投资运营:投资与资产管理、运营管理

2020 年,金华市 254 个文旅项目完成投资 241.8 亿元,比上年增长 4.5%。5 月,梳理"2+6"重大文旅项目共计 66 项,总投资 1571 亿元,编印《金华重点文旅招商手册》。其中,3 项文旅项目列入 2020 年浙江省稳投资清单,总投资达 314 亿元;14 项入选"四条诗路"项目;9 项入选百张文旅"金名片"项目。浙江省发展改革委公布的 2021 年省重点建设项目计划中,金华 58 个项目获批列入,总投资达 2445 亿元,年度计划投资达 223 亿元。横店影视产业园、浙江唐风温泉中医药康养旅居产业综合体入围全国文化和旅游投融资项目,数量居全省第 1。

2020 年,金华 7 县(市)全部入选全国县域旅游综合实力百强县。东阳市、武义市、兰溪市、浦江县入选 2020 中国县域旅游综合竞争力百强县市,义乌市、磐安县入选 2020 中国旅游潜力百强县市,浦江县获评"中国最美乡村旅游目的地",义乌市、永康市获评浙江省级全域旅游示范县(市、区)。武义温泉小镇获评国家 4A 级旅游景区,新增 7 家 3A 级旅游景区。磐安县乌石村等 3 个村庄入选第二批全国乡村旅游重点村名单,数量居全省第 2。横店

影视城入围浙江省首批未来景区改革试点名单和省服务业重点行业"亩产效益"领跑者名单,磐安县盘峰乡入选浙江省首批山地休闲度假发展试点单位和第四批省级乡村旅游产业集聚区,磐安县尖山镇乌石改革试点、武义县温泉改革试点入选浙江省首批民宿(农家乐)助力乡村振兴改革试点。

2020年,金华市创建市级文化示范村(社区)26个,评选出15支金华市文旅创新团队(入围团队)、34个金华市优秀文艺社团、32名金华市基层文化带头人。2020年,金华市文化经营机构综合情况如表12所示。

表12　2020年金华市文化经营机构综合情况

机构数/个	从业人数/人	资产总计/万元	营业收入/万元	营业成本/万元	营业利润/万元
193	2750	44048.6	27979.5	25051.1	2928.5

数据来源:《2021年浙江省文化文物和旅游统计年鉴》。

(5)文化娱乐休闲服务

①娱乐服务。2020年,金华市做大网络游戏行业。支持5173、亿博网络、盘古科技、欢游网络、指点科技、浙江给力游等一批龙头企业做大做强;大力支持亿博网络与奇虎360开展股权并购合作。对接腾讯、网易、360等大型动漫游戏平台,做大做强动漫游戏产业。同时,培育数字娱乐新业态。支持喵播直播、熊猫直播、乐相科技、有鱼子等一批泛娱乐平台、企业成长壮大;大力引进网游和电竞产业,打造电竞产业园。全力培育和引进一批网络文学、自媒体、微电影、短视频、数字广告、数字阅读等新兴泛娱乐产业并助其加快发展。2020年,金华市娱乐场所综合情况见表13。

表13　金华市娱乐场所综合情况

机构数/个	从业人数/人	资产总计/万元	营业收入/万元
193	2750	44048.6	27979.5

数据来源:《2021年浙江省文化文物和旅游统计年鉴》。

②景区游览服务。2020年金华市按照《关于做好全市文旅企业复工和疫情防控工作的指导意见》,在全省较早实现等级民宿、A级景区全面复工复产到位。制定出台支持文旅企业复工复产的16条政策意见,市本级完成发放4家等级民宿、230家A级景区村庄、46家旅游企业专项补助资金582万元。成立促消费专班,出台促进文旅消费、住餐消费17条政策举措,组织发放文旅消费券1.24亿元。落实常态化防控措施。全市4A级以上景区严格执行预约制和限流要求。同时,联合市中级人民法院出台《关于妥善处理涉新冠肺炎疫情旅游纠纷的通知》,得到市委书记批示肯定。疫情期间,金华市旅行社总退团人数约为5万人,其中解除合同4万人,变更合同1万人。完成旅游厕所建设193座,累计建成1788座,位列全省第1。2020年,金华旅游业基本情况如表14—表17所示。

表 14　2020 年金华市旅行社基本情况

机构数/个	从业人数/人	组织国内游客人数/人次	组织国内游客人天数/人天	接待国内游客人数/人次	接待国内游客人天数/人天
138	1083	798657	1667407	599833	765587

数据来源:《2021 年浙江省文化文物和旅游统计年鉴》。

表 15　2020 年金华市星级酒店分布情况　　　　　　　　　　　　　　单位:家

五星级	四星级	三星级	二星级	一星级	合计
3	21	11	3	0	38

数据来源:《2021 年浙江省文化文物和旅游统计年鉴》。

表 16　2020 年金华市 A 级景区机构概况　　　　　　　　　　　　　　单位:家

5A 级	4A 级	3A 级	2A 级	1A 级	合计
1	20	49	6	0	76

数据来源:《2021 年浙江省文化文物和旅游统计年鉴》。

表 17　2020 年金华市 A 级旅游景区基本情况

总个数/个	从业人数/人	接待人次/万人次	营业收入/亿元	门票收入/亿元
76	4006	4152.2	11.7	4.4

数据来源:《2021 年浙江省文化文物和旅游统计年鉴》。

③休闲观光游览服务。2020 年,金华市文化建设扎实推进,县级新时代文明实践中心实现全覆盖,7 个县(市)全部跻身全国县域旅游综合实力百强县市,金华山旅游集散中心主体完工。一个榜单囊括金华“8 个好”:历时 3 个月开展了“金华文旅好评榜”评选活动,共有 20 多万人参与、400 家文旅企业参评。经组织申报、指标分析、网络投票和专家评审,评选出金华好景色、好味道、好传承、好村落、好声音、好饭店、好手礼和好民宿等“8 个好”的企业 227 家,这些企业成为最具权威性、公信力和影响力的行业风向标,金华市借此积极打造城市旅游休闲品牌。

2020 年,金华市全面启动国家体育消费试点城市、国家全民运动健身模范市创建,长三角体育休闲博览会落户金华。2020 年,金华市在训运动员有 6598 人;获得省级以上比赛金牌 92 块,其中全国赛事金牌 4 块,省级赛事金牌 88 块。新增市体育运动学校训练分校 5 所,训练教学基地 16 家,社会力量办竞技体育基地 54 家。2020 年,完成全市 9 个县(市、区)体校挂牌,这些体校均拥有独立机构代码;县级体校训练项目布局 20 项,命名省运会后备人才基地 54 家,其中省级高水平后备人才基地 2 家;完成浙江省政府民生实事基层体育场地设施建设项目 234 项,包括:社区多功能运动场 25 个,足球场 6 个,游泳池 9 个,小康体育村升级工程 100 个,百姓健身房 94 个。省、市、县、乡 4 级财政和社会力量累计投资 4174 余万元。

2020 年,金华市举办体育赛事活动近 400 场,参与运动员(含工作人员)有近 26 万人,现场观众超 34 万人,拉动消费近 1.15 亿元。创建国家体育旅游精品景区 1 家,14 个项目入选省级体育产业发展资金项目库,7 个项目入选省级运动休闲旅游优秀项目,6 个项目入选省级重点培育品牌体育赛事名录库,有市级体育产业(运动休闲)基地 3 家、示范基地 15 家、"体育＋"特色村(居)17 家。2020 年,金华市入围首批国家体育消费试点城市名单,举办"中国·长三角国际体育休闲博览会",设立展区 4 万平方米,参展企业、单位有 300 余家,首次融入直播带货模式,观看人次累计超过 50000 人次,成交额超 1 亿元。全年销售体育彩票 13.95 亿元。

2020 年金华市紧抓主流媒介和平台宣传文旅形象口号,全面展示金华城市的文旅形象和成果,策划出版《浙江之心 水墨金华》画册,通过"诗书画印、惠风和畅"8 个板块,图文并茂地展示了金华的山水、人文、田园、古迹、非遗、家园、佳肴、好礼,成为金华文旅"活地图",先后在"上海—金华周"活动、2020 全国晚报总编金华行、国际茶花大会、中非合作论坛等重大场合上进行宣传推介,进一步扩大了金华市的文旅影响。

2.文化相关领域

(1)文化辅助生产和中介服务

文化辅助生产和中介服务活动主要包括会议展览服务和文化科研培训服务两大类。2020 年,金华市演出经纪机构综合情况如表 18 所示。

表 18　2020 年金华市演出经纪机构综合情况

机构数/个	从业人数/人	资产总计/万元	营业收入/万元
8	588	231894.2	78328.2

数据来源:《2021 年浙江省文化文物和旅游统计年鉴》。

①会议展览服务。2020 年,金华市举办文化庙会、横店影视节、李渔戏剧汇等一系列会展活动,文旅形象体系初步形成。以"一本宣传册、一首主题曲、一部专题片、非遗一台戏"为重点,全方位构建以"浙江之心,水墨金华"为中心的文旅宣传体系。6 月,确定"浙江之心,水墨金华"为金华文旅形象口号。《人民日报》评论员发表的《两山新语|金华文旅疫后"亮牌"的价值考量》对金华文旅形象口号发出"寥寥数语,蕴藏万千"的感叹。11 月,举办第 15 届中国义乌文化和旅游产品交易博览会,设置"浙江之心,水墨金华"主题馆,该主题馆成为本届博览会的网红打卡地,得到诸多领导的充分肯定。

2020 年,金华市文旅发布推介精彩不断。1 月,举行 2020 年"金华过大年"文旅发布会和第二届新春文化庙会,共组织 1200 余场春节、元宵活动,800 多场新春主题灯展、景区新春节庆活动,吸引 130 多万名市民现场参与,线上、线下共 361.3 万人观演。4 月,举办"金华人游金华"文旅产品发布会,共推出"十元游十景"20 万份总价值达 1.3 亿元的"十景联票"优惠券。5—6 月,举行 2020 金华文旅融合宣传服务月暨乡村休闲旅游节,相继举办"婺上百年——陈尧山书画印展""霞客发现之旅"等 20 多项形式多样、亮点纷呈的惠民活动,推出 10

条省级休闲农业与乡村旅游精品线。12月,在婺州古城举行"诗画浙江·金华有味"美食评比大赛。

2020年,金华市对外推介交流热点频出。6月底,举办金华研学旅行系列活动,开展第二届金华研学高地建设高峰论坛,发布金华研学旅行高地规划,公布了第二批金华研学旅行基地22家、营地3家,并与国际地理联合会主席、南非科学院院士Michael Meadows教授"云交流"。10月,在上海组织开展"上海—金华周"活动,开展"浙江之心·水墨金华"深度文旅融合体验活动,启动"百万上海市民游金华"活动暨第二届中国(金华)李渔戏剧汇发布会,发放1000万元的旅游红包,开展"浙江之心·水墨金华"无人机表演,成为首个在黄浦江上做形象宣传的城市,一直播、抖音等直播平台在线观看人次超过3157万人次。11月,举办"文旅赋能,东西共融"金华·阿坝文化旅游推介会,全面参与中非文化合作交流周活动,并举办"缤纷金丽温衢 悦享山水礼遇"2020年金丽温衢联合体客源互送万人游活动。

②文化科研培训服务。2020年金华市"文化基因解码工程"走在全省前列。9月,全省"文化基因解码工程"工作推进会在东阳市举行,全面推广东阳先行先试工作经验。10月,金华市成功主办第二届中国(金华)李渔戏剧汇,婺剧《信仰的味道》入选2019年度浙江文化艺术发展基金资助项目名单、2020年全国舞台艺术重点主题创作计划、庆祝中国共产党成立100周年舞台艺术精品创作工程百年百部创作计划。

2020年,金华市切实加强文化人才队伍建设。杨霞云入选中宣部宣传思想文化青年英才名单,陈美兰当选首批浙江省文艺名家孵化计划戏剧类专业素养导师,杨霞云和楼胜入选戏剧类孵化对象,楼胜入选浙江省舞台艺术"1111"人才计划,赵威入选2020年浙江省"新鼎计划"优秀文博人才培养名单。

2020年,金华市切实加强对文旅产业的改革创新,出台《金华市区文旅发展专项资金管理办法》,成立浙中全域旅游协同创新中心和浙中百县千碗美食研究院,推动政校合作,促进文旅发展。

2020年,金华市国家一级珍贵文物"徐谓礼文书"在浙江省博物馆举行特展,专题纪录片《武义南宋徐谓礼文书》在CCTV-10播出。11月,隆重举行上山遗址发现20周年学术研讨会,成立上山文化遗址联盟,发布《上山文化遗址联盟浦江宣言》。来自北京大学、中国社会科学院考古研究所、中国科学院地质与地球物理研究所等著名大学和科研机构的40余位专家学者参加了这次会议,著名考古学家严文明先生和美国、英国、加拿大的知名考古学者以视频的形式做了学术演讲。

(2)文化装备生产:摄录设备制造及销售

2020年,金华市横店已建成30余个大型实景基地和100余座专业摄影棚,是全球规模最大、国内配套服务最为完善和产业链最为完整的龙头影视基地。全国每年大约有70%的剧组来横店拍戏,1/4的电影、1/3的电视剧出自横店。2020年,横店已累计接待剧组2500多组,拍摄影视剧6万余部(集),接待游客超过1.6亿人次。

三、金华市文化产业发展主要经验

2020 年,在国家级影视产业实验区和浙江省级文化产业集聚区的带动下,金华市挖掘本土资源,扩展产业集群,提升基础设施水平,文化产业发展呈现以下 3 个特点。

(一)产业龙头引领

2004 年,国家广电总局在横店设立首个国家级影视产业实验区,使得横店在以市场化为主要特征的影视业改革发展中起到先锋模范作用。在 2012 年和 2018 年,浙江省委、省政府分别专门出台支持横店影视文化产业发展的政策。2019 年,浙江省委、省政府在全省四大都市区建设计划中赋予了金华市"国际影视文化之都"的重要定位。浙江省政府批复设立全省文化领域首个省级产业集聚区——横店影视文化产业集聚区,为金华市影视文化产业全域化发展提供了强有力的平台支撑。

(二)产业集群扩展

金华市的数字内容、文化产品贸易以及"制造＋市场"等与影视联动的相关产业都具有较强的竞争力。浙江(金华)数字创意产业试验区以视频直播、游戏动漫、网络安全服务等行业为主,集聚相关上市企业 3 家,年营业收入超过 5 亿元企业 2 家、超过亿元企业 12 家。文化产品出口全球,2018 年完成文化出口 296.2 亿元,占全省的 1/3。相关生产和贸易实现了全球范围内人、财、物和信息资源的汇聚,为影视与相关产业融合发展奠定了坚实的基础。

(三)基础设施支撑

金华市内以磐安县为代表的自然山水风光,以兰溪市为代表的工业遗存资源,以 104 个中国传统村落为代表的古村古镇,以及城市天际线、城市场馆、商贸场所等,为横店影视城提供了丰富的拍摄场景。永康市西溪、方岩石鼓寮等外景拍摄地已经发展成熟。金华市千年商埠南来北往的手艺交流,培育了大量拥有传统技艺的能工巧匠,他们成为影视置景和影视拍摄地建设的宝贵人才资源。

同时,金华市致力打造全国性综合交通枢纽,已经与北京等影视产业重镇实现直飞,与 21 个省会城市实现高铁直通;9 条高速公路穿境而过,绝大多数影视拍摄地处于横店 45 分钟交通圈内,转场十分便利。横店通用机场改扩建后有望成为华东地区乃至全国首个公务机机场。作为全省第二大信息港,金华市处在全国"八横八纵"干线光缆传输网的节点上,互联网出口能力仅次于全国核心互联网节点城市。

四、金华市文化产业发展瓶颈与问题

2020 年,金华文化产业发展在取得进步的同时,也暴露出一些不足。一些规划指标未达到预期目标,当前经济高质量发展的基础还不稳固,产业转型升级步伐不够快,科技创新短板明显,都市区能级仍需提升,重点领域关键环节改革任务仍然艰巨,对外开放水平有待提高,产业结构、能源结构还不能适应低碳发展的需求,文化、教育、医疗、养老等公共服务供

给与人民群众对美好生活的需要尚有差距。

同时,文化产业转型升级不快,产业层次总体偏低,资源消耗仍然较大,市场综合竞争能力偏弱。招大引强效果不够明显,招商引资体制机制与先进地区存在差距,特别是市区标杆性、引领性项目落地不多,经济增长新动能不足。科技创新投入不足,科技创新体系没有真正形成,创新能力未取得实质性突破,区域经济增长后劲和潜力不足。市级统筹能力不强,一体化发展尚未凝聚合力,都市区"散"的问题亟待破解。此外,发展不平衡、不充分问题仍然突出,重点领域关键环节改革任务仍然艰巨。具体问题主要包括以下 3 个方面。

(一)区域联动不畅,产业融合不深

横店影视文化产业的溢出效应仅在周边部分区域有所体现,其对金华全域的辐射带动作用还没有得到充分发挥,全市相关禀赋和优势也有待成为推动横店影视文化产业进一步做大、做强、做优的强力支撑。全市各地发展影视文化产业的相关政策和举措没有经过统筹协调,存在一定程度的同质化竞争的现象。

金华市影视文化产业布局仍局限在影视基地建设、影视作品生产等"小影视"范围内,"影视+"的发展潜力没有得到充分开发。横店巨大的客流量尚未有效地带动全市文化旅游业发展。影视 IP 及金华本土 IP 资源开发不足,影视和"制造+市场"多重优势尚未融合,影视衍生品产业未得到快速发展。

(二)品牌打造不够,业态跟进不快

金华市的文化品牌一定程度上存在设施过硬、内涵不足的问题,在业内,对外形象更多体现为影视生产"大工地"。头部影视作品原创能力不足,产量仍然较少。横店影视节办展层次有待进一步提升,缺乏国内一流、国际知名的参展品牌。

金华市本地领军影视文化企业普遍以电视剧制作业务见长,对传统播放平台和销售渠道仍有较高依赖度。对网络剧组的服务体系有待改进,在创新性集聚短视频拍摄团队方面需加快布局。缺乏自主的网络视频传播渠道和短视频产业平台。高科技摄影棚建设及配套服务需要持续加强。

(三)人才支撑不足

相比一、二线城市,金华市缺少影视创意、后期技术等方面的高层次人才,对人才引进、使用、激励等要素的吸附力不够,导致影视文化产业链上游以及影视特效等技术应用领域发展受限。高端人才在横店来往的很多,但留下的很少,同时横店还缺乏影视交流平台和文化氛围,亟须补齐短板。

五、金华市文化产业发展趋势与展望

金华市作为"一带一路"重要战略支点城市,拥有自贸试验区金义片区、"义甬舟"、"义新欧"、跨境电商等开放大通道,通过发挥市场、区位、交通、平台等优势,深化经济、文化、社会、科技等领域的国际交流合作,可以为在更高水平、更高平台上推进对外开放带来新契机。同时,新发展格局有利于协同推进供给侧结构性改革和需求侧改革,促进消费扩容提质,激发消费潜力,提升行业竞争力,也有利于金华打造成为浙江中西部消费中心、全省发展的重要增长极和"重要窗口"的重要板块,从而走向"浙中崛起"。

未来金华市可从文化产业区域联动、文旅产业深度融合,以及完善公共文化服务体系和保障产业人才支撑 3 个方面来提升文化产业发展水平。

(一)文化产业区域联动

金华市需要对文化产业进行全域化布局,依据市域各地的文化产业和资源状况构建 3 类功能区:影视文化核心区、深度融合示范区和产业联动拓展区。通过推动三区联动,实现文化产业全域联动发展。

1. 推动文化产业全域化和长三角内陆开放联动

联动打造金兰同城化产业转型示范区,建设环金华山文旅联动区和金兰铁公水多式联运物流联动区,发展三江文旅创新廊、金兰西部健康产业带;推动金武同城化发展,依托金武快速路,建设金武新城,联动仙源湖旅游度假区、武义温泉旅游度假区,打造最美旅游风情大道、旅游文化产业发展廊道,推动公路沿线区域经济社会发展;依托自贸试验区金义片区的体制机制优势,建立"信息共享、制度共建、模式共创"的合作机制,推动长三角内陆开放联动发展服务中心常态化运行,加强区域协作与交流。

2. 加强影视产业和相关产业联动

加快影视文化联动拓展区建设,推进横店影视文化产业集聚区和浙江(金华)数字创意产业试验区联动发展,构建上游创意策划产业、中游拍摄制作产业、后期影视特效产业和下游的宣发衍生产业等"四位一体"的产业集群,使产业联动拓展区为金华市影视文化产业全域化发展提供资源给养,同时充分发挥影视对相关产业的带动作用,推动数字文化、文化制造等产业共同发展与提升(见图 1)。

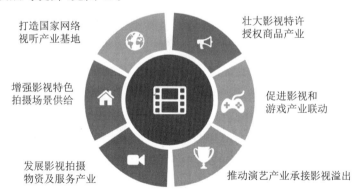

图 1　金华市产业联动拓展区示意图

数据来源:《金华市影视文化产业全域化发展规划(2020—2025 年)》。

首先,以金华开发区为主体,规划建设国家广播电视和网络视听产业基地,落实影视产业新业态的布局发展。把握技术迭代的重要机遇,集中人力、精力和财力,引进或打造网络高新视频平台。依托金华市本级和义乌城区基础条件，着力拓展城市天际线、城市公园、城市场馆、文创园区等现代都市拍摄场景。

其次，发展影视拍摄物资及服务产业，壮大影视特许授权商品产业。发挥兰溪纺织、义乌服装和浦江衍缝的产业优势及义乌小商品的价格优势，引导相关企业开展影视拍摄用品定制生产业务，引导形成全国规模最大的影视拍摄道具专业化市场。依托文创设计平台的力量，推动影视 IP 交易和衍生产品开发业务，帮助义乌市、永康市等地企业对接影视 IP，支持相关企业引入国际顶级 IP 进行衍生品授权、设计和生产，打造提供影视版权授权和落地一条龙服务的专业化平台。

最后，促进影视和游戏产业联动，推动演艺产业承接影视溢出。通过推动"剧—游"联动，吸引更多原创能力强、研发能力强的游戏企业落户发展，从而推动金华市区游戏产业转型升级、做大做强。发展数字演艺产业，利用 VR/AR/MR 等数字技术，结合创意、策划与数字技术手段，创造设计集娱乐性、教育性、知识性与交互性于一体的数字文化内容。做强网络直播，扶持网红经济，培育网络文学作品、影视制作、电子竞技、数字阅读、数字会展等泛娱乐新业态。

（二）文旅产业深度融合

推行国际化、集聚化和专业化战略，促进金华市文旅产业融合发展。发挥"一带一路"重要战略支点、国际小商品之都等的优势，进一步做大金华市影视文化贸易，拓宽影视文化产品对外传播渠道，积极参与影视文化产业国际合作，塑造金华市影视文化国际品牌的形象。深化供给侧结构性改革，在影视文化作品出产能力、企业集群、经济体量、产业平台能级等方面强化金华影视基地的优势。探索和推动影视文化产业工业化、标准化建设，持续提升拍摄制作、配套服务和资本支持等环节的专业化水平。整体构建金华市"一核四极"的产业框架（见图 2），做强文化核心区品牌。

图 2　金华市"一核四极"示意图

数据来源：《金华市影视文化产业全域化发展规划（2020—2025 年）》。

1.打造"影视＋"四大增长极,促进影视核心产业高质量发展

以影视核心产业为推动力,构建一个高质量的全产业链,显著地放大影视文化产业全域化发展的综合效益。紧紧依托全市各地特色资源,加快拍摄地开发建设步伐,培育"影视＋拍摄资源"增长极。积极布局垂直、个性和交互类高新视频媒体内容领域,加强与互联网头部企业的战略合作,培育"影视＋数字文化"增长极。发挥影视与"制造＋市场"多重优势,打造全国规模最大的影视拍摄物资专业化市场,培育"影视＋文化制造"增长极。以影视带动金华旅游品牌推广,发展集娱乐性、教育性、知识性与交互性于一体的数字演艺产业,形成"影视＋文旅融合"增长极。

2.加快打造深度融合示范区

充分发挥核心区的辐射效应,有效整合县(市、区)文旅资源,推动永康方岩石鼓寮、永康西溪、磐安等地的影视拍摄基地的建设,打造影视文化深度融合示范区。全面承接横店影视文化产业溢出效应,强化对横店的资源和产业支撑,实现更深层次的资源整合和更为可观的规模效应,包括推动影视拍摄基地、影视文化旅游、影视企业集群融合发展。加强摄影棚建设和自然人文景观资源影视化开发;与旅游机构展开合作,在示范区率先推出形式多样、内容丰富的影视外景旅游线路;进一步把示范区打造成浙江影视产业副中心、具备可持续成长性的影视文化企业集群。

3.做大做强横店影视文化产业集聚区,做强做优影视文化核心区

以横店影视文化产业集聚区为龙头,打造具有国际影响力的影视文化创新中心,争创国家级影视文化产业先行先试区。探索"影视文化产业＋自贸区联动创新区"的发展格局,推进新兴业态、头部企业、平台型企业实体化落地。引导影视企业与数字技术、互联网融合发展,建设高科技智慧园区。高质量举办横店影视节,打造具有全国影响力、在国际上有一定知名度的节会品牌。打造全球最强的影视产业基地,加快培育影视文化新业态,形成从剧本创作到发行交易、从人才培养到产业孵化的完整产业链条,构建国际一流的影视文化产业集群和影视工业体系。

(三)完善公共文化服务体系,保障产业人才支撑

1.完善公共文化服务体系

坚持以社会主义核心价值观为引领,大力弘扬红船精神、浙江精神和新时代金华精神,擦亮全国文明城市金名片,打造浙江中西部文化中心,构建浙江中西部思想文化引领示范区、全省文旅融合发展示范区、传统文化保护利用标杆区、公共文化服务品质区、文艺精品创优样板区、现代传播体系先行区、先进文化集成创新区。具体思路包括:发展数字服务,推行智慧文旅;实施"旅游＋"工程,建立文化产业创新服务综合体,加速文化与会展经济深度融合;推动诗路文化、红色文化、时尚文化、影视文化、数字文化交融汇聚;健全文旅融合体制机制;大力实施"城市记忆"工程,建立城市历史文化保护与传承体系,推进历史文化遗产活化利用;补齐公共文化供给短板,高水平实现文化服务设施全覆盖。

2.保障文化产业人才支撑

重点推进金华职业技术学院、浙江大学"一带一路"国际医学院、横店电影学院、温州医科大学东阳校区、中国计量大学现代科技学院、浙江中医药大学永康校区、永康五金技师学院等项目建设。强化横店影视职业学院办学特色,加快横店电影学院建设,构建符合影视文化产业发展需要的高素质专业化影视人才培养体系,打造影视人才教育高地(见图3)。

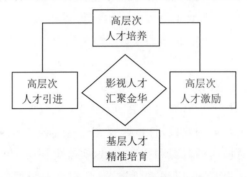

图 3　人才支撑示意图

数据来源:《金华市影视文化产业全域化发展规划(2020—2025 年)》。

具体思路包括:深化影视人才体制机制改革,探索完善影视人才评价体系,完善创新影视高层次人才引进渠道和方式;发挥公办和民办院校各自的优势,通过院校共建、实训基地共享等形式加强与影视文化领域一流高校的战略合作,提高影视文化产业相关专业的学历教育水平;鼓励影视文化产业人才在关键领域、重要环节和高成长性文化项目的研发实施中发挥积极作用,引导形成敢于攻坚、宽容创新的良好氛围;借鉴国际先进经验,探索推进影视从业人员分工门类等标准化建设。

参考文献

[1] 2021 年浙江省文化文物和旅游统计年鉴[M].杭州:浙江省文化和旅游厅,2021.

[2] 金华市人民政府关于印发金华市影视文化产业全域化发展规划(2020—2025 年)的通知 [EB/OL].(2020-04-13)[2022-12-01].http://www.jinhua.gov.cn/art/2020/4/13/art _1229160888_52971411.html.

[3] 2020 年金华市国民经济和社会发展统计公报[N].金华日报,2021-02-22(A04).

[4] 2021 年金华市政府工作报告[EB/OL].(2021-03-01)[2022-12-01].http://www.jinhua.gov.cn/art/2021/3/1/art_1229161268_3817318.html.

[5] 关于印发金华市数字经济发展三年行动计划(2018—2020 年)的通知[EB/OL].(2018-06-25)[2022-12-01].http://www.jinhua.gov.cn/art/2018/6/25/art _1229160383_1043576.html.

[6] 2020 年金华市文广旅游局工作总结[EB/OL].(2021-03-11)[2022-12-01].http://wglyj.jinhua.gov.cn/art/2021/3/11/art_1229639303_3820203.html.

2021 年舟山市文化产业发展报告

辛　爽　王丽云

近年来,舟山市委、市政府高度重视文化产业发展,着力培育以海洋文化为主要特色的文化产业,充分发挥文化产业在调整结构、扩大内需、增加就业和推动经济发展中的重要作用,进一步提升了舟山市的城市综合竞争力。文化产业的发展为把舟山市建设成为中国重要的国际性海上开放门户,实现海洋经济强市、海洋文化名城提供了重要的文化基础和精神支撑,促进了舟山市社会经济的转型升级。"十三五"时期,舟山市文化产业以新的理念、新的思路、新的管理方式和手段实现了跨越式发展。

一、舟山市文化产业发展环境分析

(一)产业环境

2020 年,面对复杂多变的国际、国内环境和突如其来的新冠肺炎疫情,舟山市上下扎实做好"六稳""六保"工作,统筹推进疫情防控和经济社会发展,全年经济逆势快速增长,"十三五"规划主要目标任务胜利完成,高水平全面建成小康社会如期实现。2020 年,舟山市地区生产总值为 1512.1 亿元,按可比价格计算,比上年增长 12.0%。分产业看,第一产业增加值为 152.9 亿元,增长 2.2%;第二产业增加值为 590.2 亿元,增长 29.6%;第三产业增加值为 769.0 亿元,增长 1.7%。三大产业增加值结构为 10.1∶39.0∶50.9。全年居民消费价格(CPI)比上年上涨 1.9%,其中:食品烟酒类价格上涨 6.3%,商品零售价格上涨 0.9%,工业生产者出厂价格下降 2.6%。

(二)区位环境

舟山市位于中国第一大群岛——浙江省舟山群岛,地处我国东南沿海长江口南侧、杭州湾外缘的东海洋面上。舟山市是中国大陆海岸线的中心,是著名的长江、钱塘江和甬江的出海口,是一座以群岛著称的海上城市。舟山市背靠上海市、杭州市、宁波市等大中城市和长江三角洲等辽阔腹地,面向太平洋,具有较强的地缘优势,踞我国南北沿海航线与长江水道交汇枢纽,是长江流域和长江三角洲对外开放的海上门户和通道,与亚太新兴港口城市呈扇形辐射之势。便利的区位优势为舟山市文化产业的发展创造了有利的条件。

2020 年,舟山市水路货运量达 31965 万吨,比上年增长 1.4%;水路货运周转量为 3332.0 亿吨千米,比上年下降 6.5%;水路客运量为 2480 万人,比上年下降 23.3%;水路客运周转量为 3.5 亿人千米,比上年下降 33.6%。公路货运量为 7235 万吨,比上年增长

8.5%;公路货运周转量为 125.7 亿吨千米,比上年增长 8.5%;公路客运量为 1162 万人,比上年下降 52.6%;公路客运周转量为 5.5 亿人千米,比上年下降 54.2%。普陀山机场全年完成客运量 114.1 万人次,比上年下降 25.0%;货邮运量(不包括行李)为 893.5 吨,比上年增长 43.5%。2020 年末,全市民用汽车拥有量为 21.1 万辆,比上年增长 7.7%。其中,私人汽车(小型载客汽车)有 16.9 万辆,比上年增长 8.4%。

2020 年末,舟山市有海上运输船舶 1568 艘,运力为 794.95 万载重吨,比上年增长 3.3%。其中,万吨级以上船舶有 179 艘,运力为 464.5 万载重吨。舟山市海事局注册船员有 4.1 万人,比上年增长 1.6%。2020 年,舟山港域港口货物吞吐量为 57142 万吨,比上年增长 6.6%。其中,外贸货物吞吐量为 17982 万吨,比上年增长 12.2%。集装箱吞吐量为 166.8 万标箱,比上年增长 22.2%。生产性泊位有 301 个,其中万吨以上深水泊位有 83 个。

(三)资源环境

舟山市具有丰富的海洋自然资源和海洋文化资源,适合围绕"渔俗文化""佛教文化""海滨休闲文化"和"海鲜美食文化"等主题,大力发展以海洋文化为特色的文化产业。凭借海洋文化特色和深厚的民间民俗文化底蕴,大力发展节庆会展业。除了海洋文化,佛教文化也是舟山市颇具特色的文化产业资源,如今佛教文化产业已经具备非常可观的规模,在国内外产生较大影响,故舟山市适合发展围绕佛教文化的参观旅游、禅修、佛学、佛礼、佛香等业态。

二、舟山市文化产业发展现状

(一)文化产业总体发展现状

2020 年,文化产业已经成为舟山市经济的支柱性产业,产业集聚效应日趋显现,产业促进机制逐步建立。舟山市锲而不舍地狠抓体制机制革新完善,夯实文旅融合发展基础。凝心聚力打造现代公共服务体系,释放文旅事业惠民红利。持续发力推动产业提质升级,激发文旅产业发展核心动能。树立全面融合意识,深化供给侧结构性改革,持续推进结构调整和转型升级,使文旅产业实现新发展。

截至 2020 年末,舟山市有文化艺术表演团体 2072 个,比 2019 年增加 68 个;艺术表演场所 15 处,比 2019 年增加 9 处;文化馆 5 个,文化站 36 个;公共图书馆 5 个,藏书 244.9 万册。2020 年末,全市有线电视用户达 28.1 万户,数字电视用户达 28.1 万户;广播人口综合覆盖率达 100%,电视人口综合覆盖率达 100%。

(二)文化产业分类发展现状

1.内容创作生产

(1)群众文化服务业

2020 年,舟山市稳步推进公共图书馆、A 级旅游景区、公共体育场馆三大领域公共场所服务质量大提升,推出"电子网证",实现身份证、市民卡、读者证"三证合一",已成功在舟山市图书馆试运行,并作为全市"领跑者"项目上报浙江省委改革办。舟山博物馆首次入选全国热搜百强馆。舟山博物馆成功创建为国家一级馆,嵊泗县博物馆建设及舟山鸦片战争纪念馆改造提升有序推进,马岙博物馆完成改造提升。2020 年新建定海城东、城南城市书房。开展博物馆系列四大教育品牌项目活动 70 余场,群文素养提升工程课程 200 节、全民健身大讲堂 15 期。

2020 年舟山市公共图书馆综合情况如表 1 所示。2020 年舟山市群众艺术馆、文化馆、艺术站建设情况如表 2 所示。2020 年舟山文化站综合情况如表 3 所示。

表 1 2020 年舟山市公共图书馆综合情况

机构数/个	从业人数/人	总藏书量/万册	资产总计/万元	本年收入合计/万元	本年支出合计/万元	总流通人次/万人次
5	159	247.52	5552.9	3562.1	3827.0	130.46

数据来源:《2021 年浙江省文化文物和旅游统计年鉴》。

表 2 2020 年舟山市群众艺术馆、文化馆、艺术站建设情况

机构数/个	从业人数/人	提供文化服务次数/次	本年收入合计/万元	本年支出合计/万元	资产总计/万元	组织品牌节庆活动/场
41	257	3686	7952.4	8310.7	19028.4	29

数据来源:《2021 年浙江省文化文物和旅游统计年鉴》。

表 3 2020 年舟山文化站综合情况

机构数/个	从业人数/人	提供文化服务次数/次	提供戏曲进乡服务次数/次	服务惠及人次/万人次
36	124	2475	324	7.32

数据来源:《2021 年浙江省文化文物和旅游统计年鉴》。

(2)文艺创作与表演

2020 年,舟山市文化体制改革进一步激发了文化演艺市场主体的活力,市场运作更加灵活,优秀剧目逐步推出;小型文创企业不断增多,为高端演艺业的发展提供智力支撑;普陀大剧院与北京保利剧院管理有限公司成功联姻,已成为舟山高雅艺术表演的殿堂和对外文化交流的桥梁;"印象普陀"融入了舟山本土的观音文化、佛教文化和海洋民俗文化,是海洋文化演艺与旅游联姻的探索性尝试;南洞戏剧谷建设步伐加快。舟山市文化馆通过广泛组织开展创作采风、作品加工等活动,充分挖掘、整合传统文化,精心创作了一批兼具海洋海岛特色和时代气息的文艺精品。7 月 27 日—29 日,由舟山市文化广电新闻出版局(体育局)主办,舟山市文化馆、舟山市艺术剧院承办的"礼赞新时代同心奔小康"2020 年舟山市文艺创作作品展演在舟山市艺术剧院举行。本次展演共有来自全市 4 个县(区)、一个管委会及市属的 40 个优秀作品参演。

（3）文物业

舟山市文化历史悠久，文物遗存丰富。截至 2020 年，舟山市文物藏品数量达 40844 件（套），文物行政主管部门有 5 个，从业人数为 86 人，收入合计 790.8 万元，如表 4 所示。

表 4　2020 年舟山市文物业综合情况

文物藏品数量/件（套）	机构数/个	从业人数/人	收入合计/万元	支出合计/万元	资产合计/万元
40844	5	86	790.8	886.2	100.7

数据来源：《2021 年浙江省文化文物和旅游统计年鉴》。

2. 文化传播渠道

2020 年，舟山市艺术表演团体演出情况和收支综合情况如表 5 和表 6 所示。

表 5　2020 年舟山市艺术表演团体演出情况

机构数/个	从业人数/人	本团原创首演剧目/个	本团拥有知识产权数量/项	演出场次/万场	观看人次/万人次
21	776	4	4	0.36	62.52

数据来源：《2021 年浙江省文化文物和旅游统计年鉴》。

表 6　2020 年舟山市艺术表演团体收支综合情况

总收入/万元	总支出/万元	资产总计/万元
4972.8	7639.0	14332.0

数据来源：《2021 年浙江省文化文物和旅游统计年鉴》。

2020 年对于舟山市的电影业而言是曲折的一年。2020 年 1 月 24 日，受新冠肺炎疫情影响，舟山各电影院暂停营业，直至 7 月 22 日才陆续复工，舟山电影市场经历了长达 179 天的停摆期。不过，沉寂过后，便是舟山电影市场渐渐复苏的历程。《八佰》等优秀的国产片和复映老电影，为带动市场起到了积极作用。到了国庆档，《夺冠》《姜子牙》《我和我的家乡》等大片上映。市民们压抑了大半年的观影需求集中释放，舟山各电影院终于迎来火爆现场。2020 年，舟山市电影市场创下 2284.4 万元的票房成绩，观影人次超过 67 万人次。12 月 18 日下午，舟山市影视艺术产业协会正式成立并召开了第一届理事会，有 33 家企业首批入会。舟山市影视艺术产业协会是由舟山市电影电视艺术家、影视艺术从业者以及影视产业机构组成的群众性专业团体，以舟山海威影视动漫有限公司等 3 家影视企业为牵头单位，涵盖了舟山市影视拍摄、制作、传播等环节的主要企业。

3. 文化投资运营

（1）文化投资与资产管理

2015—2020 年，舟山市文化投入逐年增加，文化事业费和人均文化事业费如表 7 所示。2020 年舟山文化（文物）部门事业费收支情况如表 8 所示。

表7　2015—2020年舟山市文化事业费发展指标

指标	2015年	2016年	2017年	2018年	2019年	2020年
文化事业费/万元	16535	17162	21950	19679	20512	20509
人均文化事业费/元	143.5	148.2	187.9	167.8	174.4	177.1

数据来源:《2021年浙江省文化文物和旅游统计年鉴》。

表8　2020年舟山文化(文物)部门事业费收支情况　　　　　　　　单位:万元

文化事业收入合计	文化事业支出合计	文化事业资产总计	文物事业收入合计	文物事业支出合计	文物事业资产总计
35007.3	38961.8	37723.2	2486.7	3457.4	2365.6

数据来源:《2021年浙江省文化文物和旅游统计年鉴》。

（2）文化产业园区

舟山市定海伍玖文化创意中心入选2020年度浙江省重点文化产业园区名单。伍玖文化创意中心是定海区十大重点服务项目之一,是定海区政府鼓励设立的地方文化创意产业中心,是定海区重点打造的文化创意产业集聚平台。该园区采用"政府引导扶持,企业投资运营"的模式。伍玖文化创意中心不仅为创意企业提供了一个良好的发展平台,而且在不同形式、不同层面上对大学生创业企业进行孵化和培育,或提供相应的扶持。伍玖文化创意中心目前已有51家涵盖广告传媒、文化艺术、电子商务、策划咨询、投资咨询、教育培训、影视动漫等领域的文化创意类企业,有创意人才300多人。2020年,伍玖文化创意中心创造产值2亿元,创造利税2000多万元。

4.文化娱乐休闲服务

由于受到新冠肺炎疫情的影响,2020年舟山市旅游人次和收入小幅下降,全年实现旅游总收入871.1亿元,比上年下降17.4%。旅游接待人数为5944.0万人次,下降15.7%。其中,入境过夜人数为1.6万人次,下降89.8%。全市客房出租率为42.4%。全市有A级景区37家,其中,5A级景区1家,4A级景区6家(比2019年增加2家)。(见表9)

表9　2020年舟山市旅游业综合情况

总游客量/万人次	入境过夜人数/万人次	旅游总收入/亿元	客房出租率/%	A级景区/家	5A级景区/家	4A级景区/家
5944.0	1.6	871.1	42.4	37	1	6

数据来源:《2021年浙江省文化文物和旅游统计年鉴》。

舟山市以旅游投资"千亿工程"为抓手,建立市级旅游重点项目库,包括保利朱家尖四柱山文旅综合体、舟山长乔海洋文旅综合体、普陀·览海圣境、舟山自贸金融中心、普陀水街旅游综合开发项目、半升洞高端休闲街区、徐公岛旅游开发项目、基湖沙滩缤纷世界等项目。到2020年,全市累计完成项目投入300亿元,总投资超过1000亿元。推进文旅设施智能化建设。启动建设旅游大数据中心,推动大数据、VR/AR、人脸识别、高清直播等技术应用。打造普陀山朱家尖全域旅游"一票通"等智慧旅游平台。开展数字海岛公园试点。提高商业网点、文化场馆、旅游景点、酒店、餐饮、娱乐等应用场景数字化水平,开展智慧商圈建设,改善消费体验。2020年,海岛旅游在法定节假日及暑期等"黄金时期"表现亮眼,特别是国庆、中秋假期,舟山市游客人次、旅游收入的增幅均居浙江省第1位,同时也是全省唯一实现正增长的地市。

三、舟山市文化产业发展主要经验

(一)坚持"两手硬、两战赢"

一是疫情防控坚决有力。全市旅游景区、星级饭店、旅行社、公共文体场馆和文化娱乐场所自1月22日起落实"应关尽关,应停尽停"措施,开展常态化督查,构建全市文广旅体系统疫情防控闭环。全市文旅体企业对于"场馆关停、业务暂停"政策坚决遵守执行,并通过企业自救、内部软硬件提升等举措对抗行业"凌冬"。广大文艺工作者和非遗工作者以小锣书、翁洲走书、方言快板、舟山小调等特色传统形式,创作以"抗击新冠肺炎疫情"为主题的文艺作品230多件。建立常态化防控机制,打造三码合一的"云游群岛"购票平台,落实景区门票预约制度。

二是文旅经济提振切实有效。通过强化文旅营销、丰富旅游业态、提升旅游服务质量等手段,落实旅游经济提振计划。出台《加快促进文旅体产业复苏十条措施》,安排专项资金和体彩公益金2000万元用于行业复苏。落实暂退80%旅游服务质量保证金,完成141家旅行社2086万元的质保金暂退。舟山市、县联动推出"疫去福自来,还你惠民季""春暖古城·乐享定海""面朝大海·约'惠'普陀"等全民消费季活动。与驴妈妈集团合作策划开展"舟游列岛·Gou,Gou,Gou"线上营销活动,由市长带货,吸引400万人次观看,总销售额超过1085万元。同时,开展了"阿拉过端午嘞"文化习俗分享和直播带货活动、"全民健身·let's go"体育产品直播带货活动。做好"夜经济"特色文章,乡约定海·东海晚风市集、普陀520幸福街、岱山"仙岛夜精彩"等文旅夜市精彩纷呈,推出新城湾夜游船产品,丰富夜间经济业态。通过市场提振,实现舟山市旅游市场复苏的一波热潮,交出了一份旅游经济的"高分报表"。

(二)突出产业主线,创新产品供给

坚持高起点定位、高标准谋划,布局全市海岛公园"3+3"模式,加快文旅体深度融合,促进舟山市旅游能级提升。一是以全域布局启动海岛公园建设。组织开展海岛公园建设总体规划和3年行动计划编制,初步明确各海岛公园规划范围、主题定位和样板区,重点打造6个核心样板区和8个文化旅游主题岛,海岛公园"全域"升级的方向更加清晰。二是以全域旅游创建引领品质提升。继普陀区、嵊泗县创成省级全域旅游示范区(县)后,岱山县成功创建全域旅游示范县,舟山市具备了成为首批省级全域旅游示范市的重要条件。三是以项目投资优化文旅产品业态。推进海岛公园重点建设项目39个,总投资达348亿元。四是通过

多维营销强化目的地品牌推广。线下依托新航线开辟赴郑州市、西安市开展营销推介以拓展中西部市场，线上打造"舟游列岛"品牌营销体系，策划征集"舟游列岛"品牌 LOGO，建立"图游舟山"云图库。构建微信、微博、抖音全系统集成的新媒体宣传矩阵，微博、微信宣传多次跻身全省总榜前列，传播力持续增强。打造"舟山十景"，深入挖掘舟山地标式网红点。

(三)完善公共文旅服务体系，提供精准服务

按照"六化"建设的要求，破解基层公共文广旅体服务动能和效能问题，推动公共文化、旅游服务提质增效。一是公共服务高效供给有新探索。A 级旅游景区服务大提升中的花鸟岛试点被浙江省委改革办评为全省亮点项目，全市 8 家公共体育场馆均实现预约支付功能。二是传统文化保护传承有新举措。建立普陀山宗教活动场所文物保护部门联动协调机制。定海区率先实施一般不可移动文物"亮牌工程"。嵊泗渔歌成功申报国家级非物质文化遗产项目。三是公共服务设施配套有新推进。全面完成旅游厕所"三年行动计划"，全市新建、改建旅游厕所 123 座，实际已完成 148 座，完成率达 120.3%。四是文旅活动全民共享有新成效。举办以庆祝舟山解放 70 周年为主题的美术、书法、摄影作品展，办好"阿拉过节嘞"、非遗"三进·四季行"、新区越剧(戏剧)节、旅游惠民季等活动。发布 2020 年"淘文化"三大惠民项目活动 563 场，完成送戏下乡 302 场、送书下乡 9.8 万册、送讲座(展览)下乡 150 场，举办文化走亲 25 次、线上文化服务活动 450 场，参与人次达 18 万人次。五是公共服务水平有新提升。基本公共文化服务指数在全省排第 4 位。群文创作取得新成绩，在全省群文音乐、舞蹈、戏剧小品三大门类赛事中获得 6 个金奖，占比达 25%。

(四)提升文旅行业治理能力，实施全程监管

按照法治政府建设的要求，构建覆盖"事前、事中、事后"的行业监管体系，强化文旅行业监管。

一是政府数字化转型步伐加快。搭建完成全市文旅数字化平台主体框架，建成一期数字化监管的相关功能模块。收录涵盖景区、场馆、公共服务设施等 2400 余万条基础数据。

二是"最多跑一次"改革稳中有进。15 个事项在全省率先实行告知承诺制审批。推进政务服务 2.0 建设，梳理接入验收政务服务 2.0 事项目录清单，确保依申请政务服务事项网上受理率达 100%。

三是事中、事后监管不断完善。全面梳理事中、事后监管事项清单。综合运用"互联网＋监管""双随机一公开"等手段，全面落实事中、事后监管。

四是文明创城圆满告捷。层层压实全市文化市场管理和文明旅游专项组创建任务，抓好薄弱环节查漏补缺和整改落实工作。

五是旅游行业贯标工作成绩显著。普陀山开元观堂等 4 家饭店被评为浙江省品质饭店，东港铂尔曼等 2 家饭店被评为浙江省绿色饭店。高佳庄等 16 家餐饮店被评为"诗画浙江百县千碗"示范店、体验店。全市星级饭店及旅行社复核工作圆满完成。

六是安全责任持续强化。深入开展文化和旅游市场安全生产专项整治 3 年行动，完成

A级景区旅游新业态排摸,组织全省文化和旅游安全应急培训演练、行业系统消防安全综合演练、旅游安全应急演练,提升应急处置能力水平。

四、舟山市文化产业发展瓶颈与问题

(一)文化产业发展水平不高

文化产业规模偏小,在国民经济中的占比低。产业结构发展不均衡,低层次的传统文化服务业仍占主导地位,行业覆盖面不够广,文化产品种类不够丰富。海洋文化产业发展起步迟,总量较小。文化企业数量较少,规模小,竞争力不强。尽管目前文化产业占生产总值的比重已达到4.6%,但相比全省及其他地市还是不高,离文化产业成为支柱性产业的目标还有一定距离。舟山市规模以上文化产业企业数量较少,全市规模以上文化产业企业个数仅占浙江省的0.79%。其中,服务业企业比重最高,保持在60%左右。

虽然几年来定海伍玖文化创意中心(2019—2020年度浙江省重点文化产业园区)、杉杉·普陀天地文创街(2020年度浙江省文化创意街区)等优秀文化产业园区和文化创意街区不断涌现,但是文化产业集聚发展多数停留在简单的空间集聚层面,文化产业园区数量偏少,产业聚集度低,企业之间沟通合作仍然不够紧密,集聚效应没有得到充分发挥。

舟山市缺乏在国内外具有较强市场号召力的文化产业品牌,在品牌建设和品牌授权方面也缺乏足够的认识和操作经验,品牌管理和品牌价值延伸不足。文化相关企业经营效益总体欠佳,缺乏文化龙头企业的示范带动,以支撑文化产业稳定、较快地发展。

(二)产业发展面临要素制约,文化新业态发展迟缓

一是在文化产品和服务的生产、传播、消费的数字化、网络化进程不断加快的大环境下,舟山市文化新业态发展相对来说不够充分。二是其他产业发展进度不一,加大了产业间融合难度。如:体育产业和数字经济的发展不足的短板还需补齐,与海洋产业、文化和旅游产业规模和速度的差距较大。

文化企业融资难现象长期存在,支持文化产业发展的专项资金仍相对较少,作用有限;创意人才和复合型高端人才缺乏;文化产业发展平台建设相对滞后。

(三)文化资源的开发和利用有待进一步挖掘

一是虽然舟山市海洋文化底蕴丰富,但对其的宣传开发和包装推介整体还不够,会展和培训交流等活动也不多。二是尽管有文化产业发展专项资金等政策的支持,但对文化企业和重点项目整体的帮扶和支持还有待继续加强和精准化。文化企业在发展过程中,大多各自为政,经营规模小,在需求不足和成本上升等各种压力下,较难维持盈利状态。

(四)外部经济环境的挑战依然不容忽视

一是国外疫情防控压力仍然较大,舟山市作为经济外向度较高的地区,外部市场需求的不确定性、不稳定性仍在增强。二是舟山市旅游等优势产业发展以线下为主,需要相对稳定的环境作为保障。2020年,受新冠肺炎疫情影响,第三产业大多受到不同程度的冲击,以线

下场景为主的传统文化产业也面临较大冲击,这给加速数字化转型带来了新的挑战。

五、舟山市文化产业发展趋势与展望

2021年是中国共产党成立100周年,也是高水平开启"十四五"规划的开局之年。舟山市文化产业以习近平新时代中国特色社会主义思想为指导,按照市委总体部署及"五大会战""四个舟山"和"重要窗口"海岛风景线的要求,立足新发展阶段,贯彻新发展理念,构建新发展格局,以文化为支点,以旅游为主线,以融合打造"两地"的标志性成果为抓手,推动文化旅游的高质量发展和高品质展示,成为海岛风景线的"重要窗口"。

进入"十四五"发展阶段,舟山市文化产业发展应该紧紧围绕"十四五"发展的主要目标。具体可以从以下几个方面入手。

(一)完善基层文化设施

加快完善公共文化设施布局,建立四级公共文化设施网络,重点加强以渔农村文化礼堂为代表的基层综合性文化服务中心建设,加大公共文化设施免费开放力度。加强城乡公共体育资源的均衡配置与管理利用,提高公共体育设施建设水平和公众开放率,加快形成覆盖城乡、惠及全民的现代体育公共服务体系。

(二)优化公共文化服务

实施文化惠民工程,优化公共文化产品和服务供给,更好地发挥文化馆、博物馆、档案馆、鸦片战争纪念馆的作用,推进公共文化服务标准化、均衡化、数字化发展。继续实施文艺精品工程,挖掘"诗画""山海"等重大历史文化元素,提升"三毛散文奖"等本土文艺品牌的影响力。建设新媒体传播矩阵,打造新型文化传播平台集群。深化"淘文化"平台机制和数字文化建设,吸引企业和社会组织进入,建立面向基层文化场所的以群众文化需求为核心的文化产品和服务供给体系。加快海洋文化产业发展,培育海洋文化新型业态,让更多舟山海洋文化产品化、名品化。全面繁荣新闻出版、广播影视、文学艺术、哲学社会科学事业。

(三)培育海岛特色文化活动品牌

加强理论武装,打造一批理论宣传阵地。持续高标准举办中国海洋文化节、东海音乐节等文化活动,打造海洋特色公共文化品牌。推进"海上丝绸之路"文化工程建设,加强历史文物与非物质文化遗产保护,加强地方志研究,传承和延续海岛特色文脉,推进舟山市海洋历史人文资源的开发利用,厚植定海海洋历史文化底蕴,复兴名城文化,留存千年古韵,努力打造舟山市海洋文化名城新形象。

(四)建设海洋文化名城

大力弘扬社会主义核心价值观,深入挖掘和传承"勇立潮头、海纳百川、同舟共济、求真务实"的舟山精神,加快推进全国文明城市创建。加快完善公共文化设施布局,完善四级公共文化设施网络,重点加强以渔农村文化礼堂为代表的基层综合性文化服务中心建设,加大公共文化设施免费开放力度。优化公共文化产品和服务供给,推进公共文化服务标准化、均衡化、数字化发展,探索公共文化"菜单式"服务,积极推动"种文化"和"文化走亲"活动,深化"淘文化"平台机制和数字文化建设,推动以"无限舟山"为平台的公共服务终端应用。大力培育海洋特色公共文化品牌,开展"舟山群岛·中国海洋文化节"等文化节庆活动。积极开展面向特殊群体的公益性文化服务,切实保障特殊群体基本文化权益。

(五)大力发展海洋旅游产业

依托舟山市丰富的海岛旅游资源、佛教文化资源以及良好的生态环境等自然禀赋,以"海岛"和"文化"两大主题为卷轴,全力推进"浙东唐诗之路·海上诗路"建设,推进文旅、商旅、城旅融合,大力建设海岛公园,积极提升旅游服务水平和景区品质,加快建设全域旅游城市。重点发展禅修养生、养老度假等新产品,积极推进"旅游＋海鲜美食""旅游＋研修体验""旅游＋体育运动""旅游＋精品赛事"等新业态,发展一批核心、经典的海岛旅游小镇、景区、线路,推进医疗、康复、养生与健康旅游深度融合,建设国家健康旅游示范基地,打造海岛公园和浙江海岛大花园核心板块,建成全域旅游示范市,建设世界佛教文化圣地和国际海岛休闲度假目的地。

参考文献

[1] 2021 年浙江省文化文物和旅游统计年鉴[M].杭州:浙江省文化和旅游厅,2021.

[2] 2020 年舟山市国民经济和社会发展统计公报[EB/OL].(2021-07-27)[2022-12-01].
http://xxgk.zhoushan.gov.cn/art/2021/7/27/art_1229295282_3665956.html.

第 三 篇

2021 年浙江省文化产业发展专题报告

浙江省文旅融合高质量发展研究报告

于小涵

一、问题背景

文化旅游(以下简称"文旅")融合是进一步发挥文化影响力的重要途径,也是提升旅游活动品质与内涵的有效手段。文旅的融合创新是新时代推动文化产业高质量发展和旅游产业优质升级的重大现实需要,是我国践行中国特色社会主义思想的新目标和新使命,其最高价值在于满足人民日益增长的美好生活需要。2018 年 3 月,国家旅游局与文化部合并组建文化和旅游部,标志着我国迈入文旅融合发展的新阶段。在深化供给侧结构性改革、推动经济高质量发展的新形势下,进一步推动文化与旅游深度融合发展具有重要意义。

浙江省既是文化资源大省也是旅游资源大省,在全球面临新冠肺炎疫情、旅游业大幅调整甚至收缩的关键时期,如何更新和整合浙江省文化和旅游资源、推动文旅产业转型升级是一个需要不断创新的紧迫问题。近年来,浙江省围绕文旅融合发展做了大量探索。2017年,浙江省在政府工作报告中首次提出"打造包括文化产业在内的八大万亿产业"。2019年,浙江省文化和旅游厅印发《关于加快推进文旅融合 IP 工程建设的实施意见》,明确推动文化和旅游"双万亿"产业高质量发展,助推浙江建设全国文化高地、中国最佳旅游目的地、全国文化和旅游融合发展样板地。文旅产业呈快速增长态势,涌现出一批先进典型,打造出"诗画浙江"等文旅品牌。2018 年,浙江省旅游收入列全国第五;2019 年,共接待游客 7.3 亿人次,比上年增长 5.5%,实现旅游总收入 10911 亿元,增长 9%。

但同时也应看到,浙江省在推动文化与旅游融合发展方面仍存在许多问题和薄弱环节:文旅融合的深度和广度不足;文旅融合的体系标准不明确;旅游产品的文化创意不足以致附加值不高;商业模式亟待创新;同质化竞争严重;缺少高品质文旅品牌;财税金融政策和人才支持不足;等等。这对浙江文旅融合高质量发展的研究提出了迫切的要求。

二、文旅融合概念与解析

早在 1985 年,世界旅游组织就给出了文旅的定义:"出于文化动机而进行的移动,诸如研究性旅行、表演艺术、文化旅行、参观历史遗迹、研究自然、民俗和艺术、宗教朝圣的旅行、节日和其他文化事件旅行。"1991 年,欧洲旅游休闲教育协会则将文旅定义为"人们离开他们的常住地,到文化吸引物所在地的一切移动,如遗产遗迹、艺术与文化表演、艺术与歌剧等"。

进入 21 世纪后,关于文旅的研究大多强调旅游对社会文化产生的各种影响。随着 2003 年联合国教科文组织将遗产的概念从物质遗产扩展到非物质遗产,文旅的内涵也再次发生变化。2017 年 9 月,联合国世界旅游组织将文旅定义调整为"一种游客出于学习、寻求、体验和消费物质或非物质文化吸引物/文化产品的本质动机的旅游活动"。文旅景点涉及社会独特的物质、文学、精神和情感特征,包括艺术和建筑、历史和文化遗产、烹饪遗产、文学、音乐、创意产业、生活方式、价值体系、信仰等。随着文化的概念与日常生活的逐渐贴近,文旅的内涵也在不断延伸。

不难看出,文旅融合发展是一种新的社会组织模式和产业组织形态,具有很强的教化性、体验性、公益性和经济性。从机理来看,文化产业与旅游业通过 2 个行业系统内部的各子系统或要素之间产生的相互作用和相互耦合,并借助系统内部和外部动力机制的推动作用,来促成两大产业要素实现整合和渗透,达到产业融合的效果。文化的发展促进人民精神富足,旅游的发展反过来又不断充实和提升文化自身价值,因此文旅融合对于文化传承和经济发展具有重要意义。

三、我国推动文旅融合的政策梳理

文化和旅游融合是国家层面的战略要求。2009 年,《关于促进文化与旅游结合发展的指导意见》中的"文化是旅游的灵魂,旅游是文化的重要载体"的表述明确了文化和旅游的关系,影响至今。2017 年,国家发改委联合文化部、国家旅游局等 8 部门印发的《"十三五"时期文化旅游提升工程实施方案》设计了文化与旅游产业的融合。2018 年 3 月,国务院机构改革方案提请十三届全国人大一次会议;随后,国务院机构改革方案出台,组建文化和旅游部。这是近 20 年来旅游管理体制最重大的变革,促进了文化事业和旅游资源的综合开发,使得文旅融合跃升国家层面的重大战略思维。

2019 年 1 月,文化和旅游部部长雒树刚在全国文化和旅游厅局长会议上指出,要推动文化和旅游工作各领域、多方位、全链条深度融合,实现资源共享、优势互补、协同并进,为文化建设和旅游发展提供新引擎、新动力,形成发展新优势。2019 年 8 月,国务院办公厅印发了《关于进一步激发文化和旅游消费潜力的意见》,提出进一步释放文旅消费潜力,优化消费环境和文旅市场信用体系。

2021 年 4 月,文化和旅游部发布《"十四五"文化和旅游发展规划》,提出要大力实施社会文明促进和提升工程,加快建设新时代艺术创作体系、文化遗产保护传承利用体系、现代公共文化服务体系、现代文化产业体系、现代旅游业体系、现代文化和旅游市场体系、对外和对港澳台文化交流和旅游推广体系,提高文化和旅游发展的科技支撑水平,优化文化和旅游发展布局。力争到 2025 年,我国社会主义文化强国建设取得重大进展,文化事业、文化产业和旅游业高质量发展的体制机制更加完善,人民精神文化生活日益丰富,中华文化影响力进一步提升,中华民族凝聚力进一步增强,文化事业、文化产业和旅游业成为经济社会发展和综合国力竞争的强大动力和重要支撑。

同一时间,文化和旅游部发布《"十四五"文化和旅游科技创新规划》,明确了"十四五"文化和旅游科技创新发展的总体要求、重点领域、主要任务、保障措施,提出科技全面融入文化和旅游生产和消费各环节,全面赋能内容生产创新、产品和业态创新、商业模式创新、治理方式创新等各领域。要把握好数字化、网络化、智能化发展机遇,加强重点领域的关键技术研发和创新工程建设,促进文化和旅游高质量发展。全面推进科学技术深度融入文化和旅游领域,推动新兴技术在文化和旅游企事业单位、各层级政府职能部门的广泛应用。通过各级各类科技项目的实施,突破重点领域关键技术,形成有效应用。通过科技发展创造更加丰富的文化和旅游消费场景,有效提升文化和旅游消费的便利程度。

各地政府也越来越重视文化旅游的融合。广东省早在 2015 年就出台了《关于促进文化旅游融合发展的实施意见》,提出试点探索创建文化旅游示范区、积极推动文旅产品多样化、打造高品质的旅游演艺产品、建立和完善文化信息的传播渠道等任务。北京市在 2019 年发布了《关于推进北京市文化和旅游融合发展的意见》,提出 7 个方面共 26 条工作举措,将北京文化和旅游的资源优势转化为发展优势,不断满足北京市民和其他各地旅游者对美好生活的新期待,助力全国文化中心与国际一流旅游城市建设。

浙江省文化和旅游厅于 2019 年 7 月正式印发《关于加快推进文旅融合 IP 工程建设的实施意见》,指出按照文化和旅游部"宜融则融、能融尽融,以文促旅、以旅彰文"的总体思路,贯彻落实省委、省政府关于文化和旅游工作的重要部署。浙江将以文旅融合 IP 建设为切入点和着力点,推动文化和旅游"双万亿"产业高质量发展,助推浙江省建设全国文化高地、中国最佳旅游目的地、全国文化和旅游融合发展样板地。在文旅融合 IP 建设方面,浙江力争到 2022 年,使全省文旅融合产品专利、商标、版权注册申请总量居全国前列;全省文旅融合IP 原创衍生产品生产销售规模居全国前列;扶持一批成长型文旅融合 IP,打造一批创新型文旅融合 IP,推出一批示范级文旅融合 IP;认定 100 个左右省级文旅融合品牌 IP(其中 10个为省级文旅融合重点 IP),形成文旅融合 IP 大集群,使浙江省成为全国文旅融合 IP 发展的先行省、示范省、样板省。

四、文旅融合研究综述

国外对文化旅游产业的研究始于 19 世纪 60 年代。1977 年,Mcintosh & Gebert 在《旅游学——要素·实践·基本理论》一书中首次提出"文化旅游"的概念。之后的研究主要从具体产业形态和文化活动对旅游业影响的角度阐述文旅融合的可行性,如节庆活动、影视动漫、文化创意、文化旅游等,并基本达成了文化与旅游能相互促进、共同发展的见解。我国对文化与旅游的融合研究始于 20 世纪 80 年代,主要包括产业融合的可行性、必要性及运作模式,产业间的互动关系、融合驱动因素、实现路径,针对文化资源与旅游的互动关系。研究者主要以文化遗产开发与保护、文化旅游可达性分析、竞争力评价及文化旅游开发模式探究为切入点探究推动文化资源与旅游深度融合的可行性。

随着研究领域的拓展和文旅融合国家战略的形成,近年来关于文旅融合的研究形成了一些新的热点问题。本研究报告对近年来高频次被引用文献进行了分析,主要包括如下方面。

第一,文旅融合的逻辑、机理与总述研究。许多学者特别是知名学者从宏观层面对文旅融合进行了总述。傅才武(2020)指出,从本质上看,文旅融合的内在逻辑是旅游者个体参与创造文化旅游题材的过程,是文化旅游主体与作为象征意义(符号)系统的文化旅游装置(客体)通过个体文旅消费行为进行创造、转换和连接的过程,是客体与主体之间唤醒与沉浸的统一、"索引"与"凝视"的统一,体现为吸收符号及被符号吸收的互动过程。张胜冰(2019)提出,文旅融合的关键是深度融合,不能简单地把两者叠加在一起,而是要通过系统内部的耦合关系促成两者在系统要素上密切关联,产生化学反应。刘安乐(2020)从产业融合角度构建了文化与旅游产业发展综合评价指标体系。李先跃(2019)采用 Citespace 软件对我国文化产业和旅游产业融合研究进行可视化分析,将文化产业和旅游产业融合分为 3 个阶段,即萌芽期(2008 年以前)、起步和发展初期(2009—2017 年)、全面发展期(2018 年以后)。刘治彦(2019)分析了文化和旅游融合的多层次关系内涵、挑战、践行路径和未来方向。金海龙和章辉(2014)对我国文化产业与旅游产业融合的研究进行了综述。向勇(2019)从创意旅游的角度分析了地方创生视野下的文旅融合等。

第二,地方文旅融合的研究。大量的研究集中于特定区域、特定主题的文旅融合。张清荣(2019)对区域文旅品牌塑造进行了总述。王梦婷(2018)结合"文化+旅游"理念探讨了嵩山文化产业园的发展路径。杨军(2018)分析了玉树州加快发展文旅业过程中可取的经验,重点探讨了现阶段玉树州旅游业与文化产业融合中出现的问题。叶银宁(2017)以大明宫国家遗址公园为例,针对文化遗产类景区文化内涵价值不能被旅游者深入理解的情况,提出应顺应体验经济潮流,多开发体验型产品。程善兰(2017)探索了保护历史文化风貌街区的风貌特色与切实改善居民的居住条件相结合的路径,重视对社区网络、旅游功能、人文习俗的保护与开发。姜师立(2019)针对推进大运河旅游高质量发展提出 5 条对策建议:统筹编制运河旅游规划,融合开发运河旅游产品,精心打造运河文旅精品线路,双向延长运河旅游产业链,塑造统一的"下江南游运河"文旅品牌。谢彦君等(2019)分析了海南旅游发展中旅游基础设施建设与旅游吸引物打造过程中呈现的"剪刀差"现象,探讨了海南旅游发展"新定位、再出发"所应处理好的八大关系,进而提出了旅游发展定位所应遵循的概念框架及可以采取的技术路线。邱继贤等(2019)提出,文旅融合时代下旅游特色小镇差异化建设创新发展的路径应以内容为王,进行差异化小镇IP打造,要"以文兴业",书写独特的产业故事和小镇故事,并通过深入探究游客文化心理,进行产品与服务的特色打造,促进消费者在旅游特色小镇获得文化认同感与归属感,科学规划布局,系统化联动小镇开发。

第三,公共文化服务的文旅融合。关于这部分的研究也形成了一个热点问题,主要以博物馆与图书馆为代表。李国新等(2019)提出,文旅公共服务融合发展的切入点主要是公共文化服务设施嵌入旅游景区、线路、住地、交通服务区域等;基层综合性文化服务中心和乡村旅游服务中心融合;公共图书馆提供旅游公共信息服务;博物馆、非遗传习场所与研学旅行相融合。金武刚等(2019)认为,促进文旅融合发展的公共服务建设有两大途径:一是公共文化服务建设转型中融入旅游要素,如将设施空间打造为旅游目的地,研发适合旅游需求的文创产品,拓展旅游信息咨询服务,组织策划适合旅游特点的文化活动,等等;二是旅游公共文化服务中加强文化赋能。王世伟(2019)提出了公共图书馆文旅深度融合的命题,介绍了文化和旅游部的成立;阐述了国内外图书馆文旅融合的理论与实践;总结了中国公共图书馆文旅深度融合的相关案例,包括会展旅游、浙江丽水的民宿书吧、天津滨海新区图书馆等;从新理念、新机制、新路径等 3 个维度,论述了如何实现公共图书馆文旅深度融合的问题。黄安妮等(2020)分析了公共图书馆与文旅融合的文化耦合点,并结合案例介绍了文旅融合下公共图书馆服务创新路径,包括国家主导路径、基于全域旅游的"阅读+行走"路径、主题图书馆路径和图书馆全域服务路径,利用服务创新四要素分析公共图书馆文旅融合下的服务创新路径的价值。钱兆悦(2018)认为,应找准博物馆的旅游定位,将博物馆打造成为兼有历史、人文等多种价值的文化景观,构建"博物馆+"的连接模式。

第四,文旅融合与乡村振兴研究。刘玉堂等(2020)认为,应重拾文化记忆,打造乡村特色文化空间;提高乡村文化辨识度,推进乡村文化创新驱动;完善乡村公共文化服务,构建数字化乡村,实现乡村旅游文化服务水平的全面提升和可持续发展。王韬钦(2018)认为,文化与旅游的关系不必然是融合关系,无论从发展阶段还是功能性质来看,二者都存在一定的差异性。当前从文化振兴的角度来看,文旅融合还存在五大矛盾,包括文化资源的稀缺性与旅游产业的逐利性之间的矛盾、文化的严谨性与旅游的随意性之间的矛盾、乡村文化的外来性与旅游资源的本土性之间的矛盾、文化与旅游融合在不同禀赋特征地区之差异化的矛盾、乡村文旅融合低层次性规划与可持续性发展要求之间的矛盾。桂拉旦等(2016)分析了广东省林寨古村落的乡村旅游扶贫模式,认为其实现了本地文化资源与旅游要素的深度融合,全面提升了乡村扶贫的经济、社会、文化等效应,应增强乡村的自我"造血"功能,进一步推进新农村和美丽乡村建设。

此外,还有一些研究从非物质文化遗产保护与文旅融合、文旅融合程度的计量分析、国外文旅融合的经验等角度展开。总体来看,当前的研究还停留在较为早期的阶段,存在不少问题。首先,缺少管理学、经济学以及地理学等学科的理论基础和研究视角,没有学科学理支撑的研究将难以达到一定的理论深度,当然也难以解决具体的问题。其次,缺少学科背景和理论视角的研究只能以通论为主,难以对问题进行多层面多角度的深入分析,例如:文旅融合包括体制融合、产品融合、产业融合、市场融合、空间融合等,均可以进行分类研究;文旅融合的机理、融合模式、政策效能等问题也尚未得到回答。已有研究的逻辑构建也不够清晰。再次,缺少对国外典型模式的研究和总结,无论在实践层面还是在理论层面都无法起到示范作用。最后,关于数字化与技术手段如何对文旅融合进行引导和支撑的预见性研究还是空白。

五、浙江省文旅融合发展现状

1.地方特色文旅融合

浙江省文旅融合工作其实已经开展多年,具备突出的地方特征,在各地多姿多彩的特色文化与旅游景观的基础上,近年来展开了新的融合路径创新。2019 年,浙江省文化和旅游厅提出打造 100 个文化和旅游融合发展"金名片"工程,加速文旅融合的深度推进。

丽水市着力推进文化与生态旅游融合发展,建设了一批体现瓯江文化的旅游景区,如青田石雕博物馆、侨乡世界养生度假村、龙泉青瓷博物馆、畲族文化主题景区、遂昌金矿主题景区和"古堰画乡"绘画创意园等。丽水市还开展了一批旅游文化节庆活动,如丽水国际摄影文化节、丽水茭白节、三月三畲族歌会等。丽水将文化元素融入城乡旅游环境建设中,如:云和将木玩文化元素融入仙宫湖景区及云和高速出口入城路段建设,凸显云和"童话世界"的个性;龙泉在城市入口的主干道路剑川大道的规划设计中融入剑瓷文化元素,强化了"剑瓷龙泉"的旅游城市形象。丽水市甚至在政策规划层面也有突破,《浙江丽水摄影发展规划》是国内第一个关于摄影产业发展的规划,全面提升了丽水市的知名度、美誉度和影响力。

宁波市推出以"海丝古港,微笑宁波"为龙头,以区域、产品、企业、活动品牌为补充的多层次、立体化城市旅游品牌"1+X"体系。按照"山海统筹、城乡兼顾、生态优先、重点引领"的布局思路,整合形成"河姆渡—三江口—大运河"和海上丝绸之路文化旅游带,打造提升三江口、天一阁·月湖、泛外滩等都市旅游板块,象山港湾、杭州湾等海洋旅游板块,雪窦山、四明山等山水生态旅游板块。

绍兴市以"融合、转化、创新、服务"的工作理念为牵引,围绕重塑城市文化体系、打造最佳旅游目的地和争创文旅融合样板地等目标,打造"一廊三带 π 型"文态空间布局,深度推进全市文旅融合发展。举办"文旅融合的绍兴实践"暨打造文旅融合样板地启动仪式,围绕"文学+旅游"的主题打响中国首席文学旅游之城品牌。启动"鲁迅故里改造提升"项目,用"文学之城"建设推动融合绍兴文化旅游的发展。打造出了"没有围墙的博物馆""绍兴有戏""古城过大年""跟着课本游绍兴""越剧全球嘉年华""老绍兴·金柯桥""上虞四季仙果""西施故里·好美诸暨""中国越剧小镇""诗意新昌·唐诗名城"等特色 IP 集群,深入挖掘品牌 IP 的文化内涵,提炼其文化价值,积极开发衍生品,实现特色 IP 的消费变现。

2.非遗保护与文旅融合

近年来,浙江省文化和旅游厅在全国率先开展人类非遗代表性名录项目"3+N"保护行动,实施省级以上非遗项目"八个一"保护措施、传统戏剧发展"五个一"计划;建立全省非遗保护工作绩效评估机制,发布年度全省各市、各县(市、区)非遗保护发展指数评估数据;率先在全国开展非遗旅游景区评定工作,培育和建设一批非遗主题小镇和民俗文化村。出台《浙江省非物质文化遗产融合发展行动计划(2019—2022)》,推动非遗融入产业、融入产品、融入旅游、融入生活。在第 14 届中国(义乌)文交会上,浙江省发布了首批 100 项优秀非遗旅游商品。

在政策组合拳的推动下,浙江非遗与文旅融合取得了喜人的成绩。在2019年文化和旅游部公布的全国非遗优秀实践案例中,浙江省的绍兴莲花落、桐乡蓝印花布印染技艺和泰顺木拱桥营造技艺成功入选,入选数量并列全国第1。在2021年6月国务院公布的第5批325项国家级非物质文化遗产代表性项目名录中,浙江省上榜24项,居全国第1。继2006年国务院公布第一批国家级非遗项目名录以来,浙江省连续5次入选项目数量位居全国第1。

绍兴市的非遗保护工作比较有代表性。为打响"绍兴古城"这个品牌,绍兴每年从三区土地出让金中提取5%作为绍兴古城保护基金,制定古城保护利用条件,深化古城规划编制,努力将古城打造成为"以世界遗产为导向的传统风貌区、以文旅文创为主要功能业态的活力街区和风雅时尚、配套便捷的品质生活社区"。出台古城保护条例,建立古城保护基金,把古城让给世界。同时,为了让兰亭在绍兴重现魏晋风流,成立了兰亭文化旅游度假区,以书法为触媒,围绕"国学+"和"产业+"两大主线,推进118平方千米兰亭文化旅游度假区的规划建设,依托兰亭文化资源优势,讲好"兰亭故事"。

金华市的文化遗产与旅游融合也在不断探索:现有国保单位38处,列全省第2;省保单位132处、市保单位801处,均列全省第1。"浙中考古基地"挂牌成立,国家一级珍贵文物"徐谓礼文书"公开展出,全网阅读量突破1000万人次。国家级非遗项目有32个,列全省第3。非遗一台戏"婺风遗韵·水墨金华"获2020年度博鳌国际旅游奖之年度非遗创新奖。婺剧成功入选首批浙江文化印记,自2016年以来浙婺4次登上国家大剧院舞台并参加新年戏曲晚会,3次登上央视春晚舞台,成为全国地方戏曲院团中唯一全面参与国家最高规格演出的院团。

3.科技引领文旅融合

数字经济是浙江省近年来的"一号工程",文化和旅游业的数字化进程在浙江具有先发优势。数字化正与资本、知识、创新等要素结合在一起,激活传统文化和旅游资源,叠加催化产业新动能。从顶层设计到底层建构,数字化不仅改变了需求端的认知与行为,变革了供给侧的生产与交付方式,也完善了行政监管手段,提升了公共服务效能。2021年5月31日,文化和旅游部公布了第3批文化和旅游部重点实验室名单,全国共18家入选,浙江省独占2家,分别是数字音乐智能处理技术重点实验室和传统热成型手工技艺与数字化设计重点实验室,入选数量位列全国第1。第2批入选的有丝绸文化传承与产品设计数字化技术重点实验室,至此,浙江共有3家文化和旅游部重点实验室。

2019年,杭州"城市大脑文旅系统"发布了数字文旅六大运行平台,包括数字旅游管理平台、数字旅行社监管服务平台、数字景点监管服务平台、数字酒店监管服务平台、数字文化资源监管服务平台和数字文旅企业营销服务平台。其相关的六大应用场景分别是10秒找空房、20秒景区入园、30秒酒店入住、数字旅游专线、杭州旅游卡和"跟着城市大脑游杭州"。这是杭州文旅系统从硬创新向软创新、巧创新迈进的智慧之举。

4.公共文化服务与文旅融合

公共文化服务是文旅融合的重要一环。宁波市图书馆采取文旅融合的服务新模式,设计了人文地理馆——文旅融合的服务阵地,读行天下——文旅融合的服务品牌,酒店中的图书馆——文旅融合的服务网络,地铁里的图书馆——文旅融合的服务路线,打造公共图书馆文旅融合的宁波样本。嘉兴市图书馆以城乡一体化公共图书馆服务体系为依托,建立了融合双方优势的"红船书苑"体系,打破了旅游与图书馆的行业界限,搭建了一个兼容文化与旅游的公共服务平台,满足了不同群体的公共文化旅游服务需求。衢州市以《钱塘江诗路文化带规划(衢州段)》为引领,串联钱塘江上游衢江水系沿线各类区域文化和旅游资源,统筹整合资金资产资源,打造钱塘江诗路文化带。投入 1800 万元支持公园、社区建设"南孔书屋"24 小时城市书房,构筑城区 15 分钟阅读圈。累计安排财政资金 5400 万元,连续 3 年保障"全球免费游衢州"政策落地,支持烂柯山围棋仙地旅游区、儒学文化产业园、孔子文化博物馆等文旅融合项目深度开发,丰富全域旅游内涵。

尽管浙江省已经取得了丰硕的实践成果,有了一定的工作积累,但当前我省文旅融合仍存在不少问题,突出表现为:特色文化的旅游转化不足、业态单一、文化和旅游衍生品较少、价值链条过短、商业模式落后,以博物馆、图书馆、美术馆和科技馆为代表的公共文化空间还没有成为人民群众的日常生活场景,等等。这些问题严重阻碍了浙江省的文化强省建设和旅游经济的提质增效。

六、国内外文旅融合典型模式及经验借鉴

(一)国内文旅融合典型案例

1.主题公园以体验和互动为核心

越来越多的文旅融合模式与互联网、数字技术、大数据、物联网、人工智能、音视频、VR(虚拟现实)、AR(增强现实)、MR(混合现实)、CR(影像现实)等现代科技紧密结合,带来文化娱乐的新体验和新感受,主题公园里不再是传统的游乐设施和游玩项目,而是通过文化科技的介入,增加许多互动体验、虚拟现实、全景影像、仿真游戏等,拉近了游客与现实场景的距离,给游客带来观赏性、刺激性和趣味性。华强集团的方特模式、长隆集团的长隆模式、华侨城集团的欢乐谷模式,还有万达的"汉秀""青秀"模式等,成为这方面的典型。

2.历史文化旅游街区活化文化内涵

苏州历史文化旅游街区保护活性。破除传统保护规划将街区文化视为"静态"的观念,将街区文化信息"活态"化,将"建筑"与"功能"相结合,将街区"活态"内容纳入文化保护的范畴,保留和延续历史文化旅游街区居住功能和居住聚落,重塑庭院、码头、井台等小空间,保护和加强传统居住文化的回归性培育,在历史文化旅游街区内听得见评弹声、闻得到碧螺茶香、买得到刺绣、看得见绣娘,保证历史文化旅游街区的原汁原味,展现苏州历史文化旅游街区的灵魂,使街区内居民生产和生活成为一道历史文化景观,使遗存保护与生活气息的活态保护自然和谐。

3."大数据＋"文旅拓展发展思路

贵州省是全国首个大数据综合试验区,通过大力发展人工智能、5G、物联网、云计算、信息安全、区块链等数字经济的制高点,构建了数字文旅产业生态。贵州通过创设一套智慧旅游体系,以2种数字文旅融合思路实现3种旅游资源转变,以"四位一体"协同发展开启数字文旅深度融合5种模式。新兴技术融合数字文旅产业。将全息投影、3D打印、人工智能等新兴技术与文旅产业中的系统、平台等融合发展,推进文旅产品和服务的数字化进程,加快文旅产品的网络化进程,为新服务的培育提供数字基础服务。推动数字文旅产业多元应用融合,提升数字文旅产业综合保障能力。

4.非遗保护模式场景创新

山西省开展了黄河流域文化遗产的系统保护。加强国家级和省级文化生态保护区建设,在原生地因地制宜,首创并大力实施"乡村文化记忆工程"。通过"普查、细理、善存、展示"综合利用乡村文化遗产。目前,693个试点乡镇发展态势良好,引起国家全面深化改革委员会办公室重视。搭建非遗展示平台,促进非遗资源融入时代生活。2017年、2019年两届山西艺术节,广泛展示了山西非遗之美;2018年首届山西非物质文化遗产博览会在黄河、长城、太行三大板块代表性景区举办,集中展示了黄河文化遗产保护。坚持以保护为主、生态发展优先,推动黄河流域生态文明建设与文旅融合发展的崭新场景,打造生态文化康养旅游示范区。

5.民族文化旅游主打特色

丽江市从1996年开始大力发展旅游业,经过了20多年经验和资本的积累,已经打造出一系列民族文旅品牌和品牌管理体系。民族文旅品牌无论是在设计开发上,还是在品牌的营销上,都相对成熟。丽江市的民族文旅品牌形象,体现在听觉(民族主题音乐)、视觉(标识、纪念品)、心理感知(民俗节庆)和综合感知(特色饮食、民居)等方面,以品牌体验影响现有旅游者,以品牌的联想影响潜在旅游者,深度强化了旅游者对丽江品牌的认同。由旅游带动形成的市场为丽江特色民族文化产业的发展提供了巨大的消费需求。民族文化产业与旅游产业融合发展,并进一步发展成民族文化特色小镇。

(二)发达国家文旅融合新动态

发达国家文旅内涵广泛、形式多样,是各个要素综合作用的结果。根据发展动力和突出特征,本研究将其归纳为IP驱动型、特色资源驱动型、技术驱动型政策主导型、事件主导型等模式。

1.IP驱动型

众所周知,美国迪士尼乐园、环球影城等产业模式,是文旅融合的著名范例。它们借助强大的影视文化IP,即知识产权这一原创内容,把它移植和延伸到旅游业中,极大地提升了旅游的附加值,使得文化资源开发由一次性开发变成多次性开发和深度开发,从而有效提高了文化资源的利用率和效率。

2.特色资源驱动型

以泰国旅游目的地产品体系为例,泰国国家旅游局针对中国市场推出的全新品牌形象"有品有质游泰国",在"有品有质"这一主题之下进一步阐释泰国有文化、有风光、有美食、有快乐、有时尚和有甜蜜等多个方面的品质游产品内容,从迷人景点、美食体验、奢华度假、蜜月胜地、优质购物等方面展现泰国旅游。"有品有质游泰国"这一全新的品牌口号及支撑品质游的体系化产品,让游客更直观地了解从前不曾了解过的泰国,深入体会泰国文化的精髓,同时将场景元素代入产品体验中,把场景转化为消费,从而导流更多的消费人群。

3.技术驱动型

美国以视听产品为代表的文化产业是典型的"文化+科技"的模式。由于其科技含量高、视听效果突出,故具有较强的市场竞争力。实景体验、数字化场景再现、互动参与等逐渐替代传统观光成为旅游热点。

作为世界文化产业强国,韩国起初主打文化内容,把文化产业看作内容产业,后来越来越强调通过科技来支撑文化内容,提出把"文化+科技"产业作为未来文化产业发展的战略引领,强调文化产业与科技高度融合,以提高产品竞争力、产业附加值,由此形成"韩流"新的国际竞争力。"文化+科技"产业也被人们看作"新韩流"的发端,由此孕育出基于"文化+科技"的数字文化产业等新业态和新模式。韩国在《文化产业振兴基本法》中也相应增加了与文化科技有关的内容条款,这是韩国首次在政策层面上把文化科技纳入国家有关法律体系框架。

4.政策主导型

韩国把与文化产业密切相关的部门整合在一起,涉及文化、体育和观光,组成了带有产业融合特征的综合性管理部门——文化、体育和观光部。这是从产业融合的现实需要出发而进行的主动改变。

5.事件主导型

随着时代的发展,文旅融合也涌现出一些新的形式。在主题上,事件文旅(音乐节、嘉年华)、艺术文旅也是国外文旅的典型模式,如英国爱丁堡艺术节。爱丁堡是著名的节庆城市,也是以整座城市入选联合国教科文组织世界遗产名录的城市。爱丁堡艺术节始创于1947年,其凭借国际性高水平、专业化的演出及民间艺术团体多元化的表演,加之苏格兰风情的本土元素,不断吸引着世界各地的旅游者前来。爱丁堡每年接待超过25000名国际艺术家,吸引超过1000家媒体及超过400万名观众的参与,为苏格兰经济创收2.6亿英镑,对城市经济的发展起到了非常大的促进作用,并带动了相关产业的发展。融合了多元文化的爱丁堡也成功地借此实现了旅游目的地转型,成为城市利用节事带动旅游产业发展的全球范本。

七、浙江省文旅融合高质量发展的实施路径

在借鉴国内外典型文旅融合模式的基础上,本研究从以下4个方面提出推进浙江省文旅融合发展的实施路径。

（一）从特色文化融合的角度，因地制宜地打造浙江特色文旅品牌

系统梳理全省文化和旅游资源，突破传统的文化和旅游资源的分析框架，挖掘能够充分代表浙江文化特质、对客源市场有吸引力、整合后具有充分市场竞争力的文旅资源，突出文化的引领作用，因地制宜打造浙江特色文旅品牌。例如，针对历史名家文旅资源、唐诗之路文旅资源、红色文旅资源、海洋文旅资源等，可在现有基础上做进一步整合、提升工作，打造若干个具有浙江特色、浙江风格、浙江气派的特色文旅品牌。

1.历史文化

在现有历史挖掘的基础上，进一步深入挖掘上山文化、跨湖桥文化、河姆渡文化、马家浜文化和良渚文化等浙江悠久灿烂的史前文化的杰出代表；深入研究赵孟頫、丰子恺等文化大家的作品。设计相关文创产品，形成浙江历史山水名人新品牌，开发虚拟形态的文化旅游资源。

2.唐诗之路文化

东晋浙东名士所代表的浙江山水文化和士文化的融合，奠定了浙东唐诗之路的思想文化基础，是一种可媲美丝绸之路的历史文化现象。在现有文旅目的地品牌的基础上，进一步整合唐诗文化和旅游资源，与现代科技融合，运用现代手法演绎传统文化，强化文化和旅游融合的整体效果，打造中外游客接受度高、更易传播、更能留下深刻印象的旅游演艺品牌，提升唐诗文化的吸引力和传播力。

3.海洋文化

充分利用浙江省海洋旅游资源，推动"海岸旅游"向"海洋旅游"转变，构建立体化的海洋文旅区生态系统。海洋文化的载体，并不局限于海洋馆，公交车、餐厅、网红咖啡馆、城市外观等都要体现海洋文化特色，将海洋文化具象化，表现在海洋文旅区衣、食、住、行、娱、购等各要素中，让游客置身于海洋世界，向游客全方位传递当地特色文化。

4.红色文化

推出一批"弘扬浙江精神、传承红色基因"的红色旅游主题线路。与乡村旅游结合，按照"小而精、精而特"的要求，强化红色文创产品供给与游客需求的对接，满足省内外、海内外游客多样化的需求。

5.浙江特色文化

发挥浙江特色非物质文化遗产、大运河文化、民俗文化、"三雕一石"文化的作用，开发系列文创产品或体验性文化服务，让游客有可以带走的文化记忆，进一步增强浙江文化和旅游融合的载体支撑。

（二）从价值链延伸的角度，推动文旅产业的深度开发

按照文化和旅游融合优势互补的原则，坚持"宜融则融、能融尽融"，培育"文化＋""＋文化""旅游＋""＋旅游"新产业、新模式、新业态，延伸和提升浙江省文旅产业链、价值链。文化产业和旅游产业突破各自的技术边界、产品边界、业务边界和市场边界，渗透或延伸至彼此的产业活动领域,使得旅游产业(文化产业)的产业链和价值链发生解构,与文化产业(旅游产业)的产业链与价值链的各环节进行重组、整合与创新,推动文化和旅游融合的深度开发,重建文化和旅游产业的业务流程,强化并延伸文化旅游产业价值链。

从纵向上看,探索上游环节的文化和旅游资源的融合挖掘和开发,提高文化和旅游资源的整合能力;中游环节深化对文化和旅游资源融合的加工和包装,提高文化旅游产品或服务的价值量,倡导各种文创衍生产品开发(涉及衣、食、住、行等多方面);下游环节提升文化和旅游融合产品运营水平,强化与文化和旅游消费侧的对接,输出特色文化产品或服务,并综合运用多种语言设计,提高产品覆盖率,推动文化旅游产业转型升级。

(三)从业态融合的角度,促进旅游业生态位延展和多产业协同发展

在大数据和媒介融合时代,旅游行业的原有行业生态环境趋于复杂。根据生态位理论,旅游行业必须通过与其他业态融合实现生态位宽度的延展,产生共生效应,才能增加企业生态系统的利益。文化与旅游融合发展,是通过"以文促旅"和"以旅彰文"来助推文化产业和旅游产业共同繁荣的。因此,要从文化细分产业着手,促进动漫、影视、演艺、艺术、文创设计与旅游业的深度融合。考虑到文化产业延展性很强,应进一步通过"文化+",赋予科技、商贸、酒店、餐饮、汽车、农林、体育等产业文化内涵,使旅游业完善渗透到其他产业,从而形成节事游、民俗游、研学游、休闲游、美食游、美宿游、自驾游、商务游等跨界产品,促进各产业与旅游业的融合发展。浙江省应结合地域文化特色,通过"文化+"和"旅游+"促进多业态融合,创新旅游发展模式,满足大众日益多样化、个性化的消费需求,在拓展旅游边界的同时,提高文化传播力和影响力。

(四)从跨区域资源协调的角度,打造全域旅游发展模式

全域文化旅游是助推我省经济发展的重要方式。通过文化融合、旅游资源整合、人员配合等实现设施、要素、功能在空间上的合理布局和优化配置,从而形成"处处是景、时时见景"的旅游风貌。首先,通过梳理全省文化和旅游资源,以历史名家文化、唐诗文化、海洋文化、红色文化为龙头进行全省文化旅游线路的规划设计,从"吃、住、行、游、购、娱"的旅游六要素入手,打造多条主题各异的高品质旅游线路,以满足不同类型消费者在不同时段的旅游需求。其次,围绕线路、景区部署新业态,促进多产业"旅游化",充分激发省内冷资源和闲资源的活力。最后,围绕线路和景区完善公共服务和基础设施建设,加大旅游开发宣传推介力度,提高线路知名度。有效串联全省高质量旅游资源,为消费者提供多样化的游览选择,延长游客停留时间,提高全省文化旅游的吸引力。

八、新形势下推进浙江省文旅融合的政策建议

(一)加大政策保障力度

政府文化和旅游主管部门需要转变文化事业、文化产业和旅游业的发展思路,要更加重视市场主体建设和商业环境培育。

围绕浙江省数字经济战略，系统梳理国家、省在文化和旅游领域的相关法律法规、管理规范、行政条例、政策要求等，研究建立统一的文化和旅游业统计体系、政府考核体系和政策保障体系；加大财税和金融政策支持力度，整合原有文化系统和旅游系统的各项专项资金，建立文化与旅游融合发展的专项基金，引导金融机构加大对文旅融合发展示范项目、重点项目的信贷投放；系统梳理文化和旅游系统原有的各种基地、示范区、试验区、园区、工程等，寻找整合对接的载体和空间。

（二）多机构联动助推融合型人才培养

研究制订省级文化和旅游融合人才长期培养计划，依托浙江大学、浙江工商大学、中国社会科学院等知名院校和专业研究机构，探索专业培训、轮岗轮值等方式，组织针对各级文化和旅游部门负责人、业务骨干的系列专题培训，提升文化和旅游领域各类人员的融合观念和融合意识；强化懂消费心理（更重视文化体验、美食体验等）、懂管理、善整合、有创意的复合型人才培养，弥补文化和旅游融合人才短板，培育高素质、专业化的文化和旅游融合人才队伍。

（三）提升公共服务水平，完善基础设施建设

直面发展不平衡、不充分的问题，加强和改进文化和旅游融合的标准化工作，用标准化方式强化对文化旅游融合发展的管理、规范和引导；推动文化与旅游公共服务融合，将旅游公共服务设施纳入文化公共服务设施统筹考虑；探索 PPP 模式开展旅游基础设施建设，构建立体畅达的交通网络和配套设施网络，提升文化和旅游融合载体的文化品位及其人文关怀，提高浙江文化和旅游融合的体验度和协作度。

（四）打造高品质文旅品牌，提升品牌文化内涵

针对"诗画浙江"品牌空有宣传，缺乏足够载体支撑的实际情况，制订省级文化和旅游融合品牌提升计划，充分发挥旅游企业集团、文化企业集团、文旅投资公司、产业基金等市场主体的作用，通过产品、项目、资本、技术等推动文化和旅游在具体经营层面的深度融合，充分挖掘当地特色文化形成产品、地域、企业等多维度品牌符号，构建包括"省—市—县""旅游地—产品/服务—企业"等立体化的文旅品牌体系，打造文化和旅游融合发展 IP 工程。

（五）建设省级文化旅游信息服务平台

从顶层设计着手，紧密结合实际，研究制定全省文化和旅游融合全域规划，明确发展指导方针、战略目标、发展重点和保障措施，排出任务书、时间表、路线图，加强旅游、文化供需渠道和信息平台的有机对接，促进文旅客源对接互动；加强文化和旅游信息化和消费大数据平台建设，有序推进智慧景区、智能讲解、文化地图、旅游大数据建设，提高全省文化和旅游融合的智慧化水平，为文化和旅游融合发展提供数据支撑。

参考文献

[1] 程善兰,2017.文旅融合视角下苏州历史文化旅游街区的保护与路径探讨[J].商业经济

研究（12）:135-137.

[2] 范周,2019.文旅融合的理论与实践[J].人民论坛·学术前沿(11):43-49.

[3] 傅才武,2020.论文化和旅游融合的内在逻辑[J].武汉大学学报(哲学社会科学版),73(2):89-100.

[4] 桂拉旦,唐唯,2016.文旅融合型乡村旅游精准扶贫模式研究:以广东林寨古村落为例[J].西北人口,37(2):64-68.

[5] 黄安妮,陈雅,2020.文旅融合下的公共图书馆服务创新路径[J].图书馆(2):35-40,52.

[6] 黄永林,2019.文旅融合发展的文化阐释与旅游实践[J].人民论坛·学术前沿(11):16-23.

[7] 姜师立,2019.文旅融合背景下大运河旅游发展高质量对策研究[J].中国名城(6):88-95.

[8] 金海龙,章辉,2015.我国文化产业与旅游产业融合研究综述[J].湖北理工学院学报(人文社会科学版),32(2):23-28.

[9] 金武刚,赵娜,张雨晴,等,2019.促进文旅融合发展的公共服务建设途径[J].图书与情报(4):53-58.

[10] 李国新,李阳,2019.文化和旅游公共服务融合发展的思考[J].图书馆杂志,38(10):29-33.

[11] 李先跃,2019.中国文化产业与旅游产业融合研究进展及趋势:基于Citespace计量分析[J].经济地理,39(12):212-220,229.

[12] 厉建梅,2016.文旅融合下文化遗产与旅游品牌建设研究[D].济南:山东大学.

[13] 刘安乐,杨承玥,明庆忠,等,2020.中国文化产业与旅游产业协调态势及其驱动力[J].经济地理,40(6):203-213.

[14] 刘玉堂,高睿霞,2020.文旅融合视域下乡村旅游核心竞争力研究[J].理论月刊(1):92-100.

[15] 刘治彦,2019.文旅融合发展:理论、实践与未来方向[J].人民论坛·学术前沿(16):92-97.

[16] 马勇,童昀,2019.从区域到场域:文化和旅游关系的再认识[J].旅游学刊,34(4):7-9.

[17] 钱兆悦,2018.文旅融合下的博物馆公众服务:新理念、新方法[J].东南文化(3):90-94.

[18] 邱继贤,王贺港,2019.以文兴业:文旅融合时代下旅游特色小镇建设路径探究[J].商业经济(6):63-64,93.

[19] 田志奇,2019.文旅融合下旅游目的地互联网思维的产品营销及创新[J].旅游学刊,34(8):8-10.

[20] 王梦婷,郑莉文,2018.文旅融合视角下的文化旅游产业园发展路径研究:以嵩山文化产业园为例[J].国土与自然资源研究(6):65-67.

[21] 王韬钦,2018.文化振兴视阈下乡村文化旅游融合发展的内生逻辑及路径选择[J].科技

促进发展,14(12):1186-1192.

[22] 王世伟,2019.关于公共图书馆文旅深度融合的思考[J].图书馆(2):1-6.

[23] 向勇,2019.创意旅游:地方创生视野下的文旅融合[J].人民论坛·学术前沿(11):64-70.

[24] 谢彦君,卫银栋,胡迎春,等,2019.文旅融合背景下海南国际旅游消费中心的定位问题[J].旅游学刊,34(1):12-22.

[25] 闫秦勤,2016.国内外旅游产业与文化产业融合研究述评[J].湖北理工学院学报(人文社会科学版),33(6):17-23.

[26] 杨军,2018.青海藏区旅游业与文化产业深度融合发展研究:以玉树州文旅产业多元融合为例[J].青海社会科学(5):131-134,174.

[27] 叶银宁,2017.文旅融合下文化遗产类景区体验型产品开发研究:以大明宫国家遗址公园为例[J].现代商贸工业(35):43-44.

[28] 张朝枝,朱敏敏,2020.文化和旅游融合:多层次关系内涵、挑战与践行路径[J].旅游学刊,35(3):62-71.

[29] 张清荣,2019.文旅融合视角下的区域文化旅游品牌塑造[J].文化产业(24):1-3.

[30] 张胜冰,2019.文旅深度融合的内在机理、基本模式与产业开发逻辑[J].中国石油大学学报(社会科学版),35(5):94-99.

浙江省文化产业高质量发展评价和实现路径研究报告

李颖灏　　王欢欢　韦　艺

一、问题背景

党的十九大报告指出:"我国经济已由高速增长阶段转向高质量发展阶段。"着力推动文化产业高质量发展,既是顺应经济发展规律的客观要求,也是满足人民对美好生活向往的必然选择。2018 年,习近平总书记在全国宣传思想工作会议上讲话强调"要推动文化产业高质量发展,健全现代文化产业体系和市场体系,推动各类文化市场主体发展壮大,培育新型文化业态和文化消费模式,以高质量文化供给增强人们的文化获得感、幸福感"。2018 年,中央经济工作会议提出,必须加快形成推动高质量发展的指标体系、政策体系、标准体系、统计体系、绩效评价、政绩考核,创建和完善制度环境,推动我国经济在实现高质量发展上不断取得新进展。强调了高质量发展的评价标准和评价指标体系建设对经济高质量发展具有基础性作用,应当开展重点研究。

浙江省经济正处于从高速度向高质量转型的关键时期,文化创新如同科技创新、制度创新一样,成为经济高质量发展的重要内生能量。对于高质量发展建设共同富裕示范区,文化既是衡量标准,也是显著标志。文化产业自身的高质量发展也越来越成为一个重大的战略命题和紧迫的实践诉求。开展符合文化产业高质量发展内涵与诉求的评价指标体系研究工作,有利于更加科学地对文化产业高质量发展水平进行多维度衡量,找出当下浙江省文化产业高质量发展所存在的缺陷和面临的问题,积极推动浙江省文化产业高质量发展和文化软实力提升。

二、文化产业高质量发展的内涵

要理解文化产业高质量发展,其前提是对高质量发展的内涵有深刻的认识。高质量发展是指在中国经济进入新时代发展阶段后,相对高速度发展和重规模发展而言,对经济发展目标和路径的新的重大政策意涵表达。

学者们对高质量发展的内涵进行了广泛的讨论,目前主要有 3 个方面的分析视角。一是以"五大发展理念"和社会主要矛盾为视角。例如,何立峰(2018)认为,高质量发展是体现"五大发展理念"的发展,是能够很好地满足人民日益增长的美好生活需要的发展。杨伟民(2018)、刘志彪(2018)认为,高质量发展就是能够很好地满足人民日益增长的美好生活需要、体现新发展理念的发展,是创新成为第一动力、协调成为内生特点、绿色成为普遍形态、开放成为必由之路、共享成为根本目的的发展。二是以经济高质量发展为视角。例如,金碚(2018)认为,高质量发展是能够更好地满足人民不断增长的真实需要的经济发展方式、结构和动力状态。王春新(2018)认为,高质量发展就是提质增效、创新驱动、绿色低碳和协调共享。三是以区分狭义广义或微观宏观的不同要求为视角。例如,刘迎秋(2018)认为,狭义的高质量发展是指以产品高质量为主导的生产发展,广义的高质量发展既包括社会再生产过程的高质量发展,也包括社会经济生活全过程的高质量发展。王一鸣(2018)认为,可以从微观层面的产品和服务质量、中观层面的产业和区域发展质量和宏观层面的国民经济整体质量和效益来考察发展质量。

李金昌等(2019)对高质量发展内涵研究进行了评述,认为不同研究视角的整体意义指向是一致的,即:高质量发展是以"满足人民日益增长的美好生活需要"为根本目的;以"五大发展理念"为根本理念;以"高质量"为根本要求,涵盖经济社会发展宏观和微观层面、不同环节和各个领域;以"创新"为根本动力,不断提升综合效率;以"持续"为根本路径,不断优化各种关系。

文化产业高质量发展属于经济高质量发展的中观产业范畴,其既遵循高质量发展的一般意义指向,又呈现出文化产业发展的特有属性。文化产业高质量发展不仅包含发展方式、结构、动力等经济属性,也包含意识形态属性。在创新驱动发展战略和国家将文化建设放在全局工作更加突出位置的背景下,目前我国文化产业发展呈现出数字化、融合化、开放化的时代特征。

宗祖盼(2020)从经济、政治、文化、社会和生态文明等5个维度对文化产业高质量发展进行了探讨,认为文化产业高质量发展的内涵就是要进一步解放文化生产力,发展文化生产力,通过提质增效激发全民族文化创新创造活力。

王林生(2020)认为,文化产业高质量发展内涵包括满足文化需求、实现创新驱动和完善产业发展体系3个具体指向,文化产业高质量发展的最终旨向是传统文化业态借力互联网科技进行自我创造性转化和创新性发展。

黄音梓(2021)认为,文化产业高质量发展是满足人民群众对美好生活向往的必然选择。在调结构、转方式的关键时期,改善文化产业供给以提高人民群众生活品质、满足大众对高品质文化生活的期待是对文化产业的现实考验。文化产业高质量发展需要通过提高科技含量和生产效率、尊重市场机制、调整落后产能、提升创意水平等方面进行推动。

综合关于文化产业高质量发展内涵的已有研究成果,结合文化产业发展的内在特征,我们认为文化产业高质量发展是指以更好地满足人民美好生活向往和需要为目的,以创新、协调、绿色、开放、共享五大发展理念为指导,包含增长动力与创新能力强劲、产业结构和区域布局合理、产品质量与服务功能更好、经济地位与社会效益更高等多层次内涵的高水平文化供给质量和效率的发展。

三、文化产业高质量发展的内在逻辑

文化产业是新时代背景下发展繁荣社会主义文化、满足人民日益增长的美好生活需要的重要途径。推动文化产业高质量发展,既是适应新时代社会主要矛盾转变的客观要求,又是提升文化软实力和文化竞争力的必经之路。文化产业高质量发展需要通过质量变革、效率变革和动力变革来优化结构、提升效率、转换动能,从而实现高质量的发展。

(一)文化产业高质量价值供给需要质量变革予以实现

从根本上说,文化产业高质量发展的本质含义是社会所生产和消费的有用文化产品的增加,也即文化产品使用价值量的增加,更高的使用价值可以更好地满足人民日益增长的需要。相对于高速增长阶段专注解决文化产品和服务的供给量不足的问题,文化产业高质量发展则从侧重于文化产品总量增加,转向更加注重文化产品和经济活动的使用价值及其质量合意性,对满足人民日益增长的美好生活需要的文化产品使用价值的关注变得尤为重要,受到更大关注(金碚,2018)。根据文化产业高质量发展的新质态,结合文化产业的公共属性,文化产业有形产品制造和无形服务提供兼具的多元化属性,以及文化产业的高质量价值供给,需要在质量的核算统计和量化比较方面,进行思维方式的适应性改变和引领性革新,同时在质量变革体制机制、战略制定、治理体系及质量创造流程等领域持续深化。

(二)文化产业高质量创新生产需要效率变革予以优化

强调文化产业高质量发展,并非对文化产业高速增长进行否定,而是针对过去文化产业高速增长中存在的不平衡、不协调、不可持续等问题,在文化产业高质量创新生产过程中,通过效率变革予以优化。具体而言,实现文化产业高质量的需求满足,需要通过需求侧对供给侧发挥引领作用;实现文化产业高质量的配置,要打破资源由低效部门向高效部门配置的障碍,提高资源配置效率;实现文化产业高质量的投入产出,要用有限的资源创造出更多的财富,通过不断优化资本效率、劳动效率、资源效率、能源效率、环境效率及数据生产要素效率等,达到投入少、产出多、效益好的产业效果。

(三)文化产业高质量动能转换需要动力变革予以推进

习近平总书记指出:"我国经济已由高速增长阶段转向高质量发展阶段,正处在转变发展方式、优化经济结构、转换增长动力的攻关期。"在中国文化产业的发展过程中,传统生产要素投入对文化产业发展的助推作用正在逐渐减弱。进入新时代,要实现文化产业高质量发展,必须进一步挖掘文化产业的新动能(王家庭等,2019),不仅要充分发挥消费驱动和政策推动的外源动力的作用,而且要有效利用以数字技术、信息技术和网络技术为基础的高新技术来推进文化产业创新发展的技术创新力,信息化、物联网、智能化等创新技术为文化产业的创新提供低成本、多渠道的技术平台构建的平台融合力,以及产业集群化趋势增强来推动文化产业协同发展的产业协同力等内生动力,积极探索新业态新模式,促进"存量变革",推动新时代我国文化产业高质量发展的新旧动能转换。

四、浙江省文化产业高质量发展评价体系构建与测度

(一)评价体系构建

关于文化产业发展评价的研究,早前多集中于对文化产业发展效率、文化产业竞争力和文化产业发展指数等方面的评价分析。在文化产业发展效率评价方面,孙智君等(2019)运用 DEA 方法中的产出导向型 BCC 模型及"超效率"模型,对长江经济带文化产业绩效进行实证评价。潘玉香等(2017)对京津冀地区文化产业资源配置效率进行评价。在文化产业竞争力方面,胡红杰(2020)通过构建文化产业竞争力比较指标体系,对黄河流域 8 省(区)的文化产业竞争力进行了综合比较。在文化产业发展指数方面,臧志彭(2015)以产业基础、产业规模及产业吸引力为基础,构建了网络文化产业发展指标体系,引入熵权法进行指标权重计算,利用综合评价法构建网络文化产业发展指数。中国人民大学创意产业技术研究院从 2015 年开始,从产业生产力、产业影响力和产业驱动力 3 个维度测量我国各省区市文化产业的发展情况,并发布《中国省市文化产业发展指数》和《中国文化消费指数报告》等发展年度报告。

随着文化产业进入高质量发展的转型时期,针对文化产业高质量发展的评价研究也相继展开。袁渊等(2020)认为,产业效率、文化创新、协调发展、发展环境和对外开放是影响文化产业高质量发展的主要因素,并以此 5 个维度构建文化产业高质量发展指标体系,对我国 31 个省区市的文化产业高质量发展综合指数和子维度指数进行测算评价。丁仕潮等(2020)构建质量变革、效率变革、动力变革、需求引领、环境保障 5 个维度 29 个指标的文化产业高质量发展评价体系,并对中国 31 个省区市的文化产业高质量发展水平进行了测算。喻蕾(2021)从产业创新、产业协调、产业开放和产业共享 4 个维度构建我国文化产业高质量发展评价指标体系。江晓晗等(2021)选择文化产业全要素生产率作为文化产业高质量发展的替代性指标,考察了长江经济带沿线 11 个省区市的文化产业发展质量。

从国内外相关研究来看,学术界对文化产业高质量发展评价研究已经进行了有益的探索。已有研究各具特色,但还存在如下一些问题:一是对文化产业高质量发展的评价侧重于某些特定方面,如部分研究主要从投入—产出效率和全要素生产效率的视角评估文化产业的发展质量,未能充分体现文化产业高质量发展的内涵。二是部分评价指标测度较为困难,如文化产业创新企业的成长性、研究与发展经费投入强度、文化科技融合度、产业结构高级化等,在数据取得方面存在一定困难。

由于高质量发展是一个新的范畴,文化产业在生产运营过程中具有创新性、高附加值性、消费大众性的特征。科学地构建浙江省文化产业高质量评价指标体系,既要体现文化产业高质量发展的内涵和诉求,也要与"创新、协调、绿色、开放、共享"五大新发展理念相契合,同时还要能准确地把握浙江省文化产业发展的现实基础和面临的实际问题。

根据以上文化产业高质量发展的内涵,结合已有文献对文化产业高质量发展评价体系的研究成果,我们认为建立文化产业高质量发展评价体系要重点突出"高质量"与"发展"相

结合的原则,要遵循全面性和系统性的原则,同时要符合科学性与数据可得性的原则。为此,我们构建了包含创新发展、文化共享、结构协调、对外开放四大类 13 个二级指标的浙江省文化产业高质量发展评价指标体系,具体情况如表 1 所示。其中,X1—X3 指标代表文化产业创新发展力,由文化科研机构专业技术人才数量(X1)、文化产业 R&D 经费支出(X2)和文化企业获得专利数量(X3)三方面指标组成;X4—X6 代表文化产业高质量发展在社会文化生活共享方面的衡量,这一领域的指标除了设置一般公共预算文化体育与传媒支出(X4)以外,还通过 2 个均值指标(X5、X6)来反映文化生活共享的情况;X7—X9 反映了文化产业高质量发展的结构协调程度,除了从文化产业增加值占生产总值比重(X7)、规上文化企业与工业企业数量比值(X8)两方面对产业结构协调设置具体指标,还考虑了文化产业生产和消费的城乡二元结构情况,通过城乡居民人均文化娱乐消费支出比(X9)对文化产业协调发展进行评价;X10—X13 反映了浙江省文化产业对外开放程度,通过文化产业进出口总额(X10)、文化产业实际利用外资情况(X11)、入境旅客人次(X12)和入境旅游收入(X13)来衡量。

表 1　浙江省文化产业高质量发展评价指标体系

维度	指标	单位	属性
创新发展	X1:文化科研机构专业技术人才数量	万人	+
	X2:文化产业 R&D 经费支出	万元	+
	X3:文化企业获得专利数量	项	+
文化共享	X4:一般公共预算文化体育与传媒支出	元	+
	X5:公共文化设施日均服务人次	人次	+
	X6:人均公共图书馆馆藏数量	册	+
结构协调	X7:文化产业增加值占生产总值比重	%	+
	X8:规上文化企业与工业企业数量比值	%	+
	X9:城乡居民人均文化娱乐消费支出比	%	−
对外开放	X10:文化产业进出口总额	万美元	+
	X11:文化产业实际利用外资情况	万美元	+
	X12:入境游客人次	人次	+
	X13:入境旅游收入	万美元	+

(二)数据来源与方法选择

1.数据来源

本文直接指标数据均来自《中国文化及相关产业统计年鉴 2020》《浙江省统计年鉴 2020》以及 2020 年浙江省各地市统计年鉴、相关行业报告和政府网站。评价对象涉及浙江省 11 个设区市,由于个别数据缺失,故通过回归方程运用以前年度数据进行估算得出。

2.方法选择

本文选取了熵权 TOPSIS 法来测度文化产业高质量发展水平。熵权 TOPSIS 法是一种融合了熵权法与 TOPSIS 法优势的综合评价方法。首先根据数据中获取的信息用熵权法对各指标的权重进行客观赋值,然后利用 TOPSIS 法比较各地区的文化产业高质量发展水平与最优方案之间的接近程度,并进行排序。

(三)评价测度分析

浙江省 11 个设区市文化产业高质量发展指数测算结果如图 1 所示。从图 1 中可以发现,2019 年浙江省各设区市文化产业高质量发展指数都在 0.0264—0.7612 之间。全省的均值为 0.2369,有 3 个设区市的综合指数超过全省均值,8 个设区市的综合指数低于全省均值,其中,文化产业高质量发展指数最高的为杭州的 0.7612,最低的为舟山的 0.0264。

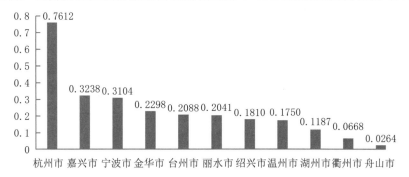

图 1　2019 年浙江省 11 个设区市文化产业高质量发展指数

可以看出:(1)经济发展水平和文化资源禀赋情况是影响文化产业高质量发展的重要因素。指数超过全省均值的地区有杭州市、嘉兴市和宁波市,其中杭州市文化产业高质量发展指数一枝独秀,远远高于其他地区,成为浙江省文化产业高质量发展的地区代表。(2)各地区文化产业高质量发展综合水平差异较大。尽管已有相关研究普遍认为浙江省文化产业高质量发展水平位居全国前列(袁渊,于凡,2020;丁仕潮等,2020),但就浙江省内而言,不同地区文化产业发展水平仍存在明显差距,体现在综合指数的标准差为 0.1868,且有 8 个地市的文化产业高质量发展指数低于全省均值。(3)不同地区文化产业在各维度存在各自的优势与劣势。综合指数遥遥领先的杭州市,其结构协调指数却远低于全省均值;综合指数居中游的丽水市和台州市,其结构协调指数都居全省前列(见表 2)。

表 2　2019 年浙江省文化产业高质量发展评价结果

设区市	综合指数	创新发展	文化共享	结构协调	对外开放
杭州市	0.7612	0.9469	0.9754	0.1430	0.9070
宁波市	0.3104	0.6553	0.8096	0.0740	0.3652
温州市	0.1750	0.3556	0.3642	0.0757	0.1425

设区市	综合指数	创新发展	文化共享	结构协调	对外开放
嘉兴市	0.3238	0.3407	0.2256	0.1226	0.3352
湖州市	0.1187	0.1803	0.1715	0.0355	0.1110
绍兴市	0.1810	0.3460	0.2164	0.5044	0.0864
金华市	0.2298	0.2316	0.2282	0.0483	0.2368
衢州市	0.0668	0.0293	0.1727	0.1929	0.0510
舟山市	0.0264	0.0237	0.0263	0.1476	0.0293
台州市	0.2088	0.2560	0.2043	0.8191	0.0506
丽水市	0.2041	0.0437	0.2014	0.9025	0.0501
均值	0.2369	0.3099	0.3269	0.2681	0.2059

为了更加方便地比较各地区文化产业高质量发展各维度水平,采用聚类分析的 Ward 法和平方 Euclidean 距离,将上述指数进行分类,结果如表 3 所示。

表 3　2019 年浙江省各地区文化产业高质量发展指数分类

类别	综合指数	创新发展	文化共享	结构协调	对外开放
一	杭州市	杭州市	杭州市	台州市、丽水市	杭州市
二	嘉兴市、宁波市	宁波市	宁波市	绍兴市	宁波市、嘉兴市
三	温州市、湖州市、绍兴市、金华市、台州市、丽水市	温州市、嘉兴市、绍兴市、金华市、台州市	温州市、嘉兴市、绍兴市、金华市、台州市	杭州市、嘉兴市、衢州市、舟山市	金华市、温州市
四	衢州市、舟山市	湖州市、衢州市、舟山市、丽水市	湖州市、衢州市、舟山市、丽水市	宁波市、湖州市、温州市、金华市	湖州市、绍兴市、衢州市、台州市、丽水市、舟山市

在创新发展维度方面有 5 个地区,在文化共享维度方面有 3 个地区指数超过全省平均水平。但根据 2 个维度的文化产业高质量发展类型划分的城市具有一致性,杭州市的创新发展指数和文化共享指数皆属一类水平,而宁波市的这两个指数皆属二类水平。具体而言,在创新发展维度,杭州市和宁波市两地在文化产业人才数量、文化产业研发投入和创新成果产出方面,具有明显优势。杭州市拥有更多高层级的高等院校和文化产业研究机构,全市规上文化企业从业人员达 21 万人,文化领域高层次人才、海归人才、专业人才流入率始终居全国前列。特别是数字文化产业已经成为杭州市文化产业的主力军,其收入约占到后者近一半,并且有望成为全国数字文化产业创新发展示范地。在文化共享维度,杭州市和宁波市分别作为副省级省会城市和国家计划单列市,拥有相对完善的现代文化产业体系和更为丰厚的文化资源,同时,政府一般公共预算中文化支出和公共文化设施服务等都大幅超出其他

地市。

在结构协调维度指数方面,只有丽水市、台州市和绍兴市 3 市超过平均指数。其中,丽水市和台州市属于一类水平,绍兴市属于二类水平,其他设区市分属三、四类水平,综合指数排名前列的杭州市和宁波市位居后列。结构协调维度的核心在于地区文化产业结构和消费结构的均衡性。从具体指标上看,尽管杭州市和宁波市的文化产业与工业企业数量及整体社会经济占比方面更加合理,但在城乡居民文化娱乐消费结构方面较其他地市存在明显失衡现象。这表明,相关设区市在保证文化产业发展速度的基础上,需要重视文化产业发展协调的问题。

在对外开放维度指数方面,杭州市文化产业对外开放程度遥遥领先,嘉兴市、宁波市和金华市的对外开放维度指数均超过平均水平,但相比杭州市仍存在一定的差距,湖州市、绍兴市、衢州市、台州市和丽水市的均低于0.1。对外开放维度指数领先的城市充分发挥"海上丝绸之路"与"一带一路"枢纽城市的优势,例如杭州市、宁波市、义乌市等地通过开办或参与国际文化产业博览交易会、国际动漫节、主题论坛、专业赛事,以及设立海外文化品牌推广平台等多种形式,促进国内外文化合作与交流,推动文化品牌走向海外。

五、浙江省文化产业高质量发展的路径选择

(一)强化数智赋能,引领文化产业创新发展

数字经济已经成为文化产业高质量发展的重要引擎,发展数字经济是浙江省经济社会发展的重要战略。浙江省通过深入实施数字经济"一号工程 2.0 版",实现了数字经济与文化产业的深度融合。浙江省文化产业高质量发展需要进一步有效发挥数字化的引领、撬动和赋能作用,促进文化产业组织模式和产业结构变化,推动新产业组织成长和文化企业商业模式创新。一是加大新型基础设施建设力度,为数智赋能文化产业高质量发展提供强大支撑。聚焦数字基础设施、智能化基础设施、创新型基础设施 3 个重点方向,推进新型基础设施建设,以文化产业应用为导向,充分挖掘市场潜能,积极拓展新型基础设施在文化产业生产制造、服务供给及文化消费中的应用场景。二是增强文化产业数字化转型能力,为文化产业高质量发展提供新动能。加快 5G、大数据、云计算、人工智能等高新前沿科技在文化产业中的广泛应用,满足文化产业数字化、智能化和网络转型的需要,推动文化企业"上云用数赋智",不断提升文化产业高质量价值供给能力;制定有效的政策措施以加强数字文化产业高水平人才的引进和培养,加强数字文化产业相关基础学科的人才建设。三是积极打造数字文化产业生态,推动文化产业创新发展。通过政府引导、企业参与,构建数字文化产业特色园区,引进和培育数字文化核心企业,增强文化产业集聚,构建、开发与应用良性互动生态,助力数字文化产业创新,共享服务联合体,优化数字文化产业生态。

(二)坚持集聚协同,构建文化产业发展新格局

文化产业多元市场主体生态聚合形成产业集群,在文化产业集群内和集群间实现科技

要素配置优化、成果转化、技术活动集中与服务共享,推动形成产业集群内的知识溢出和技术交流渠道,实现文化产业内企业间相互促进、相互平衡和协同发展的多赢局面,进一步促进新时代文化产业布局优化。发挥以文化产业带和园区平台为载体的产业集聚协同效应,对推进文化产业整体发展、技术支撑发展和高质量发展的巩固和壮大具有重要意义。一是推进浙江省区域文化产业带建设。发挥之江文化产业带、大运河文化带、诗路文化带等重大产业发展带的要素集聚、示范带动效应,创新发展文化产业链、供应链,高效整合各类资源和要素,积极提升文化产业集成和协同水平。二是加强文化产业重大平台建设,充分发挥集聚协同效应。打造以浙报融媒体发展中心、浙数文化产业园、中国 TOP 直播电商产业园、中国蓝文化创意产业园等重大项目为载体的高能级文化产业发展平台,建设由大数据支撑、网络化共享、智能化协作的文化产业智慧供应链创新和共享经济平台。

(三)壮大市场主体,促进文化产品供给优化升级

作为市场主体的文化企业是维系文化市场活力的关键,其质量关系到文化产业高质量发展的可持续性。推进浙江省文化产业高质量发展,需要形成良好的文化产业市场主体的多元生态结构。实施"领军型、骨干型、新锐型"文化企业梯度培育计划,以具备较强竞争力的大型文化企业为龙头,有效促进各类文化市场主体参与供给,从而推动上游和下游企业共同发展。深化国有文化企业改革,进一步提高国有文化企业的市场竞争力,巩固国有文化企业的"中流砥柱"地位。在创新活跃领域培育一批具有高成长性的"瞪羚"企业和高创造性的"独角兽"企业,造就一批细分领域的"隐形冠军"企业。支持中小微文化企业向专业化、精细化、特色化、新颖化方向发展,在提供个性化、多样性、高品质文化产品和服务方面形成比较优势。

(四)激发消费潜力,有效融入国内国际双循环

文化是高质量发展中推动共同富裕的重要支点,也是满足人民日益增长的美好生活需要的重要因素。在国内国际双循环的背景下,需要充分激发文化消费潜力,使国内市场和国际市场同频共振、融通发展。一是加大原创产出力度,打造中国文化品牌。鼓励文化企业用优秀的原创作品与世界进行深度沟通、交流,同时打造中国文化品牌,引领社会风尚。培育企业的文化情怀和文化担当,灌输品牌意识,进而打造出影响力强、质量高的中国文化品牌。不断汲取中华优秀传统文化养分,塑造中华文化独特的精神品质,传递向善、向上的价值观。同时要不断引导和支持有实力、有特色、有底蕴的文化企业进入国际文化市场。二是拓展文化"走出去"的渠道。深化对外文化交流合作,加强文化交流机制和品牌建设,实施浙江文化"出海计划",推动影视、图书、动漫等优秀作品在海外传播。三是优化文化消费政策,用足、用好高质量发展建设共同富裕示范区的共有政策,推进文旅深度融合发展,不断开拓文化消费空间,积极培育新型文化消费热点,推进文化消费向多门类、多层次、多维度、多形式方向发展,进一步释放文化消费需求潜力。

六、结论

文化产业高质量发展是一个多维系统,涉及创新发展、结构协调、文化共享等各项因素。

建立科学合理的文化产业高质量发展评价体系,有助于正确认识和发现文化产业高质量发展的问题,对于分析推进文化产业高质量发展的路径选择,具有重大的理论和现实意义。本文在界定文化产业高质量发展的内涵及其内在逻辑的基础上,构建了浙江省文化产业高质量发展评价指标体系,并进行了实证分析。研究发现,浙江省文化产业高质量发展综合指数均值为0.2369,反映出浙江省文化产业高质量发展存在较大的提升空间,各地市文化产业高质量发展差异明显,发展水平最高的杭州市为0.7612,最低的舟山市为0.0264。浙江省各地市文化产业高质量发展均存在不同程度的优势与劣势。总体而言,文化资源禀赋好、经济发达的地区文化产业高质量发展水平较高,反之则较低。当前,浙江省应把握数字化技术的快速发展、全面建成小康社会战略目标的实现以及高质量发展建设共同富裕示范区的良好机遇,通过强化数智赋能来引领文化产业创新、坚持集聚协同来构建文化产业发展新格局、壮大市场主体来促进文化产品供给优化升级、激发消费潜力来有效融入国内国际双循环等,促进文化产业高质量发展。

参考文献

[1] 丁仕潮,胡方晨,魏引娣,2020.文化产业高质量发展的评价体系构建与实证研究[J].安庆师范大学学报(社会科学版),39(6):60-67.

[2] 何立峰,2018.大力推动高质量发展 积极建设现代化经济体系[J].宏观经济管理(7):4-6.

[3] 胡红杰,2020.文化产业竞争力绩效评价及区域高质量发展——基于黄河流域八省区的实证分析[J].河南师范大学学报(哲学社会科学版),47(05):38-44.

[4] 黄音梓,2021.新发展阶段推进文化产业高质量发展的路径选择[J].中共杭州市委党校学报(1):75-80.

[5] 江晓晗,任晓璐,2021.长江经济带文化产业高质量发展水平测度[J].统计与决策,37(2):15-19.

[6] 金碚,2018.关于"高质量发展"的经济学研究[J].中国工业经济(4):5-18.

[7] 李金昌,史龙梅,徐蔼婷,2019.高质量发展评价指标体系探讨[J].统计研究,36(01):4-14.

[8] 李梦欣,任保平,2019.新时代中国高质量发展指数的构建、测度及综合评价[J].中国经济报告,(5):49-57.

[9] 刘迎秋,2018.四大对策应对高质量发展四大挑战[N].中华工商时报,2018-01-23.

[10] 刘志彪,2018.理解高质量发展:基本特征、支撑要素与当前重点问题[J].学术月刊,50(7):39-45,59.

[11] 潘玉香,赵梦琳,朱文宇,2017.京津冀协同发展背景下文化产业资源配置效率评价与对策[J].科技进步与对策,34(7):49-54.

[12] 任保平,李禹墨,2018.新时代我国高质量发展评判体系的构建及其转型路径[J].陕西

师范大学学报(哲学社会科学版),47(3):105-113.

[13] 孙智君,张高琼,2019.长江经济带文化产业绩效评价[J].统计与决策,35(11):115-119.

[14] 王家庭,唐瑭,2019.新时代中国文化产业新旧动能转换的初步探索[J].同济大学学报(社会科学版),30(5):32-40.

[15] 王林生,2020.深刻理解文化产业高质量发展的内涵[J].中国国情国力,(12):4-6.

[16] 王一鸣,2018.大力推动我国经济高质量发展[J].人民论坛,(9):32-34.

[17] 魏鹏举,2020.中国文化产业高质量发展的战略使命与产业内涵[J].深圳大学学报(人文社会科学版),37(5):48-55.

[18] 杨伟民,2018.贯彻中央经济工作会议精神 推动高质量发展[J].宏观经济管理,(2):13-17.

[19] 喻蕾,2021.文化产业高质量发展:评价指标体系构建及其政策意义[J].经济地理,41(06):147-153.

[20] 袁渊,于凡,2020.文化产业高质量发展水平测度与评价[J].统计与决策,36(21):62-66.

[21] 臧志彭,2015.中国网络文化产业发展指数构建与动态演化实证分析[J].统计与决策(1):103-106.

[22] 宗祖盼,2020.深刻理解文化产业高质量发展的内涵与要求[J].学习与探索(10):131-137.

提升浙江省数字文化产业国际竞争力对策研究

冯　炜

一、研究背景与意义

(一)研究背景

中国的数字文化产业虽然起步较晚,但凭借强大的科技爆发力和广阔的市场容载力形成了不可忽视的后发优势,在数字文化产业细分领域也逐渐凸显出比较优势,并于 2018 年成为仅次于美国的全球互联网文化娱乐第二大市场。2019 年 8 月,国务院发展研究中心和中国社会科学院共同发布了《中国数字文化产业发展趋势研究报告》(以下简称《报告》),首次全面地展示了我国数字文化产业的发展状况和成果。《报告》显示,在数字经济的快速发展驱动下,随着数字技术与文化创意的不断融合,数字文化产业占生产总值的比重也将持续增加,必将成为推动未来经济发展的主力军。《报告》还显示,向海外市场拓展成为国内互联网领军企业的共同选择。但从总体看,我国数字文化的国际竞争力仍有待提升。目前,我国在国际上还没有具有高度影响力的 IP,在一些最具影响力的文化领域,包括影视、音乐、游戏、动漫等,我国依旧是版权内容的净输入国。

浙江省作为中国数字经济发展高地,顺应数字产业化和产业数字化发展趋势,对推动文化产业与数字技术融合发展进行了积极探索和创新实践。浙江省是中国较早关注数字文化产业融合发展的区域。近年来,浙江省坚持以人民为中心的发展思想,深化"最多跑一次"改革,大力推动政府数字化转型,并撬动经济社会全方位数字化转型,使得省域治理体系和治理能力现代化程度显著提升。当下,浙江立足新发展阶段、贯彻新发展理念、构建新发展格局,全面推进数字化改革,着力将文化发展与数字化相结合。在浙江省,数字文化企业异军突起,数字文化业态不断衍生,数字文化产业呈现强势引领的态势,有效地推动了浙江省文化产业繁荣发展,走出了一条具有时代特征、中国特色、浙江特点的数字赋能文化产业高质量发展之路,为健全现代文化产业体系提供了浙江样本。

(二)研究意义

中国数字文化产业整体上呈现向好、向优的发展态势,数字影音、网络游戏、数字出版、移动内容等领域增长迅速且国际化程度逐渐加深,中国已经成为数字文化产业大国。然而,与美国、日本和欧洲国家等数字文化产业强国相比,中国数字文化产业的整体国际竞争力仍然较弱,国际化水平有待进一步提升。在当前全球数字化背景下,中国数字文化产业面临着激烈的竞争,浙江省作为中国数字文化产业高地,代表着中国数字文化发展的先进水平。以浙江省为案例,正确评价、合理分析当前中国数字文化产业的国际竞争力水平以及在全球数字文化产业格局中的地位,可以明确中国与发达国家之间的差距。通过总结数字文化产业高质量发展的经验,有针对性地制订浙江省数字文化产业国际竞争力提升对策,将为全国数字文化产业高质量发展贡献智慧。

伴随数字经济的发展,浙江省数字文化产业进入了全面转型发展的新阶段,数字文化产业迅速发展壮大。由于充分意识到文化产业与互联网内生互动的关系,浙江省早已将发展"文化＋互联网"产业列为实现省委、省政府提出的文化产业发展目标的重要举措:在把文化产业列入重点发展的"八大万亿产业"的基础上,通过结合实施"互联网＋"行动计划,建设特色明显、全国领先的数字文化产业中心,发展"文化＋互联网"产业已明确成为下一阶段浙江文化产业发展的重点内容。目前,浙江省以数字出版、数字影音、游戏动漫、智慧旅游为代表的数字文化产业在全国居于领先地位,已经具备一定的国际竞争力,但是其数字文化产业的国际竞争力与欧美等发达国家相比仍然存在一定差距,因此,必须正确认识影响浙江省数字文化产业的国际竞争力的因素,从而持续推动数字文化产业快速发展。如何提升浙江数字文化产业国际竞争力,使浙江数字文化产业占据全球数字文化领域主导地位,是推进新时代文化强国进程中值得重视的关键问题。分析研究浙江省数字文化产业国际竞争力影响因素问题,能够有效地解决数字文化产业发展过程中出现的新问题和新现象,从而推动浙江省文化强省目标的实现。

二、浙江省数字文化产业发展状况

(一)浙江省文化产业发展水平领先全国

2019 年前 3 季度,浙江全省 5699 家规模以上文化及相关特色产业企业实现营业收入8095 亿元,同比增长 14.1%。其中,文化产业数字经济新业态增速远超传统业态,对产业营业收入增长的贡献率超过 70%。象山艺术公社、长三角数字文化产业基金、天目新闻客户端、文旅融合下"四条诗路"IP 打造等一批项目建设成效显著。文化产业是浙江省重要的支柱性产业,综合指数位居全国第 2,发展水平位居全国第一方阵。

2021 年 2 月 3 日,中国人民大学文化科技园、中国人民大学文化产业研究院发布"2020中国文化产业系列指数"。从综合指数结果来看,2020 年度综合指数前 10 的省市分别是北京市、浙江省、广东省、上海市、山东省、江苏省、湖北省、河南省、四川省、安徽省。北京市在"十三五"期间连续 5 年保持第 1,浙江省连续 3 年位列第 2。北京市、浙江省、广东省、上海市、山东省等省市位列第一方阵,产业生产力底数大,影响力和驱动力表现均强劲,发展稳定性好。基于综合指数结果,从生产力、影响力、驱动力 3 个分指数结果对 2020 年各省区市文化产业的发展状况从投入、产出、外部环境 3 个方面分别做出了详尽解析。其中,浙江省在生产力分指数中排名第 2,影响力分指数中排名第 3,驱动力分指数中排名第 1。再从 2020年中国省市文化产业投资吸引力指数结果来看,本次投资吸引力指数排名前 10 的省区市分别是广东省、上海市、浙江省、福建省、北京市、西藏自治区、江西省、山东省、四川省、湖北省。广东省、上海市、浙江省、福建省、北京市是跨省吸引投资的热点地区。基于源源不断的资本注入与节节攀升的投资吸引力,上述地区的居民将享受到更多优质的文化产品与服务。

(二)浙江省率先发展数字文化产业

浙江省在全国率先大力发展以"文化+互联网"为核心的数字文化产业,数字经济是其推动经济高质量发展的支撑,文化产业占比 6.8%,有 36 家上市的文化企业,80 家文化企业挂牌新三板。浙江省明确提出数字文化产业两大计划:一是数字文化产业打造计划;二是文化新兴业态促进计划。浙江省数字文化产业的发展特征包括 5 个方面:一是数字文化产业重点突出,具有显著竞争优势;二是数字文化产业"有核无界",辐射带动效应明显;三是数字文化产业市场主体发达,品牌效应凸显;四是网络双创成为新经济增长点,与其他产业深度融合;五是积极融入国家"一带一路"建设,外向度持续提升。

2021 年 8 月,商务部、中宣部、文化和旅游部、广电总局等四部委公布了第二批国家文化出口基地名单,由中南卡通作为运营主体申报的"浙江数字文化国际合作区"榜上有名,这是浙江省第二个国家文化出口基地,也是全国唯一的数字文化贸易功能区。2021 年 9 月 23 日,在中宣部召开的文化高质量发展座谈会上,《光明日报》和《经济日报》联合发布了第 13 届"全国文化企业 30 强"及提名名单。浙江省共有浙江出版联合集团有限公司、浙报传媒控股集团有限公司、华数数字电视传媒集团有限公司、浙江华策影视股份有限公司 4 家企业获评"全国文化企业 30 强",宋城演艺发展股份有限公司和浙江大丰实业股份有限公司 2 家企业获评"全国文化企业 30 强"提名,浙江省入选企业总数居全国各省(区、市)首位。

(三)浙江省数字文化产业版图不断延展

从网络文学、网络阅读、网络游戏、网络动漫、网络音乐、网络视频到电竞产业,浙江省数字文化产业版图不断延展,越来越多高端化、多元化、规模化、特色化的高能级平台的打造,推动着数字文化产业蓬勃发展。比如,中国网络作家村,已成为浙江省一张具有全国影响力的金名片。目前,浙江省网络文学已占据中国网络文学的半壁江山,由此形成的"浙江模式",为全国同行提供方向与经验。"咪咕阅读",引领着数字阅读的潮流,在主流阅读 App市场中下载排名位列第 2;网易走在网络游戏行业的前列,成为中国第二大游戏公司;杭州市电竞数娱小镇、绍兴市 e 游小镇等多个平台,强力助推着电竞行业的快速发展。

更值得一提的是,国家级音乐产业基地、国家级短视频基地两大"国字号"新地标相继落户浙江省。浙江省国家音乐基地,以网易云音乐为核心,融合"音乐+科技"的力量,将成为全国唯一的线上线下相结合、以版权为核心的高科技音乐产业基地。国家短视频基地,由浙江省政府与中央广播电视总台合力共建,将围绕 2022 年杭州亚运会赛事直播、世界互联网大会、中国国际动漫节等重大活动的宣传报道等开展全方位的深度合作,共同打造面向国际、亚洲领先、国内一流的主流视听新媒体高地。

(四)浙江省数字文化产业国际化持续加速

浙江省是开放大省。浙江省商务厅数据显示,2019 年全省外贸进出口总额首次突破 3

万亿元大关,达到 3.08 万亿元,其中,出口总额超过 2.3 万亿元,居全国第 3 位,占全国出口总额的 1/8 多,出口市场遍布全球 230 多个国家和地区。在《国务院关于加快发展对外文化贸易的意见》的指引下,浙江省文化服务贸易规模逐步扩大,文化服务出口呈现较快增长的态势,新闻出版、广播影视、文化艺术出口比重进一步提升。全省有 39 家企业入围 2019—2020 年度国家级文化出口重点企业目录,入围企业数居全国沿海省份第 2 名,初步形成了杭州主要出口动漫游戏、金华主要出口影视服务、宁波主要出口文化创意和设计服务,其他城市奋力追赶的格局。

近年来,作为国家文化出口基地,浙江省积极发挥其外溢和辐射效应,大力推动影视、出版、动漫等领域的文化贸易数字化转型。2021 年 1—7 月,浙江省数字文化贸易进出口额达 78.12 亿元,成为全省数字服务贸易的第三大领域。2021 年,全国唯一的数字文化贸易功能区——"浙江数字文化国际合作区"入选第二批国家文化出口基地名单。浙江省通过构建工业化、数字化、标准化、国际化和融合化"五大体系",建设国际动漫数字文化智创平台、"之江一号"AI 表演数字动画平台、动漫数字化制作及衍生品开发智造平台、动漫数字化贸易平台、国际动漫技术标准研发平台、国际动漫交易公共服务平台和数字动漫文创产业融合发展平台等"十大平台",实行"政府监管、市场运作、企业运营"的创新工作机制,合力打造全国首个以数字文化出口为特色的集聚区,引领中国数字文化贸易全面发展。

三、浙江省数字文化产业国际竞争力制约因素分析

浙江省数字文化产业国际竞争力虽然近年来随着数字经济的发展而稳步提升,在全国居于领先地位,但相较于发达国家和地区来说仍处于弱势。以浙江省为例,综合具体数据与政策,可分析出数字文化产业国际竞争力的几大制约因素。

(一)浙江省数字文化产业国际竞争力提升内部制约因素分析

1.产品竞争实力较为不足

产品竞争实力是决定浙江省数字文化产品实现由"走出去"向"走进去""走上去"迈进的核心因素。虽然当前浙江省整体创新能力在不断增强,但是作为新兴战略性产业,数字文化产品竞争实力仍显不足,主要表现在数字文化产品原创性和互动性不足、品牌知名度不高。具体而言:一是数字文化产品的创新能力与国际发达地区存在一定差距;二是文化创意产业与数字技术的融合不够深入;三是数字文化产品"走出去"的步伐较为缓慢。

2.企业战略能力较为薄弱

数字文化企业的组织管理模式、竞争战略在很大程度上影响甚至决定了数字文化企业乃至数字文化产业的竞争力,企业战略能力是数字文化产业国际竞争力产生差距的原因之一。相关调研显示,浙江省数字文化产业在企业战略、组织管理模式以及竞争策略上相较于发达国家和地区仍存在较大差距。具体而言:一是数字文化企业整体经营管理水平滞后,难以满足数字经济发展的需要;二是数字文化企业兼并重组能力较弱,产业集中度低。

3.关联产业支持较为缺乏

数字文化产业是文化创意产业与信息技术产业跨界融合的产物,其发展离不开关联产业的支持。关联产业是导致浙江省与发达地区产生差距的明显劣势点,这反映了当前浙江省数字文化产业在发展过程中关联产业支持不足,不能有效地促进产业的跨界融合。具体来看:一是当前产业的跨界融合不够,尤其是文化教育产业与科学技术的跨界融合程度较低;二是当前关联产业未能形成良好的产业集群,不能形成推动数字文化产业发展的合力。

4.生产要素资源较为落后

就生产要素而言,浙江省作为全国前列省份,相比发达国家的地区并无明显劣势,这主要归因于浙江省丰富的传统文化资源,但在其他方面却存在较大差距。具体而言:一是数字技术相对于发达国家的地区仍存在差距,致使我们不能实现对传统文化资源的充分开发和利用;二是高素质数字文化产业从业人员缺乏,难以适应数字经济背景下产业的运营和国际化发展的需要;三是资本要素短缺,国内目前在数字文化领域仍采取较为严格的外商准入限制模式,导致难以大规模地利用外商投资。

(二)浙江省数字文化产业国际竞争力提升外部制约因素分析

1.政府政策体系不够完善

政府政策是影响数字文化产业国际竞争力的重要外部因素,其为产业发展提供了必需的产业政策支持以及法律法规保障。政府政策是影响浙江省数字文化产业国际竞争力的明显劣势点,这说明当前浙江省数字文化产业发展缺乏完善的产业政策支持以及法律法规保障。具体而言:一是缺乏科学合理的顶层战略设计,产业布局不够合理;二是缺乏完善科学的数字文化产业政策体系,难以正确引导扶持产业发展;三是缺乏完善的产业法律法规,导致产业发展秩序不规范。

2.市场开放幅度不够广

市场开放的幅度决定了一个国家的产业参与国际竞争的深度和广度,市场开放一方面为产业发展带来必需的资金和技术,另一方面有助于通过"走出去"拓展市场空间。市场开放度是浙江省与发达国家和地区数字文化产业国际竞争力存在差距的明显劣势点。具体而言:一是数字文化领域的外商准入限制较高,严格的内容审查以及数据流动本土化限制,导致浙江数字文化领域对外开放的幅度仍然较小,难以利用外资和技术来促进产业发展;二是缺乏高端国际化数字文化企业,导致难以利用大企业的力量来推动数字文化产品走向全球。

3.经济发展实力有待增强

经济实力是影响数字文化产业发展的重要因素,也是决定市场对数字文化产品需求强弱的最重要因素。经济实力也是浙江与发达国家和地区数字文化产业国际竞争力产生差距的主要原因之一。具体而言,一是浙江人均国民收入虽位居国内前列,但与发达国家和地区相比仍有相当大的差距,从而限制了居民对数字文化产品的消费能力,需求不足导致产业发展动力不足;二是居民消费中用于数字文化产品的支出仍然较低,进而导致高端数字文化产品需求乏力。

4. 境外政策障碍依旧存在

部分国家和地区不断出台各种限制措施,压制中国数字文化产品和服务的出口,企图降低中国企业在其市场上的影响力和竞争力。比如,在部分国家和地区,包括浙江省在内的中国游戏发行商较难获得当地政府颁发的游戏发行许可证,大量动漫影视作品也较难获得海外出版、放映等权限。因此,从数字文化产业的国际竞争来看,各国的贸易保护主义,以及意识形态领域的政策障碍是外部制约因素中较为突出的方面。

四、浙江省数字文化产业国际竞争力提升路径

提升浙江数字文化产业的国际竞争力,需要在宏观与微观层面共同发力。宏观层面的政府数字文化产业发展战略和微观层面的企业经营发展模式,虽然对数字文化产业影响的侧重点不同,但只有二者之间相互作用、相互影响,合力构成一个完美的系统,才能实现数字文化产业国际竞争力的提升。

(一)政府宏观层面的数字文化产业发展路径

政府作为影响数字文化产业国际竞争力的重要因素,可以通过制定宏观产业政策为数字文化产业发展提供所需的企业资源,创造良好的发展环境,进而提高文化产业的国际竞争力。

1. 加强顶层战略设计,科学规划产业布局

(1)以顶层战略设计来推动数字文化产业快速发展

要从全局高度确立数字文化产业的战略性支柱产业地位,制定数字文化产业总体战略规划和部署,明确数字文化产业发展的指导思想、基本原则、发展路径、重点任务以及保障措施,统筹省内各部门以及各地方政府的力量,推动数字文化产业快速发展;要积极践行党的十九大提出的"培育新型文化业态"的发展理念,积极促进数字技术与文化创意产业的跨界融合,进一步丰富数字文化产业的形式和内容,做强做大数字文化产业;要发挥科研院所及高校的作用,针对数字文化产业发展构建专业化的高端智库,分析国际国内数字文化产业发展趋势,科学规划数字文化产业发展的顶层设计,为其发展制定科学合理的宏观产业政策,营造优良的经营环境。

(2)引导数字文化产业发展方向,促进产业高质量发展

首先,优化数字文化产业供给结构。要强化数字文化产业的原创性发展,鼓励全民创意以及创作联动等数字文化产业创作方式的发展;要强化数字技术对数字文化创作、开发及传播的支撑作用,提升数字文化产品的品质,丰富数字文化产业的表现形式;要深化"互联网+"的表现形式,深度应用数字技术的创新成果,实现创新链与产业链之间的高效对接。其次,促进优质传统文化资源数字化。积极践行数字文化创新发展工程,鼓励对传统优质文化资源进行数字化转化及开发;要推动馆藏文化资源实现数字化,打破物理和地域局限,为公众提供多元异构的数字文化产品。最后,要扩大和引导数字文化产品消费需求。增加城乡数字文化产品有效供给,满足城乡居民对数字化生活方式的需求。

（3）优化数字文化产业整体布局，促进产业健康有序发展

首先，推动数字文化产业重点领域提质升级。要依托新兴数字技术以及新媒体，创新表现形式以及传播渠道，推动网络动漫产业提质升级；要以内容价值为导向，积极培育浙产原创品牌，推动网络游戏产业健康发展；要大力推行网络内容建设工程，提升内容产品的原创能力以及文化品位，丰富数字影音及数字出版产业的表现形式。其次，推进数字文化产业内外部结构的合理配置。要优化数字文化产业布局，发挥省内各城市的优势和特色，加强数字文化产业基地规划和建设，打造数字文化产业集群。最后，超前布局数字文化产业前沿领域。应顺应时代变革及技术发展趋势，推动数字文化产业实现产品、模式及业态创新，进一步拓展数字文化产业边界。

2.规范产业发展秩序，优化产业发展环境

（1）建立完善的数字文化版权保护工作

数字文化产业发展涉及著作权保护、数据库保护、网络传播、虚拟财产等各个方面。浙江省可率先制定配套政策来保护数字文化知识版权。要加大对知识产权的保护力度，从而规范和引领产业发展；要完善数字文化产业的著作权保护政策，在国家颁布的《互联网著作权行政保护办法》及《信息网络传播权保护条例》的基础上，进一步构建著作权补偿制度，出台相关政策对数字文化领域中大量出现的复制设备以及存储产品予以补偿；要构建数字文化产业著作权保护支撑体系，逐步完善著作权登记规范，建立数字著作权查询体系，并探索新的版权使用方式。

（2）加强数字环境下市场监管和标准体系建设

针对数字文化产业领域的网络运营监管、公共信息资源开放以及行业标准等问题，拟定相应的规范政策。一是要积极运用宏观调控手段，加强对网络基础设施运营的监管，防止歧视性市场准入，推动数字文化产业市场公平竞争。二是要优化对数字文化产业政策的评价体系与监督机制，科学评价和判断数字文化产业政策对产业发展的影响及效果，及时调整政策执行过程中出现的偏差和错误，以保障政策运行的科学化及有序化。三是要加强数字文化产业统计体系建设，明确数字文化产业分类体系，构建与国际接轨的数字文化产业统计体系，进而加强对数字文化产业发展的实时监控。四是要稳步推进数字文化行业标准化建设，协调解决在内容产品开发、传输和互用性等方面存在的产业标准问题，建立健全数字文化传输、描述以及安全等标准体系。

3.加强产业引导扶持，完善产业政策体系

（1）加强数字文化产业引导及服务体系建设

要积极加强对数字文化产业的引导，面向数字文化产业制定投资负面清单以及导向投资目录，加强对数字文化产业的宏观引导及规范；要加强公共服务平台建设，为政府和数字文化企业搭建沟通桥梁，一方面可以发布政府优惠政策及扶持措施，另一方面可以凝聚社会力量来开展共性技术的应用服务，从而提高区域数字文化产业的竞争力；要积极搭建数字文化企业中介服务机构，合理优化配置数字资源，并为产业的发展提供技术支持、应用推广服

务、知识产权服务、人才培训服务以及对内对外合作交流等专业化服务。

（2）完善数字文化产业人才培养体系

要加强数字化人才的顶层设计，利用基金扶持数字文化重点领域开展重大课题研究；要整合高校、科研院所以及大型数字文化企业的力量，对数字文化理论和实践进行系统化研究；要创新数字文化人才培养体系，打造多层次、多元化的数字化人才培养模式，推动高等教育和职业教育融合发展，打造专业化的数字人才培训基地，培育数字文化产业所需的创作人才、高端技术人才、集成创新人才；要构建数字文化培训与教育在线管理系统，实现培训项目的网络化、公开化以及自动化，疏通人们获取基础数字技术的通道；要积极建立优越的国际化人才政策环境和人才管理机制，努力吸引并留住国内外高端数字技术人才以满足企业发展需求。

4.推动跨界融合发展，构建协同产业集群

（1）促进文化科技融合下的业态模式创新转型

要推动"数字技术＋博物馆资源"的高度融合，促使博物馆向数字化转型；要推动"数字技术＋表演＋庆祝活动"的高度融合，促使其向数字音乐转型发展；要推动"数字技术＋书籍＋报刊"的高度融合，促使传统出版产业向数字出版转变；要推动"数字技术＋设计＋创意服务"的高度融合，促进时尚产业向数字化、智能化迈进；要推动"区块链＋文化创意"的高效融合，拓展文化创意产品保护新模式；要推动"数字技术＋视觉艺术＋手工艺"的高度融合，利用电商平台向全球输出创意产品；要推动"人工智能＋文化创意"的高度融合，促进经济和商业形态变革。

（2）促进文化科技融合下的关联产业集群发展

要积极推动与数字文化产业密切相关的信息技术产业、教育业、传统文化产业、创意产业、新媒体产业等领域的快速发展，构建协同发展的产业集群。具体而言：要大力推进互联网、大数据、云计算、区块链、人工智能、5G 等高端信息技术的快速发展，利用尖端数字信息技术推动传统产业向数字化转型发展；要依靠数字技术大力推动教育业转型升级，创新现代教育的人才培养模式，为数字文化产业发展培养高端应用型人才；要推动电视、移动及网上新媒体产业的发展，丰富数字文化产业的传播渠道以及表现形式；要推动演艺娱乐、工艺品、文化旅游、文化会展等传统文化产业以及创意产业向数字化转型升级，强化数字文化产业的内容支撑。

5.加大对外开放力度，培育高端企业出海

（1）聚焦产业出海，培养高端国际企业

浙江省要大力推动研发型数字基础技术企业发展壮大，在创新商业模式的同时，努力实现关键技术的自主研发；要积极引导传统文化领域的龙头企业积极向数字化转型升级，并大力扶持中小微型数字文化企业发展壮大；要借助国内数字经济快速发展的趋势，培养一批在全球拥有较大影响力的高端数字文化企业，进而为中国数字文化企业带来活力和创新力。

（2）加大对外开放力度，积极拓展海外市场

要在确保经济安全的同时，进一步扩大对外开放，放宽对"跨境数据流动"的限制，积极引导国内数字文化产品及企业走向世界市场，参与国际数字文化市场竞争；要针对数字文化产业制定专门的市场准入负面清单，吸引国际资本和企业进入国内数字文化市场，发挥其对国内数字文化产业的"催化、牵引效应"；要加强数字文化产业领域的国际交流合作，帮助数字文化企业搭建国际化信息交流合作平台，积极拓展海外数字文化市场。

（二）企业微观层面的数字文化产业发展路径

企业作为产业的微观主体，既是一个国家经济的细胞，也是一个国家的经济基础，更是国际市场和国内市场进行竞争的主体。数字文化企业应通过夯实自身发展基础，推动内容、技术、模式持续创新，推进要素资源持续优化，提升自身管理水平，积极拓展国际市场，进而为提升数字文化产业国际竞争力贡献力量。

1. 推动企业持续创新，促进产业整体提升

（1）积极推动内容产品持续创新

数字文化企业要在内部积极实施内容创新发展计划，利用现有技术对传统优秀文化资源进行数字化转化及开发，实现对传统优秀文化资源的创造性转化以及创新性开发；要积极推动数字技术与传统工艺进行融合创新，开发出适应数字经济时代消费者新需求的新数字文化产品；要针对当地发展特色和民族特点，开发制作具有鲜明地方特色和民族特色的数字文化产品；要提升不同形式的数字文化产品之间的融合度及转换率，适应数字经济时代各种传播路径的需要，创造出更加优质化、个性化及多样化的数字文化产品。

（2）积极推动数字技术持续创新

数字文化企业应通过加强基础研究，以技术研发的方式，研发出更加易于生产制作、传输传播、产品保护的数字技术，从而提升企业的市场效益。大中型数字文化企业要加大基础研究的投入力度，重点围绕基础前沿和关键核心数字技术进行自主创新，摆脱关键核心技术受制于人的局面；要以共同利益为基础，加强与关联企业、地方高校、科研院所的联合创新，在技术创新的过程中实现投入共摊、风险共担、人员共参、成果共享。中小型数字文化企业要以自主创新者的思路和行为作为参照对象进行模仿创新，通过数字文化产品进口、技术许可、技术转让、企业合作、合作生产等方式吸收和掌握领先数字文化产品的核心技术，然后在此基础上进一步改进和完善，进而开发出更具有市场竞争力的数字文化产品。

（3）积极推动商业模式持续创新

首先，要实施品牌化和延伸产业链相互结合的商业模式。数字文化企业应通过打造更多优质品牌来延伸产业链，同时产业链的延伸反过来也会帮助企业创造更多的优质品牌，双方相辅相成的商业模式将会有效地推动企业发展。其次，要积极推行"五位一体"的平台商业发展模式。摆脱"平台为王"的主流模式，推行"传播内容＋交易内容＋下载内容＋自制内容＋开发延伸产品"的商业模式。最后，要积极打造数字全产业链集聚发展的商业模式。企业尤其是大中型数字文化企业，要积极打造全产业链的数字文化产业园区，实现虚拟形象打

造、数字影视动漫制作、广告植入、新媒体平台经营以及内容频道经营等共同发展,从而实现规模效益。

2.提升企业管理水平,促进企业科学发展

(1)加快管理机制建设

首先,应把握互联网时代的特征及数字文化产品的特性,以客户为中心建立事业体,构建扁平化的组织结构,让消费者成为企业的"员工",参与数字文化产品的设计研发,传播和推动数字文化产品。其次,要用互联网思维来构建管理机制,在数字化文化企业内部推行企业平台化、员工创客化及用户个性化的管理机制改革,强调管理无边界和去中心化,管理者要从企业的发号施令者转变为资源的提供者以及员工的服务者,企业与员工实现价值共创、利益共享。最后,基于互联网时代的特性,企业应积极推行自组织、自管理、自运行的管理机制,加强对员工内在潜能的开发以及自我管理,从而激发员工的创新创业精神,为数字文化企业发展提供不竭的创新动力。

(2)数字文化企业要持续优化管理模式

首先,企业要从战略上高度重视数字文化产业的发展,把握国际国内数字文化产业发展趋势,从组织结构、管理机制、产品布局、品牌运营、国际化发展等方面为企业发展制定短期和中长期发展战略,为提升企业管理水平奠定基础。其次,要积极借助互联网、大数据、云计算、人工智能等数字技术来推动传统管理模式向数字化转型升级,提升管理效率与水平。最后,要利用大数据升级监管手段,构建高效运行的大数据监控平台,积极运用电子预警、数据分析、数据挖掘等数字化技术,围绕数字文化企业的生产经营活动,开展全方位的监管并进行历史数据分析,从而进行有效监管。

3.参与国际竞争合作,不断开拓国际市场

(1)"走出去"要加快步伐

在"走出去"阶段,数字文化企业既要关注"一带一路"国家,也要关注新兴市场国家,更要关注欧美等成熟市场国家,通过海外经营引进成熟市场国家的资质、技术及标准等。数字文化企业在"走出去"阶段,不仅要重视内容产品的数量和规模,更要重视树立企业品牌及品牌价值,为后续企业"走进去"和"走上去"打下坚实的基础。同时,数字文化企业在"走出去"阶段,要注意把握所在国的政策法律背景、市场环境,深入了解当地消费者的消费习惯和偏好,避免因管控不力给企业形象和品牌带来负面影响。

(2)"走进去"要更有深度

数字文化企业要实现长远发展,不能只注重眼前红利和短期利益,要以追求各方的共同利益为目标,与所在国的文化、民俗相融合,从"走出去"实现"走进去"。所谓"走进去",是指数字文化企业要积极融入当地市场和国际市场,依照国际惯例经营企业。在"走进去"阶段,数字文化企业不仅要参与到全球价值链体系之中,更重要的是要构建属于自己的国际品牌。数字文化企业要实现"走进去",应积极通过海外并购及合作创新的方式来寻找创新伙伴,实现对关键技术的收购及整合,从而利用本地品牌来打开国际市场;要加强对要素资源的属地化配置,提升对文化资源、创意要素、劳动力资源的属地化配置能力,积极融入当地市场,实现海外事业扎根发展。

4.促进要素资源升级形成动态竞争优势

(1)积极拓宽资金来源渠道,增强投资能力

数字文化企业要积极拓宽资金来源渠道,提升资本经营能力。一方面,要积极把握国家和浙江省对数字文化产业的财税金融扶持政策,争取扶持与资助。要积极利用各级文化产业发展基金,促进企业数字文化内容创作、研发及平台建设;要积极申报高新技术企业的认定,争取在企业所得税上获得优惠。另一方面,要积极实现投融资渠道多元化发展。数字文化企业要积极通过相互持股、联合经营的方式,开辟多元化的投融资渠道,构建上市融资、"股权+项目"、互联网金融、海外融资、私募及信托等相结合的多元化投融资体系。

(2)积极为企业长足发展提供人才储备

数字文化企业要加快优化人才结构,为企业长足发展提供人才储备。具体而言,要加大对数字文化相关领域人才培养的投入力度,针对企业发展战略制订合理有效的数字化人才培育和管理体系;要积极与高校合作加强高层次人才培养,针对企业发展需要重点培养数字视频编辑、数字音乐制作、网络游戏开发以及移动娱乐开发等高技术复合型人才,尤其是培养硕士、博士层次的技术型、管理型人才;要与高校、职业院校及培训机构合作加强应用型人才培养,为企业发展提供基础性人才资源;要加强培养或引进一批具备国际视野、精通国际运营能力的复合型人才,为企业"走出去"提供人才保障。

五、结论

本研究从政府层面、行业协会层面及企业层面讨论了浙江数字文化产业国际竞争力提升路径。政府作为数字文化产业的宏观规划者,要加强顶层战略设计,科学规划产业布局;要规范产业发展秩序,优化产业发展环境;要加强政府引导扶持,完善产业政策体系;要推动跨界融合发展,构建协同产业集群。行业协会作为沟通数字文化企业与国家的中介,要发挥行业政策倡导功能,推动产业快速发展;要发挥行业自律功能,维护产业发展秩序;要发挥资源整合功能,提高资源配置效率;要发挥沟通协调功能,完善桥梁纽带作用。企业是数字文化产业经营的微观主体,要推动企业持续创新,促进产业整体提升;要提升企业管理水平,促进企业科学发展;要参与国际竞争合作,不断开拓国际市场;要促进要素资源升级,形成动态竞争优势。

促进文旅深度融合助推浙江"大花园"建设的调研报告

白效咏

一、问题背景

第一次提出"大花园"建设是在 2017 年 6 月召开的浙江省第十四次党代会上。这次大会做出了大湾区、大花园、大通道、大都市区"四大"建设的重大战略部署。其思想源头则是习近平总书记出任浙江省委书记时所提出的"八八战略",其中第五点是"进一步发挥浙江的生态优势,创建生态省,打造'绿色浙江'"。"大花园"建设是浙江省贯彻习近平总书记生态文明思想"绿水青山就是金山银山"的重要举措。2018 年 6 月 14 日,浙江省政府召开全省"大花园"建设动员部署会,浙江省省长袁家军强调,要深入贯彻习近平生态文明思想和以人民为中心的发展思想,全面落实省委"两个高水平"建设和"四大"建设的决策部署,聚焦聚力高质量、竞争力、现代化,突出"串珠成链、共建共享",举全省之力全面推进"大花园"建设,加快打造"幸福美好家园、绿色发展高地、健康养生福地、生态旅游目的地",就此拉开了全省建设"大花园"的序幕。

"大花园"是自然生态与人文环境的结合体、现代都市与田园乡村的融合体、历史文化与现代文明的交汇体。建设"大花园"是浙江践行"绿水青山就是金山银山"理念,推进绿色发展,加快打造"诗画浙江"鲜活样板的重要举措。"大花园"建设将是未来浙江省最重要的建设计划,它关系着千千万万浙江人民和在浙工作的人的命运,也关系着浙江省的发展前景。由于"大花园"建设不仅面向浙江、面向长三角,也面向全国,因此,"大花园"建设在全国都有重要影响和示范意义。

完成好"大花园"建设的重任,离不开文化的助力。浙江省不仅有着得天独厚的自然生态环境和秀美山川,更有着历史悠久光辉灿烂的文化,一向号称"文献之邦"。深入挖掘风景名胜区的文化资源,在此基础上打造以"唐风宋韵"为主题的旅游 IP,顺应旅游发展新形势,开发以文化体验为特色的新型旅游模式,为"大花园"建设助力。在促进浙江文化产业进一步发展繁荣的同时,引领全国旅游发展。

二、国内外研究成果评述

浙江"大花园"建设是前无古人的事业,浙江省的生态环境和秀美山川也是独一无二的,因此,在世界范围内没有相似的样本可以借鉴。目前,关于"大花园"建设的研究多集中在浙江本省。比较典型的有葛学斌的《做优诗路文章,助推大花园建设》,从"为大花园建设铺就人文底色""为浙江乡村振兴、全域旅游、绿色发展夯实文化内涵""为浙江文化高地、文明高地的打造提供新路径"等角度阐释了挖掘诗路文化对"大花园"建设的重要意义,为 4 条诗路建设指明了方向。李玲洁的《大花园建设背景下天姥山旅游文化挖掘及开发路径——基于文本语义分析》使用 ROST CM 6.0 软件对热门旅游网站游记文本进行语义分析 ,明确了天姥山旅游的关键吸引物为李白及其诗作——《梦游天姥吟留别》,并为天姥山今后走文化旅游的发展道路提出若干建议。王东祥的《建设大花园要强化绿提升富增添美》重点研究了丽水市在"大花园"建设中面临的机遇与问题,并建议丽水市要发挥好林业资源、水资源、空气资源、文化遗产资源、古民居古村落资源等优势。范柏乃等人的《大花园核心区建设的创新路径》主要探讨了"大花园"核心区(丽水市)必须坚持生态自觉和生态自信,秉持绿色发展的理念和"八八战略"的精神,进一步巩固既有成效,突破发展瓶颈,实现生态环境高水平保护和经济高质量发展的协同推进的新路径。以上研究从不同角度探讨了"大花园"建设的途径,为"大花园"建设献计献策,并为本研究提供了可借鉴的研究范式。

三、浙江省旅游业发展现状与面临的问题

浙江省旅游业在全国一直处于领先地位,如图 1、图 2 所示。2020 年,浙江省克服新冠肺炎疫情带来的种种困难,使旅游人次和收入恢复率比全国平均水平分别高出 31 和 38.1 个百分点。

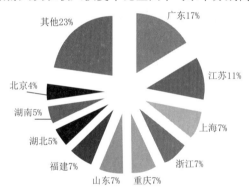

图 1　2020 年第一季度国内旅游组织人次排名前 10 位的省区市

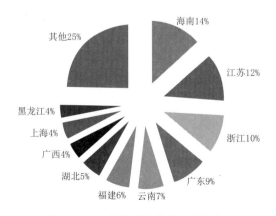

图 2　2020 年第一季度国内旅游接待人次排名前 10 位的省区市

但一些共性的问题也都未能幸免。

一是旅游产品的更新落后于时代的发展,难以满足中产阶层及以上人群对高质量旅游的需求。目前的旅游模式仍然以旅行团为主,按照既定路线观光。这种模式很难引起中产阶层及以上人群的兴趣,越来越多的自驾游就是对这种旅游模式的否定。

二是文旅融合不够深入,风景名胜区的历史文化资源开发不够,呈现不力,未能将丰厚的历史文化资源转化为高质量的旅游产品。很多商店文创产品开发模式低级,以与旅游有关的纪念品为主。这种开发模式早已被证明是行不通的。以西湖风景区为例,笔者在 2019年做了个调查(2020 年和 2021 年受疫情影响,不具有代表性)。

本次调研主要采取观察法和访谈法,通过观察旅游工艺品店铺内的旅游工艺品类型、售卖情况及游客人口性别构成、店铺停留时间这几个因素,同时结合店铺工作人员与游客的访谈内容及相关权威数据,来综合考察西湖风景区内旅游工艺品对游客的吸引力大小。

如表 1 所示,观察对象为随机进入西湖风景区中 6 家旅游工艺品店的游客,观察发现,游客人数共计 133 人,其中:男性成人游客 33 人,占 24.8%;女性成人游客 97 人,占 72.9%;儿童 3 人,占 2.3%。在旅游工艺品店铺参观游客性别构成中,女性占比远远高于男性,男女比例失衡。同时,《西湖文旅大数据报告》显示,在到访西湖的游客中,浙江省游客占比最多,约占总游客人数的六成。除浙江省游客外,上海市、江苏省也是西湖景区游客的重要客源地。总体而言,西湖景区游客的客源地多为江浙沪地区。在对游客进行随机访谈的过程中,笔者还发现这些游客以青年、中年为主,学历大多为大专、本科及以上。这要求旅游工艺品开发多结合文化要素,因为受教育程度高的人群往往对这类旅游工艺品具有更高的关注度和消费热情。

作为潜在消费群体,来往游客在工艺品店内的停留时间总体比较短,消费力明显不足,可供开发的消费潜力空间还很大。正如在访谈过程中工作人员所说的:

经营者 A:"(生意)不怎么样,游客来来往往挺多的,但就是没多少人买,今天(14:30)才卖出了 30 元。"

经营者 B:"(来店里买东西的游客中)大学生多一点,不过学生一般也不会买那些大件,也就买些小香包、书签之类的。"

表 1　旅游工艺品店铺内的观察结果

店铺	店铺供应商品	观察时间	店铺人流量/人	人员构成	游客平均停留时间/分钟	游客购买量(价值)
晓风书屋	手工包、陶瓷杯、手工伞、明信片、折扇、旅游纪念徽章、旅游纪念卡片、丝巾手帕、杭州西湖风景区相关书籍、小型复古蓝牙音箱	10:39—11:00	5	3 女 2 男	6	0

店铺	店铺供应商品	观察时间	店铺人流量/人	人员构成	游客平均停留时间/分钟	游客购买量（价值）
承香堂	香薰、香包、书签、茶具、书法工具套装	11:41—12:00	3	1女 2男	4	0
吉祥蚕丝绸 & 王星记	中高级丝绸、旗袍、包包、中高级折扇、中高级珠宝首饰	13:00—13:15	1	1女	6	0
民族坊	白蛇传说影像碟片、城市纪念币、明信片、卡通形象冰箱贴、卡通玩偶、对梳、折扇、便携梳妆镜、少数民族耳坠、帽子、旗袍、少数民族特色元素手提包、墨镜	13:20—13:50	67	43女成人 21男成人 3儿童	8	白娘子卡通冰箱贴×2（35元）
曲院风荷┃创意商店	钢笔、书签、香囊、插花瓶、陶瓷娃娃、玩偶形象绿植杯、耳饰脖饰、西湖龙井茶叶、西湖九曲红梅茶叶、荷叶茶	14:05—14:30	23	9男 14女	5	香囊×1（20元）
雷峰塔风景区内"旅游纪念品"店铺	中低端丝绸、雷峰塔塑料、木质、铜制仿真模型	16:05—15:30	34	19男 15女	2	0

三是博物馆、文化馆等公共文化场所未能主动推进文旅融合,把自身的优势资源与风景名胜区有机融合,实现双赢。与热闹的景区相比,几乎所有的博物馆、文化馆等场馆都是门前冷落鞍马稀,哪怕是在西湖风景区内的博物馆。

四是餐饮等配套服务不足影响了游客的旅游体验,具体体现在以下几个方面:第一,餐饮配套不合理,风景区餐饮店东西贵,人又拥挤,几乎找不到不需等待的店;第二,餐饮质量差,口感不好,西湖醋鱼被吐槽最多;第三,餐饮趋同化严重,没有体现杭州本地特点。

四、浙江省丰富独特的旅游文化资源

浙江不仅自然风光优美,而且有丰富的人文底蕴,兼具自然美与人文美,浙江的很多山水名胜既是自然景观,也是文化景观。文化景观是一个地区自然与人文的复合体,具有历史性、地域性和变异性的特点,它联系着特定地区人们的过去、现在、未来,展现着这一地区的精神文化与人文审美。文字是抽象的,审美的传递不仅依靠传达者单向的信息传播,也在于读者自身的感知与想象。自古以来,浙江山水名胜之美闻名全国,为古代文人墨客、达官贵人、隐士逸贤游赏隐居的上选。历代文人墨客在山水名胜留下的痕迹和广为传颂的逸闻趣事,都已然成为山水名胜的一部分,比自然风光本身更具魅力。他们通过文献留下的审美意趣和独特的审美视角成为特定的文化景观符号,并赋予了山水名胜景观叙事功能。景观所附加的符号信息激发了观赏者的审美意识,使得观赏者自身跨越时空,得以体悟前人的所见、所感,从而实现从"不在场"到"在场"的过程。文化景观在这个过程中发挥着"讲述"的叙事功能,它作为一种物质见证,构筑了过去与未来的历史记忆,成为时空的桥梁。正如王尔德说的那样:"现在人们看见了雾,并非因为有雾,而是因为诗人和画家们已经把那种景象的神秘魅力告诉了我们。雾并不存在,直到艺术创造了它。"从某种意义上来说,这也是浙江山水名胜的一次再生。"江山也要文人捧,堤柳而今尚姓苏""赖有岳于双少保,人间始觉重西湖",浙江的山水名胜在历代文人墨客和英雄美人的加持下,积淀了深厚的文化底蕴,也是其人文之美的所在。而这正是深入推进文旅融合、改善游客体验、助推"大花园"建设的宝贵资源,有待于进一步挖掘。本调查报告以文献调查为主,通过文献调查呈现历史上浙江名胜的发现过程、审美变迁和旅游胜地的形成过程,兼及历史文化资源。分析调查结果,可为浙江"大花园"建设提供历史依据,为浙江省的旅游质量及游客感受的提升提供改进建议。

(一)"天下四绝"之钱塘潮

冯梦龙在《警世通言》第 23 卷《乐小舍弃生觅偶》的开篇中记载:"从来说道天下有四绝,却是:雷州换鼓,广德埋藏,登州海市,钱塘江潮,一日两番。""八月十八潮,壮观天下无!"钱塘潮,在世界上与恒河潮、亚马孙潮并称世界三大涌潮,在历史上与青州潮、广陵涛先后继起,是中国最为壮观的自然景观之一。当潮水涌来,江面银浪翻空,涛声震天,如千军万马呼啸而来。每年农历八月十八,也是传说中潮水最大的一天,雄奇壮观的景色吸引着钱塘江两岸的人们倾城而出,拥到江边观赏这一自然界的奇迹! 由古及今,相沿成俗,钱塘观潮,遂成为我国极富特色的民俗活动之一。

钱塘潮起于何时,史无明文,但东汉之前,已有伍子胥含恨而死驱水为涛的传说。至东晋,观赏钱塘潮已是文人墨客的雅好,并留下赞美钱塘潮的诗篇。苏彦曾在西陵(今杭州西兴)观潮,震诧于江潮之壮观,有"洪涛奔逸势,骇浪驾丘山。訇隐振宇宙,漰磕津云连"的诗句。隋唐时期,杭州成为新兴的繁华大都市。杭州的崛起为钱塘潮带来了数以十万计的观众,于是钱塘观潮渐成规模。唐大历之后,广陵涛随着自然环境的变化而消失,钱塘潮遂为独步天下的奇观。钱塘观潮也取代广陵观涛,成为天下咸知的盛事。

唐代的观潮胜地,为杭州樟亭。宋昱、孟浩然、姚合、张祜、郑谷等都曾登临。他们或惊叹钱塘潮之迅猛,"雷震云霓里,山飞霜雪中""曳练驰千马,惊雷走万车";或渲染潮水连海接天的浩渺,"照日秋云迥,浮天渤澥宽";或描绘潮水之壮美,"涛翻三月雪,浪喷四时花""势连沧海阔,色比白云深"。那时文人观潮,已经呼朋引伴、三五成群,"府中连骑出,江上待潮观"。他们在樟亭楼上,一边观潮,一边饮酒赋诗。而更多的观潮者则沿江边排列,人山人海。李吉甫《元和郡县图志》曾描写当时观潮的盛况:"江涛每日昼再上,常以月十日、二十五日最小,月三日、十八日极大,小则水渐涨,不过数尺,大则涛涌,高至数丈。每年八月十八日,数百里士女共观,舟人、渔子溯涛触浪,谓之弄潮。"

两宋时期,中秋前后到江畔观潮已是杭州士民的一大乐事。八月十八,潮水最大,于是定其为潮神的生日。每逢这一天,杭州士民成群结队地来到江边观潮,出现了"满郭人争江上望"的盛况。江潮气势磅礴,"来疑沧海尽成空",如"天排云阵千雷震,地卷银山万马奔",又如"海面雷霆聚,江心瀑布横"。但凡到过钱塘的文人墨客,无不登临观赏,吟诗作赋,极尽刻画形容之能事。也有哲人开始思考这一奇特的现象:"把酒问东溟,潮从何代生。宁非天吐纳,长逐月亏盈。"南宋时,又定于八月十八日这一天校阅水军,于潮水未来之时,在江面进行军事演习。观潮者人山人海。据《武林旧事》记载:"江干上下十余里间,珠翠罗绮溢目,车马塞途,饮食百物皆倍穹常时,而僦赁看幕,虽席地而不容间也。""自庙子头直至六和塔,家家楼屋,尽为贵戚内侍等雇赁作看位观潮。"钱塘江畔一带从庙子头至六和塔,凡临江适合看潮的人家,其楼阁房屋,全部被达官贵人租赁过去用以看潮,一直持续到二十日观潮者才渐渐散去。不仅达官贵人、士女百姓如痴如狂,就连皇帝也在十八日这一天亲临"天开图画"的高台观赏潮水及水军演习,年年如此,成为定例。

至明代,钱塘潮已成闻名天下的奇观。但因地理环境的变迁,观潮胜地已由唐宋时的凤凰山、江干一带移至海宁盐官。如今,海宁盐官、老盐仓、萧山美女坝都是观潮的好地方。钱塘观潮已成为浙江的旅游资源品牌,每年农历八月十八前后,都有数以十万计的国内外游客拥向钱塘江两岸来目睹这一大自然的奇观。

(二)山阴道

浙东山川秀美,在东晋时已是当时名士心驰神往的旅游胜地。《世说新语·言语第二》载:"顾长康从会稽还,人问山川之美,顾云:'千岩竞秀,万壑争流,草木蒙笼其上,若云兴霞蔚。'""王子敬云:'从山阴道上行,山川自相映发,使人应接不暇。若秋冬之际,尤难为怀。'"又,《会稽郡记》云:"会稽境特多名山水,峰崿隆峻,吐纳云雾,松栝枫柏,擢干耸条,潭壑镜彻,清流泻注。王子敬见之,曰:'山水之美,使人应接不暇。'""天下第一行书"《兰亭集序》的诞生地兰亭,也在山阴道上。其序中的"此地有崇山峻岭茂林修竹,又有清流急湍映带左右",也是对浙东山川的赞美。

(三)"钱塘西湖天下无"

"六朝以上人,不闻西湖好。"隋唐时期,随着杭州城的建立与逐渐繁荣,西湖也开始作为游览名胜进入文人墨客的视野。特别值得一提的是,长庆二年(公元822)白居易出任杭州刺史,与几乎同时出任越州刺史的好友元稹斗诗,史称"竹筒传诗"。白居易赋诗夸杭州,元稹赋诗夸越州,使得杭州、越州之美随二人的诗篇流传天下,特别是西湖也因之成为文人墨客竞相游赏的名胜。"余杭形胜四方无,州傍青山县枕湖""为我踟蹰停酒盏,与君约略说杭州。山名天竺堆青黛,湖号钱唐泻绿油""可怜风景浙东西,先数余杭次会稽""涛声夜入伍员庙,柳色春藏苏小家""绕郭荷花三十里,拂城松树一千株""未能抛得杭州去,一半勾留是此湖",白居易在西湖的游赏和赋诗,开辟了西湖作为中国名胜的新时代。

吴越王钱镠定都杭州,杭州进入了大发展期。钱镠舍东府越州(今绍兴)而取西府杭州,说明那时杭绍业已易位。经过吴越时期的发展,到了北宋,杭州已是东南一大都会。宋仁宗在《赐梅挚知杭州》一诗中说杭州"地有湖山美,东南第一州",其时西湖已成为驰名全国的名胜之地。梅挚为纪念仁宗皇帝赐诗的宠耀,在吴山筑有美堂(遗址在今伍公山上),并请欧阳修为之作记。欧阳修在《有美堂记》中称:"若四方之所聚,百货之所交,物盛人众,为一都会,而又能兼有山水之美,以资富贵之娱者,惟金陵、钱塘。"当时,杭州已是与金陵并称的全国唯二兼山水之美与都邑雄富的大都市。金陵因平南唐之战,"其江山虽在,而颓垣废址,荒烟野草,过而览者,莫不为之踌躇而凄怆",故杭州在当时已是"兼有天下之美"的唯一,"邑屋华丽,盖十余万家。环以湖山,左右映带。而闽商海贾,风帆浪舶,出入于江涛浩渺、烟云杳霭之间,可谓盛矣"。苏轼《虞美人·有美堂赠述古》亦称"湖山信是东南美"。仁宗时期,作为"东南形胜,三吴都会"的杭州,经过发展,已经是"烟柳画桥,风帘翠幕,参差十万人家""市列珠玑,户盈罗绮,竞豪奢"的繁华之地,西湖也成为杭州人的游览胜地。

南宋时期的杭州,不仅人口众多,富庶繁华,而且风俗喜尚玩赏,周密的《武林旧事》中说:"杭人亦无时而不游……日糜金钱,靡有纪极。故杭谚有'销金锅儿'之号。"《梦粱录》亦云:"临安风俗,四时奢侈,赏玩殆无虚日。西有湖光可爱,东有江潮堪观,皆绝景也。"西湖周边已被建设成集园林之美与湖山之美于一体的绝佳旅游胜地,如《梦粱录》所言:"湖边园囿,如钱塘玉壶、丰豫渔庄、清波聚景、长桥庆乐、大佛、雷峰塔下小湖斋宫、甘园、南山、南屏,皆台榭亭阁,花木奇石,影映湖山,兼之贵宅宦舍,列亭馆于木堤;梵刹琳宫,布殿阁于湖山,周围胜景,言之难尽。东坡诗云:'若把西湖比西子,淡妆浓抹总相宜。'正谓是也。"西湖十景也于此时形成,《梦粱录》载:"近者画家称湖山四时景色最奇者有十:曰苏堤春晓、曲院风荷、平湖秋月、断桥残雪、柳浪闻莺、花港观鱼、雷峰夕照、两峰插云、南屏晚钟、三潭印月。"西湖十景一经画师命名,便成为文人词客竞相吟咏、品题的对象,南宋末年出现大量以西湖十景为题的诗词画作,如周密有《木兰花慢》西湖十景 10 阕,张成子有《应天长》西湖十景阕,王洧有《湖山十景》诗 10 首。关于西湖十景的画作,见诸文献的有马麟的《西湖十景册》(高士奇《江村销夏录》著录)、叶肖岩的《西湖十景图册》(故宫旧藏《石渠宝笈续编》著录)、若芬的《西湖十景图》(王世贞《画苑》著录)、陈清波的《西湖十景图》(王毓贤《绘事备考》著录)。西湖十景的形成,是南宋画师与文人共同品题的结果,是关于西湖审美的一次深度拓展。与唐代游观西湖不同,宋人品题西湖,往往将自己的审美意趣融入西湖美景之中,给西湖美景深深地打上自己的烙印,这一点也深刻地影响了明人对西湖审美的再次拓展。

至元代,将西湖十景变为钱塘十景:六桥烟柳、九里云松、灵石樵歌、冷泉猿啸、葛岭朝暾、孤山霁雪、北关夜市、浙江秋涛、两峰白云、西湖夜月。其中"两峰白云""西湖夜月"两景目与南宋西湖十景中的"两峰插云""平湖秋月"意思相同,所以后人常称"钱塘八景"。其实六桥烟柳就是南宋十景中的苏堤春晓。当时因为西湖胜景的吸引,杭州已是天下仰慕的旅游胜地,故杨维桢《西湖竹枝词》云:"南官北使须到此,江南西湖天下无。"但元代统治者惑于"西子亡吴,西湖亡宋"的谣言,对西湖治理并不上心。至明代,西湖已近乎消失。在杨孟瑛的主持疏浚之下,才"顿还唐宋旧观"。

西湖景观的人文赋予,在明代达到了巅峰,特别是晚明文人,他们对西湖的玩赏达到了另一个境界。晚明文人对西湖的玩赏重在赏境,即他们的审美意趣在西湖山水里找到了寄托,并把这种意趣赋予西湖山水,从而提升了西湖山水的人文内涵和美的意境。如袁宏道对西湖的描述:"山色如娥,花色如颊,温风如酒,波纹如绫,才一举头,已不觉目酣神醉。此时欲下一语描写不得,大约如东阿王梦中初遇洛神时也。"于袁宏道而言,西湖早已是心倾神慕的圣地,他把自己对天下山水美景的幻想全部寄托于西湖,才会有如曹植遇洛神般的感受。又如张岱湖心亭观雪,崇祯五年十二月的冬天,大雪纷飞三日不止。是日夜深,万籁俱寂,张岱拥毳衣,举火炉,独自撑舟于冷寂的天地间,前往湖心亭看雪。"雾凇沆砀,天与云与山与水,上下一白。"此番景致令张岱欣喜不已:"湖上影子,惟长堤一痕、湖心亭一点、与余舟一芥、舟中人两三粒而已。"寥寥数字,幽远朦胧、宁静空明的意象,以及无法直言的心境尽书于此,展现了雪湖的独特魅力。晚明汪珂玉曾评注:"西湖之胜,晴湖不如雨湖,雨湖不如月湖,月湖不如雪湖。乃四方游人嘲杭俗但有花朝无月夕,自应如党家姬不识雪味。然犯此者,不独杭也。能真领山水之趣者,尘世有几人哉!"其实明代文人所玩赏的雪湖,并不仅仅局限在西湖湖面,还扩展到西湖周边,雪湖八景为鹫岭雪峰、冷泉雪涧、巢居雪阁、南屏雪钟、西陵雪樵、断桥雪棹、苏堤雪柳、孤山雪梅。

清代康熙帝和乾隆帝的巡游,又为西湖添彩增光。特别是康熙帝,对西湖贡献尤大。南宋时的西湖十景,至清代大多湮没无闻,康熙帝不仅命人重修了十景,把曲院风荷由洪春桥迁至苏堤西侧,还亲笔题名。我们今天见到的西湖十景就是康熙帝时重修的。乾隆帝又仿照西湖十景和钱塘八景,新增了行宫八景和钱塘十八景。行宫八景为四照亭、竹凉处、绿云径、瞰碧楼、贮月泉、鹫香庭、领要阁、玉兰馆,均在今孤山公园及孤山上。钱塘十八景为吴山大观、湖心平眺、湖山春社、浙江秋涛、梅林归鹤、玉泉观鱼、玉带晴虹、宝石凤亭、天竺香市、云栖梵径、蕉石鸣琴、冷泉猿啸、凤岭松涛、灵石樵歌、葛岭朝暾、九里云松、韬光观海、西溪探梅,将杭州风景佳处近乎一网打尽。

(四)唐诗之路

隋唐时期,文人墨客的游观兴趣,仍多集中于浙东山水。他们从西陵渡口沿浙东运河顺流而下,经西陵驿、古镜湖、会稽城、上虞,转入剡溪,历嵊州,过新昌,入天姥山至天台,再转入仙居、临海、台州,最远可达温岭。"龙楼凤阙不肯住,飞腾直欲天台去""此行不为鲈鱼脍,自爱名山入剡中",这一带秀美山川引李白、杜甫等400多位唐代诗人前赴后继、络绎而来,留下1500余首吟咏山川风光的诗歌,将这条游览路径洒满诗意,也成就了今天的唐诗之路,更为今天的旅游发展留下无数可供挖掘的优质IP。

五、推动浙江省文旅深度融合,提升旅游质量,助力"大花园"建设的对策和建议

(一)深入推进文旅融合,加大风景名胜区历史文化资源的开发力度,深化旅游业供给侧结构性改革,创新旅游业态,变走马观花式的观光之旅为沉浸式的文化体验和审美体验之旅

第一,加强风景名胜审美史研究,充分挖掘风景名胜的文化底蕴,系统呈现风景名胜丰

富的历史审美过程,以更好地打造、升级、创新旅游业态,提升旅客体验,变观光之旅为审美体验之旅,满足社会上对高质量旅游产品的需求。

浙江省的风景名胜如西湖、雁荡山、浙东唐诗之路、瓯江诗路等,不仅风光秀丽、景色宜人,更蕴含了丰富的文化底蕴,是集自然风光之美与人文之美于一体的风景名胜。"六朝以上人,不闻西湖好",名胜的美往往有一个被发现的过程,这个过程也是名胜人文之美累积的过程。名胜之所以成为名胜,一半缘于优美的自然风景,一半缘于历代文人审美的叠加。历代文人对名胜之美的发现、品题、玩赏的过程,同时又是对名胜塑造、赋予的过程。文人以自己独具的审美敏感发现了名胜之美,发表诗歌文章,传播天下后世,同时也把自己独特的审美意趣赋予了名胜,为后世游赏者提供审美上的指引,为名胜打上自己的印记。历代文人在名胜上的痕迹连同诗歌文章都内化为名胜的一部分,成为比自然景观更具魅力的文化景观符号。经他们品题、玩赏的景观也因此具有了叙事功能,激发观赏者的审美意识,使得观赏者跨越时空,体悟前人的所见所感,从而实现从"不在场"到"在场"的过程。苏轼对西湖雨湖的品题,晚明汪珂玉、张岱等对月湖、雪湖的玩赏就是最典型的例子。

第二,做好文化之旅 IP 开发,打造"唐风宋韵"旅游路线,变观光游为文化沉浸之旅。

文化爱好者,喜欢追寻著名历史人物的足迹,做考古般的深度旅游,而不仅仅观赏风光。浙江省在这方面资源丰富,底蕴深厚,如天台山、浙东唐诗之路、大运河、西湖以及众多的洞天福地,蕴藏着无数优质旅游 IP,引得众多深度文化体验之旅爱好者前来寻胜探幽。但目前旅游 IP 的开发不够系统,缺乏合理的规划和筛选,尚处于自发状态。若能系统开发,合理规划,因势利导,不仅有利于开发潜在的以文化为主的旅游产品,还能激活潜在的旅游市场,进一步推进文旅融合,满足深度文化体验之游爱好者的需求。而且,在激活潜力旅游项目的同时,还可缓解节假日西湖等热门景点游客拥挤的压力。

第三,充分利用"宋韵"研究与"唐诗之路"研究的成果,打造"唐风宋韵"旅游 IP。

可采取试点方式,规划几条优质旅游 IP 路线,如天台和合文化之游、重寻李白浙东游迹、洞天福地之旅、西湖月湖之旅、重走苏东坡游西湖路线等,均具有潜在的开发价值。在实践中不断总结经验,完善 IP 之旅的路线规划和旅游服务,激活潜在市场,以更好地满足人民对高质量文化旅游的需求。

(二)充分利用数字化技术,盘活博物馆、文化馆等资源,主动介入文旅融合,讲好城市故事、讲好名胜故事,打造网红博物馆

浙江省有众多的博物馆、文化馆等公共文化场所,不少博物馆还位于风景名胜区内,如浙江省博物馆(孤山馆)、杭州西湖博物馆、杭州博物馆、杭州京杭大运河博物馆等。与风景名胜区的人流如织相比,这些场馆终年门庭冷落,所售卖的各种文创产品也无人问津。究其原因,这些场馆未能充分发掘自身价值,乘文旅融合的东风,主动与风景名胜区融合。

首先,博物馆、文化馆等场馆要讲好城市故事。浙江省拥有杭州、绍兴、宁波、衢州、临海、金华等 7 座国家级历史文化名城和嘉善县西塘镇、桐乡市乌镇、湖州市南浔区南浔镇、绍兴柯桥区安昌镇、宁波江北区慈城镇、象山县石浦镇等 6 座历史文化古镇。此外,还有温州、余姚、湖州、舟山定海、东阳、嘉兴、兰溪、天台、松阳、瑞安、龙泉等11座省级历史文化名城。这些名城同时又是旅游胜地,处在浙东唐诗之路、大运河诗路、钱塘江诗路或瓯江诗路的路线上。这些历史文化名城本身所具有的文化底蕴就是重要的旅游资源。博物馆、文化馆等场所应充分利用数字化技术,结合馆藏资源,制作讲述城市历史和故事的精品视频作品,于馆内展示或供点播、查询,向旅客展示城市的历史文化底蕴,便于旅客体验城市文化。把博物馆、文化馆打造成展示城市历史文化的窗口,让博物馆、文化馆成为旅客详细了解当地历史文化的网红打卡地。

博物馆、文化馆等场馆要结合自身馆藏资源,讲好名胜故事,成为旅客文化体验之旅的培训基地和名胜审美史与文化底蕴的展示中心。浙江省的名胜几乎都是秀美自然风景与深厚历史文化的融合体,故旅游一半乐趣在观光,以欣赏美丽的自然风景,一半在体验,以沉浸在深厚的历史文化中。但对于旅客而言,观光风景易,体验文化难。因此,博物馆和文化馆特别是如杭州西湖博物馆、杭州京杭大运河博物馆等专业博物馆,要精心打造讲述名胜历史文化故事的数字产品,并在专业平台、公众号和场馆内播放,全面展示名胜的历史文化底蕴和名胜之美被发现、被品鉴的过程,呈现古人的审美意趣所赋予名胜的文化内涵,实现游客与古人的隔时空沟通和在场感,全面提升旅客的文化体验。

(三)充分发掘丰厚的饮食文化资源,打造富有地方特色的传统餐饮体系,改善旅客旅游中的饮食体验,将餐饮与旅游有机结合

饮食体验是旅游体验的重要组成部分,无论旅程的风景多么惬意、文化多么令人着迷,如饮食体验不佳,则整个旅程的体验都会大打折扣。浙江省是美食大省,杭帮菜历史悠久,闻名全国;绍兴菜自成体系,又经鲁迅、周作人兄弟文学作品宣传,亦脍炙人口。许多传统名菜既有特色,又富有文化底蕴。如"西湖醋鱼",就传自南宋的"宋嫂鱼羹";又如东坡肉、叫花鸡、莼菜羹等,均有动人的历史传说。此外,《武林旧事》《梦粱录》《越乡中馈录》中也保留了大量自南宋以来的传统名吃名菜菜谱,这些都是宝贵的饮食文化资源。将这些饮食文化资源转化成丰富可口的美食,并打造与风景区相融合的餐饮体系,让旅客在欣赏美丽风景、体验丰富文化的同时,品尝到美味可口,既有地方特色又有文化底蕴的美食,可以给整个旅游体验锦上添花。

浙江省 VR 技术公共文化场景应用调研报告

沈　珉　宋子良　陶思佳　姚丽颖　罗召君　顾炳燕

一、研究背景

2016 年称为 VR 元年,政策开始支持 VR 等虚拟现实技术的推进,VR 技术开始进入教育、购物、旅游、房产等领域。但是,VR 天使融资在 2015 年下半年已到达顶峰。2016 年,VR 公司已经感受到了"严寒",据《第一财经日报》报道,自 2015 年以来创办的 VR 创业公司中有 90% 已经倒闭。2019 年以后,VR 投资回暖。互联网数据中心(Internet Data Center,IDC)数据显示,2020 年中国 AR/VR 行业总融资额约 15.6 亿元,其中 AR 领域总融资额约为 11.2 亿元,在教育、医疗、公共服务、制造业等 B 端的 AR/VR 应用支出占 2/3,C 端 VR 游戏市场规模约占 1/3。IDC 数据预测,未来两年,中国的 AR/VR 总体市场规模将占到全球市场支出的一半,在规模及涨幅方面将均超越美国和日本,居全球首位。

浙江省统计局数据表明,2021 年,预计全省数字经济核心产业增加值比上年增长 14.9%,比上年提高 2.0 个百分点;占生产总值的比重为 11.0%,比上年提高 0.1 个百分点。规模以上工业中,数字经济核心产业制造业、装备制造业、战略新兴产业、人工智能、高技术产业制造业增加值分别增长 20.0%、17.6%、17.0%、16.8% 和 17.1%,增速均比上年有所提高并远高于全部规模以上工业,显著拉抬了工业生产增速。同时,数字产业投资加快推进。2021 年,高新技术制造业投资比上年增长 24.8%,占制造业投资的 60.6%,拉动全部投资增长 2.5 个百分点。其中,计算机通信电子设备、医药、专用设备等高端制造业投资增势较好,分别增长 59.2%、32.5% 和 20.4%。数字经济核心产业制造业和装备制造业投资分别增长 40.5% 和 21.3%。数字消费持续活跃。数字产品及线上消费的持续活跃为稳定消费做出了积极贡献。从限额以上单位看,2021 年,通过公共网络实现的零售额比上年增长 25.9%,比限额以上单位零售额增速高 12.0 个百分点,拉动增长 5.9 个百分点,占限额以上零售额的 25.2%,比上年提高 2.4 个百分点。其中,新能源汽车、可穿戴智能设备、照相器材等数字商品零售比上年分别增长 176.6%、92.4% 和 41.9%。据省商务厅统计,2021 年浙江省实现网络零售额 25230.3 亿元,增长 11.6%;省内居民网络消费 12276 亿元,增长 10.9%。数字服务业快速发展。受疫情等因素影响,接触性服务业恢复相对缓慢,部分数字服务业保持较快增长。1—11 月,规模以上服务业中,科学研究和技术服务业,交通运输、仓储和邮政业,信息传输、软件和信息技术服务业营业收入两年平均增速分别为 23.6%、23.2% 和 17.7%,居前 3 位。

但是浙江省 VR 等虚拟现实技术的运用仍有瓶颈,发展方面仍存在许多问题和薄弱环节:技术标准不确定;资源横向运用不合理;开发的产品粗糙,同质化竞争严重;商业模式亟待创新;财税金融政策和人才支持不足;等等。这使得 VR 等虚拟现实技术的运用仍处于低级水平。本报告针对浙江省的文化领域 VR 技术运用,尤其是教育领域、文旅领域及文博馆所等涉及公共文化空间的 VR 技术运用进行调研。

二、VR 概念及发展概述

(一)VR 概念及发展

虚拟现实(Virtual Reality,VR)是多媒体技术的终极应用形式,主要依赖于三维实时图形显示、三维定位跟踪、触觉及嗅觉传感技术、人工智能技术、高速计算与并行计算技术以及人的行为学研究等多项关键技术的发展。可以说,它是计算机软硬件技术、传感技术、机器人技术、人工智能及行为心理学等科学领域飞速发展的结晶。

VR 早期译为"灵境技术",具有沉浸性、交互性、构想性等特点。早在 20 世纪 40 年代,美国就已开始了飞行模拟器的设计。随着计算机技术尤其是计算机图形技术的发展,这种模拟器又发展为大屏幕显示器和全景式情景产生器。1965 年,被称为计算机图形学之父的 Ivan Sutherland 发表论文 *The Ultimate Display*(中文译作《终极的显示》),该论文描述了一种把计算机屏幕作为观察虚拟世界窗口的设想,这被看作是虚拟现实技术研究的开端。1968 年,Ivan Sutherland 又提出了头盔式三维显示装置的设计思想,并给出一种设计模型,这奠定了三维立体显示技术的基础。之后此领域一直没有突破性的发展,直到 20 世纪 80 年代初,才由 Jaron Lanier 正式提出"Virtual Reality"这一名词,同时一系列更完善的仿真传感设备(如头盔式显示器、数据手套、数据衣、立体声耳机等)及相应的计算机软硬件系统也被研制出来了。到了 20 世纪 90 年代,对 VR 技术的研究更加普遍,VR 技术发展也更为迅速。

虚拟现实技术的发展,将真正地实现虚拟现实,必引起整个人类生活与发展的很大变革。

(二)VR 类型分析

从 VR 的发展来看,其技术类型有 VR 全景、头显 VR、裸眼 VR 等。

VR 全景是基于真实场景的全景图像的虚拟现实技术,也叫作三维全景。这种全景图的原理其实就是把摄影设备 360°拍摄获取到的一组或者是多组的图像修改拼接,形成一个全景图像,也可以利用计算机技术实现全方位的观看互动以展示真实场景。相当于利用 VR 技术把现实的真实场景转移到网络上进行全方位展示。

头显 VR 是虚拟现实头戴式显示技术,它利用头戴式显示设备将人对外界的视觉、听觉封闭,引导用户产生一种身在虚拟环境中的感觉。其显示原理是左右眼屏幕分别显示左右眼的图像,人眼获取这种带有差异的信息后会使人在脑海中产生立体感。

裸眼 VR,就是利用眼睛具有的视差的特性,在不需要任何辅助设备的情况下,即可获得具有空间、深度的逼真感立体影像的技术。"裸眼",即不需要佩戴 3D 设备也可观看 3D 场景。

从目前 VR 的发展来看,VR 全景的使用较为普遍,一些公共场合尝试运用头显 VR。

三、浙江省 VR 文化应用现状

浙江省经信厅数据显示,2021 年 1—11 月,电子信息制造业增加值为 2137.3 亿元,增速从前 3 季度的 14.4%大幅提升到 16.5%,高出规模以上工业 11.7 个百分点,占全省工业比重从上年的 12.4%提升至 14.4%,对工业增长的贡献率达到 44.4%。受新项目投产拉动的影响,当月增速跃升明显,11 月规模以上电子信息制造业增加值同比增长 25.3%,较 10 月环比提高 4.2 个百分点,是规模以上工业的 2.13 倍,拉动规模以上工业增长 2.1 个百分点,尤其是通信电子行业主引擎地位稳固,11 月同比增长 29.9%,拉动规模以上工业增长 2.35 个百分点。从八大万亿产业来看,1—11 月电子信息制造业增速分别比高端装备、时尚、节能环保、健康和文化制造业高 9.5、12.4、8.9、2.1 和 10 个百分点,继续引领增长。1—11 月,新一代信息技术产业实现增加值 992.1 亿元,同比增长 22%,高出全省战略性新兴产业 12.3 个百分点,对全省战略性新兴产业的贡献率达 41.2%,人工智能制造业增加值增长 18.1%。软件产业持续领跑,前 11 个月全省实现软件业务收入 6324.4 亿元,同比增长 15.8%,增速高出全国软件 3.3 个百分点,明显快于广东省(12.7%)、江苏省(10.9%)、上海市(11.2%)等东部省市,列全国软件业务收入第 3 位。

(一)形成 VR 多场景应用矩阵

在公共文化空间中,VR 技术用于教育、文博、非遗场馆以及景区展览等,形成公共空间的多场景使用矩阵。

1.教育行业的 VR 教学

教育部在"十三五"规划中已明确提出,VR 教育是"发展未来学校和智慧课堂改革"的重要内容。VR 教育应运而生,在继"互联网+"之后,兴起"VR+"的教学。2016 年,浙江省高考语文作文题目是"接受还是拒绝 VR",开启关于 VR 的探讨。

在开发上,VR 公司与教育机构携手合作,比如乐视教育以 VR 为切入口,与新东方联合打造 VR 场景课程教学模式,将在线教育与场景式体验相结合。乐视教育进行了场景深度交互教学的尝试,率先实现了在英语教育领域"VR+"的突破。据了解,这也是国内首个将 VR 技术应用于教育领域并开启变现模式的案例。

相对来说,教育系统的 VR 开启要滞后一些。为深入贯彻落实全国教育大会精神,为加快浙江教育数字化转型发展,以信息化引领教育现代化,2018 年 12 月 14 日,浙江省教育厅组织制订了《浙江省教育信息化三年行动计划(2018—2020 年)》(下文简称《三年行动计划》)。其总体目标是"全面推进数字教育,到 2020 年,实现信息技术与教育教学的深度融合,形成符合'数字浙江'发展需要的教育新生态。基本建成以网络化、数字化、智能化、情境化、多样化为特征的智慧教育环境;形成面向每一个学生提供优质、灵活的教育供给和服务格局;教与学方式普遍优化,师生信息素养全面提升,智能治理水平大幅提高。《教育信息化2.0行动计划》在浙江率先实现,全省教育信息化发展水平走在全国前列,教育信息化有力促进浙江教育现代化,为每个学生提供适切、公平而有质量的教育,增强人民群众对更多、更好教育的获得感和幸福感"。该文件对不同阶段的教学机构提出不同的要求,与虚拟教学相关的内容为着力推进国家课程校本化实施和校本课程特色化,以学生发展核心素养为基础,打破学科界限,开展综合课程、主题课程、STEAM(科学、技术、工程、艺术和数学)课程等跨学科、融合性课程。深入开展师生自制教具活动,鼓励师生按需自制教具,丰富课程载体。《三年行动计划》提出,要开展100个区域和学校整体推进智慧教育综合试点、300个基于技术的精准教学试点和1000个基于技术的教与学方式变革试点,形成一批精准教学示范典型。同年,浙江省智慧教育装备展示会在浙江嘉兴国际会展中心顺利开幕。该展会由浙江省教学仪器设备行业协会智慧教育分会、浙江师范大学智慧教育研究院主办,有多家教育企业参展。展会主要围绕"新时代、新技术、新教育"这一主题,全面展示人工智能、机器人、云计算、大数据、VR等信息技术在智慧校园、互动课堂、在线教育、移动学习、网络安全、教学评价、教育游戏等方面的应用。这为教育装备现代化交流提供了平台,进一步深化和拓展了供需交流渠道。在教育用具上,可通过数据收集来判断学生表情,从而评估学生上课听讲的效率。

浙江省职教学校、中小学在这方面做了推进,主要体现在运用信息技术优化教与学方式、驱动学业诊断和评价及教学试点示范上。

从实践上看,国家虚拟仿真实验教学项目共享服务平台启动。浙江大学、浙江理工大学、浙江传媒学院、浙江农林大学等高校6个项目进入首批国家级虚拟仿真实验平台。浙江高校艺术学院、传播学院等相关院系中有VR的教学与实训。如:浙江大学与51VR展开合作,成立"浙江大学—51VR智能虚拟仿真联合实验室",进一步推动智能虚拟仿真的基础科研和应用型研究及顶级技术人才的培养;浙江广厦建设职业技术大学建立VR实训室用于教学;浙江省除了在科研方面进行开拓外,还开展了"浙江省首届高校VR大赛",这是一件落地的赛事,但是赛事如何与教育本身进行更紧密的融合却尚未有定论。

中小学层面,2016年温州第一实验小学采用北京微视酷科技有限责任公司自主研发的"IES沉浸式教育软件系统",这是浙江小学使用VR之首次。2020年12月7日,浙江桐庐发布"全国教育＋VR先行示范区"建设项目,决定在莪山畲族乡试点工作的基础上,在全县范围内推进VR教学,莪山畲族乡启动"全国少数民族5G示范应用第一乡"建设,举行数字乡村试点启动仪式。莪山民族小学的数字内容由杭州数字治理科技公司提供。这一项目是数字乡村的一个子项目。"学校引进40套VR设备,建设专用教室,设计VR专用课程,课程涵盖1—6年级的语文、美术、科学、活动课等科目,其中6个班每周固定上一节VR课。"

同步进行的是全景校园VR。VR可实现远程实景现场浏览,让办学特色、校园风采、校园历史、重点学科展示等信息展现得更加全面,是教育发展的新兴模式。从项目规划来看,宣传的功能大于教学的功用。3D 全景、VR 展示中心全面展示学校特色;深度互动,丰富校园文化生活,建设和谐校园;多媒体互动分享,促进学术交流与传播;建设全景校园,扩大宣传,促进招生就业;展望未来,打造智慧校园。

具体而言,项目主要包括:第一,搭建全景校园展示中心,展示学校整体风貌;第二,智能电子图册及虚拟校史馆展现学校特色历史文化;第三,深度互动(音乐、视频、文字图片解说互动)功能;第四,地图导航和重力感知功能助力校园建设;第五,多媒体互动分享进行在线学术交流。

全景校园使教育、教学的方式、学校整体发展都发生了变革,提升和完善了教学质量,全面、智能化地为广大师生及各大教育院校服务。其本质在于互联网信息化与教育教学的高度融合,是教育信息化向更高阶段发展的表现。随着互联网和移动互联网大潮的来临,VR全景技术与展会行业的结合将成为未来学校教学环境展示、招生等的一种重要发展方向。绝大多数学生将通过互联网和移动新媒体获取学校信息,并在网络和社交媒体分享和了解学校环境和教学信息。

2. 借力 VR 进行非遗展示

非遗场馆可以分为区域综合性非遗馆、专题性非遗馆和体验(传习)中心 3 类。如杭州市非遗展示中心、中国江南水乡文化博物馆这样的区域综合场馆是综合性非遗馆,专题性非遗馆的代表有杭州西湖龙井茶博物馆,体验(传习)中心是以民间销售为主的非遗体验点。

对全省的非遗项目进行统计,截至 2020 年初,已建成或正在建设的区域性综合馆有 339 座,而全国各类非遗场馆数量已经达到数千座。对浙江省国家级非遗项目进行搜索,获得 48 家非遗馆的资料。对这些非遗进行田野调查,同时对省市级的非遗官网进行搜索,结果表明,非遗利用新媒体 VR 技术的不多,采用 VR 展示的仅有中国黄酒博物馆、嵊州文化创意产业园、中国木雕博物馆 3 家,占比为 6.3%。商业网站中,利用 VR 呈现的非遗有海宁皮影戏 360°、养蚕人家 360°、手上功夫 360°等。

3. 推进文旅智慧旅游

文旅 VR 是结合智慧旅游推出的。在新冠肺炎疫情之后,智慧旅游更受到推崇。2018 年 10 月 19—21 日,世界 VR 产业大会在江西南昌举办。会上,习近平总书记在贺信中表示,当前,新一轮科技革命和产业变革正在蓬勃发展,虚拟现实的技术逐步走向成熟,拓展了人类感知能力,改变了产品形态和服务模式。通过 PC 端、移动端、软件、网页等多渠道进行宣传,可以任意嵌入携程、马蜂窝等各大流量网站。

在浙江 17 个 5A 级景区中,有 15 个景区(西塘、江郎山等)运用 VR 技术进行景区的推广。但是头显类项目仅限于杭州西湖、雁荡山、嘉兴南湖等几个景区。其他几个屏媒提供 VR 眼镜观看,官网出现的是手绘或者建模的景区图,屏媒观看则是选择了景点的几个定点,采用全景拍摄,360°视角扫视。

4. 推进博物馆的虚拟游览与资源展示

对浙江省 36 家综合及行业博物馆进行调研,结果表明,相比较国内七大博物馆,浙江省的博物馆在高科技运用上并不非常突出。由于受场地限制、内容限制等,运用 3D 交互展品展出,网上展厅制作精良。比如,浙江省博物馆的"文澜遗泽——文澜阁与《四库全书》"屏媒建模逼真,其他展馆也能够按照实物精细展现。中国茶叶博物馆的网上展厅虽然也是虚拟展厅,但不够详尽,制作也不够精致,实物展厅也较简单,以播放视频为主。中国丝绸博物馆的数字技术采用量不多。通过实地考察,笔者得知该馆的数字部开设了微信公众号与用户沟通,而在展厅中则多采用视频播放的形式来进行器物展览。其他博物馆的网上展厅建设采用数字技术的也较少,网上展厅也以图片为主。

良渚博物院将 VR 与考古相结合,用于展示遗址公园的宫殿建造,是一座良渚文化专题类考古学文化博物院。在良渚古城遗址公园 1 号讲解厅内,有一面"魔镜",这是利用 AR 技术加持人物造型:体验者只要站在这面"魔镜"前一挥手,就能立刻头戴羽冠、腰系玉带、长袍加身、手持权杖玉器,化身为 5000 年前的良渚王。这让体验者感受"活着的"良渚文化。

除此之外,在良渚遗址现场,还有"5G＋VR 无人机巡防""5G＋VR 无人机全景观光""5G＋VR 书画"等应用展示。这些应用旨在通过使用全球领先的 5G 技术和虚拟现实技术来更好地保护和传承中华 5000 年文明,力争将良渚古城遗址公园打造成全球首个 5G 全覆盖的国家遗址公园,让文物活起来。

2021 年,"意象良渚"跨媒体艺术沉浸展于"杭州良渚日"正式开幕,动用传统皮影、剪纸元素呈像,触摸式交互游戏。

浙江省自然博物院的 VR 运用是与驾驶室体感设备结合的屏媒全景呈像,但是精度较差,体验感不好。

(二)特色资源的虚拟展现

1.活态使用红色资源

中国共产党一大后段会议移于嘉兴南湖一游船上举行,嘉兴南湖"红船"成为革命的象征。在实境中,"红船"被泊于南湖湖心,不允许游者上船参观。"红船 5G VR"体验项目设置在南湖革命纪念馆北三楼瞭望台,该项目运用 VR 技术拍摄红船形成三维数据并将其存放在云端,通过 5G 高速通道,支持 VR 眼镜端观看三维红船,时长为 3 分钟。受众可以通过 8K 高清 VR 眼镜,全景领略南湖会景园、湖心岛等主要景点,并真正"走进"南湖"红船"内部。数字内容向虚拟现实内容移植,丰富融合虚拟现实体验的内容供应,使得红色资源的开发更具有贴近人心的活态。

2.地方资源的特色化展现

浙江省的地理景观与人文景观数量巨大,有的地方资源很难整体呈现出来,比如运河景观。"红色地标"与人教数字出版有限公司合作开挖大运河 VR 项目。项目根据中国京杭大运河文化带形成文化脉络和内容架构,以中国京杭大运河为主线,以区域划分为串联,设计 12 个单元,将中国京杭大运河上的文化地标以点、线、面的方式展现出来,通过 VR 等新媒体技术手段将这些内容体系化、立体化、时尚化,以更完整、更科学、更便捷的承载方式提升用户体验,拉近文化与现代人的距离,整体呈现了包括浙江段在内的运河的总貌。又如鲁迅的故居和陆游题诗的沈园景区,其官网 360°虚拟游成像精度高,显示器配置要求较高,建模后用鼠标推进,色彩比较一致,效果比较好。

在自然景观中,神仙居景点较有特色。神仙居景点虽然在流畅性上制作效果一般,但是添置了背景音乐,以欢快为基调。千岛湖景区的展现则设置了不同时刻的全景图,可进行720°的观看。

3. 不同对象的 VR 呈现

针对不同的资源,虚拟呈现的方式也不同。

景区展示有 2 种形式:一种是通过建模高精度还原,另一种是通过平面与全景图像结合进行展示。后一种使用较为普遍。手机端是通过建模高精度还原。在官网多用全景:一是航拍,比如千岛湖用航拍效果;二是水平拍摄,沿线路拍水路巡航,表现漂游的状态,或者是分点静态全景拍摄,比如雁荡山表现方式。衔接方式也分 2 种:一是连续性的航拍或者巡拍;二是分点拍摄。如果是分点拍摄,呈现方式又可分成 2 种:第一种用地图来标识,加标注点显示,比如溪口景点;第二种动态播放时用淡出淡入来连接,此种较少见,如普陀山景区连续性剪辑,依然能够进行交互。

非遗展示多以活态展示与静态图片展示为主,结合民俗活动进行互动,同时新媒体多利用视频及网络进行宣传介绍。在省非遗网站上,视频类节目不多,且以民俗节及非遗活动为主。海宁皮影戏 360°是全景照片呈现,仅选择 3 个位置进行全景扫视。养蚕人家 360°和手上功夫 360°也采用了同样的方式。嵊州文化创意产业园为建模展现,但主要呈现的是园区布局而非项目展览。

浙江省博物馆系统常用的有 VR 三维数字沙盘、"AI+"、碗幕影院等。浙江自然博物馆采用了全景技术来表现江南水乡的地理面貌。碗幕影院在良渚博物院中的运用较为成熟,在浙江省博物馆、浙江自然博物院及杭州博物馆等场所内均得到使用。在浙江自然博物院中,AI 技术可还原史前的面貌等,能够引起观众的好奇心。

四、浙江省 VR 公共文化场景应用存在的缺陷

浙江省的 AR/VR 布局与全国的布局结构相反,但鉴于浙江文化大省的定位,在公共教育以及公共文化领域提前进行 VR 布局,显得尤其重要。目前,VR 技术虽已在上述领域使用,但仍存在一些问题。

(一)公共教育与文化部门 VR 普及率不高

教育领域,VR 使用处于试水阶段,人们使用 VR 愿望不强。根据对浙东、浙南、浙西不同级别的中学校长的抽样调研,表示没有兴趣建 VR 教室的占 30%,表示在观望之中,如有政策扶持或者要求就可以建设的占 60%,表示有建设愿望的占 10%。在 48 个国家级非遗项目展示馆中,只有 3 家使用屏媒全景呈现,占比仅为 6%。在浙江省 17 个 5A 级景区中,头显 VR 项目仅限于杭州西湖、嘉兴南湖等,占比为 17%。浙江省 36 家综合及行业博物馆中,使用屏媒全景呈像的只占 1/3。

(二)虚拟现实技术使用较为初级,行业场景运用较为简单

终端设备不理想。在教学板块,配备数量有限,真正用于教学的 VR 课堂没有得到开发;终端人性化设计较差,学生的生理特征被忽略。博物馆新技术使用标配现象严重,易引起审美疲劳。交互式游戏设置内容简单;碗幕播放过滥。技术更新与投入之间的平衡点没有找到,项目易被淘汰。如浙江自然博物院中的车载式湿地体验设备,分辨率低,已不能满足审美要求。设备缺乏专人看管,易损坏,多家博物馆放弃 VR 的展示。另外,VR 过于私密,与公共空间氛围不合拍,使得头显 VR 不能普及运用。

(三)内容开发含金量不高,倾向于娱乐,扫视内容居多

从教学内容来看,VR 内容与教学大纲的匹配度不高,同类内容产品过溢且深度不够。学校用于智慧校园开发的意愿较强,但安全意识与品牌意识较弱。非遗馆展示 VR 内容生产不能呈现技艺细节,技术使用价值趋零。文旅 VR 运用技术采用一体机设计,内容相对简单。浙江省博物馆在 VR 应用上落后于北京、湖南、甘肃、江西等省市的综合性博物馆。除浙江省博物馆数字化项目之外,内容的垂直开发度不够,延伸性不强。

五、浙江省 VR 技术应用的发展建议

(一)VR 文化应用的行业建设建议

VR 产业发展,需要资本、技术与人力协同发展。目前在公共文化领域布局方面资金投入缺口较大,技术与领域对接度不高,人力资源紧张。

1.加强 VR 产业链间的有效联动

资本市场虽有回暖,但公共文化部门的投入不多。自 VR 元年以来,VR 的融资出现 2 次低谷现象,虽 2020 年下半年出现明显回暖迹象,但投资领域多为 AR 硬件领域。具体行业场景运用的全媒体布局较弱。比如,博物馆导览 VR 技术与全息激光技术、3D 打印技术需综合运用,单一技术无法对接复杂需求。VR 技术使用行业间联动不强。教育领域各自开发,有分量的产品不多。VR 向周边产业的渗透不够。文化 VR 产品向出版、制造转化的现象不多。

2.着重解决 VR 技术难题

第一,技术上硬件标准不一,使用普及性差。比如,头显 VR 对人眼的视场角、屏幕分辨率及使用时长都没有制定标准,各个文化场景产品使用不能共享。第二,人性化设计不够,用户界面与易用性都缺乏考虑,更无视用户近视、头部尺寸等具体数值,体验感较差。第三,设计水准有待提高。内容呈现较为表面,且多无效交互;美术场景及角色设计缺乏特色;音效与交互也缺乏特色。第四,内容生产尚未提上日程,优秀内容不多。内容侧重娱乐,赋予学术内涵较少。体验目标不明确,表现场景较为凌乱。

3.增强 VR 内容策划力

策划团队缺乏。没有专门的 VR 策划团队,具体文化场景运用的针对性不强。具体表

现为缺乏降维思维,炫技倾向突出,核心价值无法体现。在"VR＋"教育中,教学资源库缺乏统一规划,低水平重复建设现象明显。教育与娱乐的尺度把握不准,降低了学生抽象思维的能力。设备配置不能满足全员学习的要求,使得VR成为教育点缀。文博VR运用没有抓住核心IP,缺乏一次投入、多次开发思维,投入成本与产生效益不成正比。场馆硬件建设成本过高,而技术淘汰速度快,设备来不及更新,技术表现反而成为馆所建设年代的标注。数字设备耗能多,环境要求高,多家馆所为了节能,不能终日运行新设备,影响场馆的参观体验。公共空间与私密空间的区分度较弱,虚拟产品的体验性不够。非遗VR运用缺乏核心内容,内容等同于馆所虚拟参观。文旅VR呈现水平参差不齐,低质量的全景呈像效果适得其反;应用场景值得斟酌,使用于景区反而影响了实际体验;缺乏深度开发,VR多表现为景区虚拟参观,对于人文及体验型的旅游类型没有挖掘其内涵。

(二)发展浙江省 VR 技术应用的政策建议

浙江省的VR/AR推进整体处于国内第一梯队。2019年,浙江省虚拟现实产业联盟成立,旨在推进研究与产业联动、行政与行业覆盖的虚拟现实科技。目前,布局重点在行政与商业上,在文化应用上尚没有发挥应有作用,为此,提出以下建议。

1.文化布局上要构建"硬件＋软件＋专业服务"产业链以满足文化大省的建设需要

以专业服务为纽带,以技术创新中心为中心,以杭州虚拟现实行业协会为依托,建立技术创新中心,辐射周边,形成多区域参与、多技术融合、产学研用高效协同的系统化、集成化创新体系。集中力量解决硬软件生产瓶颈。推动实时三维图形生成、实时定位跟踪、近眼显示、高速渲染处理等技术创新。终端设备方面,发展主机式、手机式、车载式、一体机式、洞穴式等VR整机设备,研发面向重点行业领域、特定应用场景的VR行业终端设备。积极探索新型VR呈现方式。强化在柔性显示、裸眼三维立体显示、全息显示、激光显示等领域的技术布局,推动VR终端设备小型化、轻型化发展。在行业布局上,建立多个与VR产业相关的国家级技术创新中心,核心关键技术创新取得显著突破,在技术标准制定、产品与应用创新能力方面达到全国领先水平。

2.携手VR/AR行业协会,推动内容生产

采用不同措施,加快"VR＋生产实践"。除指导商用VR/AR生产之外,针对公共文化应用推进VR/AR的内容生产,匹配运用场景,细化VR设计,赋能VR学习与文旅。助推VR＋教育融合。结合VR沉浸式教学的体验,创新教学模式和教学产品。合理运用AR/VR教学资源,适当推荐已出版的优秀VR/AR教辅资料,避免重复建设。对标浙江省的文化建设,在海洋文化普及和大运河文化建设中,集中出版、教育等行业资源,进行项目设置以及开发,夯实乡土教育。推进裸眼三维立体显示等技术,使得教学秩序得到有效维持。

助推"VR＋博物馆"项目。除了获得教育部等科研资金外,加大财政投入,做好优质IP的数字化与虚拟呈现工作;将其与3D打印、出版、周边开发等结合起来,发挥优质IP的商用价值。加大平板导览器的研究与生产,实现公共空间内的私人体验。探索使用裸眼三维立体显示、全息显示、激光显示等技术方式,增加产品的学术含量。

助推"VR＋非遗"项目。配合非遗馆的建设,积极将活态的非遗内容融入馆所之中;利用 VR 技术模拟非遗空间。

助推"VR＋旅游"项目。探索屏媒全景呈现方式,强化降维思维与融媒体思维,采用新媒体矩阵来展现不同类型的文旅项目;加快虚拟景点与购物、娱乐、饮食、住宿等出行要素的结合,打通文旅与商业边界;扩大网站外链平台入口,吸引大众全景作品的上传,丰富文旅内容。

同时,要以信息系统优化项目统筹,减少重复建设和资源浪费;通过智能化能源管理,提高能效;以 AI 数据治理,清除数据垃圾。

3.重视 VR/AR 策划人才培养

第一,要依托大专院校组织专家团队,特别是出版、文博、历史、艺术、影视等学科的专家组建培养队伍,讲授策划原理,提高策划能力。通过协会平台,对内容策划与生产的专门人才进行培养,突破产品低端重复的现状。

第二,要深入理解 VR 意义生产的方式,生产优质内容,以免内容失之于浅,使技术体现有张力,倡导降维思维。目前,学界已开始对 VR 叙事进行了初步的研究。随着研究的深入,VR 这一媒体的特殊意义与价值将被发掘与阐释。

第三,要向 VR 文化场景运用优秀的场馆与项目学习。组织策划人员到意大利、德国,以及我国北京、江西等地考察取经,既有降维思维,又能采用融合媒介手段,形成 H5、网站、场馆综合的新媒体矩阵,推进文化领域的新媒体运用。

VR 技术与浙江省非遗项目的数字化保护和利用研究报告

姜　勇

一、问题背景

非物质文化遗产是一个国家和民族历史文化成就的重要标志,是优秀传统文化的重要组成部分,同时也是全世界人民的共同财富和全人类的特殊遗产。非物质文化遗产既是历史的见证,又是珍贵的文化资源,其种类繁多,数量庞大,价值也是多元化的,构成了一种多维度、多层面、全方位的价值体系。保护非物质文化遗产,充分发挥其价值,对于建立民族的文化自信、自觉以及增强民族认同感、自豪感都有着极为重要的意义,对于维护和保持文化的多样性、凝聚民族精神、促进人类社会可持续发展也均有重要的作用。

浙江省是我国较早落实非物质文化遗产保护工作的省份。近些年来,浙江省坚持先行先试、不断探索,在非遗保护事业上取得了显著成绩,多项指标保持全国领先地位。随着非物质文化遗产保护工作取得巨大进步,以及非遗传承立档和保护工作取得显著成效,非遗保护工作的浙江经验和浙江模式也逐渐形成了。"十三五"期间,国家补助浙江省非遗保护专项资金合计 14819 万元,省级非遗保护专项资金累计投入 26600 万元,对省级以上非遗项目实施"八个一"保护措施,对我省列入人类非遗代表作名录的非遗项目开展"3＋N"保护行动。组织实施中国非物质文化遗产传承人研修研习培训计划,培训学员 1570 人次。公布省级文化传承生态保护区(创建)名单,实施传统戏剧发展"五个一"计划,启动浙江曲艺保护振兴系列活动。各地开放了一批新建成的具有地域特色的市、县(市、区)综合性非遗馆。总体而言,浙江省经过长期的不懈努力在非物质文化遗产保护方面取得了良好的成绩。

但是,非遗保护工作中仍存在着不少的问题和不足,如:对非物质文化遗产保护工作重要性、长期性的认识不够;过度商业化,强行对非物质文化遗产进行改造;专业机构及专业人才培养方面较为匮乏;高等教育机构对非物质文化遗产保护与利用的参与度偏低;非遗传承后继乏人;缺乏非遗保护与利用的标志性成果;等等。非物质文化遗产保护与传承工作任重道远,保护传承质量有待提升,保护传承体系有待完善,保护工作基础有待夯实,创造创新发展潜力有待激活,数字化运用有待提速,政策保障支撑和机构队伍建设有待加强。借助现代数字化、网络化等科技手段,多渠道、多角度、多方式地对非物质文化遗产进行揭示、宣传,吸引更多对传统文化感兴趣的后学者参与其中,采用现代化教育方式和平台,降低行业的进入门槛,培养更多的优秀传承人,从而帮助非物质文化遗产的保护工作走出困境。

二、非遗与 VR 技术的概念发展及其融合点

非遗,即非物质文化遗产的简称,是指被各社区群体(有时为个人)视为其文化遗产组成部分的各种社会实践、观念表达、表现形式、知识、技能及相关的工具、实物、手工艺品和文化场所。非物质文化遗产主要分为口头传统和表现形式,包括作为非物质文化遗产媒介的语言,表演艺术,社会实践、仪式、节庆活动,有关自然界和宇宙的知识和实践,传统手工艺,等等。这一概念是联合国教科文组织在《世界文化多样性宣言》中提出的,于 2003 年在巴黎召开的联合国教科文组织第 32 届大会上正式被收入《保护非物质文化遗产公约》。我国于 2004 年 8 月也正式加入该公约,并制定了《中华人民共和国非物质文化遗产法》,针对我国文化保护的现状,提出了非物质文化遗产的概念:"非物质文化遗产是指各族人民世代相传并视为其文化遗产组成部分的各种传统文化表现形式,以及与传统文化表现形式相关的实物和场所。包括:(一)传统口头文学以及作为其载体的语言;(二)传统美术、书法、音乐、舞蹈、戏剧、曲艺和杂技;(三)传统技艺、医药和历法;(四)传统礼仪、节庆等民俗;(五)传统体育和游艺;(六)其他非物质文化遗产。"非物质文化遗产世代相传,在各社区和群体适应周围环境以及与自然和历史的互动中,被不断地再创造,为这些社区和群体提供持续的认同感,从而增强对文化多样性和人类创造力的尊重感。

VR,为英文 Virtual Reality 的缩写。VR 技术,一般翻译为虚拟仿真技术,也称为虚拟现实,或称灵境技术,是指用一个计算机系统模仿另一个真实系统的技术。具体而言,VR 技术就是一种可创建、可体验虚拟世界的计算机系统,通过计算机的模仿,产生一个三维空间的虚拟世界,以再现现实世界的诸种场景。用户可以通过视觉、听觉及触觉等多种传感通道与虚拟世界进行交互,仿佛身临其境,可以即时、没有限制地观察三维空间内的事物。用户在进行位置移动时,电脑可以立即进行复杂的运算,将精确的三维世界影像传回,产生临场感,以达到对人与真实世界互动的模拟替代。该技术集成了电脑图形、电脑仿真、人工智能、感应、显示及网络并行处理等技术的最新发展成果,是一种由电脑技术辅助生成的高技术模拟系统。

"虚拟现实"一词的起源可以追溯到法国剧作家安托南·阿尔托于 1938 年发表的名著《戏剧及其重影》,其将剧院描述为"虚拟现实"。在 20 世纪 60 年代之前,虚拟现实一直停留在科幻小说和剧场演出的场景之中。而如今意义上的虚拟现实是由杰伦·拉尼尔和他的公司 VPL Research 创造并推广的,各种虚拟仿真设备也层出不穷。后来,电影《头脑风暴》《割草者》等的广泛传播使其逐渐向大众普及。20 世纪 90 年代,霍华德·莱恩格尔德《虚拟现实》一书的问世,掀起了一阵 VR 研究的热潮。21 世纪以来,随着计算机技术的飞跃发展,虚拟现实技术也多与之结合展开,目前已经有数百家科技公司进行 VR 设备的开发,同时进行软件环境开发的企业更是数不胜数。

一般而言,虚拟仿真设备由屏幕、传感器和计算组件 3 个部分构成。屏幕显示仿真的影像,直观地反馈给用户,传感器感知用户的行动,计算组件收集传感器的资料,来计算进一步

显示的内容,如此就构成了一个与用户不断交互的系统整体。这套操作系统的运转逻辑也决定了虚拟仿真技术具有沉浸性、交互性和构想性的特点,即所谓的 3 个"I":Immersion、Interaction、Imagination。在虚拟系统中,虚拟仿真技术真正做到了以人为本,让人的行为在整个系统中起主导作用。人能够沉浸在计算机系统所创建的环境中,而非只能从计算机系统的外部去观测处理的结果;人能够用多种传感器与多维环境发生交互作用,而非只能通过键盘、鼠标与计算环境中的单维数字信息发生作用;人有可能从定性和定量综合集成的环境中得到感知和理性的认识,从而深化概念和萌发创意,而非只能从以定量计算为主的结果中受到启发,从而加深对事物的认识。也就是说,在虚拟系统中,由计算机及其他传感器所组成的信息处理系统会尽量满足人的需要,随时与人进行互动和调整,而不是迫使人去适应计算机的软件和硬件系统。人们能够沉浸其中,超越其上,出入自然,形成具有交互效能多维化的信息环境。

正是由于其多种特性与优势,虚拟仿真技术已经在各个行业获得了广泛的应用,并且取得了良好的效果。如在影视制作、网络直播等行业,用户可以借助 VR 设备,获得身临其境的现场感,增加其趣味性。数字展馆可以利用虚拟现实技术,将图文、视频、三维模型等资料融为一体,加强可视化和互动体验,让展览变得更为丰富多样。在文物保护方面,可将虚拟仿真技术作为文物的保存、展示和修复新的技术手段,提升文物保护工作者的效率。在课堂教学方面,可以将抽象的学习内容可视化、形象化,提升学生获取知识的主动性。另外,在医疗卫生、工业生产、安全消防、自动驾驶、产品设计、商品营销等领域,虚拟仿真技术都有着广泛的应用。而且,其应用领域和交叉领域还在迅速扩张,几乎到了无孔不入的地步。

党的十八大以来,围绕传承和弘扬中华优秀传统文化,习近平总书记发表了一系列重要论述。浙江省业已展开"弘扬中华优秀传统文化、推动中国传统工艺振兴"的实践。科技发展日新月异,非遗项目的数字化保护与利用亦应与时俱进。如何拉近传统文化与现实生活之间的距离,成为亟待解决的核心问题。在交互设计语境下出现的虚拟仿真技术,恰好在这一点上提供了一个全新的思路。

三、国内外推动非遗保护与利用的政策梳理

随着人类工业化进程的不断推进和全球一体化的趋势愈演愈烈,传统社会向现代社会转型的步伐不断加快。非物质文化遗产在现代化过程中的存续、发展和传承仅仅依靠传统发展模式和其文化系统内部力量已经难以为继。随着社会的发展和时代的进步,人类开始意识到非物质文化遗产的珍稀性和不可替代性,全世界都逐渐加入保护和抢救非物质文化遗产的队伍中。

20 世纪五六十年代,联合国教科文组织就已经开始在亚洲、非洲、拉丁美洲多地设置了相应的研究中心,集中对这些地区的地域性文化遗产和文化价值进行搜集、记录和调查研究,开创了联合国教科文组织关于非物质文化遗产保护工作的先河。虽然当时尚未提出非物质文化遗产的概念,亦仅将文化保护停留在较为初步的记录和保存阶段,但是,《国际文化

合作原则宣言》中提出的"每种文化都具有尊严和价值,必须予以尊重和保存"则以白纸黑字明确了联合国对文化保护工作的重视,也保证了这一工作的常规化延续。20 世纪 70 年代,巴黎会议上通过的《世界遗产公约》则首次正式提出"世界遗产"的概念,将具有突出价值的文化和自然遗产的识别保护提升为国际共同责任。20 世纪 80 年代末,《保护民间创作建议案》让"民间文化"第一次进入联合国教科文组织的正式文件和保护视野当中,并提出"保护涉及对民间创作传统及其传播者的维护",将文化保护的范围从文化本身扩展到文化传承的主体,迈出了人类非物质文化遗产保护实质性的一步。20 世纪 90 年代,正式提出非物质遗产的概念,并制定了《人类口头和非物质遗产代表作条例》,将口头遗产和非物质遗产并列。21 世纪初,具有里程碑意义的《保护非物质文化遗产公约》在巴黎召开的联合国教科文组织第 32 届大会上正式通过,以传统的语言、表演艺术及手工艺为代表的非物质文化遗产走进了人类文化保护的视线。联合国教科文组织对非物质文化遗产的认识在逐渐深化,认定范畴在不断扩大,保护措施也越来越完善。受此影响,各个国家也逐渐重视非遗保护工作,并制定了行之有效的方案和措施。

近十几年来,非物质文化遗产的保护工作在我国也逐渐成为社会关注的一个焦点。胡锦涛曾在党的十七大报告中指出:"加强对各民族文化的挖掘和保护,重视文物和非物质文化遗产保护。"

习近平总书记也心系非遗。对于非物质文化遗产的传承,习近平总书记念兹在兹。习近平总书记的非遗足迹遍及全国:在广州粤剧艺术博物馆同票友交谈,在杭州西溪湿地观看手工炒制龙井茶的技艺,在潮州观看非遗项目传承人的现场制作演示,在青海参观考察手工藏毯这一青藏高原民族传统手工艺品的制作,等等。通过考察,习近平总书记指出:"要加强非物质文化遗产的保护和传承,积极培养传承人,让非物质文化遗产绽放出更加迷人的光彩。"

自 2004 年我国正式加入《保护非物质文化遗产公约》以来,政府和民间对非物质文化遗产的保护与利用都投入了相当的热忱。在政府的主导之下,非遗的保护工作逐渐走向制度化、法治化,实现了可持续发展。非遗保护事业日趋成熟,保护工作在各方面都取得了令人瞩目的成绩。

一系列相关政策法规的出台,有效地保证了非物质文化遗产保护工作的施行。2005年,国务院就印发了《关于加强我国非物质文化遗产保护工作的意见》等文件,确立了"保护为主,抢救第一,合理利用,传承发展"的非物质文化遗产保护工作的方针,提出了保护工作的原则和目标。文化部也制定出台了《国家级非物质文化遗产保护与管理暂行办法》和《国家级非物质文化遗产项目代表性传承人认定与管理暂行办法》等部门规章,各省区市也陆续出台了民族民间文化保护条例或非物质文化遗产保护条例。随着 2003 年联合国教科文组织《保护非物质文化遗产公约》的推出,我国也正式加入该公约,将原有的《民族民间传统文化保护法》更名为《中华人民共和国非物质文化遗产法》,并在 2011 年第十一届全国人大常委会第十九次会议上正式审议表决通过,使其成为我国关于保护非物质文化遗产最为权威的指导性法律规范。与此同时,在具体的非物质文化遗产领域,也有不少相关的法律法规文件逐渐被制定出来。1997 年国务院颁布的《传统工艺美术保护条例》,就是一种行之有效的行政性保护措施。2002 和 2007 年两次修订的《文物保护法》,对于我国地上地下的文物保护事业以及我国优秀文化的传承都具有重要的保护价值。民事保护立法,如著作权、知识产权、专利保护、民间文学艺术作品等也都有相应的立法,并不断根据形势的发展而陆续修订。

各级非物质文化遗产保护机构的设立,为非遗保护工作提供了重要的组织保障。根据《中华人民共和国非物质文化遗产法》的规定,现阶段已经初步建成了国家、省、市、县自上而下的四级非物质文化遗产保护机制。2003 年,国务院各部委联合成立了中国民间文化保护工程领导小组。2006 年,国家非物质文化遗产保护工作专家委员会在北京正式成立,发挥专家的作用,用科学的方法对非物质文化遗产进行有效的保护。同时,中国艺术研究院成立了中国非物质文化遗产保护中心这一国家级非遗专业保护机构,它是中国非遗保护工作的具体执行单位。我国各省区市及县(市、区)也逐渐普遍设立了非遗保护办公室。文化部成立了非物质文化遗产司,作为非遗保护工作的行政主管机构。非物质文化遗产保护工作部际联席会议则是主要的领导机构。与此同时,地方性保护机构的设立也进行得如火如荼。此外,图书馆、博物馆等公共文化机构,高校等科研机构的非物质文化遗产研究基地以及民间团体也纷纷涌现,成为非物质文化遗产保护工作的重要力量。

非物质文化遗产的大规模普查,让非遗保护工作更有针对性。2005 年开始,我国就开始了"地毯式摸家底"行动,至 2009 年基本完成,对非物质文化遗产的数量、种类、分布等各方面有了更为清晰、彻底的了解,并开发了中国非物质文化遗产数据库普查管理系统,对普查数据进行汇总和管理。在此基础上,进行了联合国非物质文化遗产名录的申报与国家、省、市、县四级非物质文化遗产名录体系建设。根据中国非物质文化遗产网公布的数据,截至 2020 年 12 月,中国列入联合国教科文组织非物质文化遗产名录的项目共计 42 项,总数位居世界第 1 位。国务院先后于 2006 年、2008 年、2011 年、2014 年和 2021 年公布了 5 批国家级项目名录,共计 1557 个国家级非物质文化遗产代表性项目,按照申报地区或单位进行逐一统计,共计 3610 个子项。各省区市也陆续公布了省级非物质文化遗产名录万余项。名录体系的建设,使得我国非遗保护工作更具有针对性,也更有利于保护文化的多样性。而重视传承人的保护已经被视为非物质文化遗产保护工作中的重中之重。文化部在国家级非物质文化遗产名录的申报过程中,也交错地进行了国家级项目代表性传承人的命名和相关认定工作,该项工作随之就普及到了全国各省区市。《国家级非物质文化遗产项目代表性传承人认定与管理暂行办法》的通过,从政策法规方面有效地推动了传承人的认定和管理,加大了对传承人的保护力度。

随着非物质文化遗产不断小众化,宣传便成为非物质文化遗产保护工作中不可缺少的部分。我国从 2005 年便开始设立"文化遗产日",于每年 6 月第 2 个周六举行主题鲜明的宣传活动。同时,积极利用媒体,尤其是迅猛发展的互联网等数字化媒体,发挥其数字化、多元化、开放性等优势,通过网站、数字博物馆等平台进行宣扬,倡导公众参与进来,推动非遗保护工作的进行。

　　浙江省也积极响应中央政府的号召,制定了一系列非物质文化遗产保护与利用的政策条例。2007年,浙江省人大常委会制定了《浙江省非物质文化遗产保护条例》。浙江省文化厅、财政厅也制定了《浙江省非物质文化遗产代表性传承人(民间老艺人)补贴实施暂行办法》。2015年2月,浙江省财政厅、文化厅、文物局印发了《关于印发浙江省文化遗产保护专项资金管理办法的通知》,加大了文化遗产保护资金的投入。2016年10月,浙江省政府制定了《浙江省非物质文化遗产保护发展"十三五"规划2016—2020年》。2018年5月,浙江省政府制定了《浙江省传承发展浙江优秀传统文化行动计划》。同年7月,又发布了《浙江省非物质文化遗产代表性项目管理办法》。2020年,浙江省文化和旅游厅先后印发《浙江省省级非物质文化遗产代表性传承人管理办法》和《浙江省省级非物质文化遗产代表性项目管理办法(试行)》,并制定了相应的评估实施细则。2021年,制定了《浙江省非物质文化遗产保护发展"十四五"规划》,确立了浙江省非遗保护工作可持续发展的目标。在行动上,浙江省也走在了全国的前列:率先开展人类非遗代表性名录项目"3＋N"保护行动,实施省级以上非遗项目"八个一"保护措施、传统戏剧发展"五个一"计划;率先在全国开展非遗旅游景区评定工作,培育和建设了一批非遗主题小镇和民俗文化村。

四、非遗数字化保护与利用研究综述

　　数字化信息技术的发展,为非物质文化遗产提供了目前最好的保存方式,也为非遗的保护和利用提供了新思路。近些年,关于非物质文化遗产数字化保护与利用的研究在许多国家越来越兴盛,已经成为一个热点话题。由于非物质文化遗产概念是近十几年才逐渐提出和认定的,故国内外相关的研究起步时间相差不大,关注的热点问题较为集中,大致可以分为宏观与微观两个层面。

(一)宏观层面的研究

1.关于非遗数字化的概念界定问题

　　关于非物质文化遗产的概念,使用最多的是联合国教科文组织《保护非物质文化遗产公约》中的定义。我国对非遗进行界定时,采用了十分法。但也有学者指出,联合国教科文组织的这一定义,强化了文化遗产有形和无形的两分法,割裂了非遗的物品属性和行为属性。后又有学者提出了关于非遗的三分法,即动态艺术、静态艺术与时空艺术,相对适合数字化保护的实施。

　　关于非遗数字化,其定义多从王耀希(2009)关于文化遗产数字化的定义演化而来,其定义为:"文化遗产数字化就是采用数字采集、数字存储、数字处理、数字展示、数字传播等数字化技术将文化遗产转换、再现、复原成可共享、可再生的数字形态,并以新的视角加以解读,以新的方式加以保存,以新的需求加以利用。"黄永林等(2012)和卓么措(2013)在后续的研究中对非遗数字化的定义沿袭了这一模式,但周亚等(2017)指出,这一定义没有考虑到信息技术的更新换代,也缺少利益相关者要素,并不适合非遗的数字化保护与利用,仍需进一步探讨非遗概念,并在此基础上结合变化的技术环境,通过引入利益相关者等要素对非遗数字化概念及其内涵与外延进行深入探讨。

2.非遗保护与利用的实施主体研究

非遗数字化的实施主体大致分为两个:一个是以图书馆、博物馆、文化馆、档案馆等为代表的文化机构;另一个则是非遗所在地的居民社群。Gorman(2007)就呼吁图书馆、档案馆、博物馆、美术馆、研究机构、表演团体等机构要开展合作,共同致力于保护文化遗产。Tonta(2009)也对巴尔干半岛地区科学文化遗产的保存工作缺少协同努力的现象提出了反思。而在社会的变迁之中,现代社群与传统社群在对待非遗保护的问题上,也有着不同的态度,需要进行调和。

3.关于非遗数字化的影响

多数学者较为认同数字化为非物质文化遗产的保护、传承、共享与传播带来的新变化。然而,也有不少学者认为数字化也会有负面的影响,如博物馆危机、本真性风险、知识产权纠纷等。赖守亮认为,非遗数字化过程中过度的娱乐化倾向可能会对文化遗产的价值造成损害。

(二)微观层面的研究

1.数字影像技术的研究

利用数字影像技术对非遗项目进行数字化采集和保存是非遗保护最为基础的工作,也是研究者普遍提倡的。这一技术本多用于物质文化遗产的保护,如 20 世纪 90 年代数字影像技术和多光谱成像技术,实现了对莫高窟壁画的完整记录,并用于参观展示。这一技术也为非遗研究人员所重视。周玉屏(2013)利用数字影像传播澧水船工号子,认为数字影像技术对传承表演性不强的音乐类非遗作用重大。邵娣等(2015)指出,应提高从业人员的拍摄水平和创作水平,以增强高清数字影像在非遗保护中的作用。于翔(2016)在蓝印花布非遗的数字化保护工作中,也是先通过数字技术对蓝印花布的纹样进行数据化图像采集,再通过加权值将基于阈值的分割算法及基于边缘检测的分割算法相结合来分割蓝印花布纹样,进而对纹样进行提取分析的。

2.非遗数据库建设的研究

非遗数据库是非遗数字化保护的核心部分,数据库技术也是非遗数字化保护工作中应用最为广泛的技术。学者从多个方面对非遗数据库的建设进行了研究。彭纲(2009)提出了构建资源数据库和各地方数据库管理中心的数字化保护思路。邓爱东(2010)对我国公共图书馆非遗数据库建设的现状进行了调研,呼吁"公共图书馆必须加快建设完整系统的、格式统一的、可转换的非物质文化遗产数据库"。董永梅(2012)认为,应基于内容、载体和用户需求来构建不同类型的非遗数据库。龚剑(2012)指出了非遗数据库建设的 3 个入手点:数字化与信息化建设;标准化与规范化建设;系统化与合作化建设。徐拥军等(2013)提出"多方合作建设模式,丰富资源种类和数量,强调全文内容建置,注重推广与应用"的非遗数据库建设思路。杨红(2014)对非遗数据库的基本概念、基本框架、标准体系等基础问题进行探讨,提出统一非遗数字资源核心元数据、论证非遗项目分类体系、建立非遗数字化保护的标准体系等建议。

3.3D 技术在非遗保护中的应用研究

3D 技术在传统技艺、表演等非遗项目的保存与传承过程中具有重要作用。Hisatomi et al. (2009) 就通过 Graph Cuts 等技术,实现了对非物质文化遗产的三维重建和保护。Dania et al. (2011) 利用人机工程学原理,捕捉传统舞蹈的运动技巧和动作,并将其用于多媒体教学和舞蹈教育。谈国新等(2013)利用 3D 技术实现了土家族"撒叶儿嗬"的道具服饰、舞蹈技法、表现形式以及舞蹈空间场所建模。万会珍等(2014)提议将 3D 技术用来进行传统武术的传承与保护。

4.3S 技术在非遗保护工作中的应用研究

3S 技术是指包括地理信息系统(Geographic Information System,GIS)、全球定位系统(Global Position System,GPS)、遥感(Remote Sensing,RS) 3 种现代化技术。目前的应用多集中于非遗的数字化实践方面,如浙江省建立的《非遗 Go——浙江省非遗数字导览图》,广东省建设的《广东省非物质文化遗产电子地图》等,均以 3S 技术为支撑。关于这一技术应用的研究成果并不算太多。方琴等(2021)利用 GIS 技术,对浙江非物质文化遗产的空间分布格局进行分析,并对其影响因素进行探讨。苏勇军等(2021)则对浙江省国家级非遗传承人的空间分布特征和影响因素进行分析。

5.虚拟现实技术与非遗保护研究。

虚拟现实技术(VR 及 AR)对于非遗的保护工作而言是较为新兴的一种技术,但相较而言,其交互性、沉浸性与构想性的特性带来的优势也比较明显。Carrozzino et al. (2011)为意大利青铜塑像铸造古法流程设计的 3D 虚拟交互平台,已经具备虚拟仿真技术的雏形。代俊波提出利用 VR 技术为形式多样的满族非遗项目构建数字展览馆。Bustillo et al. (2015)采用 3D、CAD、虚拟现实等技术开发了一个用于文化遗产教学的半沉浸式系统平台。随着国内虚拟仿真实验平台的广泛建设,关于将虚拟仿真技术应用到非遗保护上的研究也逐渐增多,福建南音、藏纸、景德镇制瓷、万载夏布传统织造技艺、婺源傩舞、蓝印花布等传统非遗项目均有相关的研究论著出现。另外,将虚拟现实技术应用于非遗保护的其他层面的研究也相继展开,程秀峰等(2019)就虚拟现实技术在非遗信息资源展示中的应用进行了调查研究。陈颖(2017)对虚拟现实技术在非遗文化传承与传播中的应用进行了探讨。张晓燕等(2019)将虚拟仿真技术引入非遗传承实践教学当中。苏逸飞(2020)提出将虚拟现实技术应用于非物质文化遗产馆的开发与建设。

另外,随着全球各地对非物质文化遗产保护工作越来越重视,各个国家及国内各个省区市关于非遗数字化保护现状的调查研究也如雨后春笋般纷纷涌现。各种非遗项目的微观研究更是为数众多,兹不一一列举。

总体来看,当前关于非遗数字化保护的研究开展得如火如荼,但对于极为丰富的人类非物质文化遗产的总体而言,目前的研究尚有不少问题有待深入挖掘。首先,关于非遗概念的界定,尚存争议。非遗数字化的概念,也未能摆脱文化遗产的影子。在非遗保护已经逐渐进入独立层面的情况下,这些基础研究的薄弱环节将对非遗保护工作的实施产生较大的影响。其次,对于非遗数字化的正面影响,相关研究比较普遍,而对于数字化的负面影响则思考较少,应结合具体的非遗项目和数字化技术予以综合考量和更为深入的理论探讨。再次,虽然具体技术在具体非遗项目中的应用研究不少,但尚有许多非遗项目并未得到数字化工具与手段的支持,也未有相关的研究成果问世。而且,对于具体技术的研究,也多停留在较为浅层次的应用展望上,未能进行深入的理论剖析,更未能进行规模化实践开发。最后,非遗本身就是一个多学科交叉融合的复杂事物,对其进行数字化,更是大大增强了非遗的跨学科属性。但是在非遗进入保护和传承的深化阶段,多学科协同研究却开展得并不充分,尤其是高校、科研机构中各个学科专业人士的参与度并不太高。这些都将影响到后续非遗数字化保护与利用工作的有效展开。

五、浙江省非遗数字化保护与利用发展现状

随着 20 世纪 90 年代数字化技术的出现和发展,世界各国特别是发达国家纷纷将数字化技术用于文化传承和文化信息资源建设,大规模地把文化遗产转换成数字文化形态逐渐成为潮流,非物质文化遗产数字化项目更成为其主要方向。20 世纪 90 年代初,美国国会图书馆就启动了"美国记忆"计划,随后,联合国教科文组织亦启动了"世界记忆"项目,非物质文化遗产在其中占有很大的比重。我国非遗数字化保护工作起步略晚,但自 2005 年以来,一系列政策法规的相继出台,为非遗数字化营造了有利的宏观环境。2010 年,文化部将"中国非物质文化遗产数字化保护工程"列为"十二五"时期规划项目,有力地促进了非遗数字化采集与保存工作的有序展开。

新华社曾发专稿《浙江非物质文化遗产保护工作领跑全国》,这实际上是针对浙江省非遗名录体系建设而言的。在 2021 年 6 月国务院公布的第五批 325 项国家级非物质文化遗产代表性项目名录中,浙江省上榜 24 项,居全国第 1。这是继 2006 年国务院公布第一批国家级非遗项目名录以来,浙江连续 5 次入选项目数量位居榜首。截至目前,浙江省共有 241 项国家级非物质文化遗产。2007 年至今,国家文化主管部门认定的国家级非遗代表性传承人有 5 批,浙江省共有 196 位国家级非遗代表性传承人,数量居全国首位。截至 2018 年,浙江省被联合国教科文组织列入人类非物质文化遗产代表作的有 10 项,这个数字在全国也是名列前茅。这是对浙江近年来非遗保护工作的充分肯定。同时,浙江省公布的五批省级非遗名录项目共 886 项,各地公布的市级名录项目共 4296 项,县级名录项目共 9314 项,省级非遗代表性传承人共 1441 人。浙江省县级以上综合非遗馆有 127 座,年访问量超过 1150 万人次;县级以上专题非遗馆 276 座,年访问量达 2270 万人次,此外还有乡镇级、村级非遗场所 1026 座,数量相当可观。

"十三五"期间,浙江省非遗保护的数字化建设成效明显。一方面,建立了普查资源、项目管理、事业管理、集成志书、影像视听、管理平台等数据库,迄今已采录 293.6 万余条数据;

建立浙江非遗保护信息公共服务平台,发布浙江非遗数字地图"非遗 Go",协助进行非遗的推广与保护工作。另一方面,为推动非遗保护工作的规范化和标准化并量化保护工作指标,浙江省文化部门探索建立了非物质文化遗产保护发展指数(Index of Safeguarding of the Intangible Cultural Heritage,ISI)和评价体系,在大数据背景下,基于该指数开展全省各地非遗保护发展综合情况的客观评价工作,从名录体系、保存保护、传承传播、事业保障、队伍建设、工作创新等 6 个方面,推动浙江非遗保护工作的转型升级。

另外,浙江省积极响应教育部的号召,展开相应的虚拟仿真实验教学平台的建设,发布《关于开展 2020 年度产教融合三类实践项目立项建设工作的通知》,并组织高校申报、专家评审,决定立项建设省级虚拟仿真实验教学项目 596 项。此后,又陆续设立了数百项虚拟仿真实验教学项目,并建设浙江省实验资源空间,在其公布的实验平台当中,就有蓝印花布印染工艺,越窑、龙泉青瓷烧造技艺,越剧等几项非物质文化遗产保护与利用方面的独特案例。

但是,总体而言,在非遗项目的数字化保护与利用方面,浙江省整体上并不发达,数字化进程明显滞后。据金银琴(2015)统计,浙江省内非物质文化遗产有独立网站的仅占 20%,数字化资料仍以文字为主,音频、视频及图像资料则非常少。而在非遗的数字化保护中,亦存在着区域建设不平衡、标准规范不统一、知识产权制约、专业队伍不足、推广意识不强等诸多问题。浙江省非遗类型以传统技艺、民俗为主,传统音乐、医药稀缺;非遗市域分布不均衡,呈组团、片状与带状集聚分布在浙北高密度分布区、浙中次密度分布带和南部次密度区,地区差异明显,地域性强。浙江省国家级非遗代表性传承人整体空间分布上也呈现不均衡的态势,形成了以杭州、温州为核心的主密度圈,以宁绍、丽水、金华为核心的次级密度圈;不同类型的非遗传承人在空间分布上也有所不同,曲艺、民俗等其他类型的非遗传承人在空间分布上较为集中。这种不均衡的分布,一方面是因为受到自然、人文和经济等因素的影响,另一方面也与我们非遗保护工作的区域建设不平衡有关系。

据马光明等(2019)的调查,这些问题实际上并非浙江省所独有,而是全国各省区市面临的共同挑战。相对于日本的精品化路线、韩国的商业化道路以及美国利用 VR 技术对非遗的保护和利用,我们的非遗传承与保护尚有很长的路要走。

六、国内外非遗数字化保护典型模式及经验借鉴

(一)国内非遗虚拟技术数字化保护典型案例分析

1.非遗项目的虚拟主题展示

近些年来,越来越多的地区陆续采用 VR 技术,拍摄制作了一系列 VR 场景的展览,并在网络上开放展览。观者不必亲临现场,通过网络即可获得全方位的身临其境的参观体验。如泉州非遗 VR 体验馆,全馆采用 CGI 与 360°全景 VR 技术,设有泉州非遗 VR 体验主厅、泉州世界级非遗 VR 馆、泉州国家级非遗 VR 馆 3 个虚拟展馆,分门别类地展示泉州入选世界级和国家级的非遗项目。与此类似的还有宁波海曙非遗馆。另外,VR 技术也多被用于历史遗迹或历史场景的虚拟,给用户提供逼真的体验。如乐视 VR 平台的《清明上河图》VR

短片,观众可跟随汴河上的船只在汴河中游走,也可以在繁华的东京街道里穿梭。北京引力波虚拟现实科技有限责任公司推出的敦煌壁画 VR 漫游,也称得上是一场视听盛宴。2022年虎年春晚推出的节目《忆江南》,也是利用 VR 技术将《富春山居图》转化成 3D 场景,将舞蹈表演、人物演出融入中国传统山水画意境之中,向观众呈现了一幅古今辉映、美轮美奂的新时代图景,让观众以第一人称视角感受传统文化,让人产生"能不忆江南"的感触,故而一经播出,便迅速冲上微博热搜。

2. 通过虚拟技术与非遗项目实现互动

虚拟技术不仅可以给观众以 360°的全方位体验,同时也能够实现人机之间的互动。杭州市宋城景区推出的 AR 导游"小青",可以为游客进行实景导航和专业讲解。2019 北京新春文化坊会推出的 VR 京剧体验区"数剧京韵",采用体积捕捉、动作捕捉、3D 扫描等技术让游客可以深度体验京剧表演艺术。香港教育大学粤剧传承研究中心推出的"虚拟实境粤剧体验",让参观者化身成粤剧主角,以第一人称视角体验粤剧演出。

3. 非遗项目虚拟仿真教学平台建设

教育部为了深入推进信息技术与高等教育实验教学的深度融合,不断加强高等教育实验教学优质资源建设与应用,着力提高高等教育实验教学质量和实践育人水平,决定在高校实验教学改革和实验教学项目信息化建设的基础上,于 2017—2020 年在普通本科高等学校开展示范性虚拟仿真实验教学项目建设工作,并发布了《关于 2017—2020 年开展示范性虚拟仿真实验教学项目建设的通知》。该通知明确了结合高校专业类实验室建设情况和专业类实验教学信息化发展需求等因素,统筹规划于 2020 年认定 1000 项左右示范性虚拟仿真实验教学项目的总体目标,极大地推进了虚拟仿真技术与非物质文化遗产保护工作的结合。目前教育部公布的国家级虚拟仿真实验平台中,已经有不少物质遗产与非物质遗产项目,如清官式大木作、宋元名窑制瓷工艺与鉴定辨伪、辽中京大明塔三维数字化保护、景泰蓝传统制作工艺、土家族干栏木作营造技艺、钧瓷烧成、海昏侯国汉代漆器修复技艺等的虚拟仿真实验平台。

(二)西方国家非遗数字化保护案例分析

1. Google Arts & Culture 平台

Google Arts & Culture(原名为"Google Art Project")于 2011 年推出,是 Google 与世界各地博物馆合作,利用 Google 街景技术拍摄博物馆内部实景,并且以超高像素拍摄馆内历史名画,免费提供给用户的全球最大的艺术平台。目前,80 个国家(地区)的 2000 多家文化机构参与其中,包括纽约大都会艺术博物馆、大英博物馆、凡尔赛宫、故宫博物院等全世界最为著名的收藏机构。用户可以通过网页或者手机 APP 漫步于全景艺术馆,欣赏高清艺术作品,也可以透过 360°视角感受精彩文化,在虚拟实境中游览世界一流的博物馆或街景,或者借助游戏、实验等方式,进行各种虚拟互动。同时,还可以根据地理位置查找展览或作品,Google 提供检索和导航以及翻译功能。

2.非遗精品项目的 VR 开发

大英博物馆利用 VR 技术制作的明代画家项圣谟的《秋林读书图》3D 视频，将观众从 2D 的平面世界带入 3D 画卷中，穿越到古人的世界，身临其境地感受中国国画中水墨山水的魅力。其在大英博物馆 Facebook 官方账号中一公布，便在海外引起了不小的轰动，短短 3 周便获得了 200 多万次的播放量。德国的视觉艺术家、动画师 Tobias Gremmler 利用动作捕捉技术，在运动物体的关键部位设置跟踪器，通过跟踪器的位置和角度变化来识别动作。多个摄影机捕捉真实演员的动作后，再将这些动作还原并渲染至相应的虚拟形象身上。他与上海音乐学院数字媒体艺术学院的视觉表演艺术家们合作的作品《龟兹宴舞》(*Xinjiang Concert Visuals*)，以及《中国戏曲虚拟角色》(*Virtual Actors in Chinese Opera*)融合了中国歌剧与新媒体，展现了来源于中国戏服的形状、颜色和舞蹈运动的灵感，并利用 C4D 程序渲染出一系列动画效果，用各种形状、几何图形和抽象的图形表现出中国功夫的动作，人物被简化成简单的线条、图形和小点，由它们演绎出各种各样的动作，将中国非遗文化的精髓表现得淋漓尽致。

3.日本藤泽宿地区历史景观模拟系统

作为非遗大国，日本要求地方政府从历史和文化的角度出发，结合地域特征，自主持续地进行地域非遗的数字化保护。日本藤泽宿地区是旧东海道地区最为繁华的宿场町，因其特有的浮世绘艺术而闻名。当地政府联合文教大学和多元化的利益相关群体，共同参与文化景观遗产数字化的建设，于 2016 年运用三维计算机图形学模型(3DCG)及游戏引擎等媒介构建历史景观模拟系统，通过传统浮世绘风格渲染与 VR 智能设备等体验型设备营造沉浸式环境。这种环境除了拥有街道建筑等静态景观，还有人物、动物、季节、天气等动态要素。日本将本土文化、历史事件、社会空间及民族节日等非物质信息整合到一起，利用 VR 等手段进行再现，使体验者能够与虚拟系统互动，更加深切地感悟文化景观遗产，这是极具创新性的数字化实践。

七、浙江省非遗数字化保护高质量发展的实现路径

在借鉴国内外典型非遗数字化保护与利用经验的基础上，本研究从以下四个方面提出借助 VR 技术推进浙江省非遗数字化保护与利用的实施路径。

(一)借助 VR 技术新颖的吸引力，坚持精品开发与传播路线先行

系统梳理全省非遗项目，依据浙江本地特色资源，挖掘一批能够充分代表浙江文化特质、在影响力上具备突破潜质的非遗项目，强化文化的引领作用，利用 VR 技术这一新兴事物，加之互联网等新型传播技术，开发一批具备浙江特色的非遗保护精品项目，加大宣传力度，制造轰动性传播效应，唤醒传统文化的魅力，扩大非遗的影响，以吸引更多人关注非遗保护工作。例如，浙江蓝印花布印染技艺非遗项目，依托乌镇的旅游资源，使得"非遗＋旅游"叠加效应不断放大，已经取得了一定成绩，并在全国处于领先地位。龙井茶手工炒制技艺、龙泉青瓷烧制技艺、中国篆刻技艺、剪纸技艺、传统蚕桑丝织技艺、传统中医药文化等均可在

现有基础上进行精品化提升,打造一批既具备现代文明气息,又蕴含浙江文化传统的特色非遗保护与利用拳头品牌。

(二)借助 VR 技术的仿真性、交互性,促进民众对非遗的深入了解

目前,浙江省各类文化场所如非遗馆、图书馆、文化馆(站)、博物馆、美术馆、传统工艺工作站、农村文化礼堂等公共文化机构和非遗相关保护机构、旅游景区景点、公共空间和商业空间,都是非遗传播的重要阵地。传统的静态展示仍为主流形态。应鼓励各地区、各机构充分利用 VR 技术的优势,推进非遗体验基地(点)的建设。VR 虚拟仿真技术可以最大程度地在虚拟世界里复原各个非遗项目,并能借助相关的设备,让民众与非遗项目的实践环节进行充分的互动,让民众在细节上触摸历史、体验艺术、感受文化,从而增强民众对传统文化的自豪感,激发其热爱中国历史、传承弘扬传统文化的热情。

(三)借助 VR 技术的沉浸性与构想性,加强非遗继承人的培养

非物质文化遗产与自然遗产、物质文化遗产相比,最大的特点是以人为载体,依赖人的活动而存在。因此,保护非物质文化遗产最重要的工作是传承,对传承人的保护与扶持是至为关键的,但传承人难觅继承人的现实却十分残酷。一方面,非遗项目本身艰难的生存、学习条件和需要长期坚持投入的学习门槛,导致非物质文化遗产行业传承遇阻。另一方面,与非遗项目相关的专业教育机构的教学又受到实践环节的严重制约。VR 技术可以提供各种非遗场景的真实感和沉浸感,并支持用户在虚拟世界的多维信息空间中,依靠自身的感知和认知能力全方位地获取知识,发挥主观能动性,寻求解决方案,这对于非遗项目继承人的培养而言是极为理想的。鼓励教育机构和非遗传承单位互相协作,建设非遗项目的虚拟仿真实验教学平台,可以为非遗的传承事业开辟新的道路。

(四)借助 VR 技术的交叉性,促进非遗保护与利用的跨学科协同,深入传统文化的综合性研究

非物质文化遗产保护与利用的问题,实质是传统文化与现代文明的再融合,其本身就是一个复杂的系统工程,如龙泉青瓷、龙井茶叶、昆曲、越剧以及蓝印花布这类传统技艺、曲艺类非遗项目,需要从艺术性、商贸特征、传统风俗以及文化底蕴等多方面考虑其传承与保护工作。利用 VR 技术对非遗项目进行保护,不仅需要文理学科的交叉融合,更需要从历史学、艺术学、社会学、经济学以及人类学等角度对非物质文化进行深入的研究分析。通过多学科的交叉与融合,共同合作,全面深入研究和阐发中华优秀传统文化的深厚底蕴,探究在高速发展的现代文明中发扬光大的方式方法,使之融入现代百姓的生活之中,让传统文化焕发新的生机和活力,真正实现对非物质文化遗产的保护。

八、推进浙江省非遗数字化保护与利用的政策建议

(一)加大政策保障力度

政府文化主管部门需要转变传统文化发展思路,更加重视对数字化方式的利用。加大

对非遗保护传承的政策扶持力度,坚持以《中华人民共和国非物质文化遗产法》为统领,完善《浙江省非物质文化遗产保护条例》等法规文件,进一步构建体现浙江特色的非遗保护法律制度体系。进一步制定非遗数字化保护与利用专项规定,切实推动和保障非遗数字化工作的顺利实施。

(二)确保资金投入规模

坚持"政府主导、社会参与"的原则,建立健全多元投入机制,确保经费投入到位,充分发挥财政资金引导作用。对于前期需要较高投入的数字化项目,如虚拟仿真实验平台建设等,应设立非遗数字化保护专项资金,建立与经济、社会发展相适应的资金增长机制,不断加大经费投入。

(三)多机构联合培养复合型人才

研究制订省级非遗保护与利用人才长期培养计划,依托浙江大学、浙江工商大学、杭州师范大学等知名院校,联合省内各级代表性传承人和非遗保护单位,探索推动非遗传承融入国民教育体系,开展非遗进学校、进课堂、进教材活动,充分发挥数字化平台优势,加快虚拟仿真实验平台建设,以新技术改进人才培养模式,以多机构联合、跨学科培养促进传统传承方式和现代教育体系相辅相成,培育高素质、复合型的非遗保护与利用人才队伍。

(四)建设省级非遗数字资源社会共享平台

以数字化改革为契机,制订全省非遗数字化成果的社会共享计划与实施细则,探索非遗传播利用的新模式和新路径。一方面,制定相关激励政策,鼓励传统非遗传播阵地加强 VR、AR、大数据、人工智能等新技术的应用,全面展示非遗保护与利用成果。另一方面,通过科学规划、严格论证,打造浙江非遗展示体验网络平台、公共服务平台、非遗旅游平台、非遗视听馆、非遗网络传习所平台、非遗展示场馆智能导览平台、浙江非遗数字影像馆等,开发非遗创新应用程序,让非遗数字资源在"云端"焕发新的生命力,提升社会化共享与利用水平,促进传统文化的复兴。

参考文献:

[1] 陈颖,2017.虚拟现实技术在非遗文化传承与传播中的应用[J].遗产与保护研究(5):146-148.

[2] 程秀峰,张小龙,翟姗姗,2019.虚拟现实技术在非遗信息资源展示中的应用调查研究[J].数字图书馆论坛(1):37-42.

[3] 邓爱东.我国公共图书馆非物质文化遗产数据库建设调研[J].图书馆学研究,2010(10):36-39.

[4] 董永梅.关于非物质文化遗产资源数据库建设的思考[J].图书馆工作与研究,2012(9):42-45.

[5] 方琴,章明卓,马远军,2021.浙江非物质文化遗产空间分布格局及影响因素探析[J].浙

江师范大学学报(自然科学版)(4):459-466.

[6] 龚剑,2012.非物质文化遗产资源数据库建设路径探微[J].贵图学刊(4):1-3.

[7] 黄永林,谈国新,2012.中国非物质文化遗产数字化保护与开发研究[J].华中师范大学学报(人文社会科学版)(2):49-55.

[8] 金银琴,2015.非物质文化遗产数字化保护建设现状与思考——以浙江省为例[J].科技情报开发与经济(7):139-141.

[9] 马光明,王聪华,何东琴,2019.国内非物质文化遗产数据库现状研究的调查报告[J].电脑知识与技术(11):8-9.

[10] 马知遥,常国毅,2021.非物质文化遗产保护与传承深化阶段:2011—2020 年热点问题研究综述[J].原生态民族文化学刊(6):44-59.

[11] 彭纲,2009.非物质文化遗产的数字化保护[M]// 陈华文主编,非物质文化遗产研究集刊(第 2 辑).北京:学苑出版社:130-134.

[12] 邵娣,吴冰心,2015.高清数字影像在非物质文化遗产保护中的应用研究[J].宿州教育学院学报(5):43-4.

[13] 宋立中,2014.国外非物质文化遗产旅游研究综述与启示[J].世界地理研究(4):136-147.

[14] 苏勇军,乐张丽,2021.浙江省国家级非物质文化遗产传承人空间分布特征及影响因素[J].浙江档案(8),39-43.

[15] 孙传明,周炎,2021.我国非物质文化遗产数字化研究热点分析[J].图书情报导刊(10):59-66.

[16] 谈国新,孙传明,2013.信息空间理论下的非物质文化遗产数字化保护与传播[J].西南民族大学学报(人文社会科学版)(6):179-184.

[17] 王历,2019.非物质文化遗产数字化[M].北京:法律出版社.

[18] 王耀希,2009.民族文化遗产数字化[M].北京:人民出版社.

[19] 夏三鳌,2017.非物质文化遗产数字化研究——以女书为例[M].北京:中国社会科学出版社.

[20] 徐拥军,王薇,2013.美国、日本和台湾地区文化遗产档案数据库资源建设的经验借鉴[J].档案学通讯(5):58-624.

[21] 杨红,2014.非物质文化遗产数字化研究[M].北京:社会科学文献出版社.

[22] 于翔,2016.数字化资源在非物质文化遗产传承中的研究与应用——以南通蓝印花布为例[J].无线互联科技(14):128-130.

[23] 张晓燕,林为伟,2019.引入虚拟仿真的"非遗"传承实践教学初探[J].艺苑(6):103-105.

[24] 张琰,2019.非遗保护的图书馆模式——基于浙江省非遗文献资源现状的调查[J].四川图书馆学报(6):66-71.

［25］赵跃,周耀林,2017.国际非物质文化遗产数字化保护研究综述[J].图书馆(8):59-68.

［26］赵泽雨,2021.日本藤泽宿地区文化景观遗产数字化实践及其创新性[J].园林与景观设计(18):172-177.

［27］周亚,许鑫,2017.非物质文化遗产数字化研究述评[J].图书馆情报工作(2):6-15.

［28］周玉屏,2013.论音乐类非物质文化遗产的数字影像传播——以澧水船工号子为例[J].北方音乐(5):108.

［29］卓么措,2013.非物质文化遗产数字化保护研究[J].实验室研究与探索,32(8):225-227.

［30］Carrozzino，M.（2011）.*Virtually preserving the intangible heritage of artistic handicraft*.Journal of cultural heritage,12(1)，pp.82-87.

运用传统文化推进农产品品牌建设
高质量发展的对策及应用

苏 然

一、问题背景

在以乡村振兴促进农民农村共同富裕的战略背景下,为响应中央提出的"提升农业发展质量,培育乡村发展新动能"号召,基于传统文化的农产品品牌建设成为促进农业农村农民共同富裕的重要途径之一,通过区域公共品牌的建设来优化农产品产业链与供应链,提升农产品的经济效益,以实现百姓富、产业旺的统一,进而实现高质量实施乡村振兴战略,促进农民农村共同富裕。

二、浙江省实施传统文化推进农产品品牌建设战略的意义

(一)全球发展"数字经济"生态的要求

数字经济时代已全面来临。据中国信息化百人会测算,2021 年全球至少 50％的生产总值以数字化的方式实现。当前,以信息技术、人工智能为代表的新兴科技快速发展,大大拓展了人们的认知范围。人类正在进入一个人、机、物三元融合的万物智能互联时代,数据已经成为驱动经济社会发展的关键生产要素,正推动着实体经济发展模式、生产方式的深刻变革。

品牌数据的核心生产要素地位日益凸显。世界经济论坛评估表明:数字化程度每提高 10％,人均生产总值增长 0.5％—0.62％。发达国家纷纷将发展数字经济作为推动实体经济提质增效、重塑核心竞争力的重要举措:美国自 2011 年起先后发布《联邦云计算战略》《大数据的研究和发展计划》《支持数据驱动型创新的技术与政策》等细分领域战略;英国于 2017 年发布《英国数字经济战略》,目标是到 2025 年将数字经济对经济的贡献值从 2015 年的 1180 亿英镑提高到 2000 亿英镑;德国在 2017 年发布了《数字战略 2025》,提出要将德国建设成最现代化的工业国家;日本则先后出台了《e-Japan 战略》《u-Japan 战略》和《i-Japan 战略》。

浙江省数字经济的蓬勃发展促进了农产品品牌的数字化转型。至 2018 年 5 月 25 日,浙江省经信委发布了一季度全省数字经济发展态势报告。该报告显示,一季度全省数字经济发展呈现规模增长强劲、发展质量持续提升、新动能不断发展壮大的良好态势,数字经济已成为推进我省经济高质量发展的动力支撑。浙江省数字经济总体量连续 4 年超万亿元,

在全国数字经济各类榜单中居第 3、4 位,居全省八大万亿产业之首。因此,在数字经济背景下,文化产业体系建设与农产品品牌融合建设具有市场、渠道的优势。

(二)我国实现共同富裕目标的要求

新形势下,全面推进乡村振兴实现共同富裕正迎来新的发展机遇。自 2017 年党的十九大报告首次提出"实施乡村振兴战略",并将其作为建设现代化经济体系的重要内容,到 2018 年中央一号文件明确指出"强化乡村振兴规划引领",中央政府通过实施乡村振兴战略来解决人民日益增长的美好生活需要和不平衡不充分的发展之间的矛盾,明确提出了乡村振兴是实现全体人民共同富裕的必然要求,为全面推进乡村振兴、实现共同富裕奠定了坚实的政策基础。我国在 2021 年全面建成了小康社会并解决了绝对贫困问题,当前,我国进入了新发展阶段,对全面推进乡村振兴、推动共同富裕提出了新的要求。

基于传统文化的农产品品牌建设是促进农民农村实现共同富裕的重要途径之一。2017 年底,我国首次提出乡村振兴战略和走中国特色社会主义乡村振兴道路,让农村成为安居乐业的美丽家园。2018 年,党中央对实施乡村振兴战略进行全面部署,并提出"五个振兴"的科学论断,极大地推进了乡村产业振兴工作。随后,中共中央、国务院在《关于实施乡村振兴战略的意见》中,提出通过"提升农业发展质量,培育乡村发展新动能",以实现百姓富、产业旺的统一来落实高质量实施乡村振兴战略,促进农民农村共同富裕,同时优化农产品产业链与供应链,提升农产品的经济效益。

将传统文化植入农产品品牌,以增强区域农产品竞争力,是推动农业产业和企业可持续发展的有效途径。区域品牌往往代表着一个地方产业产品的主体和形象,对本地区经济的发展起着举足轻重的作用。农产品品牌的建构机制影响市场对某区域产品的认可度,持久的品牌效应也保证了农产品的竞争力,还可使区域内农产品生产经营者获取协同效应。品牌建设成功与否决定了企业增长能否永续。将传统文化嵌入农业产业设计与品牌营销等高端价值链环节,可挖掘农业多元价值,提升农产品的溢价能力,推动乡村产业深度融合,加快乡村产业创新发展,带动乡村农民增收致富。因此,将传统文化植入农产品区域品牌的营建在增加企业经济收入,调整农业产业结构,加快农业现代化和市场化建设等方面具有重要意义。

浙江省应当抓住"乡村振兴""共同富裕"的有利历史机遇,从全球经济发展的战略高度对区域内农产品品牌的发展进行精心规划,通过全域品牌化来解决更高层面上的品牌发展问题。同时,因为中国已经走进了"乡村经营"新时代,浙江还应当充分考虑到区域农产品自有品牌的创建、供给侧结构性改革与农产品质量的关系、农产品的品牌价值与定位、消费者的个性化需求、品牌的延伸与扩展、品牌的传播与维护及农产品销售策略等方面的因素,科学规划,精心布局,打造其区域农产品品牌的高端业态,成为传统文化高质量推进农产品品牌建设的中国样板。

(三)我国实施"文化强国"战略的要求

党的十九届五中全会对文化建设高度重视。《中共中央关于制定国民经济和社会发展第十四个五年规划和二〇三五年远景目标的建议》(下文简称《规划和建议》),明确提出到 2035 年建成文化强国。这是党的十七届六中全会提出建设社会主义文化强国以来,党中央首次明确了建成文化强国的具体时间表。根据《规划和建议》,到 2035 年,我国将建成文化强国、教育强国、人才强国、体育强国、健康强国,国民素质和社会文明程度达到新高度,国家文化软实力显著增强。《规划和建议》还专门对文化建设进行部署,指出要繁荣发展文化事业和文化产业,提升国家文化软实力。

为推进文化强国战略,传统文化的发掘与传承应重点关注社会价值和文化凝聚功能。中国乡村是有人情味的社区,其传统文化都是在长期的互动磨合中,最大限度地与当地的"天时""地利"与"人情"相适应。中国的传统节日,比如春节、清明、端午等,包括二十四节气,都蕴含着古人的智慧和经验,是增强文化凝聚力的重要载体。此外,每个地方都有名胜古迹,有特定的历史,这些历史人物、古迹和典故,显然是比单纯的产品售卖更具吸引力的。但关键就在于,如何讲好当地的品牌故事,让农产品有独特的地域文化做支撑。这样的农产品,才具有沉甸甸的文化内涵和文化属性。当在市场上出售时,与同样的其他产品相比,就有了文化属性上的差异化和品牌溢价。

在"品牌的一半是文化"行业理念的影响下,发展传统文化是品牌建设的基础。2021 年 8 月,浙江省委文化工作会议提出,要围绕打造"五个高地",找准抓实文化建设牵一发动全身的重要抓手,加快打造新时代文化高地。浙江省委书记袁家军在会上提出"积极打造具有浙江特色的标志性南宋文化品牌、文旅融合品牌,持续扩大影响力和穿透力。在打造以宋韵文化为代表的浙江历史文化金名片上不断取得新突破,抓研究、抓传播、抓转化,做足特色、放大优势,传承好浙江优秀传统文化的精神内核"。将文化符号导入农产品,在浙江实施传统文化植入农产品品牌战略,有利于浙江千年文化在新时代流动起来和传承下去,形成独特浙江韵味的重要展示窗口和鲜明标识。

三、浙江省实施传统文化推进农产品品牌建设战略的有利条件与制约因素

(一)有利条件

浙江省率先实施农产品品牌战略。新形势下,浙江农产品品牌开发体系不断成熟,为传统文化与农产品品牌深度融合提供良好基础。浙江省拥有"鱼米之乡""丝绸之府"的美誉,更有"文化之邦"的盛名,历史悠久,经济发达,文化昌盛,繁荣至今。将传统文化与农产品品牌建设有效融合,既是激发浙江省传统文化传承活力的动力引擎,也是丰富农产品内涵的重要尝试。就目前来看,浙江省有效期内"三品一标"总数达 7762 个,地理标志农产品达到 42 个,农产品认证数量和基地面积均居全国前列。无论是从"三品一标"农产品的数量来看,还是从全省名牌农产品的数量来看,浙江省农产品品牌建设都走在了全国的前列,呈现出农产品品牌创建功底深厚的特点。

浙江省农产品品牌体系发展蓬勃。当前农产品区域公用品牌市场需求日益完善,为传统文化与农产品文创设计深度融合提供充足动力。2018 年 2 月,浙江省农业工作会议上提

出,浙江将深入实施农业品牌振兴行动,力争年底前实现每个市至少有一个农业区域公用品牌。目前,浙江省特色农产品是根植于乡村,依托浙江省内特有资源和传统工艺,地域特色鲜明、乡村气息浓厚、功能属性独特、开发潜力巨大的产品,包括特色种植、特色养殖、特色畜禽、特色水产、特色食品和特色手工产品等。

浙江省文化强省政策提供政策保障。"浙江省大力推进文化强省建设的决定"提出,要深入贯彻落实党的十七届六中全会精神,切实把思想和行动统一到中央的决策部署上来,坚持中国特色社会主义文化发展道路,深入推进文化改革发展,在注重文化自立、增强文化自觉、提升文化自信、坚持文化自省、推进文化自强的实践中,不失时机地推动浙江省从文化大省向文化强省迈进,进一步彰显浙江省文化的魅力和力量,形成具有浙江省特色的文化创造、生产和传播能力,全面提高浙江省人民的思想道德水平和科学文化素质,不断开创社会主义文化建设新局面。

(二)制约因素

一是转型壁垒:品牌管理体制落后。目前,浙江省由于忽视农产品品牌建设中文化内涵的挖掘和维护,没有注入相应的地方特色文化,导致农产品品牌建设缺乏一定的文化底蕴支撑而显得单薄。就全省范围来看,品牌管理体制落后,运营思路尚待完善,宣传手段有待创新,品牌传播能效欠缺,品牌运营人才欠缺,发展环境有待更新。重视农产品品牌建设中区域品牌文化的价值内涵,了解其发展历史,深挖其背后的故事,是打造传播持久、影响深远的区域农产品品牌的战略关键和行之有效的手段。

二是发展失衡:多主体驱动力不足。区域农产品品牌属于准公共物品,品牌建设中涉及农户、企业、政府、行业协会等四大主体,区域品牌建设中容易形成"真空地带"。因此,多主体联合发展区域公共品牌,容易导致驱动力不足,引起品牌发展失衡。企业品牌的归属权属于企业,因此,企业对整个品牌的控制力越强,也就越有足够的动力驱使企业打造自身品牌,但同时,多元主体的联动能力欠缺。

三是监督困难:产品标准化程度低。尽管部分产品具有一套标准化的规范管理体系,但是相比工业产品具有统一的技术规范标准,农产品的统一性仍较差,产品品质受自然条件影响差异性大,因而容易导致不同档次的产品鱼龙混杂,充斥整个消费市场,进而演变成恶性竞争,使农产品停留在低档次和低附加值阶段。浙江省各地的特色农产品往往产业规模小,品质控制环节难以得到保证,品牌管理规范性需增强。加之国内的农产品区域品牌建设起步较晚、进程较慢,缺乏以文化传播为导向的区域品牌建设体系,因此亟须在成熟理论指导下破解产业结构与组织的发展难题。

四、浙江省实施传统文化推进农产品品牌建设战略的实施路径

(一)发展原则

一是以文化挖掘,促转型变革。区域文化是农产品品牌建设的基础,创新是首要驱动

力,数据是新的生产要素。充分挖掘农产品区域品牌的文化内涵,加快掌握乡村数字化的核心技术,提升信息技术尤其是大数据、人工智能等新一代信息技术创新能力,推进农产品品牌建设转型。通过开放共享,数据资源可充分发挥其作为农产品品牌建设关键生产要素的重要作用。以数据资源价值挖掘品类和品牌的核心利益点,激发农产品区域品牌建设新活力,有助于促进用户体验、产品服务、营利模式的创新,增强农产品区域品牌的竞争优势。

二是以生态支持,促融合赋能。融合是农产品品牌建设的途径,带动农产品品牌转型发展。深入推进由政府、有交互关联性的企业、专业化供应商、服务供应商、金融机构、相关产业的厂商及其他相关机构等组成的群体与农产品品牌建设深度融合,发挥集聚优势在农产品品牌建设中的赋能引领作用,为区域品牌发展提供有力的产业支撑。从国内多个成功案例的经验来看,创建农产品区域品牌必须依靠龙头企业的带动和政府的扶持,只有两者结合起来才能为区域性品牌的成功创建奠定基础。

三是以市场主导,促业态创新。业态创新带来新的农村经济增长点。鼓励数字经济与实体经济融合可改变农产品品牌同质化现象,催生新产业、新业态、新模式,培育新的经济增长点,形成农产品品牌建设新动能。营造有利于新业态发展壮大的良好生态环境,在功能差异化、外观差异化、销售季节差异化、价格差异化、营销概念差异化和品牌形象差异化等方面,形成农产品区域品牌优势,支持农村产业升级与创新,实现绿色可持续发展。

(二)实施路径

1.提升地域文化地位,建设展示空间

地域文化是特定地理区域的文化传统,亘古延绵传递而来,代表着独特的文化内涵,包含物质文化(生产工具、民风民俗、地形地貌等)和精神文化(民歌、谚语、文学)两个层面,具体依托 5 个方面进行传递和展示:农产品的地域产品文化(农产品发展过程中的文献和故事等)、农产品的地域历史文化(农业社会人们寓情于物、借物托情的精神文明生活等)、农产品的地域饮食文化(农产品独具特色的饮食方式)、农产品的地域民俗文化(与农产品直接相关的民俗等)、农产品的区域文化(农产品区域特色的文化,如名山大川、名人故里、重大的历史事件发生地等)。

地域文化系统有丰富的素材和创意,是农产品品牌个性开发设计的源泉,是"有生命呼吸"的农产品品牌差异的关键能量之一。在农产品品牌塑造中融入地域文化,充分发挥创意构思,使得品牌个性及深度有独特的彰显途径,提升了农产品品牌的辨识度和情感传递的效果。

2.树立文化自信心,搭建情感桥梁

文创农产品品牌中最大的不同是产品属性中的中华传统文化基因。将中华传统节日、时令节气、地区民俗等内容作为选题,有利于树立文化自信心。在品牌传播框架中,需要对中华农耕文化特质进行深刻的洞察,以乡村地区传统乡土文化、原生态古村落古建筑、地方特色美食、民间传统手工技艺、民俗节庆演艺等资源为载体,在向大众传播中华传统文化的同时,也传递了积极向上、热爱生活的人生态度。

利用现代消费者可以理解和接受的创意,找好以传统文化为核心的品牌定位,讲好品牌故事,设计品牌形象。以独特区域文化为基础,提炼出文化品牌的核心内涵;挖掘具有传统文化美德的品牌故事,引起消费者的共鸣、认同、讨论和传播;以弘扬文化自信为目标,设计品牌形象,打造多媒体文化时空。

3.建构数字科技平台,提高消费频率

充分借助智慧化、数字化的设计体系,在互联网平台为大众展示多形态特色农产品。形成数字"四化"实施路径:一是品牌动漫化,即在新媒体时代与客户进行更具互动性的沟通;二是数据信息平台化,即研发建立完善的数据信息系统平台;三是物流仓储智能化,即设置物流可控制节点,完善全国物流仓储规划;四是产品信息可追溯化,即让产品信息可以追溯到源头,建立产品信息的系统化机制。

将数字化平台作为品牌展示的空间,可减少产销环节,提高消费频率。现代年轻人行走在现实和二次元的交会地带,喜欢宅在家里网购,喜欢在自己习惯的网络社交平台上和天南地北的网络朋友进行沟通交流,同时在产品消费上,既注重高颜值也要品质,追求健康营养。因此,在农产品品牌的推广过程中,举办具有吸引力的营销活动,可以贴合网络"原住民"张扬独特的个性特征。可借势青年文化潮流,打造爆款并借助互联网科技迅速传播。

五、浙江省实施传统文化推进农产品品牌建设战略的对策与建议

(一)加强对传统文化战略的组织领导

1.建立浙江省以传统文化推进农产品品牌化战略小组

完善浙江省传统文化研究传承推广的顶层设计,强化农产品品牌建设的行政推动。设立浙江省以传统文化推进农产品品牌化战略小组,加强党对农产品品牌建设实施的全面领导,对实施工作进行整体协调。各级政府可建立部门协作机制,与宣传、文旅、教育、文物、科技等有关部门形成合力,并联动省内外浙江省传统文化研究机构与专家学者,成立浙江省传统文化研究传承推广机构,充分发挥决策参谋、统筹协调、政策指导、推动落实、督导检查等职能,加快推动相关指导意见、实施细则的出台和落实,最终形成党委统一领导、政府负责、各部门统筹协调的农产品品牌建设体制。

2.构建浙江省以传统文化推进农产品品牌化战略体系

在农产品品牌建设顶层规划的战略层面,浙江省重视前期合理规划、精确细分,并对其后续发展进行科学有效的引导。现阶段需要从农产品区域品牌建设的现实意义出发,对其理论研究、建设存在的问题进行策略研究,制定浙江省传统文化推进农产品品牌化战略发展规划,并出台相关政策,形成农产品品牌建设合力,推动农产品品牌建设的转型,以期为浙江省县域农产品公共品牌的长效发展提供理论借鉴与经验启示。

一是建立完善的战略推进体系。根据浙江省各个县域的自然规律、经济规律和社会规律,结合经济学、社会学、设计学的原理,以乡村生活为依托,对乡村居民的行为模式、交往特

征、心理需求和文化需求进行深入研究,制定浙江省传统文化推进农产品品牌化战略规划(2022—2025 年)。各地各部门要编制农产品品牌建设战略规划和专项规划或方案,形成系统衔接、城乡融合、多规合一的规划体系,最终形成共生共荣、错位竞争的品牌产业生态,从而使农产品区域品牌健康、可持续地发展。

二是创建权威的创意创新体系。要推动浙江省传统文化与农产品产业进一步融合,需重视群众在文化需求方面的变化,掌握服务对象的特点和需求;还要不断优化基于浙江省传统文化开发的衍生产业资本市场环境,鼓励多方主体共建创新联盟,吸引多元资本的支持,促进创意孵化、文化转译和产业集聚规模化发展。

三是建构科学的农产品品牌标准体系。坚持典型引路,鼓励先行先试,与农业农村部共同推进农产品品牌示范建设,选择若干不同类型的地方建设农产品品牌示范区,开展标准化试点示范。到 2022 年底,打造出一系列可代表当地区域农产品品牌的"金名片",突出品牌建设成效。

四是制定有效的农产品品牌保障体系。充分发挥立法的保障和推动作用,适时制定促进农产品品牌建设的地方性法规、政府规章。加强宣传报道,讲好农产品品牌的浙江故事。

(二)加大对浙江省传统文化建设的资金投入

1.加大对乡村地域文化挖掘的资金投入

挖掘与研究地域文化有利于还原农产品品牌产地文化空间。地域文化是地理区域的物质遗产,代表着特定空间里的文化内涵,具有传承意义。其不仅包括生产工具、民风民俗、地形地貌等生产方式和物质文化,还包括民歌、谚语、文学等精神文化。地域文化系统能够为农产品开发设计提供丰富的素材和创意的源泉,是农产品品牌差异性的关键要素之一。

在农产品品牌文化塑造中,可尝试更多地融入地域文化,充分发挥创意构思,彰显品牌个性及深度,丰富品牌的人文色彩。以浙江省茶叶品牌建设的龙头老大——杭州市"龙井茶"为例,如何恰如其分地运用好浙江省土地上祖辈遗留的伟大历史遗产,发挥其在浙江省农产品品牌建设中的先天优势,应当成为新发展路径下的历史课题。

2.加大对传统农耕文化挖掘的资金投入

充分挖掘浙江省传统农耕文化要素推进产业融合发展与文化兴农。传统农耕文化就是捕捉精神需求,回归原始农耕文明,遵循有机耕种、古法耕种。在农产品品牌塑造中强调农耕文化要素,对满足消费者精神需求,以及解决传统农产品竞争力低、生态环境破坏严重、附加值低等问题所起的重要作用。

从经济学的视角来看,品牌不仅具有使用价值,而且还具有价值。品牌的价值是一种品牌区别于其他同类型品牌的关键,是品牌管理的核心所在。生态宜居是乡村振兴的关键,美丽的乡村、良好的生态环境是农村经济发展的天然优势和资本。现代化农产品品牌建设更应该尊重自然、顺应自然和保护自然,实现乡村自然资源和农产品的绿色生产,人和自然的协调统一,在农产品经济价值产生的同时,实现乡村经济的生态效益。

经典案例如衢州市举全市之力培育"三衢味"区域公用品牌。2019—2020 年"三衢味"

品牌建设连续两年写入省政府工作报告,衢州市委、市政府进一步统筹整合资源,市县一体、政企联动。衢州市传统文化的融入彰显"三衢味"的身份地位。2020 年,衢州市供销合作联合社先后在高铁站、机场等场所投放宣传广告,开展二十四节气中的"三衢味"系列主题宣传活动。"三衢味"根据"不时不食"的自然之道,在产品开发上延续了历史的传承。

3.加大对农业科技文化挖掘的资金投入

科技文化是推动农业品牌创新发展的新动力。当前,全国各地纷纷聚焦数字农业。农业农村部组织的一项专题评估数据显示:浙江省县域数字农业农村总体发展水平为 68.8%,远超全国(36%)和东部地区(41.3%)的综合发展水平,县均投入额更是全国平均水平的 11 倍。"科技+文化创意"是农产品增值的关键要素,技术与文化的交融呈现个性化、智能化、艺术化的特点,将其贯穿于农产品品牌建设的各个环节,可以拓展农业价值,并传递着一种农业文化和工业文化相交融的文化观。

当前,浙江省集中资源和力量,加快信息技术与"三农"的深度融合,在数字农业方面投入巨大,发展水平位于全国前列。在数字化基建投入不菲、后期需持续运维的事实面前,必须找到数字化投入原动力,以及变现、收益的方式,这就是品牌溢价。

(三)加大对品牌数字产业的支持力度

1.加大对农产品品牌数字化的支持力度

农产品电子商务作为农村信息化和产业化相融合的产物,正成为提高农产品销售利润、增加农民收入的有效手段。浙江省集中了 330 多万家中小电商企业,依托互联网优势和淘宝、阿里巴巴这一系列本土化电商巨头的地域优势,这些中小电商企业发展迅猛。浙江省目前已成为全国农村电子商务发展最活跃的地区,为农产品品牌化提供了新渠道和新机遇,有利于农产品品牌信息化、集群化发展。

2.加大对品牌文化数字化的支持力度

文化可以增加产品或品牌的温度。数字化有助于创意农业文化价值的重塑,通过数字化渠道,更好地满足消费者的精神需求。在农产品的需求结构中,人们不会仅仅满足于吃饱穿暖的基本需求,以及对农产品数量、种类等的需求,而会更关注农产品的特色和附加值,以及数字化的视觉冲击。

基于数字技术的农产品和文化产业的结合,使农产品在从田间到终端的整个过程中,给消费者带来超越物质需求的精神享受。比如,品牌"丽水山耕"以浙江省传统文化为"催化剂",结合数字化传播渠道,强化区域品牌文化性,因地制宜地创建浙江省文化特色品牌,为农业生产者、经营者提供持久的品牌效应。这是一个新颖而有效的品牌策略。在乡村振兴战略的契机下,"丽水山耕"迎合消费者的心理需求,成为解决"三农"问题、推动乡村经济发展的重要力量。

(四)狠抓农产品品牌数字转型的质量

1.出台支持农产品品牌设计的规范

出台设计行业支持政策以提高农产品品牌设计行业的地位。可对标农业农村部办公厅发布的《农业品牌精品培育计划(2022—2025年)》政策,强化品牌文化赋能的主导作用,进一步推动农业非物质文化遗产、历史文化、红色文化、节庆文化等元素融入农业品牌,夯实农业品牌文化的内涵。尤其是在农产品的需求结构中,现阶段大众不再满足于生存的基本需求,而是更关注农产品的特色和附加值,如浙江农产品的乡愁特征是人群精神层面的需求在农产品上的体现。由此,以消费者的心理特征为导向,可出台地方性政策,深度挖掘地方特色,因地制宜地强化农产品品牌创建的本地特征,开创新形势下浙江文化特色品牌的营建体系。

2.制定农产品品牌化设计的标准

可支持已有的成熟标准推广应用。以浙江省武义县"武阳春雨"茶为例,在品牌LOGO的设计上,以文字图形化表达的形式,化用江南园林常见的窗格意象,将它演绎成道家太极之象,呼应当地的太极星象村,并在LOGO中融入武义最具特色的农产品元素。其中,窗格与蜜梨构成了太极之象里的阴阳意趣,针形茶则同时兼具茶叶和雨滴的双重象征。品牌主、副口号的形象设计采用以武义著名景区牛头山的湖水专门调制的专属色彩——湖绿色,并对其中的三点水笔画做了艺术处理,形成"春雨连绵不绝"之态,使温润质感和意味跃然纸上。

在传播辅助图形上,可为每一个主打产品类别设计辅助宣传海报。这些图形在传递产品信息的同时,也共同传达着品牌的温润特质。

(五)加大农产品品牌产业人才建设力度

重视浙江省传统文化产业IP人才培养与引进。建设浙江省传统文化研究传承推广专家智库,将浙江省传统文化双创人才培养纳入公共文化体系培养方案之中;大力推动浙江省传统文化在新时代的理论创新,突出浙江省公共文化建设应用对策研究,充分发挥思想库的作用,尊重规律,科学管理;以浙江省传统文化发展需求和农产品品牌建设人才双创需求为导向,促进各类创新要素流动与优化配置,满足浙江省传统文化推进农产品品牌双创人才的创新创业需求。

1.建设农产品品牌,树立人才观念

在农村人才的引进工作中,要牢固树立科学的人才观,"农村人才兴,则农业经济兴",把农村实用人才建设工作摆上突出位置,狠抓工作落实,宏观上提供政策扶持,体制上进行创新改革,管理上夯实基础,从而促进农村实用人才创业兴业。

在农村人才的管理工作中,各职能部门应解放观念,打破人才使用的条条框框,大胆使用农村各类人才,做到人尽其才、才尽其用。浙江省应继续敞开大门,吸引来自世界各地的农业品牌建设人才。应以桥头堡战略为契机,坚持人才优先原则,不断完善就业和社会保障公共服务系统;加大各级各类农业职业的考聘力;建立本地区人才信息库,为农村实用人才的成长营造良好环境。

2.建设农产品品牌,建设人才队伍

加强乡村干部队伍建设。坚持严管与厚爱结合、约束与激励并重,加强农产品产业发展工作干部队伍的培养、配备、管理、使用,推动农产品品牌建设的干部真正深入群众、真心依靠群众、真情关爱群众、真诚服务群众,锻造一支懂农业、爱农村、爱农民的工作队伍。

各级党委和政府主要领导干部要懂农产品产业发展工作、会抓品牌建设工作,分管领导要真正成为农产品产业工作的行家里手。制订实施数字乡村战略干部培训计划,全面提升各级干部特别是领导干部的乡村数字化工作能力和水平。提升乡镇干部队伍专业化水平,提高乡村干部本土化率。

3.建设农产品品牌,提升人才技能

通过各种渠道开展培训工作,提高乡村居民数字素养与数字技能,促进乡村数字经济的发展。以发展现代农业为重点,首先,优化教育培训资源,充分发挥农村职业教育的主渠道作用;其次,加大农村实用骨干人员培训力度,充分发挥拔尖人才的示范带动作用;最后,坚持开放式农村人才培养模式,加强对外合作交流。

鼓励创业创新"新农人"。将种养专业大户、返乡大学生、大学生村官等纳入新型职业农民培育范围,扶持培养一批农业职业经理人、经纪人、乡村工匠、文化能人、非遗传承人,建起一片家庭工厂、手工作坊、乡村车间,让乡村经济向多元化发展,让就业机会变得更多,让就业链条变得更长。

综上所述,基于传统文化的农产品品牌建设是促进农民农村共同富裕的重要途径之一。本研究总结的浙江省实施传统文化推进农产品品牌建设的路径(见图1),通过区域公共品牌的建设来优化农产品产业链与供应链,提升农产品的经济效益,以实现百姓富、产业旺的统一来实现高质量实施乡村振兴战略,促进农民农村共同富裕。本研究成果可为各级地方政府与文化产业规划部门提供政策制定的依据与参考。

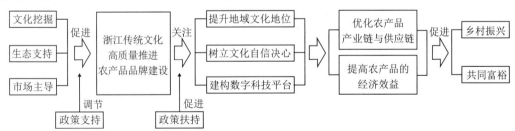

图1　浙江实施传统文化推进农产品品牌建设的路径

参考文献

[1]鲍金伶,罗承炳.农产品区域性经济品牌的创建原则分析[J].农业经济,2012(11):

127-128.

[2] 关纯兴.区域农产品品牌协同管理研究[J].学术研究,2012(6):74-79.

[3] 郭红东,白军飞,刘晔虹,等.电子商务助推小农发展的中国例证[J].江苏大学学报(社会科学版),2021,23(5):13-21,33.

[4] 黄祖辉,傅琳琳.浙江高质量发展建设共同富裕示范区的实践探索与模式解析[J].改革,2022(5):21-33.

[5] 黄祖辉.以"三个带动"为牵引推进农民农村共富发展[J].农村工作通讯,2022(2):36.

[6] 黄祖辉,叶海键,胡伟斌.推进共同富裕:重点、难题与破解[J].中国人口科学,2021(6):2-11,126.

[7] 贾凝,王梅霞,余荣.文创视角下农产品品牌提升路径探析[J].河北农机,2021(8):51-52.

[8] 刘丽,周静.基于产业集群农产品区域品牌建设的几点思考[J].农业经济,2006(11):52-53.

[9] 陆明慧,樊传果.基于文化创意视角的农产品品牌形象包装设计研究[J].戏剧之家,2018(24):125-126.

[10] 秦秋霞,郭红东,曾亿武.乡村振兴中的数字赋能及实现途径[J].江苏大学学报(社会科学版),2021,23(5):22-33.

[11] 王岱."乡村振兴"背景下浙江农产品品牌战略思考[J].中共杭州市委党校学报,2018(5):61-67.

[12] 易亚兰,项朝阳.试析农产品区域性品牌的创建原则[J].华中农业大学学报(社会科学版),2010(1):36-39.

大运河(浙江段)文创品牌塑造与传播的研究报告

厉国刚　方雪蓝　张　玉　郑米玉　梁颖然

中国大运河作为世界文化遗产,历史悠久,源远流长,是中华民族高超智慧和坚韧不拔精神的深刻体现。大运河和故宫具有很多共性:具有深厚的历史文化底蕴,具有文创产品开发及品牌打造的时代契机。这些年,故宫文创非常火。过去,故宫很难给人一种时尚感、现代感。不过,由于故宫文化底蕴很深,有很多故事可讲,有很多内容可说,借助文创开发,故宫"活"了起来,变得可触可摸、生动形象。因此,故宫文创的成功对大运河(浙江段)文创产品的开发、文创品牌塑造与传播有很大的启发意义。

研究大运河(浙江段)文创品牌的建设,当然不只是简单地借鉴和模仿故宫文创的做法,而是希望能够针对大运河(浙江段)的独特文化特质,提出更有针对性的方案。

一、研究背景与意义

大运河(浙江段)哺育了吴越文化、江南文化等灿烂文化,沿岸戏曲、书法、茶叶、丝绸、青瓷、湖笔、黄酒等特色文化资源非常丰富,有沈钧儒、茅盾、鲁迅、金庸等名人故居,还有湖州商帮、宁波商帮、绍兴商帮等优秀浙商文化,以及塘栖镇、乌镇、南浔镇、安昌镇、慈城镇等江南水乡古镇 22 个,杭钢、半山电厂、杭州炼油厂等工业遗址多个,以及嘉善抗日阻击战纪念碑、嘉兴市南湖等红色文化景点。大运河(浙江段)承载着优秀的文化基因,为讲好传统文化故事、开发文创产品提供了丰富且宝贵的资源。在这个文化产业大发展的时代,大力推动大运河(浙江段)文创产品的开发,打造和建设文创品牌,具有重要意义。

首先,有助于传承和创新大运河(浙江段)文化。大运河(浙江段)孕育的是一带文化、一带文明。大运河(浙江段)文化带上的船闸、船舶、商铺、作坊、客舍、使馆、驿站等已经成为一种文化的象征,承载着人们对于特定历史时期的特定文化记忆。利用这些文化记忆开发的文创产品具有重要的文化价值,有助于传承中华文明。"传承老的记忆文化,开发新的文化产业"是大运河(浙江段)文创产业传承和发展的重要价值目标,欣欣向荣的文化产业、数字产业的发展为文化遗产传承创新带来了重要机遇。融入一些时尚元素和时代因素,使当下的文创产品中携带着传统文化的优秀基因,为当代快节奏的文化生活注入生生不息的血液。

其次,有助于推动大运河(浙江段)文创产业运营模式的创新。在媒介融合时代,大运河(浙江段)可以通过各类媒介平台、媒介载体进行全方位文创品牌的宣传设计。当代的媒体技术和媒介载体具有很强的生动性、趣味性、互动性等优点,传播方式具有新颖的表现形式。在大运河(浙江段)文创产业的营销传播中,可以采用当下大众喜闻乐见的传播方式,制作一些大运河(浙江段)题材的动漫产品,将大运河(浙江段)故事植入电影、电视剧等载体中。借鉴故宫文创产业发展的成功模式,让大运河(浙江段)文创产品"网红化",借助微信、微博、抖音、快手等新媒体平台全方位推广大运河(浙江段)文化。

最后,有利于带动大运河(浙江段)经济带的繁荣发展。大运河(浙江段)文创产品的开发、文创品牌的塑造会让更多人了解到大运河(浙江段)故事,愿意去参观大运河(浙江段)遗址,购买大运河(浙江段)的文创产品,这也会使沿岸的经济带受益。例如,2014 年 6 月 24 日在杭州成立的大运河(浙江段)城市旅游推广联盟,通过一些画册、运河美食、形象片、纪念品等大运河(浙江段)文创产品来带动大运河(浙江段)旅游业的发展。旅游业是沿线城市经济发展的重要产业,大运河(浙江段)沿线聚集了许许多多的物质文化遗产和非物质文化遗产,积极宣传打造大运河(浙江段)文创品牌对于推动大运河(浙江段)经济带的发展会有重要的作用。

二、现状与问题

2020 年,浙江省发布《浙江省大运河文化保护传承利用实施规划》,提出"1＋5"战略定位,构建"一廊两片多组团多线路"的空间格局,推动大运河(浙江段)文旅融合发展工程。不过,整体而言,大运河(浙江段)文创产品开发及其品牌建设还存在不少问题。

(一)定位模糊,品牌形象不够鲜明

目前,大运河(浙江段)文创的特色定位尚不清晰。大运河(浙江段)各城市尚未充分挖掘地域特色,个性化的新锐文创品牌还未形成气候,在品牌策划和设计定位上趋于雷同。而且大运河(浙江段)文创的集聚效应不明显,"主要以单纯的观赏和商业购物为主,无法实现商业效益和效率方面的协同",缺乏全方位的文创开发和营销体系。"在打造品牌的过程中关于运河历史文化的叙述过于平铺直述","品牌建设手段过于沉闷乏味,缺乏系统的设计和品牌形象,审美和个性化缺失,无法引起大众兴趣"。

(二)文化的活态传承有限,内涵不深

大运河(浙江段)在不同城市有独特的历史资源、历史传说及历史事件。"目前,大运河(浙江段)的利用主要停留在水路运输、水上旅游等较低层次上,没有提升到中华文化展示、产业集聚提升、区域协调发展等较高层次上。"因此,对大运河(浙江段)沿岸地域文化内涵的挖掘在力度、深度、广度方面还有限,人文气息并没有得到体现,导致历史文化信息较为模糊,文化的整体性展示难以实现。如何展现宋韵文化、工业文化、非遗文化等地域文化,推进文化赋能,是大运河(浙江段)文创开发需要思考的问题之一。

(三)文创产品创新力度欠缺,亮点不够

大运河(浙江段)旅游资源虽然丰富,拥有纤道、码头、水城门、粮仓、会馆等众多资源,但这些资源的层次不高,旅游产品体系较为单一、文创产品同质化非常严重,以旅游勋章、纪念币、明信片、旅游相关用品等居多,旅游产品创新力度欠缺。除此之外,互动表演、场景再现、现场体验等活动也值得进一步开发。

大运河(浙江段)文创产品之间缺乏内在联系,使得在文创产品的呈现过程中相关文化价值出现流失,文创产品也就难以得到很好的创意表达,导致大运河(浙江段)开发的文创产品缺乏核心竞争力,在情感上不太容易引起公众的共鸣,产品的接受度偏低。在宣传力度上,博物馆、图书展示等都不能拉近大运河(浙江段)与民众的距离,能亲身体验大运河(浙江段)文化的文创产品还有待开发。

(四)文创产品缺乏细分,针对性不强

没有明确的受众定位,缺乏品牌意识是大运河(浙江段)文创产品发展的另一大问题。大运河(浙江段)文化源远流长,历史底蕴深厚。但在清朝末年,大运河(浙江段)的漕运逐渐衰落,失去昔日繁华,现代年轻人对大运河(浙江段)的记忆点主要停留在古代,对大运河(浙江段)文化更是知之甚少,而且很少有针对年轻群体设计的文创产品。尤其是在当下互联网产业迅速发展的时代,借助网络社区,以"趣缘"为基础构建文化社群是互联网连接的基本逻辑。因此,在深入把握不同受众群体的身份认同和情感归属的前提下,大运河(浙江段)文创产品开发应该走细分、定制路线,增强文创产品生产的针对性,重新定位自己的受众群体。

此外,还存在以下问题:大运河(浙江段)文创产品总量偏少,市场占有率较低;大运河(浙江段)文创开发主要在线下,数字文创资源开发力度有限;宣传力度不足,关注度较低;文创产业的对外交流不足;省际、省内跨区域合作开发机制不完善;政府和社会主体协同开发力度不够;等等。

三、推动大运河(浙江段)文创产品开发的举措

文创产品的开发是将传统文化通过当代设计重新展现在大众面前,在这个过程中被增强的不仅是文化归属感,更是人们的文化自信。如果文创产品要在市场上长期占有一席之地,我们必须给文创行业提供足够多且足够好的创意来源,让文创产业变得更有根有源,让设计能够从我们丰厚的历史文化当中汲取真正的营养。针对当下消费者心理和行为特点,以及文创产品开发已有的成功案例,大运河(浙江段)文创产品开发具体可以从以下几个维度入手。

(一)充分发挥政府部门的引导作用

政府应建立完善的市场规则,建立健全各项法律法规,履行政府市场监管职能。针对文化产品市场,对盗版、窃取文化版权等非法行为进行打击管制。同时,进一步发挥文创产业协会的作用,使其成为政府与文化创意企业之间的桥梁,加强政府与文化创意企业之间的联系。政府应积极制定和实施有关文化发展规划、产业政策。政府也要通过建设具有大运河(浙江段)文化特色的文创产业园、博物馆、体验中心等项目来聚合大运河(浙江段)文化资源和创意产业,培养富有活力的大运河(浙江段)文化产业链。

(二)加强大运河(浙江段)文化资源梳理

政府要推进各个文化单位对大运河(浙江段)的各类文化资源的系统梳理、分类整理,以

及加快文化资源的数字化进程,明确可供开发的资源,为文化创意企业的文创产品开发提供丰富、清晰、可得的大运河(浙江段)文化资源。同时,不能只是简单罗列文化资源,还需要从不同的维度对大运河(浙江段)文化资源进行系统性的梳理。针对大运河(浙江段)的文化资源,可以围绕时间和专题两大维度进行梳理。

(三)促进大运河(浙江段)文创产品开发的跨界融合

大运河(浙江段)要发挥自身文化资源的独特性,在跨界融合领域对文创产品进行开发。根据大运河(浙江段)文化资源的特点,可形成"大运河(浙江段)文化资源＋亚运会＋旅游＋影视＋非遗文化"的跨界融合的组合模式。大运河(浙江段)文创产品的跨界融合中要不断拓宽思路,实现多元融合。值得注意的是,业态之间的跨界融合不能简单地理解为"加法运算",而应是通过"加减乘除"的组合算法来实现业态内部结构、组织形式和产品形态的调整和优化。

(四)吸纳更多专业人才,建立激励机制

文创产品是人的灵感的物化,文创品牌建设涉及文化学、传播学、美术设计、管理学、心理学等多个领域,对人才的依赖性较强。为此,大运河(浙江段)文创企业要设立专门机构负责文创工作,制订详细的文创产品开发与品牌建设计划和执行方案,组织培养一批高素质专业人才投入文创品牌的持续发展事业,并在物质与精神层面建立相应的激励机制,完善相关绩效制度,给予文创工作人员一定的文创产品收益奖励,激发他们参与文创产品开发和品牌建设的主动性和积极性。

(五)加大数字文创资源的开发力度

2003 年,浙江省就提出了要建设"数字浙江"。数字化改革成为推动浙江发展的利器,有助于数字经济的蓬勃发展。因此,丰富的数字资源也应该赋能大运河(浙江段)文创,例如对天猫、京东等电商平台上大运河(浙江段)文创产品的销售大数据进行监测,做好线上用户画像和消费偏好分析。当前,线上场景式文创消费逐渐成为主流、线上线下渠道各得其美,数字文创资源的开发具有重要意义。

四、大运河(浙江段)文创品牌塑造的对策

在开发大运河(浙江段)文创产品过程中,应尽快对其进行品牌塑造。通过品牌的塑造来强化品牌记忆,推高传播音浪。具体而言:

(一)组织创意团队,提升品牌意识

文化创意产业又称为"创意产业",它的核心在于最大限度地发挥人的创造力。文化品牌是组成文化创意产业的单个细胞,因此要提升文化产业的效益,必须增强品牌意识,推动文创产品开发品牌化落地。而"文化"和"创意"是品牌塑造的最基本、最重要的因素。大运河(浙江段)文创品牌塑造的第一步是要组织创意团队,通过专业的创意团队对目前拥有的文化资源以及优势进行挖掘提炼,并对接大运河(浙江段)文创产品的开发策略,提升品牌意

识。一个好的品牌能带来高额的利润回报,能获得消费者的高度信赖和忠诚度,能减少大量的宣传成本,并形成持续增长的品牌无形资产。同样,文化也需要品牌化。只有品牌化才能深入人心,传递大运河(浙江段)文化内涵,并与消费者生活息息相关,形成品牌记忆。例如,故宫文创拥有4支团队从事文创产品开发,包括文化服务中心、文创馆、资信团队和出版社,涵盖了设计、研发、经营、出品等环节,彼此之间既有分工也有合作。同时,故宫还广泛邀请社会创意团队和人士,参与故宫文创产品的开发设计。例如,近期综艺节目《上新了!故宫》中,中央美术学院等学校学生参与故宫文创开发,其设计的睡衣等产品,在网络积累了数百万元众筹资金,广受欢迎。

(二)提取文化基因,塑造品牌之魂

大运河(浙江段)作为历史古迹,其本身就是文化载体,承载着深厚的文化底蕴。在调研过程中,我们走访了中国京杭大运河博物馆,也探访了附近的非遗活态馆。其是非遗文化的聚集地,也是非遗手艺人的聚集地。而非遗文化的保护与传承为大运河(浙江段)文创品牌的塑造及传播赋予了新的生命力。霍艳虹、曹磊和杨冬冬[1](2017)在风景园林视域下,引进生物学的基因概念,以文化基因作为研究对象,借鉴生物基因领域中逆转录基因提取方法,对线性文化遗产中物质文化基因和非物质文化基因进行提取,并梳理归类为主体基因、附属基因、混合基因和变异基因4种类型,提出从意识形态、生产生活方式和外部表象3个层面对大运河(浙江段)的文化系统进行文化基因库的构建。

大运河(浙江段)文创品牌塑造要从提取文化基因出发,为品牌的塑造注入灵魂。由于文化产品和日常生活中的商品不同,文化创意品牌更加需要突出产品背后的文化内涵。创意者要做的便是挖掘内隐性的文化基因以及外显性的文化基因,并让其与人们的生活相结合,为品牌寻找卖点。

具体来看,就是要从内容建设着手:挖掘地方文化、产品文化、粉丝文化,形成经营特色。大运河(浙江段)文创品牌的构建离不开地方文化,因此首先要充分地把地方文化元素融入文创产品的设计中去,根据大运河(浙江段)的文化特色构建独一无二的大运河(浙江段)文创品牌。其次,要挖掘大运河文创产品的文化,开发具有独特资源优势的爆款产品。再次,要利用好大运河(浙江段)文创品牌的粉丝文化,研究消费者的喜好以及他们倾向于这一类文创产品的原因。可以借助大数据技术,获得多元化的粉丝信息,只要消费者使用了手机或电脑等客户端,很多信息就会传送到企业,因此大运河(浙江段)文创产业也可以从市场上挖掘各种各样的消费者数据,借助这些信息为粉丝定制文创产品。同时,大运河(浙江段)文创品牌还可以与明星合作,通过明星代言提升品牌知名度,带动粉丝购买。

大运河(浙江段)文创产品要形成自身的特色,如服务特色、体验特色、模式特色等,并使它成为品牌的核心竞争力。大运河(浙江段)文创产品目前还处于初期开发阶段,更要注重

---

[1] 霍艳虹、曹磊、杨冬冬:《京杭大运河"文化基因"的提取与传承路径理论探析》,《建设与文化》2017年第2期,第59—62页。

文创产品设计的创新性,厘清思路,找准文创产业的市场空白点,真正做到对准市场需求,克服仅具有观赏性而缺乏功能性和实用性的缺陷,将大运河(浙江段)的文化魅力真正融入老百姓的日常生活之中,让大运河(浙江段)文化在潜移默化之中深入他们的思想深处,设计出满足当下消费群体审美需求的文创产品,增强产品的实用性和功能性,实现品牌效益。在媒介融合时代,我们可以借助场景技术让顾客实现先体验后购买,无论是线上的服务还是线下的服务都要做到让消费者满意,听取消费者的意见和建议,从而形成自己独有的经营模式。

(三)打造个性化品牌形象,凸显文化价值

近年来,我国的文创产业发展得如火如荼,很多世界文化遗产开始建立自身的文创品牌。但是,缺乏独特的文创品牌定位和品牌形象设计,会导致市场上的文创产品严重同质化。菲利普·科特勒将品牌形象定义为:"品牌形象就是一个名字、称谓、符号与设计,或是上述的总和,其目的是要使自己的产品或服务有别于其他竞争者。"大运河(浙江段)文创产业必须设计个性化的文创品牌形象,同时要以品牌形象为基础,凸显品牌的内涵和价值。

此外,要进行品牌形象的视觉落地,使大运河(浙江段)文创品牌形象真正落实到产品、包装、门店和广告中。大运河(浙江段)文创产品的包装、门店的设计及广告宣传形式等都要体现品牌特色。产品的包装形象会影响消费者对文创品牌的第一印象,包装一定要有大运河(浙江段)的特色,例如故宫文创产品的包装就融入了故宫的文化特色,加入了很多古典元素。并且,大运河(浙江段)文创门店要进行美工设计,品牌的广告语、广告视频、宣传海报等都要具有创新性。

大运河(浙江段)文创品牌在为自身形象进行设计包装的同时,也可以丰富自身内容的视觉呈现形式,通过文字、图片、视频、H5、动漫等形式进行营销宣传,迎合媒介融合时代受众的阅读喜好,将历史人物、故事,以及文化遗产转化为极具个性化的文创产品,从而拉近和受众之间的距离,打造属于自己的文创品牌,实现变现。可以先和一些品牌进行合作,提升自身文创品牌的知名度。例如,针对女性群体可以和一些护肤品化妆品品牌合作,推出联名款产品,针对一些学生群体可以设计出一些具有大运河(浙江段)特色的文具、水杯等一些生活必需品,在家居方面也可以打造一些大运河(浙江段)特色家具产品等,将大运河(浙江段)文化潜移默化地融入人们的日常生活中。

(四)精准定位,找准文创品牌客群

文创品牌的塑造首先要精准定位。艾·里斯和杰克·特劳特[①](2001)曾指出:"在大竞争时代,差异化和定位对于企业来讲必不可少,只有依靠精准的定位和差异化,企业才能在残酷的市场竞争中脱颖而出。"大运河(浙江段)文创品牌要明确打算进入的品类,确定在哪些领域开拓自己的文创产业。品类定位明确之后,品牌的构建和产品的生产会更加具有针对性。其次,彰显大运河(浙江段)文创的品牌特色,做好品牌的差异化,寻找具有大运河(浙

---

① [美]艾·里斯,杰克·特劳特著:《定位》,王因冕、于少蔚译,中国财政经济出版社 2002 年版。

江段)特色的文创品牌形象,不能千篇一律。最后,找准大运河(浙江段)文创品牌的客群,并对客群进行细分,针对不同类的客群打造不同的文创产品。

截至 2020 年 12 月,在我国网民中,20—39 岁人群占比达 38.3%。这部分年轻群体对新事物的接受度比较高,喜欢使用新兴社交媒体,如果大运河(浙江段)文创产品借助这类新媒体针对年轻群体开展宣传活动,可以提高自身的知名度。例如,故宫文创产业针对不同的受众群体开发了不同的文创产品:故宫系列的口红、腮红、眼影等彩妆就是为一些年轻女性定制的,故宫系列的手账本、文具等是针对学生群体开发的;一些具有收藏价值的故宫系列艺术品、家具等,是为中年群体开发的。可见,故宫系列的文创产品有着非常清晰明确的定位。因此,在媒介融合的时代背景下借助算法和大数据技术抓取用户的喜好信息,根据这部分信息给用户推送定制化的文创产品,对于文创品牌的塑造无疑是一大重要推动力。

(五)对接消费需求,诉诸情感增强长尾效应

当前"新零售"理念中最火的营销方法就是"场景营销"。场景营销基于用户体验为品牌提供销售窗口,它是一种消费理念的根本性变革,从主动营销转变为被动营销的理念。这个过程中最重要的便是品牌要对接适配的场景,从而对接用户的精准需求,通过对接用户的消费需求,并诉诸情感来增强品牌的长尾效应。例如,故宫文创产品中的手机壳,就是从日常生活的小切口出发,精准挖掘用户的基本需求,并强化品牌记忆。纪向宏、薄玉杰[①]在其研究中指出:"在文创品牌的塑造中,品牌的定位有显性和隐性之别。显性的方面主要是指对品牌视觉感官的呈现效果,比如品牌的形象设计、产品的包装设计及店面的展呈设计等等;隐性的方面主要是指品牌的核心理念,即梳理品牌的文化来源,比如从地域、历史、礼仪、风俗、物候、方言或是传说人物、品牌创始人、核心团队等方面进行。"因此,大运河(浙江段)的文创品牌塑造也可以借鉴这一理念,将受众的视觉、听觉、嗅觉、行为、思想上升为受众对大运河(浙江段)文创产品的情感体验,提高受众对大运河(浙江段)文创品牌的黏性。随着时代的发展,大众的消费观念也在发生变化,他们开始更加注重精神层面的消费,因此需要将人们对文创产品的喜爱上升为对文创品牌的深厚情感。在线上,可以通过图文视频作品,对消费者形成视觉听觉冲击,从而产生情绪渲染;在线下,通过实体的文创产品来吸引受众,将消费者对产品的思想和行为上升为一种品牌情感。

五、大运河(浙江段)文创品牌传播的建议

随着媒介技术的变革和传播渠道的拓展,大运河(浙江段)文创品牌要充分利用各种新兴的媒介形式,通过全方位的媒介渠道和独特的传播方式实现品牌推广。

(一)整合传播渠道,实现线上线下融合传播

媒介融合时代,新旧媒体之间的边界日益模糊,传播生态呈现新格局。大众的文化教育

---

① 纪向宏、薄玉杰:《基于消费者情感需求的文创品牌塑造》,《艺术与设计(理论)》2018 年第 11 期,第81—83 页。

水平相较于以前得到了提升,大众更愿意参与到知识文化的传播中来,新媒体也让信息传播变得更为便捷。丰富的视听形式、便捷的生产方式、定制化的信息推送等,让更多大众愿意接受各种各样的新事物。单一的媒介传播渠道已很难产生理想的效果,多媒体、多渠道、多形式、多内容才能满足消费者全方位的需求。品牌传播需要灵活地运用各种传播手段,整合线下线上渠道。

大运河(浙江段)文创品牌的传播依然离不开线下的推广渠道。例如,可以打造大运河(浙江段)创意馆,并在线下的文创实体店推出一些宣传海报,让消费者通过参与线下实体店体验来提高对大运河(浙江段)文创品牌的认可度。

与此同时,制作大运河(浙江段)系列纪录片,以影片的形式宣传大运河(浙江段)文创品牌;或者通过影片的形式记录下传统工艺的传承与发展,将现代化的叙事方式和一些流行元素融入其中,让传统文化更加贴近现代生活,成为人民群众喜闻乐见的文化形式。

手机等移动智能终端已日显重要,需要将其作为重点推广渠道。积极让大运河(浙江段)文创品牌入驻新媒体平台,开通大运河(浙江段)文创公众号、小程序、微博账号、抖音账号等。不仅可以使用文字、图片等宣传方式,还可以借助 H5、短视频等形式;不仅可以进行官方宣传,还可以鼓励用户参与进来,形成互动传播。微信公众号上可以分享一些大运河(浙江段)故事,开通《话说运河》栏目,小程序上可以借鉴故宫小程序的设计模式,从文物展览、场景体验到产品购买,为受众提供了解大运河(浙江段)的全方位服务。总之,无论是在新媒体平台还是传统媒体平台上,都可以让大家看到琳琅满目的大运河(浙江段)文创产品和创意新颖的品牌形象。

(二)创新传播方式,利用数字场景智能传播

在即将到来的 5G 时代,VR、AR、MR、人工智能、算法、大数据等新技术层出不穷。通过数字技术赋能创新驱动文创产品升级,实现与当下的新科技、新场景完美融合,增强受众的临场感、体验感,将历史更好地与现代相结合。湖南博物馆的全息投影和故宫文创的 3D 故宫虚拟游,通过运用各种数字场景、智能媒体,使文创品牌的宣传推广如虎添翼,获得意想不到的传播效果,让观众身临其境,感受文化带来的震撼与魅力,同时强化对文创品牌的记忆力。可以利用场景技术打造"重走运河",还原大运河(浙江段)从开凿到如今的发展史,受众可以选择任意阶段参与体验,让受众深切感受到大运河(浙江段)带来的改变,还可以打造"大运河四季",通过四季变迁,以及一些大运河(浙江段)沿岸颇具特色的建筑、农作物让受众体验不一样的运河风景,从而在这种对大运河(浙江段)深刻的情感体验中,体会大运河(浙江段)文化的深刻内涵,推高文化品牌的传播音浪,实现品牌意义的传递。

(三)拓宽传播维度,实现跨界合作联合传播

媒介融合是一种跨界,营销界也有大量跨界做法。品牌跨界合作能够在短时间内吸引消费者的注意力,产品创新最深刻的内涵是新奇有趣,建立在双方产品的基础上,二者只有毫无违和感地融合在一起,才能够迅速传播,形成互利共赢的局面。故宫文创和奥利奥联名款的饼干,既有故宫的文化元素,又有奥利奥零食自身的特色;故宫还和民生银行、农夫山泉等品牌进行合作,将故宫的特色文化形象融入其他产品的设计之中。大运河(浙江段)文创品牌同样可以和其他品牌进行跨界合作,推出一些联名款产品,从而实现资源共享,优势互补,增强大运河(浙江段)文创品牌的创意性和趣味性,提高曝光度。跨界品牌联合传播可以借助其他品牌的知名度来增加大运河(浙江段)文创品牌的人气,并在一定程度上丰富品牌的符号内涵,增强品牌的亲和力和体验感。2020 年,火爆的跨界合作当数"电商直播+其他品牌"的传播。大运河(浙江段)有很长一段位于杭州市,而杭州市又是电商直播的天堂,拥有得天独厚的优势,通过与电商直播平台上的商家的合作,也能提升大运河品牌的传播力,为文创品牌的传播打开新局面。

(四)创造传播热点,推高品牌传播音浪

文创品牌要想迅速提升知名度,最好的办法还是通过策划传播热点,即打造品牌 IP。通过固定的大型商演活动,或者通过品牌产品的差异化特征,迅速在市场上立足,让消费者了解这一产品的来龙去脉,并形成自发式的传播,即迷因效应,从而形成复调传播,推高品牌音浪。首先,可以从大型文化商演活动出发,因为大运河(浙江段)拥有丰富的水资源,夜景迷人,因此依托夜晚的光影交错可以重塑"光影建筑",此外在迷人的"光影建筑"中进行大型商演活动,可以让观众置身其中,产生美不胜收的感觉。例如,西安市兵马俑大型夜间演出《秦俑情》就是借助骊山的大背景,以骊山作为表演的天然背景,将文化故事以表演的方式展现出来,成为演出盛宴。大型而震撼的场景成为众多游客打卡必选,且给游客留下深刻记忆,同时,高品质的演出活动带来的经济效益也很高。因此,大运河(浙江段)也可以借鉴这一举措,联合目前浙江省拥有的文化故事、非遗曲艺以及产品进行演出设计,从而创造传播热点,让游客只要到杭州市就能想起这一大型商演活动,并打卡体验。其次,可以打造文创人物 IP,通过热点人物的意见领袖作用,带动文创品牌的推广,带动大运河旅游经济。例如,西安市大唐不夜城"不倒翁"小姐姐的迅速走红,吸引了众多游客到西安观赏游览,从而带动了西安的旅游经济,也带火了大唐不夜城旅游景点。因此,大运河(浙江段)也可以依托目前拥有的文化资源,通过与浙江省固有的表演剧目相结合,提升品牌传播效益。最后,可以通过打造品牌产品 IP,推高品牌传播音浪。从故宫近年出品的文创产品中不难发现,故宫猫杯、国宝色口红、故宫胶带等都是与生活紧密结合,掀起一阵"种草风",融入故宫文化和故事,外加披上一件高颜值外衣,令年轻人眼前一亮,形成热点的传播载体,让故宫再次"翻红"。

(五)建立传播评价机制,注重多向互动传播

每一个品牌的传播,必须注重用户反馈,并在反馈的基础上不断改进,因此建立传播评价机制是非常有必要的。大运河(浙江段)文创品牌传播由于目前还处于品牌传播初期,因此更需要关注受众反馈,评价机制有助于为品牌传播建立风向标,更好地推动传播者与受众、受众与受众之间的多向互动。通过分析市场数据及受众反馈,一方面可以生产出更多真正满足受众需求的文创产品,另一方面可以使品牌传播起到四两拨千斤的效果。

需要关注品牌形象所传递的品牌信息受众是否知晓,以及他们是通过什么渠道、什么方式获取品牌信息的。弄清楚什么样的品牌宣传方式,让受众更加乐于接受,更喜欢观看。在新媒体平台的后台可以设置一些和受众交流互动的栏目,让受众随时可以提出自己的意见和建议,然后实时交流改进。可以通过问卷等形式对消费者进行回访,收集消费者对于产品的使用体验和对品牌宣传的接受度等方面的信息,通过市场调研分析,更好地改进产品和品牌。

如今的品牌传播,消费者掌握着主动权。通过各种手段,让消费者参与进来是取得良好传播效果的关键。精心设计创意作品,巧妙策划营销活动,灵活运作新媒体工具,形成快速传播模式。如此一来,大运河(浙江段)文创品牌才有可能像滚雪球一样越来越大,成为一个超级 IP。

总之,大运河(浙江段)文创产品开发和文创品牌打造可以借鉴比较成功的故宫模式,同时突出自身的大运河(浙江段)文化特性,充分认识挖掘大运河(浙江段)的文化内涵,将文创产品和现代高新技术相结合,赋予文化遗产新的文化价值,让大运河(浙江段)文化发扬光大。通过开发传统的文化资源,传承文化遗产,为文创品牌赋能,实现文创产业的迭代升级,更好地与当今时代的发展潮流紧密结合,用文创产品、文创品牌讲好我们的中国故事,真正将中华文化推向世界。

参考文献:

[1] 唐宁.江苏大运河文化记忆场所的建设及其活化传承[J].南京社会科学,2020(2): 150-156.

[2] 吕天娥,刘浏.基于创意产业的淮安漕运文化资源开发研究[J].淮阴工学院学报,2016 (4):7-10.

[3] 刘菲菲.基于常州运河文化传承的文创品牌驱动策略研究[J].湖南包装,2020(5): 115-118.

[4] 吕梦倩.大运河(浙江)文化带建设研究[J].中国工程咨询,2017(11):29-30.

[5] 张婧.中国国家博物馆:新产品新创意,文创开发一直在路上[N].中国文化报,2021-04- 20(7).

[6] 杨瑞,李玲,唐正林.不同维度历史文化资源梳理的思路与方法——以韶关市为例[C]// 中国城市规划学会.活力城乡美好人居——2019 中国城市规划年会论文集.北京:中国 建筑工业出版社,2019.

[7] 李凤亮,宗祖盼.跨界融合:文化产业的创新发展之路[J].天津社会科学,2015(3): 49-53.

[8] 赖璨,陈雅.文旅融合语境下我国图书馆文创品牌创新策略研究[J].图书馆,2020(11): 102-108.

[9] 周乙.试论文化创意对打造文化品牌的价值[J].商业文化(下半月),2012(5):231.

［10］倪伟，贾文程."嫡庶之争"背后:故宫四家网络文创品牌有何来头?［EB/OL］(2019-01-07)［2022-12-2］. https://baijiahao. baidu. com/s? id＝1621997048263212445＆wfr＝spider＆for＝pc.

［11］李聪.博物馆文创产业现状与问题研究［D］.保定:河北大学,2020.

［12］科特勒,凯勒.营销管理(中国版)［M］.北京:中国人民大学出版社,2009.

［13］尤晶晶,杨杰.基于大运河文化传播的文创产品创新设计［J］.大众文艺,2019(17):67-68.

［14］张旭媛.融合与创新:文创视域下大运河文化传播的路径选择［J］.中国集体经济,2019(25):117-119.

［15］王子翼.创意传播管理理论的品牌传播营销研究:以故宫文创为例［J］.新媒体研究,2019(12):87-88.

［16］周娅娴.我国文化创意产品的电商之路:以北京故宫博物院为例［J］.现代营销(经营版),2020(4):83-84.

文脉基因修复与叙事化路径建构研究报告

——以杭州市湖滨街区为例

赵秀敏

一、问题背景

(一)城市居民对城市生活需求的转变

改革开放以来,我国进入快速城市化阶段,城市数量和城市人口迅速增长。至 2017 年末,我国地级及以上城市数量为 298 个,比 1978 年增加 187 个;全国总人数达 139008 万人,城镇人口数占总人口比重为 58.52%,比 1978 年提高了 40 个百分点。越来越多的人涌入城市,大城市人口聚集,城市居民对城市生活需求也发生了变化。

随着人们生活水平特别是收入水平和受教育程度的提高,人们不再满足于功能性的城市生活需求,而是越来越重视城市生活质量,对城市街区活力(消费活力、社会活力、文化场所)的需求变得迫切起来。人民日益增长的物质和精神需求要求现代公共生活具有休闲、消费、交通、事务等功能。在人才频繁流动的今天,能否为大众提供数量充足且多样化的消费机会,已经成为城市能否吸引和留住这些人力资本的关键,而人力资本正是城市拥有持久竞争力的核心要素。

(二)城市街区建设与发展方向的转变

随着我国城市化的快速推进,城市建设蓬勃发展。城市街区规划作为城市建设的重要内容,其建设和发展方向也发生着相应的转变。2015 年,时隔 37 年召开的中央城市工作会议提出,要调整城市发展模式,坚持“以人为本”的理念。2016 年 2 月,国务院出台《关于进一步加强城市规划建设管理工作的若干意见》,明确强调“打造方便快捷生活圈,使人民群众在共建共享中有更多获得感”。随后,国内众多城市如北京、上海、杭州等都提出了“15 分钟配套生活圈”的概念。2016 年,住房和城乡建设部提出的“城市双修”、国务院出台的“开放街区”等一系列指导性文件均揭示了我国城市面临建设转型的历史机遇。

(三)城市发展进入场景体验式经济时代

随着互联网的飞速发展,人们的消费方式从单一的线下购物转变为多维度的消费方式。线上消费正在快速占据市场份额,给实体经济带来了强烈的冲击,传统的实体销售也面临转型的问题。经济的发展、城市化水平的提高、网络的普及,使得人们越来越注重身心的愉悦和精神上的享受,城市发展进入以人为中心的场景“体验式”经济时代。

总之,当前城市化进程加快,使原本复杂且生动的街道被抽象成了单纯的交通空间,街巷生活正在消亡,人们缺乏能够获得认同感和归属感的线下街区体验空间。街道空间对城市意象、城市文化、城市情感的塑造都起到了举足轻重的作用。杭州市作为著名的生活品质之城和互联网之都,目前也面临着经济转型、产业结构调整等挑战,需要通过全面的城市文化复兴,保持和推动城市的可持续发展。城市的滨水街区是城市文化的鲜活载体和表现手段,以其为抓手进行城市空间品质的深化研究,有利于保存与传播共同的集体回忆,创新和累积全新的生活记忆,为整体城市空间品质的提升提供借鉴。

二、相关概念与解析

"街区"的概念来自西方国家,从英文"Block"翻译而来,而在中国一般被称为"街坊",其通常拥有适度的用地规模及合理的服务半径。根据现代街区所承担的主要功能,可以将城市街区分为商业型街区、生产型街区、文化型街区、居住型街区、混合功能街区等。"城市街区"作为城市规划学界高频率使用的词,根据相关资料,其并没有确定的概念界定。一般而言,城市街区概念具备以下几点特征:①街区一般以城市道路作为边界或通过河流、绿化带等进行区域划分;②作为构成城市的最基本单元,街区犹如一个个细胞构成了城市这个有机综合体;③街区是人生存发展的主要场所,社会交往活动是城市活力的来源。因此,城市街区通常是指以城市道路(主干路、次干路、城市支路)为边界所围成的空间单元。

众多学者从不同学科背景对城市生态系统的概念进行研究。马世骏等(1984)提出,人类社会、经济和自然3个子系统构成了复合式的城市生态系统;城市生态系统是以"人"为主体,由城市内自然环境、经济生活和社会结构等子系统互相影响、互相交织形成的复合人工有机体。郑卫等(2012)认为,城市社会生态系统主要指的是城市社会环境中人与人之间的关系。这样一种生态系统自然离不开实体的空间环境以及由互联网构成的虚拟空间,但其核心却是人与人之间的关系(毛晓天等,2018)。

街区生态系统是城市层面的基本空间单元,以空间为核心的资源(输入、运输、输出)、基础设施(位置和路径最短)和建筑功能(资源梯级利用)三者复合而成的综合性的概念(庞乾奎,2017)。街区生态系统由资源代谢子系统、基础设施子系统和空间形态子系统三者组成,本文主要从空间形态子系统展开探究。空间形态子系统由建筑物、道路设施、景观等物质要素构成。子系统内部包括城市周边环境、建筑、道路交通、公共空间及人群活动。该系统是城市生态系统的外在表征,也是人类进行社会活动的主要场所。

城市是一个包括社会、自然、人文等要素的大型复合生态系统。借助自然生态系统的概念和组成,可以将城市类比成生态系统,从而提出城市生态系统的概念。城市生态系统是指以人为核心的复杂的人工复合生态系统,它包含了城市基础设施,也涵盖了作为城市主人的居民。在城市生态系统中,工厂、农场、绿地等为生产者,工厂生产出城市所需的能源,农场种植农作物供养城市;城市功能街区为消费者,满足人类日常生存所需;市政基础设施为分解者,处理垃圾和回收可利用资源进入再次循环;而阳光、水、无机盐、空气等则构成了无机环境。

本研究把城市中的街道看成一个具有完整故事情节的叙事载体，将街区理解为由一系列场景组合而成的社会生态系统，并通过场景触媒及使用者生态的差异阐释街区生态系统的形成机制，有助于营造特色的活力街区，改善过分注重功能性组合的城市空间，为提升街区活力提供新的研究方向。

三、我国推动街区建设的政策梳理

在城市中，街区通常是指被道路所包围的区域，是城市结构的基本组成单位，是城市活动的基本承载空间，其本质、尺度等基本特征决定着一个城市的活力与人文精神，在城市管理中发挥着重要作用。国内对于城市街区的相关政策支持在历史街区方面不遗余力。2008年 4 月，国务院公布的《历史文化名城名镇名村保护条例》明确了历史建筑与历史文化街区的含义，对历史文化街区核心保护范围内的建筑物、构筑物采取相应措施，实行分类保护。2014 年 10 月，住房和城乡建设部发布《历史文化名城名镇名村街区保护规划编制审批办法》，明确了历史文化街区保护规划编制、审批的内容、方法与原则。

2016 年 2 月，中共中央、国务院出台《关于进一步加强城市规划建设管理工作的若干意见》，强调保护历史文化风貌，提出：有序实施城市修补和有机更新，解决老城区环境品质下降、空间秩序混乱、历史文化遗产损毁等问题，促进建筑物、街道立面、天际线、色彩和环境更加协调、优美。加强文化遗产保护传承和合理利用，保护古遗址、古建筑、近现代历史建筑，更好地延续历史文脉，展现城市风貌。用 5 年左右的时间，完成所有城市历史文化街区划定和历史建筑确定工作。

2018 年 11 月，住房和城乡建设部发布的《历史文化名城保护规划标准》(GB/T 50357—2018)指出：历史文化街区是名城价值的重要载体，是城市整体历史风貌特色的集中体现。保护历史文化街区的目的是在整体上保持和延续名城特色与风貌，历史风貌、肌理、尺度和景观的完整保护与延续是历史文化街区保护规划的重要目标。应针对街区的特征确定相应的保护目标和原则，对反映街区价值特色的整体风貌、街巷肌理、空间尺度、景观环境、历史要素等对象制订相应的保护要求和措施，并予以重点保护。

而后住房和城乡建设部于 2021 年 2 月印发《关于进一步加强历史文化街区和历史建筑保护工作的通知》，要求各地充分认识保护历史文化街区和历史建筑的重要性与紧迫性，加大保护力度，坚决制止各类破坏历史文化街区和历史建筑的行为。

2015 年，中央城市工作会议突出强调了"创新、协调、绿色、开放、共享"的发展理念，要求不断提升城市环境质量、人民生活质量、城市竞争力，建设和谐宜居、富有活力、各具特色的现代化城市。2015 年 12 月，习近平总书记在中央城市工作会议上的讲话中指出："要坚持集约发展，树立'精明增长'、'紧凑城市'理念，科学规定城市开发边界，推动城市发展由外延扩张式向内涵提升式转变。"

2016 年 2 月，中共中央、国务院出台《关于进一步加强城市规划建设管理工作的若干意见》,指出:要优化街区路网结构。加强街区的规划和建设,分梯级明确新建街区面积,推动发展开放便捷、尺度适宜、配套完善、邻里和谐的生活街区。新建住宅要推广街区制,原则上不再建设封闭住宅小区。已建成的住宅小区和单位大院要逐步打开,实现内部道路公共化,解决交通路网布局问题,促进土地节约利用。树立"窄马路、密路网"的城市道路布局理念。"现代城市应是个开放的空间,原有建设模式却扼杀了街区的活力。"2016 年 9 月,中国城市规划设计研究院院长杨保军表示,"'街区开放'不是简单意义上的拆围墙,而是城市规划要从大街区、稀路网、宽断面向小街区、密路网、窄断面转型,改善公共空间和公共服务。"

而后各地纷纷开启了对"开放街区""街区制""小街区"的探索和建设。

2016 年 10 月,上海市规划和国土资源管理局制定的《上海街道设计导则》提出:街道沿线的交通和活动需求与街区有着密切的联系。街区为街道提供了厚度,可以形成舒适的步行与骑行路径,为人们提供日常生活所需的设施与服务。开放式街区可以承载更高的活动强度,提供更多的就业岗位,促进更多的生活消费,使街道得以成为促进街区发展的重要元素。

2017 年 8 月,成都市规划管理局为推动成都建设成为国家中心城市,提升城市品质和魅力,实现城市空间紧凑开放通透,保障城市小街区模式规范化、制度化,制定了《成都市"小街区"规划建设技术导则》,以实现"交通优化、产业提升、生态优先、文化传承、形态美化"。在新建住宅中推广街区制,原则上不再建设封闭性住宅小区,已建成的住宅小区和单位大院逐步打开,实现内部道路公共化,促进土地节约利用。

2018 年 9 月,中国工程建设标准化协会发布的《绿色住区标准》将"开放性住区"定义为"可实现城市公共资源共享、与城市有机融合,营造富有活力的城市氛围和完善城市功能的住区,与传统的封闭式小区的做法有根本区别",提出:绿色住区建设中提倡城市中心地区采用城市街区模式来优化城市功能空间布局,提高城市空间活力。街区规模不宜大于 4.0 公顷,适应我国城镇路网间距、建筑形态等特点,既满足建设与布局的开放性要求,也可提高住区居住环境和交往的品质。

2017 年 5 月,云南省城乡规划委员会办公室出台《云南省城市街区规划设计导则》,提出要衔接城市与街道,实现理念、方法、技术、评价等要素的一系列转变,关注城市街区发展、街区设计、街区空间管控、整体空间环境设计,并对理想街区、新建街区、更新街区 3 类街区的设计进行示例。

2019 年 12 月,青岛市自然资源和规划局发布《青岛市街道设计导则》,提出:从"强调交通效率"转向"促进街区融合发展",体验城市、促进消费、增加交往空间、提升环境品质、激发街区活力等功能都与街道有着紧密联系。应关注街道的公共场所功能,推动街道与街区的融合发展。从物质层面把控街道的整体性、尺度感、色彩度,协调街道感观要素,保护街区肌理,强化场所感知。

四、相关研究综述

虽然城市街区制的概念来源于西方国家的城市建设,但随着我国城市建设的快速发展,城市街区受到国内学者越来越多的关注。关于城市街区的研究,在城市更新、历史街区保护、建筑设计、城市设计领域较为深入。除此之外,也有众多学者从公共空间形态、街道空间、城市景观、规划设计等方面展开研究。总的来说,研究城市街区的主要目的是提升街区活力。

罗伯·克里尔(2006)将城市街区比作细胞,斯蒂芬·马歇尔(2011)则将街区类比为"岛屿"。Salat(2012)从类型学等视角深入讨论了街区的空间形态。国内对于街区并没有统一的定义。在街区设计方面,Sharifi(2019)提出城市街区可分为网络拓扑和设计定位,可通过改善城市小气候、减少能源消耗及其相关温室气体排放、加强社会资本、改善社区健康和福祉及促进灾害后迅速有效的应急反应等措施提升城市的复原力。Prelovskaya et al.(2017)根据城市可持续发展的概念,提出了在俄罗斯标准中缺失的街道类型,即城市林荫大道、交通友好型街道和所谓的共享空间。Hassen et al.(2016)发现街道设计对增强社区参与这一方面的现有文献研究主要集中在街道"美学和维护""获取资源/设施""健康与安全"和"步行能力"几个方面。Jalaladdini et al.(2012)将街区空间设置是否合理作为衡量城市公共空间成功与否的主要指标,强调了与重要事物的正确连接和距离的问题,以及街区空间的物理和社会属性。国外学者对于城市街区活力问题关注较早,研究也较为翔实。

在国内,城市街区活力问题之前一直未受关注,相关的研究开始较晚,但目前国内对于这方面的研究成果也较为丰富。陈璐瑶等(2017)借助 SD 法评价洛阳老城区的街道活力。不少学者还对城市公共空间如社区公共空间、城市广场、滨水空间等类型的空间活力进行研究。除此以外,很多学者开始利用大数据手段进行相关研究。王鲁帅(2016)通过获取上海市滨水区典型日期的手机信令数据,分析滨水区的人群密度变化,总结了滨水区的时间特征。

总的来说,城市街区相关研究早期主要以理论探究为主,后期转变为城市空间形态和城市活力提升的研究。随着对城市街区活力研究的深入,逐渐出现了以人为本的研究,关注人的时空特性和行为感受,研究也逐渐趋于定量分析。城市街区的场景化与街区活力的相关性研究是当前的研究趋势。

(一)社会学层面的研究

Martina(2016)提出空间的生成法则与空间中的社会结构,并提出了 8 个命题(如空间由"间隔与综合"形成、构成空间的可能性取决于在行动情境中所发现的象征性和物质性因素、行动者的习惯、结构性组织的纳入和排斥及人类的身体能力等)。Hartley(2018)创造性地提出了空间社会学,认为城市的内在品质(邻近、密度、原真性和活力场所)决定了城市的空间价值,城市的内在品质可以被组织成 3 种类型的地方化资产,即物质、网络和经济,并提出了 5 个空间营造原则,即巨量场所、生态系统(而不是锚点)、多选项的目的地、众乐空间及人地依附。Castillo et al. (2018)运用社会生态学的方法得知当前城市的发展取决于城市的历史变迁。言语等(2016)从环境行为学和社会学视角,提出存量优化时代重在记忆空间与文化社群营造,可借由心理化的人、场景化的人和资本化的人进行思辨。郭志滨等(2018)以深圳湖贝区域为例,从社会结构的维存与迭代、低扰动的社区文化规划实现土地经济价值的升级的角度,提出了文化的"在地化"实景重现。

(二)生态景观层面的研究

基于生态景观层面研究生态街区的相关文献,主要从历史文化街区更新改造策略、社区规划、城市设计策略等方面进行论述。亓萌等(2017)把街区当作整个城市生态系统的有机组成部分,用生态学中的部分原理来解释街区发展中的问题。孙良等(2009)以生态位视角分析传统街区,发现传统街区是在生态位适宜的条件下发展起来的,提出生态城市整体规划设计理论,强调整体性的作用。庞乾奎(2017)确立了街区空间形态的5项评价因子,分别是确定物质属性、功能定位、空间形式、空间行为和场所精神,构建社会生态指数SE-B,划分出强社会生态、中社会生态和弱社会生态3种街区空间形态类型。陈天等(2013)构建了具有弹性的典型街区开发单元,提出从街区的开发模式、道路交通系统、空间环境、安全管理等方面进行街区制规划。毛晓天等(2018)提出了城市街区生态系统的模型、概念与内涵。Threlfall et al. (2018)谈论了生态空间在城市景观中以多种形式出现,并且与城市其他类型用地有着互补作用。汤姆·里瓦德等(2018)基于对城市系统和栖居于其间的居民的了解,构建物质空间联通网络和通信网络,鼓励各年龄段所有利益相关者和城市居民参与各类项目建设。

国内对城市生态学的研究起步较晚,但是随着时代发展,学科交叉融合,在社会学、生态学、规划学、生态系统服务评价层面,涌现了众多研究成果。郑卫等(2012)提倡把社区作为城市社会生态系统的组成部分,注重社会规划内容,加强不同社群的交往,提高社区居民的积极性和社区组织的参与度。单卓然等(2012)发现,土地混合使用、功能混合、TOD开发等新规划理念的运用可就近满足居民需求、促进邻里交往、降低机动车使用频率,引导城市迈入良性循环。关于生态城市的研究,龙晔等(2012)认为,城市发展应合理规划物质空间,引入社会生态学理论。张振刚等(2015)在分析生态城市内涵的基础上构建了由复杂程度从高到低的3类主系统和5个子系统组成的生态城市系统框架。

通过对城市街区和街区生态的研究综述,可以发现,我国现有的研究与实践为构建活力的街区社会生态系统积累了宝贵的经验,但是由于研究角度与学科的差异性,较少出现利用交叉学科来研究街区活力的视角。在研究城市街区活力时引入生态学概念,对于改善城市社会生态系统发展出现的问题有极大的促进作用。

五、杭州市湖滨街区使用者时空与行为分布现状

杭州市湖滨街区主要由湖滨步行街和以延安路为中心的商业街区组成,北起庆春路,南至解放路,西临西湖,东至浣纱路,由北向南的道路依次是庆春路、长生路、学士路、平海路、

仁和路、邮电路、解放路,由西向东的道路为湖滨路、东坡路、延安路、浣纱路。湖滨步行街是以东坡路为主轴线的商业步行街,生活氛围较淡。湖滨街区相较于湖滨步行街范围更广,包含了人们生活中存在的各种场景。作为杭城的中心街区,湖滨街区将商务办公、社会生活、休闲娱乐融于一体,形成独特的街区空间,不仅能满足人们生活各方面所需,也有利于人们在该街区中展开社会活动。在确定样本空间后,根据空间社会属性的不同、用地性质和业态组合的差异,将所在样本中相同属性的区块进行归纳整合,将相同属性的样本空间归为一类,初步得出 40 个空间地块类型,并对街区空间按 1—40 号进行编号。在具体研究中,由于部分地块(如学校、政府等机构)具有特殊的性质,对这一部分地块的观察研究并未展开,因此筛选剔除了 4、16、18、23、24、28、30、38、39、40 地块的 10 个次要场景空间,最终集中对 30 个场景进行现场观察,对街区空间场景进行系统研究,如图 1 所示。

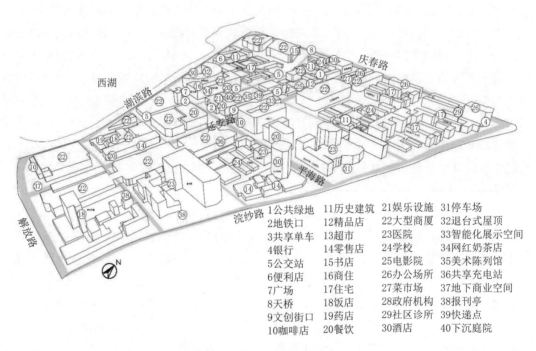

1公共绿地	11历史建筑	21娱乐设施	31停车场
2地铁口	12精品店	22大型商厦	32退台式屋顶
3共享单车	13超市	23医院	33智能化展示空间
4银行	14零售店	24学校	34网红奶茶店
5公交站	15书店	25电影院	35美术陈列馆
6便利店	16商住	26办公场所	36共享充电站
7广场	17住宅	27菜市场	37地下商业空间
8天桥	18饭店	28政府机构	38报刊亭
9文创街口	19药店	29社区诊所	39快递点
10咖啡店	20餐饮	30酒店	40下沉庭院

图 1　样本街区空间归纳整合

(一)湖滨街区空间类型

根据调研分析,将样本空间分为线性空间、开敞空间、半围合空间和露台空间 4 个空间类型。湖滨街区的线性空间主要包括街道骑廊、步行商业街、内街、巷道。骑廊是城市街区内的临街建筑,上面是楼,下面是廊道,既能遮阳又能挡雨;内街作为条形的走廊,是历史建筑和现代建筑之间的过渡区域。

湖滨街区的开敞空间主要包括城市广场、公共绿地及其中的公共设施。其中,街区中的开敞空间是交往活动的中心,也是街区风格的重要体现。例如,延安路与平海路交叉口形成中心广场,由若干个商业建筑围合而成,形成热闹的商业气氛,吸引了大量人流;东坡广场位于湖滨路和平海路交会处,是典型的城市滨水广场和文化休闲广场,它既保留了人行街道的性质,也可作为民俗活动、礼仪庆典的举办场所;湖滨街区最大的公共绿地就是湖滨公园及环湖绿地。

半围合空间往往位于建筑活动中心和交通枢纽,常用作共享空间,主要包括下沉庭院空间、露台空间。湖滨 in77C 区下沉庭院空间私密性良好,内聚力强,空间层次丰富,具有良好的视觉交流性。杭州君悦酒店临近西湖,其露台空间领域性强,竖向空间层次丰富,是私密的交往场所。

(二)湖滨街区人群分布特征

通过现状调研发现,湖滨街区所在场地的主要人群类型可归纳为 3 类,即通勤办公人群(以上班族为主)、休闲娱乐人群、购物消费人群(主要是周边居民)。

通勤办公人群主要来自附近武林商圈、湖滨商圈及吴山商圈的办公场所,出行活动主要集中在早晚高峰、午餐晚餐时段。停留时间一般在 30—60 分钟。出行方式主要为搭乘地铁、公交车、私家车和出租车。这类人群主要活跃在写字楼、行政单位和金融场所,消费活动主要集中于 24 小时便利店、服务性餐吧等。

休闲娱乐人群主要进行餐饮、购物、喝下午茶等娱乐活动,停留时间不定,消费活动集中于商厦购物中心、精品店、艺术展馆。

购物消费人群一般为居住在附近的市民,出行目的性较强,主要选择地铁、公交车等交通工具,停留时间为 1—2 小时,这类群体消费活动主要集中在大型超市、零售店及社区服务性业态等。

(三)街区使用者行为活动现状

1.场地使用者属性特征

(1)不同性别人群活动特征

不论是在工作日还是周末,在公共绿地、胜利剧院公交站、思鑫坊历史建筑群、精品店、劝业里小区、平海路九洲大药房、杭州口腔医院湖滨院区、君悦酒店屋顶露台等空间的不同性别使用者总量比较接近;在工作日,女性在各个样本空间中的访问量总体高于男性的访问量;在周末,男性的访问量就工作日而言增幅较大,且在部分样本空间超过女性的访问量。根据分析得知,女性比较喜欢出现在新华书店等静态空间,而男性比较喜欢出现在动态空间。

(2)不同年龄段人群活动特征

根据国家标准,将样本空间中使用者按照不同年龄段分为以下 4 类:18 岁及以下的使用者归类为少年人;19—35 岁的使用者为青年人;36—65 岁的使用者为中年人;66 岁及以上的使用者为老年人。根据统计分析,调研样本中少年人群的占总访问量的 15.0%,青年人群约占总访问量的 47.9%,中年人群约占总访问量的 28.1%,老年人群约占总访问量的 9.0%。

（3）不同时间段人群活动特征

在各样本场景空间中，不同时间段内的使用者活动人数也不相同。其中，8 号、13 号、15 号、28 号样本空间使用者访问量比较大。8 号场地庆春天桥为延安路过街天桥，也是延安路和庆春路交会的交通要道，早晚高峰上下班人流量很大，在 17:00 人流量达到了高峰。15 号场地新华书店庆春路购书中心下午的使用者访问量最大，其次是傍晚和晚上。17 号劝业里小区作为市中心的老旧小区，保留了里弄住宅建筑风格，但是也因其老旧，住户多以老年人为主，活动量不大。

2. 各样本空间使用者活动类型

对数据进行分析，得到 30 个样本空间使用者行为汇总表（见表 1）。该表显示了各样本空间在一天中的总访问量及各行为类型活动概况。7 号东坡广场周围业态丰富，有星巴克、大型商场、热门餐厅、网红奶茶店、地铁站和丰富的绿化，可达性强，活动类型最多，日均访问量达到 12567 人次，从而得知丰富的业态比较能吸引使用者驻足停留。以通行功能为主的 8 号庆春天桥虽然日均访问量超过调研总访问量的 17.6%，但是使用者活动类型单一，停留时间短暂。15 号新华书店庆春路购书中心在改造更新后，加入了餐饮空间、休息空间、文创互动空间，吸引了大量市民驻足停留，且停留时间较长。

表 1　30 个样本空间使用者行为汇总表

编号	空间	样本空间	活动类型	日均访问量
1	公共绿地	湖滨公共绿地	穿行、休憩、织毛线、乘凉、遛狗、散步	1094
2	地铁口	龙翔桥地铁 D 口	穿行、等候	6609
3	共享单车	共享单车点	租单车、等候	864
5	公交站	胜利剧院公交站	穿行、等候、休息、坐车	2366
6	便利店	全家便利店	吃饭、购物、休息	7690
7	广场	东坡广场	穿行、遛狗、休息、散步、闲聊、乘凉、交谈、就餐、拍照	12567
8	天桥	庆春天桥	穿行、拍照	32458
9	文创街口	银泰 B 区文创街口	拍照、穿行	3283
10	咖啡店	星巴克工联大厦店	就餐、购物、闲聊、休息、交谈、学习、穿行	10483
11	历史建筑	思鑫坊历史建筑群	参观、拍照、闲聊、穿行、休息	405
12	精品店	chocoolate 门店	购物、闲逛	1332
13	超市	西选超市（大型商超）	购物	13205
14	零售店	天阳明珠零售百货	购物、穿行	1690
15	书店	新华书店庆春路购书中心	看书、购物、学习、就餐、休息	24848
17	住宅	劝业里小区	休息、乘凉、静坐、穿行、发传单	518

编号	空间	样本空间	活动类型	日均访问量
19	药店	平海路九洲大药房	穿行、购物、休息	300
20	餐饮	西湖 D11 食尚城	就餐、闲逛、休息、穿行	5304
21	娱乐设施	湖滨银泰夹机占	拍照、抓娃娃、围观、闲逛、穿行	5175
22	大型商厦	湖滨银泰 in77	购物、穿行、就餐、拍照、休息	6733
25	电影院	胜利影院	穿行、抓娃娃、看电影、等候、购物、休息	2184
26	办公场所	省国贸办公大楼	办公、穿行、洽谈	2188
27	菜市场	新声路综合市场	穿行、购物、交谈	1188
29	社区诊所	湖滨街道卫生服务站	穿行、看病、等候、休息、闲聊	3213
31	停车场	平海路停车场	停车、穿行	352
32	退台式屋顶	君悦酒店屋顶露台	拍照、乘凉、就餐、穿行	1452
33	智能化展示空间	户外大屏广告	穿行、等候、观看广告	3715
34	网红奶茶店	一点点奶茶店	购物、穿行、拍照	2850
35	美术陈列馆	美术陈列馆	观展、休息、交谈	3264
36	共享充电站	来电共享充电宝租借站	穿行、租借充电宝、拍照、等候	346
37	地下商业空间	龙翔桥地下商业街	穿行、购物、就餐、休息、娱乐	16790

（四）街区空间场景使用者评价

从建筑特色、使用者感受、文化氛围等 3 个方面对街区场景中使用者的主观感受和满意度进行统计，以使用者的角度论述场景的价值及其使用者的感受。

建筑特色：19—35 岁的人对于湖滨街区的建筑特色评价最高，30％的人认为湖滨街区的建筑特色是"代表城市的"，说明该年龄段的人群对湖滨街区的建筑评价比较高；而对湖滨街区的评价次高的是 36—65 岁人群，22％的人认为该街区建筑是"代表城市的"，证明该年龄段的人群对该街区的建筑特色认可度较高。

受访者感受：湖滨街区各阶段人群对所处感受这一维度的评价均接近整体均值。在各年龄段中，对街区环境感到"愉悦的"的人占 50％，36％的人最愿意定居于此。其中，19—35 岁的人群对身处其中感受的评价最高，其次是 36—65 岁人群，但仍有 14％的使用者认为自己对湖滨街区的感觉平平。整合数据，证明该街区整体评价良好，但是仍有改进提升之处。

文化氛围：46.38％的使用者认为湖滨街区具有"浓厚魅力"，39.86％的使用者认为湖滨街区文化氛围"稍有特色"，12％的使用者觉得该街区文化氛围"他处可见"。其中，湖滨街区中 19—35 岁的使用者对街区整体评价较高，28.26％的使用者认为该街区具有"浓厚魅力"，23.91％的使用者觉得湖滨街区"稍有特色"，5.8％的使用者认为街区文化氛围"他处可见"。总而言之，受访群体中青年人对于湖滨街区的文化氛围较为认可，证明该区域的使用者处于年轻化态势,对于新型的街区文化氛围接受度高。

六、场景化的街区生态系统布局路径

(一)构建时间轴串联的横向空间生态链

基于对湖滨街区内人群活动规律的前期调研发现,人们的出行活动规律在很大程度上呈现出以周为单位的周期性变化。时间轴串联的生态链呈现出街区活力的时间变化特征。在湖滨街区各场景中,通过对人群在一天中不同时间段内的活跃值分析,将同一时间段内人群相对活跃的场景串联起来构成生态链。

在百度热力图中,用颜色表示人群活跃度,其中红色、橙色、黄色、绿色、蓝色、紫色表示人群活跃值依次递减。本小节通过对休息日和工作日时段内百度热力图数据的采集分析,对街区在时间轴和空间轴上的活力变化规律进行深入研究。为了研究的需求,对 2019 年 11 月 13—26 日连续 14 天湖滨街区范围内的百度热力图数据进行跟踪,对 2019 年 11 月 13 日(工作日)及 2019 年 11 月 24 日(休息日)的热力图数据进行定时截取,在一天 24 小时中每隔两小时截取一次,每天总计截取 12 张,以此作为研究的基础数据。

1. 工作日同一时间轴上城市街区活力特征

工作日 7 时为上班时间节点,是居住活动到就业活动的转换点,人群第一次呈现较高的集聚状态,人群的集聚点比较分散,但集聚的中心更多,每处集聚的面积较小。湖滨街区内的商业办公区比较集中,湖滨商圈也呈现出较高的集聚程度,而在 12 时、18 时,人群集聚趋于集中,集聚点面积变大,在 18 时后,由于受到休闲消费人群向商业、餐饮、休闲区域集中的影响,街区内的商业休闲区域人群密度增加。22 时,人们已渐渐从商业区回到家中休息,人群集聚分散,但在湖滨商圈出现了区域内短暂高密度现象,这与学士路与东坡路交叉口处交通压力激增有着密切的关联。

2. 休息日同一时间轴上城市街区活力特征

周末的人群集聚趋向集中,集聚面积相对较大,且时间指向性很强,意味着人们的行动轨迹为上午在家休息后,在中午 12 时左右出门进行休闲娱乐活动,商业区高热区面积较大。此外,人们趋向前往大型商厦场景、城市绿地场景,行政办公场景内人群集聚程度较低。反映出办公场景的活力渐渐降低,商圈吸引力慢慢加强。22 时,人群集聚程度仍然保持较高的状态,这可能是由于人们在周末时更为放松地享受夜生活。

3. 工作日与休息日的数据比较

为了更客观地了解分析湖滨街区活力在时间轴上的变化,对工作日及休息日的数据进行对比,得出以下推论:

(1)工作日和休息日的城市人群分布状态大致相似,早晚人群集聚程度较低,白天呈现较高的聚集程度;

(2)工作日的人群集聚时间总是早于休息日的人群集聚时间,工作日和休息日的人群集聚峰值多出现在 12 时左右,但工作日人群集聚程度保持在高热阶段的时间长于休息日;

（3）工作日较休息日的集聚点多且分散，多集中于商业办公场景，休息日商业休闲区域的热力区域大于工作日；

（4）贸易商圈在工作日与休息日时的集聚程度都较高，使用程度远高于其他区域，且持续时间更长。

4.街区活力峰值变化

通过对湖滨街区百度热力图分析，发现：在早晨8时的时间段，地铁口、地下商业街、超市、天桥的高热面积达到峰值，人群密度达到最大；在11时的时间段，人行天桥、咖啡店、超市、地下商业街场景持续保持高热，人群聚集程度较高；在14时的时间段，人行天桥、咖啡店、书店场景的热力图高热面积较大，人群聚集程度达到峰值；在17时的时间段，人行天桥作为交通枢纽使用人群密度较大，活力值最高。

（二）打造空间轴串联的空间生态链

根据街道性质的不同，将横向、纵向、水岸上的不同场景串联起来形成空间轴上的生态链。由空间轴串联起来的生态链主要包括横街轴线（街巷空间）、纵街轴线（商业空间）。横街轴线串联居住等各功能业态，包含了城市绿地、巷弄空间；纵街轴线主要串联了几条商业街和旅游性质的商业业态。

1.横街轴线

横街即街巷空间，就是在湖滨街区内，东西走向连接延安路与湖滨的街道，由北向南依次是庆春路、长生路、学士路、平海路、仁和路、解放路。除了几条大街道以外就是几条巷弄型小街道，具有生活气息。

（1）城市绿地

城市街道绿地介于临街建筑和道路红线之间，以植物造景为主，利用高低错落、层次分明的植物群落在有限的空间组成有芬芳、有色彩、有长期造型、有意境的小块绿地，极具自然的生命力和艺术的创造力。城市公共绿地能产生多种效益，其主要功能包括但不限于生态功能、游憩休闲功能、文化历史功能、教育功能、社会功能、城市防洪减灾功能、经济功能等。此街道典型的城市绿地空间就是在延安路灯芯巷路口，它的空间性质主要是供给行人休憩、娱乐的区域，人的行为方式大同小异。

（2）巷弄空间（街巷）

历史建筑是城市街区空间的宝贵历史记忆。横街轴线中的巷弄空间（里坊弄堂）将特色的历史建筑场景串联起来，这些历史建筑被串联成建筑群，在现代城市中焕发了新的光彩和魅力，吸引了一批又一批居民和游客前来探访。湖滨街区就是传统街区空间更新演变后的产物。如今的"湖滨九里"从"里弄"演变成"区块"，留下了泗水里、东坡里、仁和里、龙翔里、长生里、劝业里等充满历史韵味的名字，既保留了城市的集体记忆，也赋予街区新的发展。巷弄空间承载了杭城的历史记忆。泗水新村保留了"关门亭"原址；龙翔里保留了石库门老屋和白墙黑瓦；长生里一面面清水砖墙依然如故；而劝业里主打历史主题，大庆里、天德坊、隐庐、湖边村、劝业里等众多历史建筑都集中于此。

2.纵街轴线(商业街道)

纵街,就是指西至湖滨路,东至浣纱路的街道。纵街多赋有商业性质,其中临近西湖的湖滨路具有旅游性质。

(1)沿街店铺

沿街店铺可分为商业街商铺和道路沿街商铺。商业街商铺,是指以平面形式按照街的形式布置的单层或多层商业房地产,其沿街两侧的铺面及商业楼里面的铺位都属于商业街商铺。道路沿街商铺,是指临街统一有门面、可开设商店的房屋。因为临街,广告、宣传会起到比较理想的效果,因此,店铺的门头设计就是很重要的吸引人流的闪光点。

(2)趣街

趣街的基本建设要求是街边可停留、街边有惊喜、街巷独具匠心。首先,街边应采用积极的连续界面,单侧店铺密度宜达到7个,鼓励首层改造餐饮、零售、公共服务等开放功能界面,鼓励增设沿街附属性的商业文化设施。其次,街角应设置"惊喜"——公共交往空间,鼓励在街角设置小型艺术广场、咖啡馆、屋顶花园等科创人群偏爱的业态与空间。最后,街巷应设置特色街道标识,统一设计的街道家具小品与标识,设计注重具有特色的道路铺地细节。

(3)屋顶花园(退台式屋顶)

屋顶花园(退台式屋顶),是指在各类建筑物的顶部,栽植花草树木,建造各类园林小品所形成的绿地。屋顶花园不仅在住宅楼里常被看好,在一些政府大楼、公共事业建筑房顶也常能看到。屋顶花园不但降温隔热效果优良,而且能美化环境、净化空气、改善局部小气候,还能丰富城市的景观,补偿建筑物占用的绿化地面,大大地提高了城市的绿化覆盖率,是一种值得大力推广的屋面形式。

(4)智能化展示

随着产业互联网时代的到来,智能化的橱窗广告或许能够成为产业互联网时代一匹"增长黑马"。传统橱窗广告向动态橱窗广告发展是一个必然趋势,将城市"闲置"的橱窗资源附上新的属性,从单点到多点传播。产业互联网赋能传统橱窗,将会不断地推动着广告效应实现价值最大化。

七、街区空间活力提升策略建议

(一)强化功能业态

在提升经济价值方面,由点到面地增强街区空间的活力。通过引入与周边基础设施具有差异性的特定功能业态作为触媒元素,实现功能类型的有效叠加,营造有趣的生活氛围,吸引特定的人群和大量的资金,加强街区空间的可达性,强化复合化的经济效益,提升街区周边的附加值。

(二)保存街区现状

对于城市历史街区的复兴与更新,通常在尊重原有城市肌理的基础上,最大限度地保存街区原有的空间结构、功能形式和景观环境,对城市街区空间进行重构,并赋予新的功能,从而延续历史文脉和文化传统。通过串联和整合有效的场景触媒,在尊重街区空间特色的同时,结合地域特色,植入具有开放性的休闲文化艺术要素,有机更新街区功能。例如,湖滨银泰in77的A区,成功地延续了地域文脉,并被赋予了新的内涵。它基本保留了里弄式的结构单元,并在这一基础上将主弄拓宽成步行街以满足人们的公共通行和交往需求,将城市活动引入街区内,提升了该地域的人气,营造了独特的场所氛围。

(三)修复街区生态

整合优势资源,通过功能要素植入和场所营造与城市环境融合,如植入休闲类功能形成小型休憩设施的公园绿地等,为街区使用者提供良好的休憩空间和交流场所,使城市街区生态系统有机成长。

(四)创造空间价值

植入独特的触媒元素,打造特色空间,提升空间价值,吸引各层次的消费群体,从而创造出更多的空间价值。场景触媒的作用价值还表现在增加空间使用的多样性,即增加街区空间的使用方式,增加使用者在街区中的逗留时间,多维度地促进空间使用者的交流与互动,从而保持街区的活力属性。

参考文献

[1] 陈天,臧鑫宇,王峤,2013.基于生态思维的绿色街区规划策略研究[A].城市时代,协同规划——2013中国城市规划年会论文集(09-绿色生态与低碳规划)[C].北京:中国建筑工业出版社.

[2] 陈璐瑶,谭少华,2017.基于SD法的洛阳市老城区街道活力研究[A].//持续发展理性规划——2017中国城市规划年会论文集(07城市设计)[C].东莞:中国城市规划学会、东莞市人民政府.

[3] 马世骏,王如松,1984.社会经济自然复合生态系统[J].生态学报(1):3-11.

[4] 龙晔,何华,丁康乐,2012.城市社会生态系统空间规划初探[J].规划师,28(12):15-19.

[5] 毛晓天,2018.基于资源循环代谢视角下的城市街区空间生态化模式研究[D].济南:山东建筑大学.

[6] 毛晓天,高晓明,赵继龙,2018.资源循环代谢视角下的城市街区生态系统研究[A].//共享与品质——2018中国城市规划年会论文集(07城市设计)[C].北京:中国建筑工业出版社.

[7] 庞乾奎,2017.城市街区空间形态社会生态评价研究综述[J].现代城市,12(3):22-26.

[8] 肖亮,2006.城市街区尺度研究[D].上海:同济大学.

[9] 郑卫,范凌云,郑立琼,2012.城市社会生态系统与社区规划[J].规划师(12):20-23.

[10] 庞乾奎,2017.城市街区空间形态的社会生态评价体系研究[J].规划师(11):120-126.

[11] 亓萌,杨正涛,2007.街区的生态发展[J].华中建筑(7):117-118.

[12] 单卓然,张衔春,黄亚平,2012.健康城市系统双重属性:保障性与促进性[J].规划师 (4):14-18.

[13] 孙良,夏海山,孙统义,2009.传统街区的生态位保护——以徐州市户部山传统街区为例[J].四川建筑科学研究,35(6):288-291.

[14] 汤姆·里瓦德,迈克尔·考迪,钱昱,2018.全球挑战与地方实践:将城市打造为包罗万象的生态系统[J].景观设计学(1):52-63.

[15] 王鲁帅,2016.基于手机信令数据的城市滨水区时空活力模式研究——以上海黄浦江中段为例[A].//规划 60 年:成就与挑战——2016 中国城市规划年会论文集(04 城市规划新技术应用)[C].沈阳:中国城市规划学会、沈阳市人民政府.

[16] 言语,徐磊青,2016.记忆空间活化的人本解读与实践——环境行为学与社会学视角[J].现代城市研究(8):24-32.

[17] 张振刚,张小娟,2015.生态城市的系统框架构建研究——以广州市为例[J].科技管理研究(21):245-249.

[18] 郑卫,范凌云,郑立琼,2012.城市社会生态系统与社区规划[J].规划师,28(12):20-23.

[19] Castillo, F. and Haase, D. (2018). *Guatemala City: a socio-ecological profile.* Cities,72,pp. 379-390.

[20] Hassen, N. and Kaufman, P. (2016). *Examining the role of urban street design in enhancing community engagement: a literature review.* Health & Place, 41, pp. 119-132.

[21] Jalaladdini, S. and Oktay, D. (2012). *Urban public spaces and vitality: a socio-spatial analysis in the streets of Cypriot towns.* Procedia-Social and Behavioral Sciences,35,pp. 664-674.

[22] Martina, L. (2016). *The sociology of space: materiality, social structures, and action.* New York: Palgrave Macmillan.

[23] Prelovskaya, E. and Levashev, A. (2017). *Modern approach of street space design.* Transportation Research Procedia,20,pp. 523-528.

[24] Salat, S. (2012). 城市与形态——关于可持续城市化的研究[M].北京:中国建筑工业出版社.

[25] Sharifi, A, (2019). *Resilient urban forms: a review of literature on streets and street networks.* Building and Environment,147,pp. 171-187.

[26] Threlfall, G. and Kendal, D. (2018). The distinct ecological and social roles that wild spaces play in urban ecosystems[J]. *Urban Forestry & Urban Greening*, 29, pp. 348-356.

"乡土文化自信"对外传播模式研究报告

——以浙江省缙云县为例

王　宁

一、研究背景

习近平总书记在 2013 年中央城镇化工作会议上曾指出："乡村文明是中华民族文明史的主体,村庄是这种文明的载体,耕读文明是我们的软实力。"在这个全球化时代,中国的乡村振兴不仅应该体现在经济振兴上,还应该表现为"乡土文化复兴",以乡村文明为代表的乡村文化复兴无疑可以成为打造中国国家形象的一条新路径,并切实成为中国软实力的重要组成部分。

2020 年 3 月,习近平总书记考察浙江并赋予浙江"努力成为新时代全面展示中国特色社会主义制度优越性的重要窗口"使命。2021 年 8 月,浙江省委书记袁家军讲到要"打造新时代文化高地",其中重点提及"在提升思想文化传播能力上要不断取得新突破,积极拓展对外传播渠道,讲好浙江故事"。相较于中国其他省区市的乡村,扶贫应该已经不是浙江省乡村最为迫切需要解决的问题,在拓展对外传播渠道并对浙江省乡村的历史、文化、风土人情进行旅游推广的同时,向世界传播其中的中华文化,进而从另一个角度凸显中国的软实力,全面展示中国社会主义制度优越性,应当成为一个更加具有长远意义的战略。

浙江省丽水市缙云县作为中国千年古县,农耕文明遗存丰富,文化底蕴深厚,是乡土中国研究和新农村建设实践的前沿阵地。缙云县的文化传播近年来取得了令人瞩目的成就。笔者一年多以来深入浙江省缙云县,采取实地调研、座谈、访谈等方式提炼、总结其乡土文化对外传播的模式,在总结经验的基础上发现存在的问题,并提出意见和建议。本研究希望能以缙云县"乡土文化自信"对外传播的模式为试点案例,进而全面探索中国乡村"乡土文化"对外传播的有效路径。

二、"乡土文化自信"是"讲好中国故事"的重要内容

(一)"乡土文化自信"是中华传统文化的复兴

乡村是中国传统文化的摇篮,农耕文明则是源远流长的中国传统文化脉络的主要构成部分。可以说,中国传统文化是在农耕文明的基础上产生和发展起来的。中国文化以乡村为本,以乡村为重,因此中国文化的根就是乡村。乡村文化代表了中国传统文化的民族性和特质性,是人们在长期的农业生产生活实践中形成的带有地域性乡土性的物质文明和精神

文明的总称。乡村文化是所有物质和非物质事物不可替代的财富,包括民俗、传说、古建筑、名人传记、村规民约、家谱、传统艺术、古树名木等等。中国的乡村在历史上曾经有过繁荣鼎盛的时期。近代以来,相较于城市,乡村社会及耕读文明日渐衰颓,在社会发展中的话语权渐失。面对西方文化的冲击和国内各种文化运动的压力,传统农业社会中的农民对乡村文化的自信日渐消失,延续几千年的乡土文化传承遭到极大破坏。

面对当今西方的话语霸权,中国的对外话语体系若想实现突围,则需要实现中华民族乡土文化的复兴。乡土是一种至关重要的社会机制和前瞻性文化价值,"乡土中国"迄今仍是我们把握中国国情的钥匙和文化自觉的关键。"如果说文化是一种生活形态和生活方式,那么注重生态友好、可持续发展与社群协作的乡土文化——包括围绕农耕文明形成的物质文化、行为文化、制度文化和精神文化,能为我们在主流城市化、现代化道路之外提供另类想象。"

正如国际知名传播学者赵月枝教授在 2016 年所说,在对外讲述中国故事之时,"农村"或曰"乡村"恰恰是一个值得彰显的价值主题。乡村蕴含着"中国故事的力量之源"。最有价值的中国故事,正是乡村中国的故事。乡村的故事在全球化的浪潮中反而拥有了更强大的力量,具有在各民族、各文化、各社会的基本共识上达成合作的可能性。中国乡土文化的复兴与由此产生的乡土文化自信表明,媒体和学者建立具有全球视野和乡土中国立场的另类全球化话语体系是可能的。

(二)中国"乡土文化"是世界认识中国的下一个窗口

2019 年,当代中国与世界研究院对外传播研究中心发布《中国国家形象全球调查报告2019》。报告显示:在"中国国家与国民形象"这一维度,海外受访者对中国的最深刻印象为"历史悠久、充满魅力的东方大国";在"中国政治与外交形象"这一维度,海外受访者普遍认可"文明交流互鉴"对全球发展和人类社会进步的积极作用,其中,发展中国家民众积极评价"文明交流互鉴"的比例高于发达国家;在"中国文化与科技形象"这一维度,海外受访者认为,最能代表中国文化的 3 个方面是中餐(53%)、中医药(47%)和武术(43%),其中,中国饮食文化享有较高知名度和美誉度;在"信息接触渠道"这一维度,海外受访者主要通过"本国的传统媒体"(47%)和"使用中国产品"(46%)来了解中国。

从这些数据来看,中华传统文化在中国对外传播的国家形象塑造中起到了非常重要的作用。"文明交流互鉴"是国际普遍认可的中国对外传播和提升国家形象的重要渠道。但是该调查报告表明,北京、香港、上海仍是海外受访者来中国主要选择的目的地,游览人文景观、体验当地生活和欣赏自然风光仍是吸引海外受访者来中国的主要原因。而蕴含中华传统文化根脉、具有美丽自然风光、独特生活体验的中国乡村却很少进入西方主流大众的视野。究其原因,海外民众对中国乡村普遍缺乏了解的渠道。

2020 年,中国实现现行标准下农村贫困人口全部脱贫,中国乡村的集体致富之路充分体现了社会主义制度的优越性;中国乡村的"绿水青山就是金山银山"的发展理念与国际盛行的绿色可持续发展理念充分接轨。在乡村振兴、对外讲好中国故事的政策指引下,中国的乡村和其蕴含的"乡土文化"理应成为中国对外"文明交流互鉴"的主力军,成为世界认识中国的下一个窗口。这些都离不开中国乡村正确而有效的对外传播的方法和路径。

三、浙江省缙云县的"乡土文化"复兴

浙江省丽水市缙云县作为中国千年古县,农耕文明遗存丰富,文化底蕴深厚,是乡土中国研究和新农村建设实践的前沿阵地。缙云县的乡土文化,体现在得天独厚的生态优势和资源禀赋的特色文化里。

(一)缙云的"乡土文化"

缙云建县有 1000 多年的历史,是山区"耕读文化""农耕文明"的代表。缙云县富有浓厚的中华传统文化遗产,是乡土中国的典范。

首先,缙云县的"非遗"是中华文化传统根脉的重要体现。非物质文化遗产是人类历史发展的文化见证,是一个民族古老的生命记忆和活态的文化基因,体现着先辈的智慧和精神。它作为民族文化、民族精神的有机组成部分和重要表征,为讲好中国故事提供了素材,更为树立文化自信、提高国家的文化软实力奠定了基石。缙云的国家级"非遗"项目包括黄帝祭祀、缙云烧饼、庙会等;省级"非遗"项目包括婺剧、"缙云杂剧"、河阳古村落、缙云根雕、缙云剪纸等。

1.黄帝祭祀

缙云县祭祀始祖轩辕黄帝历史源远流长。史料记载,黄帝又曰缙云氏,移居缙云境内后在鼎湖峰驭龙升天。夏商周时期,当地百姓将鼎湖峰石笋作为始祖轩辕黄帝祭拜,命名此山为缙云山,后封其为仙都。后来,轩辕黄帝在缙云山铸鼎炼丹、驾龙升天的传说远播江南,缙云从此成为江南祭祀轩辕黄帝的中心。仙都的黄帝祠宇后来成为普通百姓和地方官员祭祀始祖轩辕黄帝的场所,与陕西黄帝陵形成"北陵南祠"的格局。缙云仙都不只是江南人民、港澳台同胞、海外侨胞的旅游胜地,更是炎黄子孙寻根问祖祭拜始祖的圣地。

2.山乡古戏

缙云县的民间传统文化保留完好。婺剧等当地戏剧表演向世界展现了中国乡村独特的文化瑰宝。缙云自古就有"百乐戏为首"之说。戏曲演出场所大都设置于庙宇祠堂中的古戏台,其中相当数量的戏台始建于明、清两代。从 20 世纪 50 年代起,新建的农村大会堂有 178 座,影剧院有 40 座,这证明了缙云戏曲文化历史的悠久和舞台空间的广阔。"张山寨七七庙会"的各项民俗活动更是被列入国家级非物质文化遗产代表性项目名录。

3.文化名村

缙云县有着省级历史文化保护区和丽水市文化名村——河阳历史文化保护村。该村位于缙云县城西新建盆地西隅。河阳古民居号称"烟灶八百、人口三千",有建于明、清两代的十大宗族庄园式古民居建筑群和 15 座古祠堂及上百栋旧第,数量之多,规模之大,堪称"江南一绝"。其著名景点有"八士门""三朝巷"等。而河阳村的民居古宅大多为明清所建,较为完整地保留着明、清和民国 3 个时期风格各异的民居。其中,较为著名的有"廉让之间""耕

凿遗风""循规""映月"等规模较大的民居。河阳古村落文化底蕴深厚,其世代传承的"耕读传家"家风是中国家风文化的代表,提倡"耕读传家"和"勤俭持家",被称为"进士村"。

4. 传统美食

缙云烧饼是具有浙南民间独特风味的传统面食,因采用特殊工具"饼桶"烤制而成,又称"桶饼"。它源于轩辕黄帝,盛于元末明初。缙云烧饼是浙江省丽水市缙云县的传统小吃,在广大食客中享有盛誉。缙云烧饼制作技艺具有文化研究价值、技艺传承价值、民俗价值和经济商贸价值。缙云烧饼于 1989 年被评为"浙江省优质点心",于 2014 年被评为"浙江名小吃",于 2015 年被评为"中华名小吃"。缙云烧饼制作工艺于 2008 年被列入丽水市非物质文化遗产代表性项目名录,于 2016 年缙云烧饼制作技艺被列入浙江省第五批非物质文化遗产代表性项目名录,于 2021 年入选国家级非物质文化遗产代表性项目名录。

此外,缙云还有大量历史遗留文物如独峰书院、摩崖石刻等。独峰书院为宋代理学家朱熹讲学的纪念地,以其独特的人文地理与变迁历史,传承着一方水土的文脉,见证着传统书院文化在时代转型与发展中的探索。跨越宋、元、明、清 4 个朝代的全国重点文物保护单位仙都摩崖题记是仙都风景区的重要组成部分,赋予了仙都"天然真山水"的"文化软实力"。从文化角度看,仙都摩崖题记是缙云文化研究的重要内容和参照,是缙云文化尤其是道教文化的"活化石"。

(二)缙云"乡土文化"的复兴

近年来,在浙江省委、省政府的领导下,浙江省文化和旅游厅在全省率先开展人类非遗代表性名录项目"3+N"保护行动,实施省级以上非遗项目"八个一"保护措施、传统戏剧发展"五个一"计划;建立全省非遗保护工作绩效评估机制,发布年度全省各市、县(市、区)非遗保护发展指数评估数据;率先在全国开展非遗旅游景区评定工作,培育和建设一批非遗主题小镇和民俗文化村。目前,浙江省以 241 项国家级非遗项目和 10 项人类非遗项目的总数居于全国领先位置。

缙云县在政府和民间力量的合力下,共同致力于缙云乡土文化的复兴,主要围绕 3 个核心词——"黄""红""绿"来进行。"黄"意指缙云黄帝文化的传统;"红"的含义为缙云是革命老区;"绿"意指缙云一直努力践行"绿水青山就是金山银山"的发展理念。除此之外,戏剧等乡村传统文化节目、缙云烧饼等传统美食也在政策扶持和保护下重新焕发生机与活力。

1. 黄帝文化的影响力进一步提升

1998 年,缙云县重建了盛唐风貌的黄帝祠宇并恢复公祭轩辕黄帝典礼,典礼分为公祭和民祭,时间为每年重阳节和清明节。公祭由丽水市人民政府、缙云县人民政府主办。2011年,"缙云轩辕祭典"被列入国家级非物质文化遗产代表性项目名录,并于 2014 年成为浙江省经党中央、国务院批准保留的节庆项目。2021 年 7 月,中国仙都祭祀轩辕黄帝大典主办单位变更为浙江省人民政府,一年一届,活动规格更高、标准更高、影响更大,更具有浙江特色。至此,浙江缙云与陕西黄陵、河南新郑形成三地共祭、层次相当的全国轩辕黄帝祭祀格局,标志着缙云的黄帝文化传播得到了高度的重视。

2.婺剧、乡村村晚等乡村传统文化节目重新焕发活力

国家现代化建设助推乡村传统文化复兴。20世纪90年代以来,国家在交通和电信2个领域的"村村通"工程的实施,2013年前后浙江省委、省政府办公厅关于农村文化礼堂建设项目的推进与实施,都使得缙云县在公共文化设施方面实现了整体提升。

缙云县于2006年成立了"缙云县婺剧促进会",于2009年成立了"缙云县处剧研究社"。2021年,缙云在五云街道管店村建成首个婺剧主题文化礼堂——古韵文化礼堂。这是缙云县首个以婺剧为主题的文化礼堂,成为一家"婺剧文化博物馆"。它不仅可以满足婺剧爱好者对表演场地的需求,更可以让青年一代了解官店村的婺剧历史,让官店村的婺剧文化得到传承。2016年,在文化和旅游部的推动下,乡村春晚走向全国,建立"全国乡村春晚百县联盟"。2019年春节期间,仅缙云县就举办了180多台乡村春晚,累计参与人次达60多万人次,全县80%以上的村都举办乡村春晚,呈现人人享受文化、人人创造文化的生动局面。缙云县周村在2018年9月完成了慈孝文化礼堂重新修缮,并花费20多万元为2019年村晚购置全套音响设备、大银幕和舞台设备。

3.小烧饼拉动大产业

20世纪90年代初,缙云县外出烤饼的有1000余人。而今全国30多个省区市有缙云烧饼示范店602家、网点7000多家,从业人员达2.1万人。2020年,缙云烧饼产值达24亿元。缙云烧饼还走出国门,美国、澳大利亚、意大利、西班牙、阿联酋、柬埔寨等16个国家的消费者在当地都能吃到缙云烧饼。

4."绿水青山就是金山银山"发展理念与物质文明和精神文明建设相结合

"乡土文化"的复兴不应仅仅拘泥于传统文化的复兴,还应包括树立乡村原生态的自然环境和文化进行可持续发展的理念。在浙江省"山海协作"的政策号召下,缙云县作为山区县比平原地区更有可复制的效果和普遍的意义。缙云县是"八山一水一分田"的山区县,生态文明一直走在前沿。近年来,缙云县全面贯彻落实习近平总书记的生态文明思想,深入践行"绿水青山就是金山银山"的理念,紧紧围绕"三城三地"建设做足绿色文章,充分发挥自身丰富的生态资源优势,全力打造践行"绿水青山就是金山银山"先行示范县。

同时,缙云县一直致力于保护和挖掘特色乡土文化底蕴,注重复兴乡村文化传统记忆,把实现物质和精神共同富裕作为更高层次的目标追求,以创造更多优秀精神文化产品来满足群众多样化的精神文化需求。比如,前路乡"花开缙云"花园乡村的创建,始终秉持"乡村为农民而建"的理念,既讲标准规范,也讲品质特色,充分彰显了乡土文化韵味并激发了乡村活力。又比如,大洋镇、仙都街道的农家乐民宿等旅游发展和仙都石窟等景点开发,始终立足于缙云县独特的资源禀赋和地域特征,实施丰富多元、立体综合的旅游业供给侧结构性改革,加快把乡土文化特色转化为经济优势、发展优势。

5.红色资源的文化价值深度挖掘

缙云县是当年红色革命发生的地方。在土地革命战争时期,缙云县就是红十三军和红军挺进师的主要活动地区之一。近年来,缙云县深度挖掘红色资源,大力推进文物史料的搜

集、整理、归纳、挖掘和提炼工作,积极探索红色资源价值转化路径,切实做好"红色＋"等文章,不断提升红色资源的开发利用价值。2017 年,缙云县组织相关人员,翻阅大量党史资料,走遍全县山乡的所有红色革命遗址和旧址,历时 10 个月,拍摄完成共 12 集党史文献纪录片《潮起好溪铭初心》。该片以缙云革命历史为主线,从辛亥革命一直讲到缙云解放,较为系统且全面地展现了缙云的那段峥嵘岁月。

四、浙江省缙云县的对外传播现状

习近平总书记在中共中央政治局第 30 次集体学习时指出,"必须加强顶层设计和研究布局,构建具有鲜明中国特色的战略传播体系","要加快构建中国话语和中国叙事体系"。他提出了"一个战略传播体系"和"五个力"的建设目标,即"构建具有鲜明中国特色的战略传播体系,着力提高国际传播影响力、中华文化感召力、中国形象亲和力、中国话语说服力、国际舆论引导力"。因此,加强中国对外话语体系建设,要立足于中国本土发展经验,开展多元人文交流活动,用国际化语言讲好中国本土故事,切实提升国际传播效能。作为中华传统文化根脉的广袤乡村,缙云县理应在中国对外传播的话语体系中发挥重要的作用。

在对外传播层面,政府起到绝对引领和顶层设计的作用,是对外传播的领导者。随着我国国际传播能力建设的不断推进,对外传播话语主体需要从单一化走向多元化,中国对外传播的主体需要逐渐拓展为包含对外企业机构、学术智库、商业平台和民间个体等在内的多层次、多领域的对外传播矩阵。

浙江省丽水市缙云县作为中国"乡土文化"的代表,近年来在"乡土文化复兴"中取得了在全国领先的成绩。对外传播不仅需要优质的内容,还需要科学有效的传播渠道。目前,缙云县在对外传播路径中,形成政府、民间学术智库、民间组织机构和个人多元主体传播的模式。

(一)缙云县政府的对外传播引导职能

缙云县的宣传工作紧紧围绕县委、县政府中心工作展开,对外传播坚持以创新机制为先导,以全员参与为依托,以强化合作为抓手,充分发挥宣传工作的参谋、服务职能。

1.持续的政策扶持

近年来,缙云县旅游发展迅速,知名度提高,缙云县政府在旅游发展和宣传方面给予了比较大的政策扶持。2017 年,中共缙云县委、县政府出台了《关于加快推进全域旅游发展的若干意见》,完善旅游基础设施建设,鼓励旅游企业对外招徕游客,全面改善缙云旅游的市场环境。2020 年,为了缓解疫情对文旅市场的冲击,缙云县加强资金政策保障,相继出台《缙云县应对疫情支持文旅业发展十条措施》和《缙云县应对疫情支持旅游业发展十条措施实施细则》,并设立"抗疫情、促发展"文旅业支持资金 1000 万元。2020 年,对 A 级景区村创建、旅游市场推广、旅游人才培养等奖励 1189.704 万元。可以说,当地政府的政策和资金支持在很大程度上促进了当地旅游业在疫情期间的复苏和发展。

此外,缙云县委、县政府不断出台招贤纳士的人才政策。2014 年,出台了《缙云县高层次人才引进政策》,通过"千人计划"引进了国际传播专家赵月枝教授,为缙云县的对外传播做出了开拓性的贡献。

2.加强对外传播的顶层设计

2020 年,中国共产党缙云县第十四届代表大会第四次会议提出要建设"三城三地",其中包括"必须坚持生态为基,构建全域大美格局。围绕打造诗画浙江大花园最美核心区目标,协同推进美丽缙云建设,促进美丽生态、美丽城乡与美丽景区各美其美、美美与共;坚持文化为魂,彰显城市气质底蕴。深入挖掘缙云文化、延续缙云文脉,加快发展文化事业和产业,努力打造与世界对话的文化名片"。2020 年,《缙云县政府工作报告》提出要"支持升级办好'河阳论坛',讲好中国故事'缙云篇'和积极争取祭祀轩辕黄帝大典升格"。2021 年,中国共产党缙云县第十四届代表大会第五次会议进一步提出至 2035 年的远景目标,其中提出把缙云打造成"世界文化旅游目的地",使其成为高水平生态文明建设和高质量绿色发展的全省县域样板。

缙云县政府的远景规划充分体现了当地政府致力于当地的乡土文化建设、复兴和对外传播的决心。

3.借助各级媒体平台增强传播效力

缙云县政府持续发挥顶级传统媒体的传播效力。在对外传播层面,央视和浙江卫视相继推出介绍缙云的纪录片,《人民日报》海外版推出缙云游记。同时,缙云县在对外传播实践中善于借力上级部门的平台。例如,丽水首个 5A 级景区仙都景区亮相浙江省国际传播平台(中国·浙江英文网及中英文脸谱专页),向世界展示了缙云风范;布鲁塞尔中国文化中心微信公众号陆续推出《一个县的全域旅游:想与缙云有个约会》《一个县的全域旅游:寻味缙云》《一个县的全域旅游:五云街道,一溪清水润美千年古石城》等缙云系列,中英双语打开对外交流窗口,向世界展示缙云魅力。此外,当地宣传部门还借力各级国际媒体平台力量,如新华丝路网(英文版)、浙江省国际传播平台、AFP BB News(法新社新闻)、Livedoor News(日本门户网)等媒体,助推缙云仙都在全球露脸。

近两年,缙云县当地政府宣传部以国内外的新媒体传播为切入点,对怎样"用国际语言讲缙云故事"进行了初步探索。同时,积极谋篇布局,深化加强与《中国日报》、中国网、新华网等媒体的友好战略合作,共同拓宽海外平台传播渠道。

4.推动缙云乡土文化"出海"

缙云县政府努力实践,通过举办线上线下活动,助力有代表意义的缙云乡土文化向海外传播。

2017 年,在丽水市外侨办及缙云县政府有关部门领导的积极协调和帮助下,经意大利北部丽水同乡会及意大利商祺集团的推荐,"缙云烧饼"入选意大利米兰中国文化节重点中华名吃展示项目。缙云烧饼协会副会长、烧饼大师赵一均和高级烧饼师傅鲍旭丹代表缙云烧饼协会到世界时尚之都米兰宣传和推广中国名小吃——缙云烧饼。这也是缙云县政府在海外侨胞的帮助下首次派出人员到海外推广缙云烧饼。烧饼大师赵一均接受意大利国家电台及华文、当地媒体的采访。2021 年五一期间,仙都景区和缙云烧饼代表浙江美食、美景登上美国纽约时代广场,缙云的美食、美景通过这场宣传活动展现在世界的舞台。

2021 年 10 月 14 日,辛丑年中国仙都祭祀轩辕黄帝大典成功在仙都景区举行。《人民日报》、新华网、香港大公文汇、凤凰网等,以及《浙江日报》、浙江卫视等 40 余家国家级、省级主流媒体强势聚焦,不断提升缙云旅游目的地的品牌形象。这次仙都黄帝祭典活动首次在中央广电总台中文国际频道(CCTV-4)进行电视直播,获得 600 多家海外媒体的关注、报道,充分展现了缙云县作为浙江省"重要窗口"的风采。

(二)缙云民间智库的对外传播模式创新

2015 年 1 月,中共中央办公厅、国务院办公厅印发的《关于加强中国特色新型智库建设的意见》指出,"迫切需要发挥中国特色新型智库在公共外交和文化互鉴中的重要作用,不断增强我国的国际影响力和国际话语权"。缙云县从 2014 年建立民间学术智库"河阳乡村研究院"开始,充分利用国际学术交流传播本地文化,在国际上强化乡土文化的文明交流互鉴,开创中国乡村国际传播之先河。

河阳乡村研究院由加拿大西门菲莎大学传播学院教授、全球传播政治经济学加拿大国家特聘教授、加拿大皇家学会院士、清华大学新闻与传播学卓越访问教授赵月枝教授于 2014 年在缙云县河阳古村成立,是一个集学术研究、文化建设和人才培训功能于一体的民办社会组织和民间智库。经过 7 年的发展,河阳乡村研究院已经成为乡土中国研究和实习高地,开创了融旅游观光、非遗展示、文化传承、学术创新、暑期研习与沉浸式民俗风情体验于一炉,政府、市场与社会有机联动及产学研媒深度融合的中国软实力建设国际人文交流的"缙云模式"。

1. "请进来"与"走出去"的双向国际学术交流路径

河阳乡村研究院和仙都国际人文交流中心以仙都对外文化交流活动和河阳乡村研究院的系列活动为中心,形成了"请进来"与"走出去"的双向国际学术交流路径。2014 年以来,河阳乡村研究院连续举办 5 期"从全球到村庄"国际暑期班,7 届河阳论坛暨乡村、文化与传播学术周,持续组织国外学者与留学生的研学活动,让中华文化与中国话语体系带着乡音走出去。从 2020 年 8 月起,河阳乡村研究院和仙都独峰书院常年设立"新地球村的想象"国际传播展,展示近年来缙云开展的国际人文交流情况以及取得的斐然成绩。

缙云研学活动是赵月枝教授"全球到村庄"理论与实践相结合学术创新模式和跨文化传播教育模式的一个实例,也是她从感性层面和学者体验层面挑战西方传播政治经济学盲点所做努力的体现。该研学活动包括国际暑期班、学术调研活动和跨文化研学活动。国际联合暑期班从 2016 年移师浙江省缙云县,从请进国外学者到国内学者走出国门,再到国内外学者和青年学子来到中国乡村,经历了一个从全球到村庄的轮回。

除了积极吸引海外专家学者、留学生来到缙云进行实践考察之外,河阳乡村研究院还广泛挖掘和利用海外的学术交流机会,让缙云县的"乡土文化"走出国门,并在海外产生积极的影响。其主要路径包括缙云民间学者海外讲学,英文媒体对缙云乡村文化的报道,缙云学术成果得到国际学术界的肯定,以及海外留学生对缙云的宣传,等等。

2018 年,赵月枝教授曾邀请研究院特聘研究员项一中、麻松亘前往温哥华进行文化考察与学术交流活动。2 位缙云乡土文化专家围绕"村庄到全球:传播、文化与中国乡村的转型"这一主题在西门菲莎大学进行了 2 场面向温哥华社会的学术演讲,就中国乡村变迁、乡土文化保护等议题与该校师生、温哥华社会各界及温哥华当地的华人媒体进行了深入的交流。2021 年 3 月,加拿大西门菲莎大学传播学院博士研究生拜伦·豪克(Byron Hauck)的基于缙云县田野调查的博士论文答辩吸引了从资深教授到博士生 85 位中外各层次学者的在线参与,创造了西门菲莎大学传播学院博士论文答辩史上"公众参与"的纪录。这场以仙都为一个关键节点辐射全球的"云上"学术讨论,让"群众路线"和"乡村振兴"这 2 个极富中国特色的术语走进海外学术界的视野,并引起了广泛的关注。

2. 深挖当地乡土文化故事,做好"乡土文化复兴"国际传播的理论和内容铺垫

赵月枝教授带领的河阳乡村研究院团队多年来深入农村调研,发掘独特的乡土文化故事,提倡以内容为先导,进而利用多元渠道进行国际传播。他们提倡从乡村视角理解中国革命,从日常体验感受中国发展。"新地球村"概念的提出,不仅包含了对我国乡村振兴意义的阐发,也是对超脱世界资本主义秩序的理论构想,充分诠释了"人类命运共同体"的内涵。

例如,赵月枝团队关于缙云"一带一路"先行者农民的访谈故事,在宣传"一带一路"民间友谊和商业交往的同时,可以纠正西方对"一带一路"的偏见和"中国威胁论"的论调;壶镇农民、缙云鸭农、缙云岩宕石匠通过辛勤劳动脱贫致富的故事,体现了中国农民追求美好生活的愿望和中国扶贫攻坚战的胜利,从而打破了西方的"中国威胁论"的论调;关于乡村春晚的系列研究和报道,阐发了社会主义文化治理浙江样本的理论意义;等等。

3. "乡土中国"研究深刻影响国际学术界

河阳乡村研究院团队通过对本地乡土文化和国情的充分调研、分析所取得的学术研究成果频频亮相国际学术界和媒体,并产生了广泛而深远的影响。2015 年,河阳乡村研究院乡村口述史团队在首届"口述历史在中国"国际圆桌会议上组织了专题圆桌讨论。2017 年,《国际传播学刊》推出的专题特辑《从全球到村庄:以乡村作为方法》刊载了由缙云县河阳乡村研究院执行院长赵月枝教授组织并领衔、河阳乡村研究院协办的西门菲莎大学—中国传媒大学联合调研项目"从全球到村庄:以乡村作为方法"的 8 篇研究成果。2018 年夏,河阳乡村研究院执行院长赵月枝作为全球 200 多名顶级社会科学专家之一所参与研究和写作的国际学术巨著——《为 21 世纪重新思考社会——社会进步国际论坛报告》由剑桥大学出版社出版。赵月枝教授撰写的缙云千年古村落河阳村的文化和传播生态分析成为该报告中唯一关于全球乡村传播与社会进步的案例研究。2018 年 6 月 20—24 日,传播研究领域最具国际影响力之一的会议——国际媒体与传播研究学会(IAMCR)2018 年年会以缙云河阳乡村研究院的系列调研成果为基础的 8 篇论文、2 个专场,围绕缙云传统地方戏剧在农村集体化时代的传承历史、丽水乡村春晚在近年的发展、农村广电发展与农民传播需要、乡村创意经济和"淘宝村"发展中的城乡政治经济关系等问题展开讨论,以其独特的乡土中国视角和充满

理论创新特质丰富田野研究,引起了与会学者的高度关注。

4.积极引导中国对外媒体讲好中国故事

新华社网、《环球时报》、中国网、澎湃新闻、丽水电视台、浙江在线等重要媒体都曾经对"河阳论坛"进行了报道,产生了较大的社会影响。2019 年 5 月,《新京报》发表文章,报道中国传媒大学留学生在缙云县的调研情况,与读者共同关注现代世界中中国乡村的另一种可能,以及"开门办学"的留学生跨文化传播研究教学实践的新道路。此外,河阳乡村研究院还积极利用英文媒体、海外华文媒体、国际友人的第三方自媒体平台展示中国的乡土文化。例如,中国出版集团所属的面向汉语学习者,为所有对中国感兴趣的人提供语言、文化信息的英文双月刊杂志《汉语世界》(*The World of Chinese*)曾经刊发缙云的非遗文化黄帝祭祀大典和缙云北山淘宝村的数字乡村革命,把中国乡村的新气象传递到海外。

(三)多元的民间交流活动有效填补缙云乡土文化的对外传播空白

缙云县的对外传播主体除了政府和民间智库以外,还有多元的民间主体,其中比较有影响的是各种类型的民间文化交流组织,如国际书法班、国际友人缙云烧饼制作体验活动、摄影交流等,特别是摄影交流产生了广泛而持续的影响。

作为一门跨越国界、超越语言的国际传播媒介,摄影的力量不可小觑。缙云仙都被中国摄影家协会命名为"国家级摄影创作基地"。丽水市与中国摄影家协会共同举办的"瓯江行"全国摄影大展,截至 2020 年已连续举办 15 届,成为中国摄影协会与地方政府合作期最长的一个全国性的展览征集活动。"瓯江行"全国摄影大展得到全国乃至世界各地摄影家的积极响应,他们纷纷来丽水创作。2019 年 11 月,来自土耳其、罗马尼亚、菲律宾、印度尼西亚等的国际摄影大师来仙都采风创作。

2020 年 6 月,浙江省启动了"浙江省国际人文交流基地"建设工作,旨在建设一批体现浙江特色、代表中国形象、具有国际影响的人文交流基地,使之成为"世界看浙江"的闪亮窗口,助推浙江高水平建成国际人文交流枢纽。2021 年 12 月,缙云县仙都风景旅游区获批"浙江省国际人文交流基地",体现了从政府到民间智库再到个人多元主体积极开展对外交流和传播活动的价值。

五、浙江省缙云县"乡土文化"对外传播模式存在的问题

(一)缙云县政府的对外传播工作尚处于起步阶段

缙云县政府虽然在乡土文化的对外推广过程中起到了一定的作用,并有了一些成功的案例,但在国际传播层面,依旧处于起步阶段。过去几年,面临考核机制和资金等各方面的压力,缙云县政府及其融媒体更注重本地传播,没有进一步拓宽国际传播渠道和平台。在浙江省努力建设"重要窗口"的关键历史时期,缙云县的对外传播在很大程度上把缙云县或丽水市的美丽乡村、传统文化、红色根脉、共同富裕、绿色生态发展等理念和形象展示给了浙江人民和全国其他省区市,但是在向世界展示方面还任重道远。

此外,在新媒体运用方面,缙云县政府对于海外受众的精准性和贴近性不足。比如,没有对海外受众群体进行细分,对他们的喜好、容易接收的传播方式及常用的平台把握不准确,比较习惯于沿用传统模式,容易造成不分重点、没有层次的传播,难以达到理想的效果。另外,受到主客观多重因素的影响,缙云县级层面的境外发声渠道较少,并且缺乏Faekbook、Twitter等海外社交媒体平台的意见领袖,国际化宣传能力欠缺。

(二)缙云县民间智库的对外传播面临"水土不服"的困境

缙云县政府在国际传播领域尚处于起步阶段,民间机构和个人大都进行无意识的个体行为传播。虽然民间学术智库河阳乡村研究院独辟蹊径,开辟了通过学术平台对外传播乡土文化的新局面,但作为国内非常具有创新意识的智库,其在开展工作方面也遇到不小的阻力。从2014年建立至今,缙云籍国际传播学者赵月枝创立的民间智库——河阳乡村研究院在与当地政府的合作及扎根乡土进行对外传播的过程中,也面临一些压力。

(1)从过去几年双方的合作来看,缙云县政府和智库的长期磨合需要时间,缙云县政府相关干部对国际人文交流重要性的认识还需要加强。自从2021年11月缙云县委领导班子换届以来,情况有了很大改观。目前,缙云县委正在计划建立县级国际人文交流中心,把河阳乡村研究院、外事办、黄帝祭祀活动融合在一起,切实做好对外人文交流。河阳乡村研究院在人才支持和部门协调方面会有新的进展。

(2)作为具有国际化视野和资源的民间智库,由于行政、审批、经费、疫情管制等种种局限,河阳乡村研究院年度最重要的会议——河阳论坛一直局限在国内会议的层面。这样就导致了一个高规格的、可以达到国际标准的学术盛会无法实现国际化,只能先在国内学术圈寻求认同。经过前期的积累和努力,目前河阳论坛正在积极准备报批国际会议。

(3)缙云县当地缺乏智库所需要的专职人才。目前,中国传播类的人才培养主要集中在北京、上海、广州等大城市。虽然缙云当地有着讲好中国故事、讲好浙江故事的原汁原味的人物和故事,却缺乏有能力对外传播这些故事的人才储备;而北上广乃至国外的传播学学者和青年学子在当地却写不出生动丰富的乡土中国的故事。这样的矛盾在短时间内无法解决。

为解决人才短缺的问题以支持智库开展工作,2021年当地政府为智库配备了一名选调生。但是,由于专业背景不匹配和身兼数职等因素,选调生并没有有效地发挥作用。

(4)目前,河阳乡村研究院还没有与国内外大型媒体形成长期的合作关系。相关新闻报道在很大程度上依靠赵月枝教授的个人影响力。以智库为引领的"缙云模式"可复制难度较大。

首先,赵月枝教授作为学贯中西的国际知名传播学学者,不仅对中国的乡土文化有着深厚的感情,更重要的是她能以国际社会感兴趣和可接受的视角,有效地对外讲好中国故事。然而,对外传播的"缙云模式"目前影响范围比较有局限性,其主要影响群体为学者、媒体人和文化圈人士。而且赵月枝教授本人的学术地位和影响力意味着她在缙云对外传播领域所取得的成就目前很难在浙江省乃至国内其他乡村进行复制和推广。

其次,缙云县是中国乡村的典范,基础设施建设比较好,乡村文化保存得好,但是不具有代表性,不能代表中国其他地域的广大乡村。

六、关于改进缙云县"乡土文化"对外传播模式的对策建议

(一)善抓历史机遇,积极利用中央和地方政策,统领全局,进行缙云乡土文化对外传播的顶层设计

2020—2021 年间,从中央到浙江省到缙云县,陆续出台了"重要窗口""三城三地""山海协作"等政策,我们要善抓历史机遇,牢牢把握住政策的窗口,以缙云县这样的浙江省典型乡村为一个特殊的对外窗口,以"浙江之窗"展示"中国之治",为国际社会感知中国形象、中国精神、中国气派、中国力量提供一个"重要窗口"。从县域层面更加接地气、更加本土化地向世界展示中国的传统文化风采、发展道路和美丽乡村、共同富裕的中国现代乡村图景,进而深入回答中国共产党为什么能、马克思主义为什么行、中国特色社会主义为什么好的问题。

(二)积极利用新媒体平台,完善对外传播体系建设

浙江省政府和缙云县政府要完善缙云故事对外传播体系,可以对缙云故事进行设计和规划,增强优化宣传效果。通过对到访过缙云的国外专家学者的访谈发现,他们了解中国乡村的渠道多为微信、中国的英文媒体、中国的英文新媒体(如 Six Tone)、社交媒体转载的来自中国传统媒体的内容,并普遍反映中国省级媒体在海外进行的宣传大都是针对城市,而不是乡村。

在传播主体上,政府、学术、民间、网络等话语主体应相互促进和配合;在传播内容上,不能流于形式,而要深入乡村挖掘中国当代乡村的独特故事,寻找能够代表典型乡村文化的典型人物;在传播渠道上,要积极拓展海外传播平台,以海外受众能够理解和接受的方式方法进行精准有效传播。

未来,缙云县政府在传播手段上要讲创新。要更加积极利用新媒体技术,以视频、海报、图文等更加明快直接、感情丰富的方式表达观点,使新闻报道接地气,有温度、有人情味;要拓宽对外传播平台,做好细水长流的文化传播。海纳百川,更多地依靠网络红人、民间社群的作用和力量,把缙云故事传递出去;要加强组织领导和后备人才培养。

(三)积极拓展多元学术交流渠道

国内目前很多做国际传播的学者并没有充分而与时俱进地了解中国乡村的现状,中国的大学生大都有着城市中心主义思想,缺乏乡土中国知识。在这种情况下,即使有再多的人才储备,如果连基本国情都不具备,又何谈为国家和社会提供有指导性的知识?应该先切实全面了解中国的乡村现状和及文化,再进行对外传播。深入乡村,在村庄挖掘故事,需要国内专家学者的深入实践研究。

从 2020 年以来,受国内外新冠肺炎疫情影响,"请进来"和"走出去"的双向交流途径受阻。在这种情况下,河阳乡村研究院和仙都国际人文交流中心积极发掘国内学术潜力,与国

内高校合作,邀请国内新闻传播学、文化和哲学领域的专家学者和青年学子来缙云进行实践和调研。未来,在"请进来"方面,由于受新冠肺炎疫情的影响,可以持续重点关注国内的专家学者和在华留学生,尤其是浙江省内的留学生,邀请他们来到缙云进行研学考察和学术交流活动,让国内的师生深刻体会当地的乡土文化以及国际传播的成功案例,了解缙云为实现共同富裕与打造全面展示中国特色社会主义制度优越性"重要窗口"所做的努力,切身体会当地乡村振兴策略的落地与发展。

(四)加大对缙云县国际传播的资助力度,重视发挥乡贤与知识的优势以推动国际人文交流

缙云籍海内外专家是仙都国家人文交流的重要依托。随着缙云高质量绿色发展和乡土文化复兴的全面推进,越来越多的学者被缙云县独特的传统文化、革命精神和现代化建设所吸引,他们不但完成自身学术资料的采集,还积极参与当地的文化实践活动,丰富了缙云的文化生活。随着河阳乡村研究院组织、接待和牵线的学术活动和学术团队在质量和数量上不断攀升,研究院正在一步步助力把世界邀请到缙云,也让缙云走向世界。

赵月枝教授立志于在缙云县打造世界性国际学术交流中心和高地,但是这无法依靠个人力量实现。正如项一中这位缙云地方历史学家曾经指出的,中国的乡村是一本古老而又现代、厚重而又沉重的书籍,如今仅靠像河阳乡村研究院这些研究者来担此重任,可谓九牛一毛。希望有更多的专家和学者,关注和研究这些即将消失的乡村,深入研究它们的共性和特性、理念与发展之关系,从而推动国与国之间乡村研究和经济文化的新交流。

(五)加大智库和高校对国家对外传播人才的培养力度

党的十八大以来,我们加大对国际传播人才培养的支持力度,着力打造了一批新型对外传播智库、国际一流水平的对外传播机构,未来要继续加强这一趋势。

民间智库河阳乡村研究院创始人赵月枝教授所创办的中加国际传播双硕士学位项目是CCTVNews《海客谈》认定的全国4个有创新意义的项目之一。她通过"河阳乡村研究院"平台所体现的从"全球到村庄"的科研与教育理念又是这4个成功案例一以贯之的。未来要在全国范围内加以推广,加大具有跨文化国际视野的对外传播人才的储备。

(六)对外传播的对象需要从单一的发达国家拓宽为发达国家和发展中国家

过去我们强调的国际传播、对外传播主要针对西方发达国家。在意识形态的根本对立和文化背景迥异的前提下非常容易造成内容解读上的障碍。而《中国国家形象全球调查报告2019》的调查结果显示:"发展中国家民众积极评价'文明交流互鉴'的比例高于发达国家。"未来,我们在对外传播的对象和路径上要更多涉及发展中国家,如此一来比较容易达到良好的传播效果。

(七)善用双方熟悉的话语方式和叙事策略讲好中国故事

以中国实践丰富对外话语传播内容,不仅需要在重要议题上积极发声、主动出击,也应当拓展传播内容,敢于创新话语体系和表达内容,突破西方媒体设置的话语框架。丰富对外话语传播内容,首先要善于挖掘中华文化的宝藏,在交流互鉴中展现中华文化的独特魅力。正如笔者在对赵月枝教授的访谈中所提及的,中国乡土文化中的很多要素,例如中国农民通过艰苦劳动脱贫致富、"耕读传家"体现家族对教育的重视和对美好生活的追求等元素,都可以作为对外传播的故事素材;"乡土中国"美丽的乡村图景、"绿水青山就是金山银山"的发展理念、中国农民脱贫攻坚战的胜利、乡村红色文化和以人民为中心的"群众路线"等重要元素都可以作为消除西方民众对中国的固有刻板印象和偏见的重要素材。

参考文献

[1] 肖亮.城市街区尺度研究[D].上海:同济大学,2006.

[2] 赵月枝.中国与全球传播:新地球村的想象[J].国际传播,2017(3):28-37.

[3] 赵月枝.讲好乡村中国的故事[J].国际传播,2016(2):21-24.

[4] 吕宾.乡村振兴视域下乡村文化重塑的必要性、困境与路径[J].求实,2019(2):97-108.

[5] 张丽.全媒体时代下的乡土文化对外传播话语体系构建分析[J].中国新通信,2021,23(19):145-146.

[6] 曾祥敏,汤璇,白晓晴.从战略高度加强中国对外话语体系建设[N].光明日报,2021-11-19(6).